Oskar Lotze

Technik - ein Wirkfaktor im Kulturprozeß der Industriegesellschaft

Verlag Dr. Kovač

VERLAG DR. KOVAČ

Arnoldstraße 49 · 22763 Hamburg · Tel. 040 - 39 88 80-0 · Fax 040 - 39 88 80-55

Die Deutsche Bibliothek - CIP-Einheitsaufnahme

Lotze, Oskar:
Technik - ein Wirkfaktor im Kulturprozeß der
Industriegesellschaft / Oskar Lotze. –
Hamburg : Kovač, 2000
(Schriftenreihe Socialia ; Bd. 41)
Zugl.: Würzburg, Univ., Diss., 2000

ISSN 1435-6651
ISBN 3-8300-0234-3

© VERLAG DR. KOVAČ in Hamburg

Meiner Frau in Liebe und Dankbarkeit
und meinen Kindern Dietrich, Ingeborg und Ulrich
gewidmet

0. Vorwort

Was bewegt den Verfasser, einen Senior des Jahrgangs 1922, sich noch in diesem Alter in die Hörsäle der Bayerischen Julius-Maximilians-Universität Würzburg zu setzen und als Ingenieur sich den Geisteswissenschaften, der Soziologie, der Politischen Wissenschaften und der Philosophie zu widmen?

Ein Leben lang mit der Technik und mit der in Wechselwirkung tangierenden Ökonomie und Ökologie konfrontiert, hat den Verfasser motiviert, auf tiefgründige Fragen Antworten über die Ursachen und Wirkungen der in der Gesellschaft kulturellen Veränderungen zu erhalten.

Die mühevollen Studien der Literatur, die Vorlesungen und Seminare vermittelten die wissenschaftlichen Voraussetzungen, sich der Thematik dieser Arbeit zu stellen und diese mit viel Energie und Ausdauer zu vollenden.

Zum Gelingen dieser Arbeit, die in interdisziplinär ausgerichteter Betrachtungsweise umgesetzt wurde, hat mein verehrter Doktorvater, Herr Professor Dr. Lothar Bossle, mit seinen wissenschaftlichen Anregungen und seiner aufgeschlossenen Betreuung erfolgreich beigetragen. Hierfür und für das mir als Senior entgegengebrachte Verständnis möchte ich meinem Doktorvater herzlich danken.

Die Grundkenntnis der Philosophie, Nährboden aller Wissenschaften, mit Blick in das innere Gefüge und den Strukturen des Lebens habe ich von Herrn Professor Dr. Heinrich Rombach erwerben dürfen, die mir zur Orientierung verholfen haben. Dafür möchte ich Herrn Professor Rombach und Herrn Professor Karl-Heinz Lembeck für seine hilfreiche Unterstützung herzlich danken.

Im Bereich der Politischen Wissenschaften haben Herr Professor Dr. Paul-Ludwig Weinacht und Herr Professor Dr. Adolf Kimmel die Erkenntnisse der gesellschaftspolitischen Zusammenhänge gelehrt und der Arbeit fördernde Impulse verliehen, für die ich beiden Herren Professoren an dieser Stelle herzlichen Dank sagen möchte.

Ebenso möchte ich dem ehemaligen wissenschaftlichen Assistenten, Herrn Dr. Michael Wagner, und allen Damen und Herren für ihr Engagement und für ihre Ermutigungszusprüche bei der Erstellung dieser für mich nicht leicht gefallenen Arbeit danken.

Mein allerherzlichster Dank gehört meiner Frau, die mit viel Geduld und Verständnis dazu beigetragen hat, daß ich nach mit Erfolg abgeschlossener Magisterarbeit mein wissenschaftliches Studium fortsetzen konnte und die Promotion als Ziel meines Seniorenstudiums vollenden durfte.

Oskar Lotze

TECHNIK - EIN WIRKFAKTOR IM KULTURPROZESS DER INDUSTRIEGESELLSCHAFT

1. Einführung

Die Technik, die der Fähigkeit und Geschicklichkeit des Menschen zum Überleben gegeben ist, führte über Epochen vom „homo sapiens" zum „homo faber" bis zum heutigen „homo technikus". Dies unter Ausnutzung der Naturgesetze zur praktischen Anwendung im Handwerk und in der Industrie brachten technische Errungenschaften, die zur Gestaltung des menschlichen Daseins und zu den kulturellen Lebensweisen beitrugen.

Die revolutionierenden Entdeckungen, Erfindungen und technischen Verfahren mit ihren tiefgreifenden Wirkungen und Einflüssen auf das Verhalten der Menschen haben Prozesse des gesellschaftlichen Lebens ausgelöst, die im Rahmen der epochalen Ereignisse zu grundsätzlichen Veränderungen der Denkweise und zur Gestaltung der Gesellschaft im sozialen und kulturellen Lebensbereich geführt haben.

Der von Gott geschaffene Mensch als Krönung der Schöpfung, das vollkommenste irdische Wesen mit seinen Fähigkeiten, steht seiner Bestimmung nach in der Verantwortung, wenn er die von Gott gegebenen Naturgesetze zur Anwendung technischer Verfahrensweisen in Anspruch nimmt und nicht glauben soll, die Technik als Macht zur Selbstermächtigung zu nutzen. Die Religion wird dann an den Rand des Alltags gedrängt und der Glaube wird in Frage gestellt.

Wenn die Technik in der Wechselwirkung mit der Ökonomie als Bedarfsträger gemeinsam Entwicklungsströmungen erzeugt und Auswirkungen auf die nutzanbringenden Einflüsse der sozialgesellschaftlichen Strukturen ausübt, bleibt festzuhalten, daß die Religion als Träger der Kultur gesehen und die Technik zur Darstellung der bewirkenden Veränderung im Kulturbereich herangezogen werden muß. Hierbei kann davon ausgegangen werden, daß der Mensch in seinen sozialen Schichten nur Bestand haben kann, wenn die Religion als verbindendes

Element in der Technikgestaltung Eingang findet und die Technik in Verbindung mit der Marktwirtschaft in einer repräsentativen Demokratie Anerkennung erhält.

Hierzu soll die Methode angewandt werden, die es ermöglicht, einen Weg zum systematischen Vorgehen zu finden, um zu den Ursachen der Wirkungsfaktoren zu gelangen und mit Hilfe der Realitätsanalyse empirisch den für die Arbeit notwendigen wissenschaftlichen Erkenntnissen zu analysieren. Hier muß dem Forschungsgegenstand nachgegangen werden und je klarer man zu erkennen vermag, was man sucht, um so mehr wird die Methode als Verfahrensprinzip zum Finden des Gesuchten in Anwendung gebracht und zur Beweisführung die Teilerkenntnisse sachgemäß angeordnet.

Die langjährigen Lebens- und Berufserfahrungen des Verfassers als Ingenieur sollen unter dem Aspekt der Soziologie als Erkenntnis- und Humanwissenschaft in die Arbeit einfließen und inhaltlich zur Lösung in den verschiedenen Bereichen beitragen. Hierzu sei die Anmerkung erlaubt, daß die Ausführungen im Einklang mit der Naturwissenschaft der "Einfachheit" mit dem Hinweis auf Albert Einstein, der mit seiner berühmten das Weltbild veränderten Formel: Energie = Masse x Lichtgeschwindigkeit^2 (E= m x c^2) die Rätsel der Schöpfung mit einfachen Lösungen entdeckt hat. Oder wie Robert Müller darüber denkt: "Es gibt nichts auf der Welt, was sich nicht auf einfache Weise erklären ließe. Und wenn es das nicht tut, so ist es nicht wert, daß man nicht darüber spricht, weil es in keinem Zusammenhang mit den Bedürfnissen des Menschen steht."[1] Die Lebenserfahrung hat gelehrt, bei Unsicherheit der Erkenntnis Zuflucht zur unmittelbaren Erfahrung zu suchen, die den Kontakt mit den wesentlichen Dingen des Lebens auslöst und hilft die Ursachen der Technik als Wirkfaktor im Kulturprozeß zu ergründen.

---

[1] Müller, Robert: Ich lernte zu leben, München 1985, S. 155

Im Geschehen der Zeit ist die Situation des gesellschaftlichen Daseins von zwei Entwicklungslinien gekennzeichnet, einer rasant fortschreitenden Technik und einem Zerfall der abendländischen Kultur. Diesen permanenten Erosionsprozeß der Kultur zu analysieren und zu erhellen, soll Gegenstand dieser Arbeit sein.

2. Technik in der Weltgeschichte

Im Zeitablauf der Geschichte ist in der Ordnung der Epochen das von der Technik geprägte Geschehen im menschlichen Dasein erkennbar und gibt über die Stufen der Kulturentwickung Aufschluß. Hieraus folgt, wenn Heinrich Rombach zur „Geschichte" Stellung bezieht: „Jede Ordnung lebt. Und nicht nur im Menschen, sondern auch in Dingen, Verhältnissen und Geschehnissen. Ordnungen arbeiten jeweils eine Gestalt aus, die einen Geist atmet und ihre Zeit hat. Die Zeit einer Ordnung ist das, was wir Epoche nennen. Ein Zeitablauf, der aus Epochen besteht, heißt Geschichte. Das Eigenleben der Ordnungen ist genau das, was wir als Geschichte kennen."[2]

Im Ursprung der menschlichen Weltgeschichte ist seit jeher die Technik „das Verfahren der Naturbeherrschung ... für den Zweck, sein Dasein zu gestalten, um sich von Not zu entlasten und die ihn ansprechende Form seiner Umwelt zu gewinnen".[3] Rückblickend bis zur Steinzeit 30.000 vor Christi kann dies als die älteste Stufe menschlicher Kulturentwicklung angesprochen werden, in der als Material für die Herstellung von Waffen und Geräten der Stein und für die gebräuchlichsten Handwerkzeuge und Haushaltsgeräte der Knochen verwendet

---

[2] Rombach, Heinrich: Phänomenologie des sozialen Lebens, Grundzüge einer Phänomenologischen Soziologie, Freiburg/ München 1994, S. 108
[3] Freyer, Hans: Die moderne Technik, in: Herrschaft, Planung und Technik, Weinheim 1987, S.129

wurden. „Technik ist älter als alle Wissenschaften. Wir charakterisieren die ältesten Kulturen, die wir nachweisen können nach ihren Geräten."[4]

Erst als die Nomaden um 10.000 vor Christi seßhaft wurden und sich dem Ackerbau zuwendeten, vollzog sich ein Wandel in der Entwicklung technischer Geräte. „Der Ackerbau setzt Technik voraus, sein Symbol ist der Pflug"[5], mit dem erste Ansätze für die Fortsetzung nutzbringender Technik zu erkennen waren und zum Beginn der Hochkulturen mit großen technischen Leistungen beitrugen. Der natürliche Drang des Menschen danach zu streben, seine für den Lebenserhalt notwendigen Körperkräfte zu entlasten, ließ ihn in seinem Umfeld zum Erfinder werden. So errang er um 4.000 vor Christi mit der Erfindung des Rades eine revolutionäre technische Errungenschaft, die einen Höhe- und Ausgangspunkt zukünftiger technischer Entwicklungen auslöste. Das Rad zur Beförderung schwerer Lasten und zur Nutzbarmachung fortschreitender Technik eröffnete den Menschen in ihrer Lebensweise neue Dimensionen. Damit brach ein neues Zeitalter an und weitere technische Errungenschaften veränderten und erleichterten den Fortgang der industriellen Revolution. Bereits mit dem Aufkommen des Materials Kupfer um 3.000 - 2.000 vor Christi, aus dem getriebene Behälter und gefertigte Geräte hergestellt wurden, lieferten diese den Menschen eine willkommene Ergänzung zu ihren täglichen Bedürfnissen, bis die Bronze als Legierung aus Kupfer und Zinn eine breit angewandte Verwendung fand. In dieser vorgeschichtlichen Epoche 1.200 - 700 vor Christi errang die Bronze eine hochentwickelte Technik bei der Herstellung von Waffen, Werkzeugen und Geräten für Haus und Hof. Die Verarbeitung der Bronze, die im europäischen Raum auf die Kultur einen großen Einfluß ausübte, ließ spezielle Berufe im Bergbau und im Bronzehandwerk entstehen, die damals schon eine

---

[4] von Weizsäcker, Carl Friedrich: Der Mensch in seiner Geschichte, München, Wien 1991, S. 147
[5] ebd.

arbeitsteilige Organisation abverlangten. Die Lage der betriebenen Bergbauwerke abseits der Siedlungen warfen neue Aspekte der Arbeitswelt auf, was zu den Umsiedlungen in die Gebiete der Metallvorkommen führte.

Um 1.000 vor Christi wurde die Bronzezeit, wenn auch nur zögernd, von der Eisenzeit abgelöst, weil der Abbau von Eisenerzen nicht den aufwendigen Bedingungen wie bei den Legierungsmetallen unterlag, das heißt, die Eisenerze konnten im Tagebau und bei größeren Vorkommen auch im Tiefbau fast allerorts gewonnen werden.

Obwohl sich das Eisen als nicht mehr wegzudenkendes Material durchgesetzt hat, konnte sich die Bronze für bestimmte Verwendungen bis heute behaupten. Der Gebrauch von verschiedenen Materialien für die Anfertigung von Werkzeugen und Geräten gaben den Menschen neue Lebensformen, die sich auf die sozialen Einrichtungen, Gebräuche und Lebensordnungen ausdehnten.

Die von der Technik aufgenommenen und zur Anwendung gebrachten Erfahrungswerte, haben in der Zeit der Antike die Handfertigkeit steigern und damit zu einer erhöhten Produktion führen können.

Wenn Aristoteles sagt: "Die Technik vollende zum Teil dasjenige was die Natur nicht ins Werk zu setzen vermöge, zum Teil ahme sie die Natur nach, so ist das eine wundervolle Symbolisierung des Gesetzes, nach dem die Technik der Antike, des Mittelalters und zum großen Teil noch der frühkapitalistischen Jahrhunderte gebaut ist".[6]

Daraus erwuchs der Bergiff „techne" als Kunst und Fertigkeit und gaben den Menschen die Fähigkeit, mit viel Geschick technisch tätig zu werden. Sie wurden dadurch zu Impulsgebern eines stufenweisen Fortschritts.

---

[6] Freyer, Hans, a.a.O., S. 13

Mit der Anwendung der Wasser- und Windkraft erreichte die Technik einen neuen Höhepunkt, mit der die Schwerstarbeit und die mit ihr verbundenen Sklavenarbeit weiter abgebaut werden konnte. Mit zunehmenden technischen Verfahren wie der Gußeisengewinnung, die Schießpulverherstellung oder dem Buchdruck, die sich in der Folgezeit nach dem Mittelalter des 13-15. Jahrhundert Eingang in die Kulturen verschafften und zur Blüte materieller und geistiger Errungenschaften verhalten, stieg der Anspruch auf mehr Technik ohne zu wissen, welche Folgen diese Entwicklung hinterläßt.

Die sich anschließende Neuzeit kann als das Zeitalter der Entdeckungen und der Naturwissenschaften angesehen werden. Auf der Basis wissenschaftlicher Experimente und technischer Verfahren wurden stetig neue Erkenntnisse gewonnen. Hier ist, um nur einen zu nennen, Galileo Galilei (1564-1642), der mit seinen exakten Beobachtungen und Versuchen zu für die Technik bedeutungsvollen Ergebnissen und Werten gekommen ist. „Aus der Naturwissenschaft entsprang die Technik, zunächst angemessen als Befreiung des Menschen von Not und als Schöpfung neuen Daseinsgestalten sowie zweideutig als gleichzeitige Steigerung der Aufbau- und der Zerstörungsmöglichkeiten und schließlich verkehrt als totales Machenwollen aller Dinge".[7]

Die Technik und die Naturwissenschaften bedingten sich gegenseitig, wobei einerseits die technischen Hilfsmittel der Naturwissenschaft und andererseits die theoretischen Kenntnisse bei der Anwendung der Technik dienten, das heißt, man drang wissenschaftlich in die technischen Verfahren ein und gab der Technik eine Neuorientierung im Bereich ihrer technischen Forschung, die zu den Errungenschaften in der Textil-, Berg- und Hüttentechnik führten.

---

[7] Jaspers, Karl: Gedanken aus der Zeit, S. 71

Die Technik verlangte Weiterentwicklungen auf dem Gebiet der Kraftmaschinen, die auch auf der Grundlage naturwissenschaftlicher Kenntnisse systematisch betrieben wurden. „Wo die Maschine auftritt, weiß man: hier beginnt die neue technische Welt. Und nun wird sich nicht nur das Land und seine Bebauung, sondern auch der Mensch und seine Arbeit, die Gesellschaft und ihre Ordnung von Grund auf wandeln müssen, wenn wir die Glieder unsrer Lebenswelt wieder auf einen Nenner bringen wollen."[8] So kam James Watt (1736-1819) mit seiner Kolbendampfmaschine zu dem großen Erfolg, mit der tiefgreifende Veränderungen in allen Lebensbereichen hervorgerufen und das Industriezeitalter eingeläutet wurde.

Dieser Einschnitt in der Geschichte der Technik löste im letzten Drittel des 18. Jahrhunderts in England die Industrielle Revolution aus, die im Zusammenhang mit der französischen Revolution zu einer Umwandlung der Wirtschafts- und Sozialordnung in den westeuropäischen Ländern führte. Die Ökonomie nahm nun in Wechselwirkung mit der Technik ihren Lauf, begünstigt durch die Gewerbefreiheit und die Beseitigung herrschaftlicher Institutionen, Einführung in das Fabriksystem als neue Organisationsform gewerblicher Produktion, Trennung des Arbeits- vom Wohnort und die damit beginnende räumliche und soziale Mobilität, um nur einige Wirkungsmerkmale der beginnenden Industrialisierung zu nennen.

Die während der Industrialisierung im Mittelpunkt der Technik gestandene Dampfmaschine erhielt mit den Erfindungen der Verbrennungsmotoren, konstruiert von Rudolf Diesel (1858-1913) und Nikolaus Otto (1832-1891), weitreichende Konkurrenz, da diese vermehrt in den stationärverkehrstech-

---

[8] Freyer, Hans, a.a.O., S. 14

nischen Bereichen eingesetzt wurden, jedoch auf die Dampfmaschine als Antriebskraft vorerst nicht ganz verzichtet werden konnte.

Doch der Ruf nach leistungsfähigen Maschinen und Motoren blieb nicht ungehört und stellte die Wissenschaft und die Technik im Hinblick auf die in der Industrie beginnenden Rationalisierungsbestrebungen vor die Aufgabe, diesen Anforderungen gerecht zu werden und fortschrittlich neue Erkenntnisse auf dem Gebiet des Motorenbaus zu finden. So nahm die Elektrotechnik mit dem Begründer der Dynamomaschine und anderer technische Einrichtungen Werner Siemens' (1816-1892) ihren Lauf und wuchs im technischen Entwicklungsprozeß rasant an. „Die klassische Maschine fördert die Ballistik, die Dampfmaschine fördert die Thermodynamik, die Elektrizitätslehre ermöglichte den Elektromotor und elektrisches Licht, die Chemie förderte die Medizin und erzeugte Kraftstoffe".[9] Mit Blick auf die Geburtsjahre der von der Technik ausgelösten Industrialisierung ging von Friederick Taylor (1856-1915) der entwickelte Taylorismus als Lehre von der wissenschaftlichen Betriebslehre aus, mit der die Rationalisierung begonnen hat. Dies führte dazu, in dem Bereich der Technik und Wirtschaft Maßnahmen zu ergreifen, mit dem geringsten Aufwand eine steigende Produktion zu erreichen, was zur Einsparung menschlicher Arbeitskräfte durch Einsatz von Maschinen (Mechanisierung und Automation) führte und die Forderung nach technischer Spezialisierung Gehör verschaffte. So wuchsen die Ansprüche an die Technik und mit ihr die wirtschaftlichen Interessen, die einen erhöhten Schub der Auswirkungen auf das gesellschaftliche Umfeld erhielten.

Die Schiffahrt gewann für den Wirtschaftsbereich ebenso an Bedeutung wie der Straßen- und Eisenbahnverkehr und konnte sich vom Handelsschiff unter Segeln oder dem Galleerenschiff mit Rudern zum Dampfschiff mit Dampfturbinen bis zu

---

[9] Weizsäcker, Carl Friedrich von: Der Mensch in seiner Geschichte, München, Wien 1991, S.148

den Schiffen mit Motorenantrieb entwickeln, die heute je nach Verwendung im Personen- und Güterverkehr als Großverkehrsträger ihre uneingeschränkte Position einnehmen.

Die über die Landesgrenzen hinaus gewachsenen Wirtschaftsbeziehungen, die weitere Erschließung globaler Wirtschaftsbereiche und der damals schon vom schnellen Handeln gekennzeichnete Wettbewerb zeigten der Technik auf dem Gebiet des Luftverkehrs neue Herausforderungen auf, die vom Flugpionier Orville Wright (1871-1948) aufgegriffen wurden und der als Erbauer des ersten flugtüchtigen Motorflugzeuges genannt werden kann. Mit der weiterführenden Entwicklung des Flugzeuges, das sehr bald den Luftraum eroberte, wurde ein Verkehrsmittel in das Verkehrswesen eingereiht, das mit großen Reichweiten die Welt kleiner erscheinen ließ. Nur als Ergänzung soll die Weltraumfahrt angesprochen werden, die von in Raketen freigesetzter Energie angetrieben den Raumflug ermöglichte, und erst der Raketenforscher Wernher von Braun (1912-1977) konnte unter Hinzuziehung erster vorhandener Forschungs- und Versuchsergebnissen die Voraussetzungen für eine brauchbare Anwendung der Rakete schaffen, die heute wissenschaftlichen, kommerziellen und militärischen Zielsetzungen dient.

„Mit dem Maschinenwesen verbindet die moderne Technik, innerlich notwendig, das Streben, die gebundenen Energien des Erdkörpers zu aktivieren, sie in mechanische Arbeit zu verwandeln oder sonst in technisch weiterverwendbare Äquivalente umzusetzen. Was an latenter Energie vorhanden ist, in Wäldern und Wässern, in der Kohle, in Ölen und Gasen und schließlich in den Atomsystemen, das in planmäßige Verwaltung zu nehmen und in Licht, Wärme und Bewegung zu transformieren - dieses Bestreben ist das zweite Merkmal, das dem Geist der abendländischen Technik seinen völlig einmaligen Charakter in der bisherigen Geschichte der Technik ist."[10]

Nicht allein der technische Forschungsdrang oder die von der Wirtschaft geforderten Bedürfnisse waren Auslöser des Fortschritts, sondern wie schon immer in den vergangenen Jahrhunderten haben Kriege zur Steigerung technischer Entwicklungen beigetragen, die jede mögliche Förderung erfuhren und zu Friedenszeiten im zivilen Sektor die technischen Errungenschaften nutzbringend zur Anwendung bringen konnten. Es würde den Rahmen sprengen, alle von der „Kriegsführung" in den zivilen Bereich übernommenen technischen Entwicklungen aufzuführen, so doch sollen noch die Funkmeß- und Fernlenktechnik, die elektronische Technik, die Technik für die Rechen- und Regelungsanlagen in Gestalt des Computers und die Raketen und Kernenergietechnik angesprochen werden.

Was auch die Technik bis heute hervorgebracht hat, Erschließung von Energiequellen, Großanlagen zur Erzeugung von chemisch-pharmazeutischen Produkten, die Gentechnologie, die Computersysteme oder die Kommunikationsgeräte, um nur einige zu nennen, haben Erleichterungen aber auch Probleme auf allen Gebieten menschlichen Geschehens gebracht, die sich sozialstrukturell niedergeschlagen und einen kulturellen Wandel vollzogen haben oder wie es Karl Jaspers ausdrückt: „Aber erst die moderne Technik hat dies als das Verhältnis des Menschen fühlbar gemacht. Gegenüber der relativen Stabilität der technischen Zustände seit Jahrtausenden geschah seit dem Ende des 18. Jahrhunderts eine Revolution der Technik und damit des menschlichen Daseins im Ganzen, eine Revolution, deren Geschwindigkeit sich bis heute gesteigert hat.

---

[10] Freyer, Hans, a.a.O., S. 14

... Die Technik hat das tägliche Dasein des Menschen in seiner Umwelt radikal verwandelt, hat Arbeitsweise und Gesellschaft in neue Bahnen gezwungen".[11]

Die Technik sollte nicht abwertend gesehen werden, sondern eher als eine Mahnung verstanden werden, die zu einer ernsthaften Auseinandersetzung mit der Technik veranlassen sollte. Die zu beantwortende Frage lautet: Warum verlangt der Mensch die Technik, obwohl er sich im gleichen Zuge fürchtet und gegen sie Anklage erhebt? Sind die Menschen dazu angelegt, mit der Technik zu leben und diese zu bewältigen, das heißt es wäre illusorisch zu glauben, ohne die Technik leben zu können, zumal der Mensch sich mit der Technik „häuslich" eingerichtet hat. Er nimmt die technischen Einrichtungen als selbstverständlich hin, ohne zu bedenken, welch ein Aufwand an Organisationen und Arbeitskräften die Funktion beim Einschalten des Elektroherds oder des Fernsehapparates erforderlich sind. Hieraus ist zu schließen: Die „ambivalente Beurteilung der modernen Technik ... ist zum integrierenden Betsandteil unseres Lebens geworden, so daß ihre radikale Ablehnung angesichts der weltweiten wirtschaftlichen Abhängigkeitsbeziehungen zu einem allgemeinen Zusammenbruch führen mußte. Die Technik hat zur Entlastung physischer Arbeit geführt und neben früher ungeahnten materiellen Wohlstand und Komfort auch eine umfassende Daseinsfürsorge (medizinische Versorgung, soziale Sicherheit) ermöglicht".[12] Technik ist nicht nur angewandte Physik, sie ist mit der naturwissenschaftlichen Forschung unauflöslich verbunden und schließlich ist die Industrie heute engstens mit der Technik in einem Prozeß gegenseitigen Nehmens und Gebens begriffen, weil die Forschung so aufwendig ist, daß sie nur vom finanziellen Aufwand der Gesellschaft getragen werden kann. So will es der

---

[11] Jaspers, Karl: Die moderne Technik, in: Vom Ursprung und Ziel der Geschichte, München 1949, S. 129

[12] Rapp, Friedrich: Die normativen Determinanten des technischen Wandels, in: Lenk, Hans und Ropohl, Günter (Hrsg.): Technik und Ethik, Stuttgart 1987, S. 32

Fortschritt, so will es die Menschheit oder wie es Hans Freyer ausdrückt: „Die Geschichte der Technik lehrt nichts so deutlich wie die Stetigkeit der technischen Erfindungen und ihren sinnvollen Zusammenhang mit dem, was ein Mensch auf Erden will".[13]

Ob die grenzenlose Herausforderung zur Entwicklung neuer Ideen und die Produkte automatisch zu einer Humanisierung der Gesellschaft führt, kann als wohlgemeinte Illusion gesehen werden, da die Technik nicht nur Probleme löst, sondern auch neue hervorbringt und die Risikobereitschaft eines modernen Lebens einschränkt. Deshalb stellt sich die Frage nach dem Orientierungsmaßstab technischen Handelns, das Verantwortung abverlangt und dem technischen Fortschritt hinsichtlich der Ethik Grenzen zu setzen sind.

---

[13] Freyer, Hans: a.a.O. 1987, S. 12

3. Grundlagen des Forschungsgegenstandes

3.1 Technik als interdisziplinärer Forschungsgegenstand

Technik ist als Mittel zu verstehen und „ ... entsteht durch Zwischenschiebung von Mitteln zur Erreichung eines Zieles".[14] Der Charakter der Technik beruht auf der Rationalisierung, auf der Verstandesarbeit und denkt in Mechanismen, wobei das Wissen über die Natur vorherrschend ist, oder wie es Karl Jaspers formuliert: „Wissen macht frei. Geistig ist nicht entscheidend die äußere Freiheit, welche auf begrenzten Gebieten das Wissen zur Herrschaft über Naturkräfte bringt. Diese liegt schon darin, daß ich, wo ich durchschaue, nicht mehr nur abhängig bin von einem Fremden. Aber sie vollendet sich erst in der liebenden Einigung mit der Wirklichkeit. Dies ist das Ziel des Wissens".[15]

Der Sinn der Technik besagt, daß sie Erleichterungen für den Menschen zu geben vermag, im Dienst für menschliche Zwecke steht und für die Gestaltung der Umwelt beiträgt, die den Menschen in seiner Lebenswelt kennzeichnet. Die Antriebskräfte der Technik zur Erreichung eines vom Menschen gewollten Zieles sind zweckverbunden, wobei technische Erfindungen mittels Verfahren realisierbar zur Herstellung der Produkte führen und lassen dann zwischen der Erfindung als geistige Betätigung und der Produktion als Arbeitsleistung den Wesensunterschied erkennen. Heinrich Beck sagt: „Technik ereignet sich überall als das Ergebnis einer Begegnung des menschlichen Geistes mit der Natur. Der menschliche Geist erfaßt die Natur und formt oder verändert sie nach seinen Zwecken und Zielsetzungen".[16] Erst die von den exakten Naturwissenschaften geschaffenen Voraussetzungen verhalfen der Technik im Sinne der von der

---

[14] Freyer, Hans: Herrschaft, Planung und Technik, Weinheim 1987, S. 131
[15] Jaspers, Karl: Vom europäischen Geist, in: Reden zur Zeit, Institut für Demokratieforschung (Hrsg.), Bd. 15, Würzburg 1979, S. 17f.
[16] Beck, Heinrich: Philosophie der Technik, Perspektiven zu Technik-Menschheit-Zukunft, Trier 1969, S. 27

Technik geprägten Lebensform des Menschen neue Perspektiven zu erschließen. Die von der Naturwissenschaft hervorgebrachten Erfindungen von der Muskel- zur Maschinenkraft geben dem Unternehmer unter Berücksichtigung der für den Arbeitsprozeß organisierten Menschen die wirtschaftliche Möglichkeit, eine erhöhte Produktion zu realisieren, oder wie es Hans Freyer zusammenfassend ausdrückt: „In der Entstehung der modernen technischen Welt hängen also zusammen: die Naturwissenschaft, der Erfindergeist, die Arbeitsorganisation".[17]

Obwohl die Technik noch weit vor Beginn des 20. Jahrhunderts wesentlich vom Handwerk geprägt war, haben sich danach sehr bald Verpflechtungen mit der Naturwissenschaft abgezeichnet, die gemeinsame Merkmale erkennen lassen, bei den nicht immer nur schwer Unterscheidungen wahrzunehmen sind: Technische Verfahren zur Herstellung einer Konstruktion kann als Experiment angesehen werden, das der Technik wiederum Erfahrungen einbringt, so daß beim naturwissenschaftlichen Experiment erneut von einem technischen Vorgang gesprochen werden kann, das heißt Technik und Naturwissenschaft stehen in wechselseitigen Beziehungen, die auch die Bereiche der Manipulation und der bedrohlichen Perspektiven tangieren können.

Die Technikgeschichte erläutert die Funktionsweise alter Techniken und stellt den schöpferischen Menschen in den Gesichtskreis des Betrachters. Wissenschaftler, die sich der Bedeutung der Technik im Lebensraum der Menschheit bewußt geworden sind, haben sich den Entwicklungen und den Ursachen sowie Wirkungen der Technik mit ihren Folgen für die Arbeitswelt und das gesellschaftliche Leben angenommen. Das Beziehungsgeflecht von Technik und den Wissenschaften soll zeigen, wie die Technik aufgrund menschlicher

---

[17] Freyer, Hans, a.a.O., S. 136

Entscheidungen gesellschaftliche Strukturveränderungen hervorgerufen und auf die Umschichtung kultureller Traditionen eingewirkt hat.

Ein Blick zurück auf die Entwicklung der Technik, die den Menschen einerseits große Erleichterungen brachte und andererseits seit der industriellen Revolution durch arbeitseinsparende Beschäftigung in Gefahr geriet, kamen doch Zweifel auf, ob die Technik mit dem rasanten Fortschritt dem Menschen dienlich sei. So blieb es nicht aus, daß sich um die Technik Auseinandersetzungen anbahnten und im Lebensbereich der Menschen soziale, wirtschaftliche und religiöse Einschnitte stattgefunden haben.

Erkennbare Probleme im sozialgeschichtlichen Bereich sind nicht rein technische, sondern soziotechnische, wobei die genannten Disziplinen als Anwälte theoretisch und methodisch den Zugang der Technik zu den Disziplinen zwecks gegenseitiger Verständigung verstanden werden soll. Nicht allein die wissenschaftliche Arbeit ermöglicht das Erkennbare, sondern erst der Mensch hinter der Maschine gibt mit seiner Arbeit den Blick frei für die Zusammenhänge der gesellschaftlichen Prozesse, das heißt die Technik muß mit den Disziplinen zu einem dialogfähigen Verhalten kommen, um einen Konsens zu finden, der die Erörterung gesellschaftlicher Wirkungszusammenhänge in Augenschein nimmt und einen für die Gesellschaft verträglichen Eingang in die Technikgestaltung erwirkt, wobei auf eine Überbetonung der einzelnen Disziplinen verzichtet werden soll.

Die Technik und ihr Forschungsdrang sind zu einem zentralen Thema der genannten Disziplinen geworden und fordern die Untersuchung heraus, die Ursachen und Wirkungen der Technik bei der Gestaltung des menschlichen Lebens herauszufinden. Ohne diese Erkenntnisse ist es nicht möglich, die Entwicklungsstufen zu erhellen und die Zusammenhänge von Mensch und

Technik in ihrer Bedeutung für die Gesellschaft zu erkennen. Aus dieser Sicht muß erkannt werden, daß eine Überordnung der Technik über die Disziplinen unweigerlich zu einer Unterordnung des Menschen, zu einer Versklavung des Menschen führt. So stellt sich die Frage: Ist die Technik in den Mittelpunkt des gesellschaftlichen Daseins zu stellen? Ja, jedoch nur im Einklang mit den Disziplinen und zur Bedarfsdeckung der Menschheit, das heißt die Technik hat den Menschen zu dienen. Hierzu Ernst Topitsch, wie Max Weber das Phänomen der Technik sieht: „Die Entzauberung der Welt zu vollziehen, und ihr menschlich gewachsen zu sein, hat Max Weber als Aufgabe und Schicksal des Forschers in seiner Zeit betrachtet".[18]

Es kann und muß ein Weg gefunden werden, eine interdisziplinäre Technikforschung zu betreiben, die in die Diskussion über die Arbeits- und Lebenswelt eingreift und dazu beiträgt, sinnvolle und akzeptable Lösungsvorschläge für diese Aufgabenfelder zu rekrutieren. Dies setzt voraus, daß der Techniker wie auch der Geisteswissenschaftler sich ihrer Verantwortung der Gesellschaft gegenüber bewußt sind und sich den gesicherten anthropologischen Kenntnissen über die Natur des Menschen nicht widersetzen. Hierbei ist die Philosophie als Grundorientierung der Thematik hilfreich, das heißt während die genannten Disziplinen als Einzelwissenschaften zu verstehen sind und sich auf Teilausschnitte des Wirklichen beschränken, wendet sich die Philosophie der Gesamtheit, dem Ganzen, zu und trägt zum Verständnis und Erkennen der Sachlagen bei. So ist alles, was das menschliche Denken angeht, Ausgangspunkt der Philosophie, die eine Entschlüsselung des Forschungs-

---

[18] Topitsch, Ernst: Max Weber und die Soziologie heute, Tübingen 1965, S. 37

gegenstandes bis in die Tiefen des Alltagslebens der Menschen zu geben vermag, wie auch Lothar Bossle meint: „Nur in einer solchen Einflechtung der Philosophie, vor allem Erkenntnis und Verständnis zu wecken, ist eine Voraussetzung geschaffen, damit auch die Soziologie nicht die ihr eigentümliche Aufgabe aus dem Blick verliert". [19]

Die Technik behält vom Ursprung der Menschheit bis hin zur heutigen Industriegesellschaft ihre epochale Bedeutung als Schlüsselposition im Werden und Wirken technischer Gestaltungen und wird hinsichtlich der Wechselwirkungen zwischen Mensch, Natur und Technik, unlösbar mit den genannten Disziplinen verbunden, den Auswirkungen des Wohlstandes und der Bedrohung des Menschen mit Respekt und verantwortlichem Handeln begegnen.

3.1.1 Technik und Soziologie

In der Folge der interdisziplinären Forschungsarbeit trat in den letzten Jahren die Soziologie ihren Siegeszug auf dem Gebiet der Technik an, nachdem die Technik die von Frederic Taylor (1856-1915) eingeführte Fließbandproduktion übernahm, das soziologische Denken in die reale Gestaltungswelt eingedrungen war, wobei sich die Nützlichkeit der Soziologie offenbarte, nicht nur im Denken, sondern auch im Handeln. Sie fand im Bereich der Industrie- und Techniksoziologie die Industriegesellschaft als ein soziales Phänomen, was mehr zum Verständnis der Problematik von Technik und Gesellschaft führte. Bevor dieses Kapitel fortgesetzt wird, soll der Begriff der Soziologie mit ihren vorangegangenen wissenschaftlichen Deutungen ins Blickfeld gebracht werden.

---

[19] Bossle, Lothar: Vorwärts in die Rückgangsgesellschaft. Zur Soziologie der Fortschrittsermüdung, Würzburg 1979, S. 115

Obwohl die Soziologie im weitesten Sinne in der Lebenswelt des Menschen immer schon eine Rolle spielte, ist sie im 19. Jahrhundert im Aufbruch der Industrialisierung zu einem Begriff geworden, der sich aus dem lateinischen „socius" (Geselle, Gefährte, Mitmensch) und dem griechischen „logos" (Wahrheit im weitesten Sinne Wissenschaft) zusammensetzt und als Gesellschaftslehre bezeichnet wurde, die sich als Wissenschaft mit den inhaltlichen Zusammenhänge des Lebens gegnwärtiger und historischer Gesellschaften beschäftigt hat.

Erst in der Mitte des 19. Jahrhunderts, als die Erforschung des sozialen Handelns ihren Anfang nahm, die nach natürlichen Gesetzen glaubte Aufschlüsse zu finden, nannte hier erstmals Auguste Comte (1798-1857) den Begriff „Soziologie" oder auch „Soziale Physik", was sehr bald widerlegt und erkannt wurde, daß das gesellschaftliche Leben nicht auf dem Leben der Natur beruht. Der Industrialisierungsprozeß setzte mit der Bildung neuer sozialer Spannungen die geisteswissenschaftliche Disziplin in Bewegung und löste eine Vielzahl soziologischer Fragestellungen aus.

Die Soziologie hat mit ihren soziologischen Betrachtungsweisen in allen Sozialwisenschaften Eingang gefunden, die über Bedingungen, Formen und Strukturen menschlichen Zusammenlebens Fragen zu stellen, mit denen sich insbesondere die Sozialwissenschaftler Emile Durkheim (1858-1917), Georg Simmel (1859-1918), Max Weber (1864-1920) und Ferdinand Tönnies (1855-1936), um nur einige Soziologen zu nennen, wissenschaftlich beschäftigt haben, wobei im besonderen Maße auf den hervorragenden Soziologen Eugen Rosenstock-Huessy (1888-1973) eingegangen werden soll.

In Eugen Rosenstock-Huessy waren, so Lothar Bossle, „der Erkenntnis- und Gestaltungsdrang gleichermaßen die Antriebe, welche Rosenstock-Huessy die

Soziologie zu einer Versuchung werden ließ", weil „... es ihm auf die Analyse der sozialen Strukturen als den Antriebskräften in der geschichtlichen Entwicklung angekommen ist".[20] Damit hat er seinen Weg zur Soziologie gefunden, wobei ihm seine Kriegserlebnisse und sein Erkennen der industriellen Arbeitswelt hilfreich zur Seite standen. Seine Erkenntnis der Soziologie als Erklärungswissenschaft drückte er aus, daß die Politikwissenschaft und die Soziologie als die Interpretationswissenschaften der modernen industriellen Gesellschaft anzusehen sind.

In seinem Buch „Die Arbeit tun die anderen" hat Rosenstock-Huessy die Soziologie als die Führungswissenschaft bezeichnet. Lothar Bossle meint hierzu: „Hier liegt - seit 1925 - eine frühe Erkenntnis in seiner Feststellung vor, daß die Soziologie die Schlüsselwissenschaft des 20. Jahrhunderts geworden ist".[21] Mit den Worten: „Weil ich mich nach dem Ersten Weltkrieg nach einer Ordnung für die Gesellschaft sehnte, habe ich am Ende sogar meinen Frieden mit dem Namen Soziologie gemacht"[22], hat er sein Bekenntnis zur Soziologie abgelegt und sich dieser Wissenschaft leidenschaftlich verschrieben. Seine Überzeugung wird auch bestätigt, wenn man sich an die Worte Alfred Webers erinnert, der einmal Studenten zurief: „ein Soziologe muß von einer leidenschaftlichen Objektivität sein - und nicht von einer belanglosen Fadheit".[23]

Rosenstock-Huessy befürchtete wie Max Weber und Goetz Briefs (1889-1974) eine „Entzauberung aller Lebensbezüge", die eine „Enttraditionalisierung" zur Folge haben würde. Es kommt dann zu einem Zustand der Daseinsverlorenheit und der existentiellen Frustration, wie er sich auf einem Stand hochrationalisierter

---

[20] Bossle, Lothar: Eugen Rosenstock-Huessy als Soziologe, in: ders. (Hrsg.): Eugen Rosenstock-Huessy-Denker und Gestalter. Neue Würzburger Studien der Soziologie, Bd. 14, Würzburg 1989, S. 17
[21] ebd., S. 19
[22] ebd., S. 20
[23] ebd., S. 21

Entwicklung in der Gesellschaft ergeben kann.[24] Hieraus erweckt eine Gefahr und Erkenntnis, daß er in seiner Soziologie von einem „Wagemut zu einer grenzüberschreitenden Soziologie" meint, das heißt, „einer Soziologie, die immer bereit ist, den methodisch gesetzen Rahmen zu sprengen, wenn die Wirklichkeit es verlangt".[25] Rosenstock-Huessy, der auf den Erkenntnisgebieten seiner Soziologie den Menschen stets in den Mittelpunkt stellt und ohne Anthropologie nicht auskommen kann, wobei im Blickfeld der Grenzüberschreitung zu entnehmen ist, „...daß er die Seriosität einer solchen Grenzüberschreitung immer gewährleistet sehen möchte durch die Feststellung, daß die Soziologie niemals auskommt ohne eine genügende Kenntnis des Menschen"[26], was nicht anders zu verstehen ist, daß er sich eine Soziologie ohne Anthropologie nicht vorstellen kann. Hieraus ist zu schließen, daß alle Verfahren, welche zu eingefahren sind, den Menschen hinter sich lassen, ihn einfach nicht mehr sehen. Die Abwesenheit des anthropologischen Erkennens ist es, was wir heute in permanenter Produktionsfreude vor uns haben.

Eugen Rosenstock-Huessy, der Soziologie gelebt und wie kein anderer die Soziologie interpretiert hat, läßt hinsichtlich dem Gedankengut von Manes Sperber (1905-1984) erkennen, „... daß er für die Ordnung ist, doch nicht für die Herrschenden, sondern zum Schutz der Schwachen"[27], was sein Denken und Handeln im Rahmen menschlichen Zusammenlebens in „einer geordneten Welt in Freiheit" auszeichnet und von der heutigen Soziologie als unentbehrlich angenommen wird. Die Erfahrungsinhalte innerhalb technischer Innovationsprozesse, die Unverzichtbarkeit der Soziologie zur wichtigen Grundlagenforschung gab der Soziologie in technischer wie auch in

---

[24] vgl. ebd., S. 23
[25] ebd., S. 26
[26] ebd., S. 26f.
[27] ebd.

arbeitssoziologischer Hinsicht einen interdisziplinären Grundcharakter. Soziologie als Erkenntnis- und Erfahrungswissenschaft wie auch als Handlungswissenschaft zu verstehen, die sich auf Beobachtungszusammenhänge, soziale Strukturbereiche und auf den sozialen Wandel beziehen, das machte die Soziologie zu einer Wissenschaft, „welche soziales Handeln deutend verstehen und dadurch in seinem Ablauf und seinen Wirkungen ursächlich erklären will"[28], was auch besagt, daß wissenschaftliches Erkennen sich an seinem eigenen Erfolg orientiert und diese Orientierung für die Soziologie Geltung besitzt.

Mit der fortschreitenden Industrialisierung, die zwischen den Arbeitern und Unternehmern zu sozialen Konflikten mit egoistischen und sittenwidrigen Ausschreitungen führte, bewirkte dieses politische Herrschafts- und Abhängigkeitsverhältnisse und soziale Umbrüche, die von der Soziologie neue Wege zur Erforschung der Ursachen und Wirkungen des Gesellschaftswandels abverlangten. Die Soziologie mußte von der Gegenwart in die Vergangenheit zurückschauen, das heißt sich der Geschichte bedienen, um Schlüsse in der Gegenwart zu ziehen.

Die Annahme lag sehr nahe, aus den Erfahrungen zu lernen und die Soziologie als ein System des sozialen Handelns anzusehen, um von den sozialen Tatsachen und dem Handeln des Menschen auszugehen. Dieses führte zu Fehlinterpretationen der behandelten Strukturen der Gesellschaft und zu Fehlschlüssen des sozialen Wandels.

Gleichfalls ist es abwegig, die Soziologie als die Wissenschaft oder die Lehre von der Gesellschaft zu definieren, da die wechselseitige Orientierung des Menschen in seiner alltäglichen Lebenswelt empirisch nicht erfaßt werden kann und nur unter dem Einfluß der Phänomenologie als Methode der Erkenntnis gesehen

---

[28] Weber, Max: Wirtschaft und Gesellschaft, Bd. 1, Köln, Berlin 1964, S. 3

werden muß. Lothar Bossle ist hier der Ansicht: „Gegen solche Verengungen in der Aufgabe der Soziologie gilt es, in deutlicher Wahrnehmung des Interesses, ihr wissenschaftliches Ethos zu schützen, doch hervorzuheben, daß die Soziologie zur Ideologie entwürdigt wird, wenn in ihren Methoden das Ziel der Aktion vor die Suche nach der wahrheitsbezogenen Erkenntnis gestellt wird".[29]

Die Soziologie ist eine Erkenntniswissenschaft, die den gesellschaftlichen Umgang des handelnden Menschen als Erlebnis und Erkenntnis der Wirklichkeit unter Berücksichtigung der geschichtlichen Vergangenheit und der jeweils gelebten Gegenwart erkennt. Hierzu Fedor Stepun: „Die eigene Zeit kann nur einer gestalten, der aus seiner Zeit heraus lebt und forscht. Aus seiner Zeit heraus leben heißt aber keinesfalls nur in seiner Zeit leben. Im Gegenteil: je größer der Erlebnis- und Erkenntnisradius ist, um so tiefer und fruchtbarer ist auch die Erkenntnis".[30] Die Soziologie in ihrer Wahrnehmung als Erkenntniswissenschaft zu begreifen, gibt der Forschung ganzheitliches Denken für die Deutung zwischenmenschlicher Beziehungen und ihrer sozialen Probleme, wobei die Anthropologie als Träger der Erkenntnis nicht verborgen bleiben darf. Dies um so mehr als die Technik bei ihrer nicht aufzuhaltenden Produktionssteigerung den Menschen aus dem Blickfeld verloren zu haben scheint.

Hier greift die Forderung nach der interdisziplinären Notwendigkeit, Technik mit der Geisteswissenschaft zu kombinieren, das heißt dem Techniker an sozialwissenschaftliches Gedankengut heranzuführen und auch umgekehrt. Hier geht es nicht darum, dem technischen Studium irgendein gesellschaftswissen-schaftliches Fach beziehungs-los beizugeben, um den Status einer höheren Allgemeinbildung zu erreichen, sondern es muß beim zukünftigen Techniker der

---

[29] Bossle, Lothar: Soziologie als Erkenntniswissenschaft, in: ders.: Vorwärts in die Rückgangs-gesellschaft. Zur Soziologie der Fortschrittsermüdung, Würzburg 1979, S. 99
[30] Stepun, Fedor: Soziologie und Leben, hrsg. von Carl Brinkmann, Tübingen 1952, S. 65

dringende Versuch unternommen werden, im Rahmen einer Spezialausbildung die Technik in eine enge Beziehung zu Mensch und Gesellschaft zu bringen, wobei der bereits im Beruf stehende Techniker nicht auszuschließen ist, wie es Friedrich Dessauer (1881-1963) verdeutlicht: „Aus ihrem Fach heraustreten, um in der Lenkung des gesellschaftlichen Geschehens gebührend Anteil zu übernehmen".[31] Nach technischen wie auch nach gesellschaftlichen Gesichtspunkten muß schon beim Ansatz zur Lösung technischer Entwicklungen eine Einsichtnahme in das Geschehen sozialen Ablaufs erfolgen, um verantwortungsbewußt entsprechende Entscheidungen zu treffen. Der Soziologie, die „durch manche zeitgeistsüchtige Verkürzungen ihrer Aufgabenstellung allzu sehr beeinträchtigt worden" ist, sollte im Interesse des Menschen und der Gesellschaft im Raum des technischen Fortschritts ein beachtenswerter Platz angewiesen werden, das heißt in Anlehnung an die Philosophie muß die Soziologie als eine Wissenschaft auf der Suche nach der „wahrheitsbezogenen Erkenntnis" begriffen werden und nicht, wie es Lothar Bossle ausdrückt: „Es entspricht offenbar dem Geist moderner Wissenschaftsgläubigkeit, nicht nur von den Sozialwissenschaften, zu denen die Soziologie gehört, sondern auch von den Geisteswissenschaften und schließlich auch von den Weltanschauungslehren, zu denen die Philosophie und Theologie, aber auch zuweilen die Naturwissenschaften gezählt werden, vor allem Aktionshilfen und weniger Erkenntnisse zu erwarten".[32] Das sagt mehr, daß die Geisteswissenschaft die Grundlage aller Forschungsgegenstände ist und bleibt, das heißt die Soziologie als Erkenntniswissenschaft hier von der Technik bei ihren sozialen und politischen Gesellschaftsproblemen akzeptiert wird und auch zur Anwendung kommt.

---

[31] Dessauer, Friedrich: Streit um die Technik, Frankfurt a.M. 1958, S. 234
[32] Bossle, Lothar: Vorwärts in die Rückgangsgesellschaft. Zur Soziologie der Fortschrittsermüdung, Würzburg 1979, S. 100

Die durch die Technik zunehmende Machtentfaltung darf nicht mißbraucht und nur von Priviligierten in Anspruch genommen werden, sondern teilhaben sollen alle an den von der Technik für die Menschheit errungenen Fortschrittserfolgen, was wiederum auch zu gesellschaftspolitischen Problemen führt. Diese Erkenntnis gibt zu denken, daß es unabwendbar ist, sich mit der Technik auseinanderzusetzen und ihrer Bedeutung nach Verständnis entgegenzubringen, um beiderseitig Technik und Soziologie zu einem Dialog zu veranlassen, der sich auf beiden Disziplinen befruchtend auswirken möge.

Schon im Frühstadium der Industrialisierung setzt sich die Technik mit den gesellschaftspolitischen Problemen auseinander und glaubte mit ihrer autonomen Eigendynamik die Arbeiterbedingungen in ihrem Umfeld beeinflussen zu können. Dies hat sich sehr bald seitens der Technik als ein Irrtum herausgestellt, weil sie die gesellschaftlichen Verflechtungen mit ihren anthropologischen, ökonomischen und politischen Wahrnehmungen nicht berücksichtigt hat und mehr einzelnen Interessen diente. Um die Technik bei der Durchführung ihrer technischen Vorhaben von ihren kopflastigen Konzepten freizumachen und mehr sozialverträgliche Technikgestaltung und Technikbewertung durchzuführen, sei dem Techniker geraten, die Verbindung zur Basis, zum werkschaffenden Menschen, nicht abreißen zu lassen und den Menschen in das technische Gesamtvorhaben einbeziehen, das heißt ihn in den Mittelpunkt des Geschehens zu stellen. Es sollte darauf hingearbeitet werden, daß Techniker und Soziologen zur Vermeidung von Konflikten zwischen der Herausforderung des technischen Fortschritts und der Gestaltung zwischenmenschlicher Beziehungen einen Konsens finden, der unumgänglich wegweisend dazu führt, daß die Technik mit ihren hochtechnischen Entwicklungen gleich einer Rationalisierungsspirale die sozialpolitischen und humanen Grundlagen akzeptiert.

---

müdung, Würzburg 1979, S. 100

Aus dieser Sicht erwächst die Notwendigkeit, mit der Technik zu kooperieren, damit die Herrschaft des Menschen über die Technik nicht entgleiten kann und die Grenzen des industriellen Wachstums nicht aus dem Blickfeld geraten darf.

Im Rückblick auf die anfänglichen naturwissenschaftlichen Experimente, die der Wahrheitsfindung in der Natur dienten, ist das Experiment heute Ausdruck des Willens zur Macht über die Natur. Obwohl dies als Befreiung des Menschen von Not und Sklaverei und als Gestaltung neuen Daseins zu werten ist, gibt es dem soziologisch-praktischen Denken den Hinweis auf die bedenklichen Realitäten der technischen Aufbau- und Zerstörungsmöglichkeit und dem daraus entstehenden Beziehungsgeflecht von Technik, Mensch und Gesellschaft.

Die Technisierung der Gesellschaft bewirkt spürbare Veränderungen im Berufs- wie auch im Alltagsleben des Menschen, sei es durch die Informationstechnik, dem Computerwesen, die technischen Großsysteme oder die Automations- und Robotereinrichtungen am Arbeitsplatz, um nur wenige den Menschen tief berührende Techniken zu nennen. Diese dringen in die Lebensbereiche des Menschen ein und verursachen Umgangsformen am Arbeitsplatz wie auch in ihrer freizeitlichen Gestaltung, die nur bewältigt werden können, wenn die Sozialwissenschaften, hier die Soziologie, ihre Unterstützung anbietet, die von der Technik akzeptiert wird. Für den betroffenen Menschen machen sich auch bei größter Rücksichtnahme Schwierigkeiten in betrieblichen wie auch im privaten Bereich, wenn der Arbeitsplatz verloren geht oder zwangsweise ein Wohnortwechsel erforderlich wird, was immer ein Einschnitt in die Lebensgestaltung bedeutet und soziale wie auch wirtschaftliche Veränderungen nach sich ziehen.

Während des Lebensverlaufs der Arbeiter und Angestellten, zwischen denen es heute kaum einen Unterschied mehr gibt, wird der soziale Auf- und Abstiegshergang von der Arbeitszufriedenheit, von der Leistungs- und

Aufstiegsmotivation und insbesondere vom Betriebsklima als Schlüssel der zwischenmenschlichen Beziehungen beeinflußt, die den menschlichen Verhaltensweisen zu einer Orientierung verhelfen. Auch der Versuch, beim Produktionsablauf von der klassischen Arbeitsteilung abzugehen und diese durch eine heute schon erprobte teilautonome Arbeitsteilung zu ersetzen, um die von der Wirtschaft geforderte Produktion effizienter zu gestalten, kann nur Erfolg haben, wenn die Technik mit der in Wechselbeziehung stehende Ökonomie die Soziologie herausfordert und ihr ein weites Betätigungsfeld einräumt, um Ungleichgewichte beider Disziplinen in ihren Wirkungsbereichen soziale Konflikte zu erforschen, sie zu lösen und die Erkenntnisse in den Dienst des sozialen Wandels zu stellen vermag, oder wie es Hans Freyer formuliert: „Hierbei konzentriert sich die Soziologie immer stärker auf Probleme der Ideologie, der Herrschaft, der Technologien, der Bevölkerungsvorgänge und des ökonomischen Wachstums".[33]

So wird der technische Fortschritt, der zur Befindlichkeit des Menschen gehört, immer wieder in der Lebensgestaltung des Menschen Probleme aufwerfen, bei den die Vielfalt technischer Lösungen nicht nur im sozialen, sondern auch im ökonomischen Umfeld gesehen werden muß.

---

[33] Freyer, Hans: Gedanken zur Industriegesellschaft, Mainz 1970, S. 133

3.1.2 Technik und Ökonomie

War es nicht immer schon so, daß die Menschen sich lebensbestimmende Verhältnisse vorgestellt haben, die bis heute der Erfüllung harren, weil sie sich zu den Wünschen, die sie befriedigen könnten, nicht einfach entschließen können. Aus dieser Unerschlossenheit resultiert das sogenannte „Wirtschaften" als Mittel, zweckbestimmend die beliebig vermehrbaren Produkte auf den Markt zu bringen, mit denen die Menschen für ihre Lebensgestaltung haushalten müssen, was wiederum mit dem Begriff „Ökonomie" zum Ausdruck gebracht wird: „Ökonomie (griechisch oikos = Haushalt). Wissenschaft von den Mechanismen und Reaktionsformen, mit denen sich Lebewesen an die Bedingungen ihrer Umwelt anpassen, mit deren Möglichkeiten gegenüber den Anforderungen der natürlichen Umwelt haushalten".[34]

Ohne auf die verschiedenen im Laufe der Industrialisierung ins Leben gerufenen Wirtschaftssysteme im einzelnen einzugehen, soll nur kurz auf die Soziale Marktwirtschaft eingegangen werden, die in einem späteren Kapitel noch ausführlicher behandelt wird. Sie hat ihre Wirkungsberechtigung nach dem Zweiten Weltkrieg durch die Verkörperung dieses Marktsystems Ludwig Erhard (1897-1977) in einer freiheitlichen Demokratie und offenen Gesellschaft gefunden.

Die Soziale Marktwirtschaft setzt Privateigentum und die Freiheitsrechte voraus, das heißt freie Berufs- und Arbeitsplatzwahl und Gewerbefreiheit, die den Teilnehmern an der Wirtschaft die Möglichkeiten erlauben, ohne Zwang im Rahmen der wirtschaftlichen Ordnung dem zentralen Prinzip von Angebot und Nachfrage als Steuerungsmechanismus der Wirtschaft nachzugehen. Das entscheidende Merkmal dieser Marktwirtschaft ist die relativ gesehene

---

[34] Hartfiel, Günter; Hillmann, Karl-Heinz (Hrsg.): Wörterbuch der Soziologie, 3. Auflage,

Zurückhaltung des Staates im Ablauf des Marktes, das heißt er überläßt der Wirtschaft unter Berücksichtigung einer Gesellschaftsordnung dem freien Spiel der Kräfte, wobei die Subsidiarität dem Staat als Hilfe für kleine Gemeinschaften erlaubt. Anläßlich einer Diskussion im Jahre 1959 in Bad-Neuenahr sprach Alfred Müller-Armack wie folgt über die Soziale Marktwirtschaft: „ Der Name Soziale Marktwirtschaft hat sich für unser Wirtschaftssystem eingebürgert, es ist eine Synthese zwischen einer freien und sozialen Gesellschaftsordnung", wie Lothar Bossle diese Worte in seinem Werk „Vom Sozialismus zum Ökonomischen Humanismus" übernommen hat.[35]

Die Forderung an den Markt stellt die Bedarfsdeckung, die von der Wirtschaft bzw. vom Unternehmer zwischen den Konsumenten und dem Hersteller über den Preismechanismus reguliert wird und zur Lenkung des Marktes beiträgt, die alleine beim Unternehmer liegt. Für den Ablauf des Marktes schafft der Staat hinsichtlich der sozialpolitischen Notwendigkeiten die entsprechenden Rahmenbedingungen, ohne das Prinzip der freien Marktwirtschaft aus den Augen zu verlieren. Anders obliegt dem Staat bei technischen Großsystemen, der Infrastruktur und der Energieversorgung die Aufgabe, als Versorgungsträger der Industrie und der Haushalte als Voraussetzungen für die Funktion der Wirtschaft zu sorgen.

Es ist wirtschaftlich verständlich, daß die Bedürfnisbefriedigung unter dem Aspekt der Kosten-Nutzen-Relation erfolgt, das heißt Rohstoffe, für die Produktion erforderlichen Maschinen und Arbeitskräfte zugunsten der effizienten Wirtschaftlichkeit zu nutzen. Ökonomie ist als Wissenschaft zu verstehen, die sich dem ökonomischen Prinzip der wirtschaftlichen Handlungsmaxime bedient;

Stuttgart 1982, S. 551
[35] Bossle, Lothar: Vom Sozialismus zum ökonomischen Humanismus. Die Synthese zwischen Sozialer Marktwirtschaft und Christlicher Soziallehre, München 1984, S. 68

das heißt Rationalität des Handelns und die Verwendung knapper Mittel für deren wirkungsvollsten Einsatz werden gefordert zur Deckung des menschlichen Bedarfs. Das zu erreichende Produkt ist mit geringem Aufwand für den Unternehmer bei gleichzeitig hohem wirtschaftlichen Erfolg zu erzielen.

Es wäre bedenklich anzunehmen, wenn die Wirtschaft, hier der Unternehmer, mit Hilfe des auf einen Höhepunkt treibenden Rationalprinzips seine Erträge weiter steigern zu wollen, die ihn zum Erreichen seiner Ziele dazu bringen kann, einer zentral gesteuerten Wirtschaft zu verfallen und ihm der Blick auf die Prinzipien der Sozialen Marktwirtschaft verloren geht. Das erinnert, wenn auch nur begriffsweise, da noch staatspolitische Faktoren im Wirtschaftsprozeß eine entscheidende Rolle spielen, an die Sozialistische Planwirtschaft in den ehemaligen Ostblockstaaten, die glaubten, nach einem zentralen Plan die Produktion zu steuern und unterlagen damit einem Trugschluß, der sie weit hinter den Erfolgen der freien Marktwirtschaft zurückfallen ließ und schließlich zum totalen Zusammenbruch ihres Wirtschaftssystems führte. Daraus ist zu schließen, daß mit dem Rationalitätsprinzip im Sinne der Sozialen Marktwirtschaft der Unternehmer im Wechselspiel mit der Technik seinen Verpflichtungen gegenüber seinen Mitmenschen nachkommen kann und seinen Gewinn in Grenzen hält, wobei nicht übersehen werden darf, daß Kapital für die Beschaffung der Maschinenausrüstung Voraussetzung ist bzw. „Die Kapitalbildung ist die Bedingung für den technischen Fortschritt, und zwar muß sie der Arbeitsteilung und der Maschinenverwendung vorausgehen".[36] Hier wird vom Unternehmer „wirtschaften" und „haushalten" abverlangt und zum „Sparen" im Interesse seines Unternehmens und seiner Mitarbeiter oder wie Adam Smith auf den „Spartrieb" verweist, das heißt „... mit der Zunahme des Kapitals, der als

---

[36] Freyer, Hans: Gedanken zur Industriegesellschaft, Besorgt von Arnold Gehlen, Mainz 1970, S. 63

Lohnfonds dient, sowohl die Menge in Tätigkeit gesetzten Arbeit wie ihre Produktion vermehrt wird".[37]

Gleichwohl wie die Wirtschaft ihre Handlungen auf der Basis des Vergleichs von Kosten und Nutzen die bestmögliche Bedarfsdeckungslösung zu erreichen vermag, ist auch bei der Technik zu erkennen, daß sie sich des ökonomischen Prinzips bedient, wie dies auch von Hans Freyer in „Herrschaft, Planung und Technik" gesehen wird: „Die Technik, so sagen gerade die Techniker selbst immer wieder, sei nichts als die vollkommene Durchführung des ökonomischen Prinzips. Immer der geringste Kraftaufwand für den maximalen Erfolg, immer das begehrteste Ziel auf dem geringsten Umweg, immer die vollendete Auswertung der verfügbaren Vorräte, - darin bestehe nicht nur das Verfahren der Technik, sondern darin erschöpfe sich ihr Sinn".[38] Technik und Ökonomie in ihren Wechselwirkungen auf der Basis des ökonomischen Prinzips handeln zweckrational, um eine technische wie auch wirtschaftliche Effizienz zu erlangen, die den Zielsetzungen entspricht, wobei der Mensch in seiner Lebensgestaltung und der Wert der Sicherheit eine wichtige Rolle zu spielen hat.

Technik und Ökonomie unterliegen zwei zentralen Aufgaben: Die Innovationsktaft und Leistungsfähigkeit für die Industrie den technischen Fortschritt zu wahren und hinsichtlich des Verbrauchs natürlicher Ressourcen bei den Verteilungsproblemen einen fairen „Kampf" um die materiellen Güter zu führen. Eine Verteilungsgerechtigkeit setzt auch voraus, daß unter Berücksichtigung des Ökosystems eine Technik entwickelt werden muß, die zur Einsparung der Ressourcen bei der Anwendung führt und im Blick auf die Überlebensfähigkeit die soziale Fürsorge nicht außer Acht gelassen werden darf.

---

[37] ebd.
[38] Freyer, Hans: Herrschaft, Planung und Technik, Aufsätze zur politischen Soziologie. Zur Philosphie der Technik, herausgegeben und kommentiert von Üner, Elfriede, Weinheim 1987, S. 8

Ein Blick auf den Umgang mit den von der Natur der Technik und der Wirtschaft gegebenen Ressourcen läßt erkennen, daß eine Lösung der aufgezeigten Probleme nur gefunden werden kann, wenn die Bewirtschaftung der Ressourcen beider Disziplinen sich im Gleichgewicht mit den Vorräten und Entnahmen befinden, wobei der Wettbewerb das Gleichgewicht gewaltig stören kann und die Technik für die Verfügbarkeit der Ressourcen Sorge zu tragen hat. Hans Freyer formuliert im Sinne Martin Heideggers, daß „Die Technik, so heißt es da wörtlich, entbirgt. ... Aber das Entbergen, das in der Technik von heute stattfindet, ist ein Hervorbringen nicht im Sinne des handwerklichen Bildens der Technik, sondern im Sinne des Herausforderns. Die moderne Technik stellt die Natur, fordert sie heraus, vor allem auf die in ihr verborgenen Energien hin"[39] und an anderer Stelle, daß die Technik „...mit ihrer charakteristischen Intention, die Energiereserven der Natur in die menschliche Verfügbarkeit zu bringen ...".[40] Das Wissen der Technik und der Ökonomie um die Erdschätze der Natur erweckt den Willen, diese zu nutzen, um den Menschen zur Gestaltung ihrer Lebenswelt zu verhelfen, aber auch diese den Belangen des machtstrebenden technischen Fortschritts zur Verfügung zu stellen und dem industriellen Unternehmer damit den Weg zum Erfolg freizumachen.

Mit dieser Erkenntnis, daß Wissen auch Macht sei, die heute in der Technik, Wirtschaft und Politik im Rahmen der Neugestaltung im Wandel der Industriegesellschaft ihre Bedeutung erlangt hat, wird von Hans Freyer der von Francis Bacon (1561-1626) geprägte Satz interpretiert: „Wissen ist Macht. Die Wissenschaften anderer Zeitalter und Kulturen sind sich bewußt gewesen, daß Wissen Würde, Glück, Seligkeit sein könne. Daß Wissen Macht, nämlich Macht über die Natur ist, weiß erst die Wissenschaft der abendländischen Neuzeit, und

---

[39] Freyer, Hans: Gedanken zur Industriegesellschaft, Mainz 1970, S. 150
[40] ebd., S. 151

erst für sie gilt es".[41] Wenn von der Macht der Politik und hier auch der Wirtschaft gesprochen wird, ist die Technik von beiden nicht weit entfernt und erscheint der Gefahr ausgesetzt zu sein, sich in die Denkformen des Totalitären und dem naheliegenden Utopischen zu begeben. Diesem Sinnen nach Macht ist Widerstand angesagt, das heißt nicht Verbote für bestimmte Forschungsgebiete können die Macht einschränken, was sowieso nicht realisierbar ist, sondern das Bewußtsein ethischer und christlicher Begriffe haben hier Grenzen zu setzen.

Die Wirtschaft, hier der Unternehmer, wird stets bemüht sein, die von der Technik gelieferten Leistungen für seinen Konsumentenbedarf mit dem möglichst größten Gewinn zu übernehmen, selbst auf die Gefahr hin, sein soziales Verhalten zu strapazieren, das heißt obwohl der Unternehmer im Rahmen seines Leistungsprinzips auch im Interesse seiner sozialen Verpflichtung einer Herausforderung obliegt, läßt die Erfahrung doch erkennen, daß wirtschaftliches und soziales Handeln in keinem Widerspruch stehen muß, denn „durch seine Arbeit ist der Mensch in die wirtschaftende Gesellschaft eingeflochten. Die Arbeit, die er geleistet hat, objektiviert sich aber in ihren Produkten"[42], die dem Unternehmer zufällt und gemäß seinem Berufsethos für seine Mitmenschen in seinem Unternehmen verantwortlich ist. Hieraus läßt sich die Forderung des Arbeitskreises Evangelischer Unternehmer e.V. und des Bundes Katholischer Unternehmer e.V. ableiten, „... daß eine menschenwürdige Ordnung von Wirtschaft und Gesellschaft eines christlichen Bildes vom Menschen und von der Gesellschaft ist", und „daß der unternehmerisch Tätige in einer freiheitlichen Wirtschafts- und Gesellschaftsordnung nicht nur eine unverzichtbare

---

[41] ebd., S. 148f.
[42] Freyer, Hans: Gedanken zur Industriegesellschaft, Mainz 1970, S. 61

wirtschaftliche Funktion hat, sondern gleichzeitig für die Erhaltung und Fortentwicklung dieser Ordnung ein hohes Maß ethischer Verantwortung trägt".[43]

Der Unternehmer ist also an der Mitverantwortung seiner Arbeitnehmer eingebunden und kann nicht als Alleinherrscher im Wirtschaftsleben gesehen werden, zumal der Gesetzgeber mit seinen Rahmenbedingungen die Ordnung der Wirtschaft sozialethisch in Funktion hält und nicht zuletzt die Technik als Schrittmacher der Wirtschaft erweitert dem Unternehmer seinen Abhängigkeitsbereich, das heißt Technik und Ökonomie standen sich immer schon in wechselwirkender Abhängigkeit gegenüber und haben heute im Zuge ihrer engen Verhältnisse eine neue Arbeits- und Lebenswelt geschaffen. Die Vielschichtigkeit der Technik in ihrem Fortschrittsdrang läßt zunehmende Neuorientierungen des Wirtschaftsprozesses erkennen, die das Verhältnis der Menschen zueinander einen Wandel im Bereich des sozialen Lebens ausgelöst und beide Disziplinen für die Industriegesellschaft an Bedeutung gewonnen haben.

Die Wirtschaft kann sich einerseits der Anwendung des technischen Fortschritts nicht entziehen und andererseits wird sich die Technik den Vorgaben der Wirtschaft im Rahmen der Bedarfsdeckung und dem Wechselspiel einer endlosen Spirale folgend anpassen müssen, was sonst zur überhöhten Rationalisierung führen kann und hieraus soziale Auswirkungen entstehen können. Beim wechselseitigen Zusammenspiel von Technik und Ökonomie, ist die Ökonomie so zu verstehen, daß sie der Technik den Antrieb gibt, für ihren Bedarf zu forschen, entwickeln und zu produzieren.

---

[43] Fetsch, Cornelius: Die Erneuerung der Sozialen Marktwirtschaft. Ein Modell für Europa, in: Bossle, Lothar; Kell, Peter (Hrsg.): Die Erneuerung der Sozialen Marktwirtschaft. Festschrift für Heinrich Kürpick zum 60. Geburtstag, Paderborn 1995, S. 48.

Historisch gesehen lag der Antrieb schon im kapitalistsichen Wirtschaftssystem als Theorie des Individuums im Gegensatz zum Merkantilismus im 18. Jahrhundert, der die Wirtschaft mit Hilfe des Staates regulieren wollte, dem Adam Smith (1723-1790) widersprach und für die Förderung des wirtschaftlichen Gemeinwohls eintrat, in dem den Menschen frei überlassen werden sollte, ihren persönlichen wirtschaftlichen Interessen nachzugehen.

Auf die Frage unter Berücksichtigung der humanen Grundzüge, ob alles was für die Technik möglich ist, auch verwirklicht werden und der Fortschritt der Technik als Vollstrecker ökonomischer Bedarfsansprüche herrschen muß, weiß Hans Jonas die Antwort: „Es ist ein Vorurteil, nur bei uns geläufig, daß Stillstand, Rückgang, Beharren, Verfall bedeuten muß. Wahr ist dies nur, wo der Fortschritt herrscht, also wahr für uns. Aber nirgends steht geschrieben, daß er herrschen muß".[44]

Da die Technik aus ihren Erfahrungen und Erkenntnissen zweckdienliche technische Produkte und Verfahrensweisen für die Ökonomie zur Anwendung bringt, also fortschrittlich herrscht, setzt die Technik aus den rein wissenschaftlichen Experimenten diese für die Produktion erforderlichen Maschinen um, was auch dazu führt, daß erst durch mehrere Forschungsergebnisse zusammen die Technik anwendungsfähig und somit fortschrittlich wird. So kam es auch dazu, daß erst die Entwicklung der Werkzeugmaschinen den technischen Grundstock moderner Fertigungstechnik schuf, also den Maschinenbau, der als Produzent von Investitionsgütern zum strategischen bedeutungsvollsten Sektor für die gesamte technische und ökonomische Entwicklung geworden ist.

---

[44] Jonas, Hans: Wandel und Bestand, Frankfurt/a.M. 1970, S. 30

Im Interesse der Wirtschaft und ihrer Wettbewerbsfähigkeit werden im Zusammenhang funktioneller Forschung und Technik in den Großbetrieben die in eigenen Forschungsstätten für sie zweckdienlichen Forschungsergebnisse entnommen, um im Wettbewerb den für sie erfolgreichen Platz einnehmen zu können. Die hier aufgezeigten ineinandergreifenden Beziehungen von Technik und Wirtschaft haben einen existierenden Stand der Leistungsfähigkeit, die wegweisend dem Markt zwar dient, aber auch industrielle Verflechtungen verursacht, die den Mittelstand als Lieferant technischer Entwicklungen an die Großindustrie aus seiner wirtschaftlichen zentralen Stellung mit Folgen im sozialgesellschaftlichen Leben zu verdrängen droht. Dieser nicht abwendbaren Entwicklung steht der Mittelstand dem industriellen Wirtschaftsprozeß gegenüber, der sich aus der Sicht des Geschehens nicht der Verantwortung entziehen kann. Dieser Feststellung zu begegnen, müssen Flexibilität und Motivation auf den Weg zum Innovationsdrang gebracht werden, der auf dem Weg der Dienstleistungen neue Zukunftsperspektiven für die mittelständigen Betriebe aufzeigen. Hier ist der Hebel anzusetzen, wenn die Arbeitsplätze vernichtenden Systeme der Großindustrie die verlorenen Arbeitsplätze von den neu zu schaffenden Dienstleistungsbetrieben aufgefangen werden sollen, die im technisch-wirtschaftlichen Gesamtsystem zu einem Stabilisierungsfaktor zu werden in der Lage sind. Hans Freyer spricht hier von einer „Wissenschaftlichen Zivilisation" und meint: „Nun sei sie eben das geworden: die materielle Basis unseres Lebens oder genauer das soziale Plasma, aus dem wir selber sind".[45]

Mit der Automatisierung oder dem Roboter am Arbeitsplatz, die dem tätigen Menschen zwar entgegenkommende Erleichterungen einbringen, schwindet der Bedarf an Arbeitsplätzen zugunsten der wirtschaftlichen Wachstumsdynamik, die

---

[45] Freyer, Hans: Gedanken zur Industriegesellschaft, Mainz 1970, S. 153

entscheidende Umwälzungen von den Wirtschaftsstrategien abverlangt und auf dem Gebiet der Bedürfnisdeckung den Markt in Bewegung setzt, wobei die Industrie in den Dienstleistungen einen Verbündeten für die Leistungen ihrer im Konsumgeschäft angebotenen Produkte sieht. Hieraus erwachsen die Dienstleistungen zu Betrieben mit ihren Maschinen und Geräten, die industriellen Charakter einnehmen und sich zu Mittelstandsunternehmen entwickeln, somit als gleichwertige Partner eine Position beinhalten, ohne die der technisch-ökonomische Fortschrittsdrang zum Erliegen kommen würde.

Die Zukunft der Medien, auf die später ausführlich eingegangen wird, nehmen im heutigen Gesellschaftsbereich einen unübersehbaren Platz ein und begleiten die Menschen auf dem Weg in die sogenannte Informationsgesellschaft, die sich in der Verflechtung von Computern, Telekommunikation und Fernsehen, um nur einige zu nennen, in ihren vielfältigen Ausführungen auch Multimedia genannt, begeben hat, was der Wirtschaft ein Wachstum größten Ausmaßes beschert. Aus diesen erfreulichen Zukunftsperspektiven für den Arbeitsmarkt leiten sich Tätigkeitsstrukturen ab, die sich in den Qualifikationsanforderungen im Ausbildungsbereich niederschlagen und von beiden Disziplinen ein mit technischen Inhalten behaftetes Berufsprofil abverlangt wird.

Kreativität, aber auch Mobilität und Umsetzungsfähigkeit werden vom Techniker wie auch vom Ökonom unter Berücksichtigung der Dienstleistungsangebote bei der Gestaltung des Medienmarktes gefordert, ohne das Prinzip der Sozialen Marktwirtschaft zu verletzen.

Folglich sind Innovationen, Produktion, Warenabsatz und Dienstleistungen nicht zu trennen, wobei Technik und Ökonomie unter Einbeziehung der Dienstleistungen sich im Konsens beiderseitiger Interessen befinden sollten und auch bei ihren Zielsetzungen den heute sehr strapazierten natürlichen Ressourcen

Beachtung geschenkt werden muß, um nicht, wie im Werk „Eugen Rosenstock-Huessy - Denker und Gestalter" knapp und deutlich formuliert wird: „Man darf nicht alles, was man kann"[46], alles bewältigen wollen. Es besteht kein Zweifel, daß Technik und Ökonomie unter Berücksichtigung ökologischer Probleme gekoppelt soziale Folgen beinhalten, wobei doch Technik und Ökonomie dominierend zur idiellen und materiellen Bereicherung des Lebens beitragen und eine gewisse Lenkung des gesellschaftlichen Geschehens übernommen haben, die nur Geltung gewinnen kann, wenn auch die christliche Religion der „Nächstenliebe" im Wandel der Gesellschaftsordnung Eingang erhält.

3.1.3 Technik und Religion

Der Mensch ist in die Schöpfung Gottes eingebunden und steht als den von Gott eingesetzten Statthalter in der Verantwortung für die ihm anvertraute Schöpfung auf Erden. In der Bibel ist zu lesen: „Und Gott segnete sie und sprach zu ihnen: Seid fruchtbar und mehret euch und füllet die Erde und machet sie euch untertan und herrschet über die Fische im Meer und über die Vögel unter dem Himmel und über alles Getier, das auf Erden kriecht".[47] Gemäß dieses alttestamentarischen Schöpfungsverständnisses steht der Mensch in einer Sonderstellung, den an ihn herangetragenen Auftrag zu erfüllen und für die Daseinsbedürfnisse der Menschen im Glauben an die Schöpfung Gottes Sorge zu tragen, oder wie es Friedrich Dessauer (1881-1963) formuliert: „Ich tue den Willensschritt zum Glauben, um zu erkennen; Zugreifen also, um zu bekommen".[48]

---

[46] Filipec, Jindrich: Eugen Rosenstock-Huessy und die Wurzeln der gegenwärtigen europäischen Alltagskultur, in: Bossle, Lothar (Hrsg.): Eugen Rosenstock-Huessy, Denker und Gestalter, Neue Würzburger Studien zur Soziologie, Würzburg 1989, S.115
[47] 1. Mose, Vers. 28
[48] Dessauer, Friedrich: Naturwissenschaftliches Erkennen, Beiträge zur Naturphilosophie, Frankfurt/a.M. 1958, S. 435

Vom Ursprung her haben die Religionen die Lebenswelt geprägt und die älteren Formen der Technik religiös begründet, wenn man bedenkt, daß die Technik mit ihren gewaltigen Tempelbauten und Kulturgütern die hierfür angewendete Materialverarbeitung mit sakraler Bedeutung im Dienste der Religion stand. Was heißt Religion? „Religion wird sprachlich im Lateinischen richtiger von regelere, weniger von religare abzuleiten sein. Danach sagt das Wort ein immer wieder Sichhineinwenden zu, ein sorgfältiges, gewissenhaftes Beobachten von etwas"[49] und weist auf die innerliche Frömmigkeit und Gottesverehrung mit der Vorstellung Gott als Person, von dem alle Dinge auf Erden ausgehen.

Die Grundlegung der christlichen Religion ist „nun aber Glaube, Hoffnung, Liebe, diese drei; aber die Liebe ist die größte unter ihnen"[50], welche Vertrauen auf den Beistand Gottes und den persönlichen Umgang mit Gott im Gebet auslöst. Ausdruck des Dankes für alles Gute verbunden mit der Bitte um Beistand ist der Glaube, der durch die Gnade Gottes dem Menschen die Zustimmung ermöglicht. Hier schließt sich die Aussage von Heinrich Rombach über das von Gott geschaffene „Gute" an mit den Worten: „Gott schafft die Dinge so, weil er sie als gut erkannt hat, sondern etwas ist gut, weil Gott es nicht anders schaffen wollte. Dies ist die Formel, die allein die Weltverhältnisse in ihrem Grund erklärt".[51] Folglich kann die Religion nicht ein Teil der lebensweltlichen Wirklichkeit sein, sondern ein Ganzes als Erscheinung des Göttlichen im Weltgeschehen des Daseins der Menschheit in ihrer Lebensweise, wobei die Technik als Grundbestandteil in den Werken angesehen werden kann. Werden Gottes Schöpfung, die Religion und der Glaube als eine anthropologische Grundbe-findlichkeit und die Technik als ein Urphänomen des Menschen mit der

---

[49] Brugger, Walter (Hrsg.): Philosophisches Wörterbuch, Freiburg i.Brsg. 1976, S. 325
[50] 1. Korinther, 13.Kapitel, Vers 13
[51] Rombach, Heinrich: Die Ontologie des Funktionalismus und der philosophische Hintergrund der modernen Wissenschaft, in: Substanz, System, Struktur, Bd. I, Freiburg i.Brsg. 1981, S.81

Zielsetzung schöpferischer Tätigkeit gesehen, ist zu erkennen, daß die Technik und Religion das kulturelle und schöpferische Leben beeinhalten, was auch die Worte von Kurt Magnus sagen: „Gott hat seine Schöpfung dem Menschen nicht fertig übergeben. Die Schöpfung geht weiter, und Gott bedient sich der Menschen, um nach seinem eigenen Plan sein Werk zu entfalten".[52] Daraus folgt, daß die Technik in ihrer schöpferischen Tätigkeit und die Religion in ihrem theologischen Wirkungsbereich die Lebenswelt durchdrungen haben, und die Menschen in der von der Technik vereinnahmten Gesellschaft in einer religiös ausgerichteten Welt im Einklang mit dem Fortschritt der Technik im Sinne der Weiterführung der Schöpfung Gottes leben.

Ohne auf die Zeiten des Vorsokratiker Anaxagoras (499-427), der mit seiner Lehre von der Sonne in Ungnade fiel, und die Errungenschaften des Nikolaus Kopernikus (1473-1543) und Galileo Galilei (1564-1642) mit ihren bekannten Folgen bis hin zu den naturwissenschaftlichen Höhepunkten im 19. Jahrhundert eingehen zu wollen, wo sich die Technik und Religion feindlich gegenüberstanden. Dieser Zustand hat sich danach zu einer aufeinander zugehenden Haltung entwickelt und sich im Wandel des technischen Fortschritts zu gegenseitigen tiefgreifenden Beziehungen entfaltet. Friedrich Dessauer hierzu: „Die Bekanntschaft mit dem Wesen der Technik und die Beobachtung der Entfaltung ihrer autonomen Kräfte in der Menschheit zwingen zu dem Schluß, daß Technik ethischen Eigenwert hat, immanente Religion trägt, daß sie, in der Sprache der Religion gesprochen, nicht gottesfern ist, sondern vom Schöpfer kommend und zu Gottes Thron führt".[53]

---

[52] Magnus, Kurt: Technik aus theologischer Sicht, in: Zeitfragen, die Verantwortung der Technik in unserer Zeit, 1. Auflage, München 1984, S. 28
[53] Dessauer, Friedrich: Philosophie der Technik, 2. Auflage, Bonn 1928, S. 144

Mit der im Laufe der Industrialisierung von der Technik verursachten sozialen und politischen Strukturveränderungen ist in Verbindung mit der Anwendung technischer Vernichtungsgeräte die Religion in ein Spannungsfeld geraten, das Spuren der Gottesferne hinterläßt. Der Mensch ist in einen zwiespaltigen Zustand versetzt, der bei Entscheidungen von „Gut" und „Böse" aus ethischer Sicht glaubt ohne Religion seine Lebensformen bestimmen zu können. Hier irrt der Mensch, der Mensch bedarf eines Haltes, denn Gottesferne führt zur Betäubung des Alltags mit seiner in Abhängigkeit geratenen Technik. „Was früher intimste Privatsache schien, die Sinngebung des eigenen Lebens beziehungsweise die religiöse Entscheidung, bekundet sich heute als öffentliche Angelegenheit von weltweiter existentieller Bedeutung. Mit der religiösen oder areligiösen Entscheidung, vor der der einzelne gestellt ist, trägt er heute nicht nur Verantwortung für sich selbst, sondern für alle anderen mit."[54]

Die um sich greifende Gottesferne mit der Ansicht, für alles selbst aufkommen zu können und den Beistand Gottes nicht bedarf, führt unweigerlich zur Ausbreitung des Atheismus und gibt Anlaß zur Besorgnis, daß der Religion ihr Fundament entzogen und an ihrer Stelle ein Ersatz geschaffen wird. Dieser in die Gesellschaft eingedrungene Wandel droht sich in ein Chaos zu verwandeln, wenn es nicht gelingt, die Natur und die von der Technik angewendeten Naturgesetze als die Schöpfung Gottes zu begreifen und die Menschen an das Christentum zu orientieren. Der Industrielle Kurt Herberts weist auf die Verfallserscheinungen hin: „Die Unbeweglichkeit einseitigen materialistischen Denkens und Handelns, das die Strukturen unserer Gesellschaft bestimmt und die zwischenmenschlichen Beziehungen beherrscht, muß zwangsläufig Unruhe, Lähmungen und Verun-

---

[54] Beck, Heinrich: Philosphie der Technik, Perspektiven zu Technik - Menschheit - Zukunft, Trier 1969, S. 88

sicherung hinterlassen".[55] Womit gesagt wird: Wenn die Religion mit dem Maßstab der Technik und ihrer Rationalität, ihrem Fortschrittsdrang und Streben nach Gewinn gemessen wird, sich eine Wirkungsweise der Technik bei den Gläubigen in der Gesellschaft offenbart, die trotz Notwendigkeit der Technik im Lebensvollzug der Menschen zu Problemen führt und Verunsicherungen auslöst bis hin in den Gefahrenbereich von Karl Marx (1818-1883), der eine klare Kritik an der Religion geübt hat und meinte, daß der Mensch die Religion macht und die Religion macht nicht den Menschen oder über den Menschen aussagt, daß der Mensch die Welt des Menschen, des Staates und der Gesellschaft ist und der Staat und die Gesellschaft die Religion produzieren. Marx unterstellt der Religion, sie sei das Elend der Menschen und meint: „Die Religion ist der Seufzer der bedrängten Kreatur, das Gemüt einer herzlosen Welt, wie sie der Geist geistloser Zustände ist. Sie ist das Opium des Volkes".[56]

Befindet sich der Mensch auch im Bereich des Bösen, so fühlt er sich doch als ein guter Mensch, wenn er meint, daß er zwar nicht an Gott glaubt und nichts von der Bibel weiß und doch ein guter Christ sei, weil er hilfsbereit ist und gute Werke tut. Diese im Alltag oft angetroffene Meinung, ein guter Christ zu sein, ohne an Christus glauben zu wollen, unterliegt dem Irrtum, das Christsein im Wechselbegriff für anständiges Leben zu sehen. Selbstverständlich sind immer wieder hilfsbereite Menschen anzutreffen, die nichts mit Christus zu tun haben wollen, jedoch das Leben der Christen orientiert sich am Wort Christi und an seiner Offenbarung, die den Menschen erst zum wahren Christen werden lassen. Die hier erbrachte Kurzform des Christseins weist auf die Wahrnehmung hin, die den Mitmenschen erschließt, wie er ist und nicht wie der Mensch ihn haben

---

[55] Herberts, Kurt: ..... dann mag die Erde in der Sonne verglühn, zweite erweiterte Auflage, Freiburg/i.Brsg. 1984, S. 19
[56] Weimer, Alois; Weimer, Wolfram (Hrsg.): Mit Platon zum Profit. Ein Philosophisches Lesebuch für Manager, Frankfurt/a.M. 1994, S. 276

möchte, das heißt er läßt die Möglichkeit offen, ihn in eine lebensfähige von der Nächstenliebe durchdrungene Gemeinschaft aufgenommen zu werden. Des Menschen Glaube an Gott, der dem Menschen in seinen Entscheidungen die Freiheit eingeräumt hat, jedoch durch Mißbrauch der Freiheit Sünde begeht oder sein will wie Gott, was nichts anderes bedeutet als Menschenfurcht statt Gottesfurcht, kann nur Christus helfen, wenn er spricht: „Vater, vergib ihnen, denn sie wissen nicht, was sie tun".[57]

Mit dem Thema „Christliche Religion und ihr Verhältnis zur Technik"[58] hat sich im Oktober 1985 die „Georg Agricola-Gesellschaft" beschäftigt und bereits schon bei der Einführung Übereinstimmung über die grundsätzliche Feststellung erzielt, daß die Religion keinesfalls die Technik verdammt noch abgelehnt wird. Es wurde gegenüber der Technik Toleranz gefordert und man sollte nicht „in Positionen für oder gegen die Technik erstarren, sondern man müsse in den Dialog treten, damit wir mit dem, was da geschieht, fertig werden und wörtlich vom Vertreter der katholischen Kirche, A. Stöckeln aus St. Gallen, gemeint: Denn wir müssen ja in dieser Welt leben".[59] Anders verhielt sich der protestantische Theologe H. Thielicke, wenn er von einer konservativen Haltung sprach, die er „keineswegs als Gegenposition zum lebendigen Fortschritt verstanden wissen wollte, sondern als eine Orientierung am Gelebten, immun gegen utopische und konstruierte Menschenbilder".[60]

Eine andere Meinung vertrat der Essener Philosoph G. Scherer, wenn er vor der Überbewertung der technischen Fähigkeiten warnte und auf die Frage, „ob wir

---

[57] Lukas 23, Vers 34
[58] Neue Technologien- oder der achte Schöpfungstag, in: VDI-Nachrichten,Nr. 45, 8. November 1985, S. 11
[59] Stöcklein, A.: ebd., S. 11
[60] Thielicke, H.: ebd.

alles dürfen, was wir können, mit Nein zu beantworten sei"[61], und ließ erkennen,

daß über Geschichtsphilosophie der Technik das ethische Urteil über die Technik

erreicht werden kann „und wies auf eine in der Technik anwesende Macht hin,

derer wir nicht mächtig seien".[62] Auch Thielicke warnte vor der Gefahr, daß die

Technik zum Herrscher werden könne, wenn die Technik vergöttert werde und

meinte, daß das technische Zeitalter zum „achten Schöpfungstag" gemacht und

Gott als Herrscher abgesetzt werde. Er erinnert an die dem Menschen gegebene

Verantwortung, die darin liegt, daß er im Auftrag Gottes die Welt erträglicher

machen soll, „wobei allerdings eine Änderung der Welt nicht ohne Änderung des

menschlichen Herzens möglich ist".[63] Er warnte vor dem Traum von einer

Gestaltung mit paradiesischen Zuständen: „Wer den Himmel auf Erden

versprach, hat sie bisher noch immer zur Hölle gemacht".[64] Diesen Worten

schließt sich auch Stöcklein an: „Die Technik ersetzt Gottes Reich nicht, sie ist

nur ein Entwicklungsstadium der Menschheit".[65]

Es kann nicht sein, daß sich der Mensch selbst mit der Technik zum Maß aller

Dinge macht, da im Rahmen seiner Freiheit Fehler unterlaufen, die ihn Mensch

werden lassen, was zu Scherers Überlegung führt: „Für den Menschen ist ein

Leben ohne Technik nicht möglich, aber die Technik macht nicht das ganze

Leben aus".[66] Hier können Friedrich Dessauers Worte mit den Aussagen

Übereinstimmung erhalten, wenn er wie folgt argumentiert: „Nun aber gibt die

neue Zeit nicht einigen, sondern Hunderttausenden die reiche Gabe der äußeren

---

[61] Scherer, G.: ebd.
[62] Scherer, G.: ebd.
[63] Thielicke, H.: ebd.
[64] Thielicke, H.: ebd.
[65] Stöcklein, H.: ebd.
[66] Scherer, G.: ebd.

Mittel, - darunter vielen, deren Menschtum weder der so gewonnenen Freiheit, noch der neuen Macht gewachsen sind".[67]

Technik, die zur Entlastung und Daseinsgestaltung im christlichen Sinne der Menschheit dient, läßt in Verbindung mit der göttlichen Schöpfung erkennen, daß die Technik in christlicher Deutung der Ideen, die der Erfinder als Lösung in der Gestalt der konkreten Wirklichkeit zu bringen vermag, als Vollendung göttlicher Schöpfung wahrzunehmen hat. Es „... treten dem konstruierenden Techniker komplexe von Gesetzmäßigkeiten entgegen in jedem Elementarteilchen seiner Konstruktion, welche er wählt, und er hat die Synthese zu suchen, die dem Ziel (ökonomische Gestaltung, hoher Nutzeffekt, leichte Bedienbarkeit, soziale Einfügung) sich fügt".[68] So kann die Funktion der Technik in Einklang mit der Religion als innere Erfahrung des subjektiven Erlebens im Glauben an das Ganze aufgenommen werden. Es ist verständlich, daß die Religion nicht nur einen Teil der Wirklichkeit wahrnimmt, sondern alles durchdringt und in ihrer Bedeutung bis zur heutigen Gegenwart die technischen Errungenschaften als Gottesgeschenke, als eine universale Offenbarung erscheint und für den Menschen als eine christliche Religion der Liebe interpretiert werden kann.

Immer schon bedingt Religion eine menschliche Gemeinschaft, die in engem Zusammenhang als eine Lebensgemeinschaft mit gemeinsamen Kulturen zu verstehen ist. Soziologisch erstreckt sich die Religion über ein weites Spektrum und weiß als Funktion beim Menschen in ihrem sozialen Leben unlösbare Probleme erträglich zu gestalten. Der Mensch sollte hierfür Dankbarkeit empfinden und die Religion nicht in Frage stellen. Warum den Menschen die Religion entgleitet?, darüber weiß Carl Friedrich von Weizsäcker eine Antwort zu

---

[67] Dessauer, Friedrich: Philosophie der Technik, zweite Auflage, Bonn 1928, S. 100
[68] ebd., S. 8f.

51

geben: „Die Rationalität der überlieferten Religion überzeugt nicht mehr", da „die Erlebnisse der Religion als bloße Einkleidung erscheinen".[69]

Ist doch der Techniker in seinen Forschungen und Entwicklungen auf Antworten angewiesen, die er als Offenbarung anzusehen gewillt ist, meint Friedrich Dessauer: „ ... wo die Frager und methodischen Forscher nun Gott zwar weder annehmen noch leugnen, aber mit der Möglichkeit zu rechnen beginnen, daß - gäbe es Ihn - er auch etwas zu sagen hätte?"[70]

Der Weg führt ins Verderben, wenn versucht wird, sich an Gottes Stelle zu setzen, dem Bösen nicht wiederstehen zu wollen und oft zu spät bemerkt wird, wie klein und ohnmächtig der Mensch gegenüber der Schöpfung Gottes ist. Hier kann die Religion als christliche Religion zur Aufklärung von Wahr und Falsch und zur Offenbarung von Gut und Böse ihren theoretischen Beitrag leisten. Die Erkenntnisse, eingebettet in den Lebenserfahrungen, haben gelehrt, was Machtgelüste des Menschen anzurichten imstande sind und bei allen widergesetzlichen Lebenserscheinungen sich der Technik bedienen. Mit dem Bekenntnis: „... und führe uns nicht in Versuchung, sondern erlöse uns von dem Bösen. Denn Dein ist das Reich und die Kraft und die Herrlichkeit in Ewigkeit Amen"[71] können die Menschen in ihren Krisen auch Ernüchterung erfahren und überzeugt werden, daß dem Machtstreben Grenzen gesetzt werden müssen und die Technik sich in Schranken zu halten hat, was ihr nicht schwer fallen dürfte, da sie vom Ursprung her in ihrer sakralen Bedeutung die Nähe der Religion nicht leugnen sondern verstehen kann.

---

[69] von Weizsäcker, Carl Friedrich: Beiträge zur geschichtlichen Anthropologie, in: Die Gedanken des Menschen, Frankfurt/a.M. 1980, S. 351
[70] Dessauer, Friedrich: Philosophie der Technik, zweite Auflage, Bonn 1928, S. 181
[71] Matthäus 6, Vers 13

Die Sinnrichtung der Technik als Herausforderung, Hervorholung und Verwirklichung liegt in ihrer Dynamik als Auftrag des Menschen. Sie ist positiv zu sehen, wenn neue technische Entwicklungen geschaffen werden, die dann auch zum Guten ausgeschöpft werden können, wobei sie sich der menschlichen Freiheit zuwendet, die höchsten Einsatz abverlangt, um den Menschen Glück und Zufriedenheit zu geben oder wie es Friedrich Dessauer so passend formuliert: „Technische Erlösung, technische Mittel allein machen nicht glücklich, nicht edel, aber sie sind wesentliches Element der Veredelung des Glückes, Faktoren der Kultur, ... solange Menschen leben, wird ihr Sein strebendes Kämpfen bedeuten. ... Die Ebene seiner Interessen bedeutet die Höhe der Kultur".[72]

Im Rückgriff auf die Technik und Religion als Ausgangsbasen lassen beide Disziplinen eine Verflechtung erkennen, wobei die Technik als Offenbarung der Lebenswelt eine religiöse Deutung erlangt und die Religion als Deutung des Lebens zu verstehen ist. Im Rahmen dieser Verknüpfung von Technik und Religion ist bei den gegenwärtig entstehenden Konflikten gesellschaftlicher Ohnmacht die Soziologie, von Eugen Rosenstock-Huessy auch „Gegenwartswissenschaft"[73] genannt, ihrer Rolle gerecht, wenn sie sich diesem Bereich der zwischenmenschlichen Beziehung widmet, den Forschungsraum Technik und Religion analysiert und als führende Geisteswissenschaft in Begleitung der Anthropologie bei der Lösung der stets neu aufkommenden Probleme ihre Aufgabe sieht.

---

[72] Dessauer, Friedrich: a.a.O., S. 101

[73] Bossle, Lothar: Eugen Rosenstock-Huessy als Soziologe, in: Bossle, Lothar (Hrsg.): Eugen Rosenstock-Huessy - Denker und Gestalter, Würzburg 1989, S. 19

3.1.4 Technik und soziologische Anthropologie

Ein Wesensmerkmal des Technikers ist das Machtstreben nach Beherrschung der Stoffe der Natur. Immer schon hat der Mensch mit der Technik zu tun gehabt, die bis zu den ältesten Kulturen reicht und den Lebensverlauf der Menschen ihren Ausdruck verlieh. „... so ist der Beginn der Technik eine plausible Grenzmarke zwischen biologischer Evolution und menschlicher Geschichte, Geschichte des Homo Faber"[74], der sich nach wie vor der Anwendung nutzbringender aber auch bedrohender Technik bedient. Der Ansatz zur Technik liegt beim Menschen in der Notwendigkeit, sich in seinem Lebensraum zu behaupten, Werkzeuge, Geräte und Waffen zu fertigen, die ihn befähigen, über seine natürliche Beschaffenheit hinaus, seinen Lebensraum zu bestimmen. Ob es sich um den Faustkeil, den Pfeil und Bogen oder sich um die Erfindung des Rades handelt, der Mensch hat sich immer im Laufe des technischen Wandels der technischen Errungenschaften als Ersatz für die ihm fehlenden natürlichen Fähigkeiten bedient. Ob es die Energiequellen zum Betreiben von Maschinen und Motoren oder eine andere dem Menschen dienende Technik sind, die ihn befähigen, Wünsche zu erfüllen und Erleichterungen zu realisieren, haben ihm den Zwang auferlegt, zu handeln. Der Mensch war somit schon immer mit der Technik verbunden. Wenn die Menschen seit Beginn der Industrialisierung der neuen Technik skeptisch aber auch hoffnungsvoll gegenüberstanden, mit ihr in eine Epoche des Aufbruchs zu „neuen Ufern" zu gehen oder wie es bei Hans Freyer zu entnehmen ist: „Edle Geister, die durchaus nicht gedankenlos mit dem Strom schwimmen, und die dem gefährdeten oder verlorenen Alten tiefe Liebe bewahren, sagen doch ja zur Entwicklung der

---

[73] Bossle, Lothar: Eugen Rosenstock-Huessy als Soziologe, in: Bossle, Lothar (Hrsg.): Eugen Rosenstock-Huessy - Denker und Gestalter, Würzburg 1989, S. 19
[74] von Weizsäcker, Carl Friedrich: Der Mensch in seiner Geschichte, München 1991, S. 147

Technik, glauben an einen menschlichen Sinn, ja sogar an einen höheren sittlichen Wert des anbrechenden Zeitalters".[75]

Die Technik steht in einem kausalen Verhältnis zum Zweck erreichbarer Mittel, wenn er in seinen Erfahrungen Ursache und Wirkung als Gebrauchsregel für das Erlangen technischer Vorhaben berücksichtigt, das heißt der Mensch tritt als Subjekt des Handelns auf und bleibt aufgrund seiner Geschichtlichkeit bemüht, aus seiner stets wiederkehrenden Bedrängnis technischer Probleme einen Weg zu finden, optimal das Ziel einer Lösung zu erreichen. Hieraus erwächst im Fortschreiten der immer wieder genötigten Forderungen des Menschen an seine Bedürfnisse der Zusammenhang zum Begriff des „Fortschritts". Im Rahmen der soziologischen Anthropologie sollte die Technik nicht nur als Gegenstand technischer Entwicklungen angesehen werden, sondern sie sollte auch dazu dienen, Formen des Zusammenlebens zu verursachen, sei es bei den Verhaltensweisen im Wohn- und Arbeitsbereich oder während der Freizeit, das heißt die Technik steht stets im Geschehen gesellschaftlichen Lebens als Wirkfaktor des Strukturwandels.

Die Soziologie und Anthropologie als zweierlei Wissenschaften zu sehen, die sich der Verknüpfung einzelner Teile zum Ganzen bemühen, wird die soziologische Anthropologie im Forschungsbereich ihrer Rolle gerecht, wenn die Anthropologie der Soziologie eine Hilfestellung einräumt. Ohne Berücksichtigung der Technik und ihrer Folgen im Lebensbereich der Menschen, fällt es schwer oder besser gesagt, wird es kaum möglich sein, das soziale Leben in seinem Wandel zu verstehen, da der Mensch bei seinen Verhaltensweisen vom Ursprungstrieb her die technischen Errungenschaften als soziales Wesen in das Umfeld seines Lebens und seinem sozialen Verhalten anpaßt. Hierzu Carl

---

[75] Freyer, Hans: Herrschaft, Planung und Technik. Zur Philosophie der Technik, hrsgg. und

Friedrich von Weizsäcker: „Der Mensch lernt sich selbst kennen, indem er mit anderen Menschen zusammenlebt, in ihrer Liebe geborgen, in ihrer Sprache seine Sprache lernend, in ihrer Sitte seine Ordnung findet. Insofern ist er ein ursprünglich soziales Wesen".[76]

Aus der Sicht der Anthropologie unterzieht sich die Technik im Blickfeld verursachter sozialer Strukturveränderungen der Soziologie, die in ihrer wissenschaftlichen Forschung gegenüber der Anthropologie als Disziplin der Sozialwissenschaft und ihrer Deutung nach als soziologische Anthropologie zu verstehen ist. Anthropologie stammt aus dem Griechischen und bedeutet: Das Wissen vom Menschen. Soziologische Anthropologie meint, „daß Kultur und Gesellschaft jeweils eine freie Schöpfung weltoffener Menschen seien, deren Rahmen und Struktur die materiellen Lebensbedingungen beeinflußt werden. Von besonderer Bedeutung ist die soziologische Anthropologie für Theorien der Sozialisation und des sozialen Wandels...".[77]

Wenn die Technik ihrem Zweck entsprechend in den frühen Zeiten mehr der Bedarfsdeckung diente, hat sie sich heute zu einem „Unternehmen" kaum überbietbaren Fortschritts entwickelt und den Menschen in seinen Lebensbereichen zum „Techniker"gemacht, der mit den Werken der Technik sich seiner Verantwortung bewußt sein muß und ihn auch nötigt, ethisch zu handeln. Es stellen sich die Fragen, welche technischen Handlungsmöglichkeiten darf der Mensch verfolgen, welche sollen sie verfolgen, um angemessene Leitlinien für soziotechnisches Handeln zu erhalten? Auf die Handlungsweisen und Handlungsfolgen bezogen, erhalten die Fragen in Anlehnung an die Worte der

---

kommentiert von Elfriede Üne, Weinheim 1987, S.10

[76] von Weizsäcker, Carl Friedrich: Der Garten des Menschlichen. Beiträge zur geschichtlichen Anthropologie, Frankfurt/a.M. 1980, S. 96

[77] Hartfiel, Günter; Hillmann,Karl-Heinz (Hrsg.): Wörterbuch der Soziologie, dritte Auflage, Stuttgart 1982, S. 28

christlichen Bergpredigt die Antwort: „Alles nun was ihr wollt, daß euch die Leute tun wollen, das tut ihnen auch. Das ist das Gesetz und die Propheten".[78] Oder mit dem Hinweis auf den Kategorischen Imperativ von Immanuel Kant: „Handle so, daß die Maxime deines Willens jederzeit zugleich als Prinzip einer allgemeinen Gesetzgebung gelten könnte"[79], wobei Kant in diesem seinen allgemeinen Gesetz eine absolute Pflicht meint, der sich der Mensch zu unterwerfen hat und als Ethikkonzeption zu verstehen ist.

In Folge dieser Betrachtung der Ethik im Zusammenhang mit den anwachsenden Größenordnungen der Macht der Technik führen diese Überlegungen in den Bereich der soziologischen Anthropologie, wo der Mensch gefordert wird, auf das Handeln des Technikers Einfluß zu nehmen, um seiner Verantwortung gegenüber seinen Mitmenschen im Sinne ethischen Handelns gerecht zu werden. „Das Ziel allen ethischen Handelns soll es sein, die menschlichen Lebensmöglichkeiten durch Entwicklung und sinnvolle Anwendung technischer Mittel zu sichern und zu verbessern".[80] Die Technik erfaßt den Menschen in seiner Arbeitswelt, bestimmt seine sozialen Lebensbedingungen und wirkt als Katalysator beim Wandel der Gesellschaft. Es genügen nicht die Ökonomie als Gestalter sozialpolitischer Gesellschaftsformen oder die sozialen Entwicklungs-prozesse der Technik, denn sie alleine üben auf das Geschehen nicht den zu erwartenden Einfluß aus, sondern die geistige Welt ist es, auf die nicht verzichtet werden kann. Sie wirken nebeneinander, Materie und Geist, im Bereich der soziologischen Anthropologie, wobei gewährleistet sein muß, daß sie ohne

---

[78] Matthäus, Kap. 7, Vers 12

[79] Baruzzi, Arno: Immanuel Kant, in: Klassiker des politischen Denkens, Bd. II, Von John Locke bis Max Weber, hrsgg. von Hans Maier, Heinz Rausch und Horst Denzer, München 1989, S. 148

[80] VDI-Richtlinien, VDI 3780, Entwurf vom April 1989, Empfehlung zur Technikbewertung, VDI-Hauptgruppe (Hrsg.): Der Ingenieur in Beruf und Gesellschaft , Düsseldorf 1989, S. 38

Kenntniss des Menschen und ohne eine grundlegende Anthropologie mit ihren Bezügen zu den geistigen und kulturellen Traditionen nicht auszukommen ist.

Bei den von der Technik angestrebten Problemlösungen sind zugleich auch Weltprobleme enthalten, die gemeinsam bei der Lösung des Gesamtproblems berücksichtigt werden müssen. Dieser Lösung aus dem Wege zu gehen, sich wertneutral aus der Verantwortung zu ziehen und die Technikfolgen der Gesellschaft der Politik zu überlassen, ist nicht Sinn und Zweck technischer Problemlösungen. Grundsätzlich sind die gesellschaftlichen Werte und das ethische Verantwortungsbewußtsein bei allen technischen Problemlösungen vom Techniker einzubeziehen, die bei der Technikbewertung nutzorientiert in der Gesellschaft ihren Niederschlag erfährt. Techniken mit ihren Naturwissenschaften als Garanten für die zu lösenden Probleme anzusprechen wäre anmaßend, da erfahrungsgemäß die Lösungen mehr dimensional gesehen werden müssen, das heißt ganzheitlich sind Ökonomie, Politik und nicht zuletzt die Religion und die Gesellschaft zu berücksichtigen, wo die Anthropologie sich im sozialen Umfeld dieser Lösungsaufgaben zu beweisen hat oder wie es Lothar Bossle formuliert: „Es gehört zu den elementaren Erfahrungen und Einsichten, daß nicht die Naturwissenschaften die Sieger unserer Zeit sind, sondern daß trotz einer häufigen Ausstellung des Totenscheins die Religiosität, wenngleich auch vielfach in kirchlich ungebundenen Formen, ihre anthropologische Beständigkeit bewiesen hat".[81] Bei den technischen Problemen führt der Weg zur Erfindung, die zweckorientiert nach den Worten des Volksmundes „Not macht erfinderisch" zur Lösungsfindung beiträgt und nach Friedrich Dessauer (1881-1963) in der Erfindung das Wesen der Technik erkennt: „Hier ist die Technik bei sich selbst, noch wenig verwischt und getrübt durch andere Faktoren der menschlichen

---

[81] Bossle, Lothar: Der unverzichtbare Dreiklang der europäischen Kultur, Glaube, Wissenschaft und Technik, in: ders: Die Überholung der Moderne, Paderborn 1996, S. 17

Gesellschaft".[82] Wenn Dessauer die Erfindung nicht alleine als Menschenwerk sieht und sich in einer Ideenwelt bewegt, kann er nur meinen: „Ich habe Dich in einer anderen Welt gefunden ..."[83]und führt die Lösungsideen auf die göttliche Schöpfung zurück, in der alles schon vorhanden ist und vom Erfinder nur auszuführen ist. Mit dieser Auslegung des Erfindens findet Dessauer beim Praktiker nur wenig Gehör, der die Erfindung als eine Leistung des Bewußtseins sieht, was Dessauer nicht überzeugt, weil er als gläubiger Christ die Schöpfung Gottes als Ursprung aller Erfindungen anspricht. Anders sieht Martin Heidegger (1889-1976) die Erfindung, wenn er die Technik als ein Teil der Erfindung sieht, ein „Her-Vor-Bringen bringt aus der Verborgenheit in die Unverborgenheit vor"[84] und spricht von „Entbergen" als Grund technischen Machens, was ebenso wenig von der Wirklichkeit technischen Handelns akzeptiert wird. Scheinbar ist bei der Deutung der Erfindung beiden Philosophen die Technikphilosophie mehr in den Vordergrund gebracht worden und weniger die für den technischen Fortschritt erforderlichen Erfindungen als Notwendigkeit für die Gesellschaft, die Ökonomie und Politik berücksichtigt worden. Vom Techniker wird heute die soziologische Anthropologie in seinem technischen Handeln abverlangt, wobei die Erfindung als Nutzungsidee für einen Zweck und als Erfolg eines Suchprozesses zur Lösung gesellschaftlicher Probleme zu verstehen ist. Hierzu meint Arnold Gehlen (1904-1976), daß das Problembewußtsein und die Vorstellungskraft im Einklang als Weltoffenheit des menschlichen Bewußtseins erforderlich sind.[85]

Kultur und Gesellschaft sind jeweils eine freie Schöpfung „weltoffener" Menschen, deren Rahmen und Struktur lediglich durch die materiellen Lebensbedingungen beeinflußt werden, wobei im Nachweisen empirischer

---

[82] Dessauer, Friedrich: Philosophie der Technik, Bonn 1927, S. 172
[83] ebd.
[84] Heidegger, Martin: Die Technik und die Kehre, Pfullingen 1961, S. 11
[85] vgl. Gehlen, Arnold: Anthropologische Forschung, Reinbeck bei Hamburg 1961, S. 53

Tatsachen des sozialen Zusammenlebens in einem geschichtlichen Ablauf von Menschen zu erfahren ist, wenn wie Theodor Geiger es zu formulieren weiß: „Die Gesellschaft muß in und zwischen den Menschen, nicht über ihnen gesucht werden"[86], um mit der soziologischen Analyse des Erkenntnisobjekts Gesellschaft zum Forschungsergebnis zu kommen. Hierbei sollte man sich hüten, auf gegenwartsorientierte Analysen zu verzichten, was sehr bald zum sogenannten Soziologismus führen kann, der versucht, „alles Menschliche ausschließlich von der sozialen Dimension her zu erklären"[87], was der modernen Soziologie als Erfahrungswissenschaft nicht entspricht. Also muß sie sich interdisziplinär an die Technik, Ökonomie, Religion und Anthropologie anlehnen, um insgesamt die Untersuchungsergebnisse kritisch überprüfen zu können. Es muß versucht werden, die Fakten der empirisch feststellbaren sozialen Zusammenhänge miteinander in Beziehung zu bringen, um „... ihre wechselseitige Beeinflussung zu erkennen und dadurch einen bestimmten Wirkungszusammenhang zu erklären".[88] Hieraus erwächst die Anthropologie als empirische Anthropologie, die untersucht, wie sich der Mensch in jener Hinsicht darstellt und entfaltet im Hinblick auf die soziologische Anthropologie, bei der der Mensch in seiner Ganzheit zu betrachten ist und dessen Verhaltensgründe freigelegt werden, jedoch die menschliche Bezogenheit auf die Bindung an Gott nicht unberücksichtigt werden darf und insgesamt gesehen, der Mensch in den Mittelpunkt des Geschehens gestellt werden muß.[89]

---

[86] Geiger, Theodor: Gesellschaft, in: Handwörterbuch der Soziologie, herausgegeben von Alfred Vierkandt, Stuttgart 1931, Neudruck 1959, S. 210
[87] Fürstenberg, Friedrich: Die Entwicklung der soziologischen Fragestellung, in: Soziologie, Hauptfragen und Grundbegriffe, dritte Auflage, Berlin, New York 1978, S. 11
[88] ebd., S.12
[89] vgl. hierzu auch: Scheler, Max: Die Stellung des Menschen im Kosmos, 11. Auflage, Bonn 1988, S. 87

Der Mensch ist hier in seinem Streben nach Errungenschaften der Technik gefragt, wie weit er sich des menschlichen Handelns bedient, wobei doch die erstrebte Sicherheit des Handelns nur über die vom Menschen selbst geschaffenen Institutionen (z.B. die Familie) als eine sozialgesellschaftlich geprägte Ordnung erlangt. Ohne Bezug auf die Technik und ihre Folgen zu nehmen, sind bei der Betrachtung des Verhaltens der Menschen das soziale Leben und ihre Strukturen nur schwer erkennbar. Erst wenn die Erkenntnis vorliegt, daß die in den Lebensbereich des Menschen eingedrungene Technik soziale Spannungen erzeugt und die Integration der Technik im Ablauf des agierenden Technikers differenzierte Sozialstrukturen entstehen läßt, die wachsenden Einfluß auf den sozialen Entwicklungsprozeß ausüben, veranlassen den Menschen, in seiner Daseinsführung die Sicherheit zu erlangen.

Der Techniker sollte die Technikfolgen beherrschen und diese auch abschätzen können sowie als Technikmensch rationaler Prägung seinen Mitmenschen gegenüber sich den Wirkungen seiner Handlungen bewußt zu sein, das heißt wenn nötig, Grenzen zu ziehen. Unter diesem Aspekt kann der Techniker seinen Handlungen nur gerecht werden, wenn er in diese die christliche Religion einschließt, die ihn befähigt, die Erkenntnis zu erlangen, seine technischen Errungenschaften als Schöpfungsergänzungen zu sehen und ihn überzeugt, diese mit gutem Gewissen den Menschen in ihren Lebensräumen als Geschenk Gottes zu stellen.

Zu glauben, mit dem Fortschritt der Technik, dem auch das Wirtschaftswachstums einhergeht, mehr Freiheit und Wohlstand für den Menschen erreichen zu wollen, unterliegt einem Trugschluß, da die Lebenserfahrung lehrt, daß der sicherste Weg für den Menschen seine Freiheit zu erhalten oder gar zu vergrößern ist, wenn er seine Wünsche verringert und sich in Bescheidenheit übt. Im Rahmen des gesellschaftlichen Wandels findet die soziologische Anthropologie ihr berechtigtes Betätigungsfeld und wird einbezogen zur Erstellung einer Beurteilung der veränderten Gesellschafts-strukturen. Der Mensch ist auf seine Mitmenschen innerhalb der Gesellschaft angewiesen; er lebt gewissermaßen in einer sozialen Abhängigkeit, die ihm ein gesellschaftsgebundenes Handeln auferlegt. Vom Menschen selbst ist nur wenig zu erfahren, was dazu führt, die sozialen Zusammenhänge der Gesellschaft zu analysieren, um die technischen Wirkungsmöglichkeiten und sozialen Abhängigkeiten, die sich im Lebensraum der Menschen abspielen, zu erkennen. Hierzu Friedrich Fürstenberg: „Die Gesellschaft grenzt also nicht nur das Verhalten ein, sie schafft ihm auch Spielräume".[90] Die Gesellschaft muß sich eine Orientierung zu eigen machen, die dem Technikverständnis beim Verhalten technischer Problemlösungen den nötigen Spielraum zu geben vermag, der den sozialen Standard ermöglicht und zur Lebensqualität der Gesellschaft führt. Die Technik wird stets davon ausgehen, im Hinblick auf den Sinngehalt des technischen Handelns durch verbesserte Verfahren Voraussetzungen zu schaffen, die der Realisierung von technischen Produkten die optimalsten Lösungen geben, um die anstehenden Probleme bei den vorgegebenen Zielsetzungen wertorientiert bewältigen zu können. Zur Ermittlung der Wertvorstellung treffen sich hier die sachbezogene Technik und die Geisteswissenschaften, wobei der Soziologie und der soziologischen Anthropologie die Aufgaben zufallen, interdisziplinär mit der Technik in der Entscheidungskompetenz gemeinsam die Verantwortung zu übernehmen.

Die Ausgangsbasis der soziologischen Anthropologie, den Techniker in seiner Deutung als Technikmensch verantwortlich im Alltagsleben der zwischenmenschlichen Beziehungen zu sehen, liegt im Bereich der Wirkungen seiner

---

[90] Fürstenberg, Friedrich: Soziologie, Hauptfragen und Grundbegriffe I. Die Entwicklung der soziologischen Fragestellung, dritte Auflage, Berlin, New York 1978, S. 7

Handlungen als Mensch für die Menschen dienende Zwecke. Mit dem Wissen der Anthropologie obliegt der Soziologie die Erkenntnis, die sie befähigt, den heute vom Eigennutz geleiteten Menschen in seinen Strukturen der Gemeinnützlichkeit zu erkennen und unter Beziehung der Technik auf den sozialen Wirkungsbereich menschlichen Verhaltens Einfluß zu nehmen, wobei die staatliche Zuhilfenahme nicht auszuschließen ist, die bezüglich entsprechender Rahmenbedingungen kooperativ den Weg zur Schaffung eines sozialen Friedens aufzuzeigen in der Lage sein muß.

Bei jeder nur denkbaren Forschung der Technik muß vom ganzen Menschen ausgegangen werden, der von der Anthropologie aufgenommen und wechselwirkend in seiner soziologischen Beschaffenheit analysiert wird, wobei der Soziologie, die nicht als Gesellschaftswissenschaft zu verstehen ist, die anthropologische Bedeutung zukommt, oder wie es Lothar Bossle deutlich macht: „Die Geschichte der Gesellschaftstheorien ist am Ende. Und damit auch eine Soziologie, die sich lediglich als Lehre von der Gesellschaft begreifen möchte. Die Erneuerung der Soziologie hängt deshalb von der Wiederentdeckung ihrer ontologischen und damit auch anthropologischen Horizonte ab".[91]

Spezialwissenschaftliche Verständnisschwierigkeiten müssen überwunden werden, um Konsens zwischen Technik und in diesem Kapitel aufgeführten Disziplinen zu erreichen und auf überflüssige Eigenständigkeiten verzichten zu können. Obwohl die Wissenschaften verschiedene Sprachen sprechen, müssen vernunftbedingt Brücken errichtet werden, denn „Sprache ist Träger des menschlichen Kontakts in der Gesellschaft"[92], weiß Carl-Friedrich von Weizsäcker zu sagen. Die soziologische Anthropologie muß wieder mehr in das

---

[91] Bossle, Lothar: Kommentiertes Vorlesungsverzeichnis, SS 1996, Philosophische Fakultät III, Lehrstuhl für Soziologie I, Würzburg 1996, S.80
[92] von Weizsäcker, Carl-Friedrich: Der Mensch in seiner Geschichte, München, Wien 1991, S. 47

menschliche Geschehen und in den Dienst der disziplinären Verständigung gleich in welchen Lebensräumen der Gesellschaft gestellt werden, wobei aus der Sicht der soziologischen Anthropologie festzustellen ist, daß die Technik beim Menschen ein inneres Wohlbefinden geschaffen hat.

4.   Kultur

4.1   Kultur im Spiegel der Geschichte

Der Kulturwandel im Laufe der Menschheitsgeschichte muß als Wandel von Kultur als Ganzem, im Geschehen der geistigen und künstlerisch respektiven technischen Lebensäußerungen einer Gemeinschaft und bei der Darstellung ihrer Entwicklung im Hinblick auf den religiösen Glauben gesehen werden, wobei beginnend mit der Menschwerdung bis heute das Zeitalter hochentwickelter Technik den kulturellen Wandel aufzuzeigen vermag.

Über die Entstehung der Hochkultur besteht keine Einigkeit und kann nur angenommen werden, daß sie mit einer herrschaftlichen Überlagerung oder sozialen Differenzierung zu tun hat, die den Wandel von der Niederkultur zur Hochkultur scheinbar ermöglichten, was mittels der Forschungsergebnisse der Archäologen, Historiker und Soziologen bis heute noch genauer zu analysieren wäre. Beim Versuch, bei den jeweiligen kulturtragenden Gesellschaften ohne Berücksichtigung der Bewertungsrangfolge Wertunterschiede zwischen den Hoch- und Niedrigkulturen zu ergründen, ergab das Ergebnis, daß eine höhere oder niedrige Bewertung auszuschließen ist, obwohl eine differenziert höhere Kultur dem Menschen mehr Entfaltungsmöglichkeiten zu geben vermag. Daraus folgt, das aller Wahrscheinlichkeit nach die Kultur immer als was definiert werden muß, das jede Gesellschaft besitzt und hervorbringt. So stellte sich der Kulturwandel mit der zunehmenden Kommunikation dem Problem der Kulturen untereinander, der mit den gesellschaftlichen, wirtschaftlichen und politischen Wandlungen einherging und zum soziokulturellen Wandel führte, der aus der Sicht der epochalen Veränderung zum geschichtlichen Wesen der Kultur gehört.

Es würde den Rahmen dieses Abschnittes sprengen, sollte der geschichtliche Ablauf der kulturellen Epochen bis zur Industrialisierung fortgesetzt werden. So wird mit dem Beginn des industriellen, sozialen und politischen Wandel des Zeitgeschehens der Industrialisierung fortgefahren, um auf die Zusammenhänge der industriellen Revolution im 19. Jahrhundert mit ihren Auswirkungen und Entwicklungen der Lebenswelt der Menschen in ihren Kulturkreisen einzugehen. Die Entwicklung der Industrialisierung setzte in den Kulturkreisen eine religiöse Grundhaltung und eine positive Einstellung zum Leistungsethos der arbeitenden Bevölkerung voraus, die aus dem Calvinismus hervorgegangene zurückhaltende Bescheidenheit in der Arbeits- und Lebenshaltung, von Max Weber als „innerweltliche Askese"[93] gedeutet, dazu beitrug, sparsam mit dem Konsum umzugehen, um der „Kapitalbildung durch asketischen Sparzwang"[94] zu dienen, die bei ihrer Gesamthaltung auf neue Kultur- und Sozialdimensionen hinweisen. Die Loslösung vom religiös mittelalterlichen Weltbild und die Ideen der Aufklärung, die in allen Bereichen des kulturellen Lebens ihre Wirkungen hinterließen, führte zu einer Wende der Kulturgeschichte, für die auch gesagt werden kann: „Die radikale Entzauberung der Welt ließ einen anderen Weg als die innerweltliche Askese innerlich nicht zu".[95]

Der beginnende Rationalisierungsprozeß erbrachte die Voraussetzungen für die Entwicklung der Industriegesellschaft und für die Festigung der für die Technik notwendigen Naturwissenschaften, die den Menschen in Bewegung versetzte und in den Kulturbereichen eine Veränderung der Gesellschaftsstruktur nach sich zog. Es muß nach Meinung von Friedrich Rapp festgehalten werden, daß die Industrialisierung mit ihrer dynamisch fortschreitenden Technik nicht ohne das

---

[93] „Die Freiheit von der Welt soll sich ... bei Calvin in unterschiedlosem Gebrauch der Güter, welche die Erde bietet, äußern"; Weber, Max: Gesammelte Aufsätze zur Religionssoziologie,vierte photomechanisch gedruckte Auflage, Tübingen 1947, S.187, Fußnote 2
[94] ebd., S. 192
[95] ebd., S. 158

christliche Weltbild und der damals in der Renaissance schon in Blüte stehenden Naturwissenschaften möglich gewesen wäre.[96]

Die Industriegesellschaft wurde von einer gemeinsamen geistigen und ethischen Entwicklungsrichtung getragen, die dazu führte, daß die kulturelle Dimension zur Grundlage für die nicht mehr aufzuhaltenden industriellen, sozialen und politischen Dynamik wurde und Alfred Weber in diesem Zusammenhang von der „Gleichzeitigkeit eines Gesellschafts-, Zivilisations- und Kulturprozesses"[97] sprach. Mit zur Ursache der industriellen Revolution gehört der Zusammenbruch der feudalen Gesellschaft und die beginnende Liberalisierung. Aus diesen Beweggründen heraus bildeten sich neue soziale Dimensionen, woraus wiederum eine neue Gesellschaftsordnung hervorging, die zur wachsenden Industrialisierung von der Kultur des Bürgertums getragen, zur Gewerbefreiheit, Beseitigung herrschaftlicher Institutionen und zur Dynamik neuer Technologien beitrugen. Folglich blieben neue Lebensgewohnheiten im Bereich der Mobilität nicht aus, was auch Hans Freyer wie folgt skizziert: „..., daß Menschen vom Land in die Industriezentren hineingesogen wurden und daß die industriellen Lebensgewohnheiten auf die ländlichen Bezirke ausstrahlten. So ergeben sich gleichsam dauernd Phasenverschiebungen im Organismus der Gesamtkultur".[98]

Die im Laufe der Geschichte von Menschen geschaffenen sozialen Zustände erwirkten daraus Konflikte von „Gut" und „Böse", die es in allen Gesellschaften gibt, jedoch von kulturellen Leistungen im Hinblick auf die christliche Religion bewußt reguliert werden müssen, das heißt, nur wenn ethischer Konsens besteht, können grundlegende kulturelle Werte zur Lösung von Konflikten beitragen und aus den hieraus hervorgegangenen Strukturen sich kulturell „Neues" entwickeln

[96] Rapp, Friedrich: Technik und Philosphie, Düsseldorf 1990, S. VIII
[97] Bossle, Lothar: Vorwärts in die Rückgangsgesellschaft, Würzburg 1979, S. 168
[98] Freyer, Hans: Gedanken zur Industriegesellschaft, besorgt von Arnold Gehlen, Mainz 1970, S. 152

kann. Hierzu Carl Friedrich von Weizsäcker: „In der sozialen Realität der Kulturen hat eine andere Macht die Einheit bewahrt: die Religion. Geht man ins Einzelne, so kann man, in der heutigen Sprachweise, vielleicht die gesellschaftlichen Rollen der Religion unterscheiden: Religion als Träger einer Kultur, als Theologie, als radikale Ethik, als innere Erfahrung".[99]

Der Übergang von der Epoche der Industrialisierung zur heutigen Industriegesellschaft in einer freiheitlichen Demokratie, geprägt von Toleranz und Meinungsfreiheit, gibt Ausdruck, daß sich die Kultur in den jeweiligen Landeskulturen in ihren eigenen Gefühlen und Lebenshaltungen im Rahmen traditioneller Überlieferungen frei entwickeln, sie als tragender Pfeiler der Identität gesehen wird und hieraus der Mensch als Schöpfer und Geschöpf der Kultur zu verstehen ist oder wie es Michael Landmann sagt: „Die Kultur legt sich nicht über ein von ihr unabhängiges, ihr schon verstehendes Wesen des Menschen darüber, sondern bestimmt sein Wesen jeweils erst und bringt es schöpferisch zur Entfaltung".[100]

Von der Verehrung der Natur, die in einer für den Menschen lehrreichen Entstehungsgeschichte ein entwickeltes Kulturprodukt war, bis hin über die Ebenen der Kulturkrisen, die sich in den Ordnungen ihrer Geschichtsabläufe abspielten, geben Aufschluß über die Anwendungen der Naturgesetze als „Macht" über die Natur und in Folge des technischen Fortschritts läßt Carl Friedrich von Weizsäcker Bedenken aufkommen, die besagen, „... daß der Mensch zu spät entdeckt, wie seine stille Feindschaft gegen die Natur die natürlichen Fundamente unterhöhlt hat, auf denen auch seine Kultur aufruht".[101]

---

[99] von Weizsäcker, Carl Friedrich: Der Mensch in seiner Geschichte, München, Wien 1991, S. 108
[100] Landmann, Michael: Der Mensch als Schöpfer und Geschöpf der Kultur, Geschichts- und Sozialanthropologie, München, Basel 1961, S. 82
[101] Weizsäcker, Carl Friedrich von: Der Garten des Menschlichen, Beiträge zur geschichtlichen Anthropologie, Frankfurt a.M. 1980, S. 68

Hier stellt sich die Frage, inwieweit die von der Naturwissenschaft abhängige Technik bei der Unterhöhlung der Natur mit einbezogen werden kann, wenn es noch unklar ist und sich noch erweisen muß, „daß man nicht Techniken übernehmen kann ohne das Denken, dessen Wahrheit die Technik erst möglich gemacht hat".[102]

Es ist kein Geheimnis, daß die Natur älter als der Mensch, der Mensch älter als die Naturwissenschaft ist und der vom Menschen geschaffene Lebensraum Kultur genannt wird, das heißt „das praktische Nachdenken über die Natur gehört zu den Lebensbedingungen der Kultur" und die erst „später entfaltete Weise dieses Nachdenkens" nennt von Weizsäcker „die wissenschaftliche Erforschung der Natur, die Naturwissenschaft"[103], die seit dieser Zeit und erst recht heute zum Ausgangspunkt für die fortschreitende Technik geworden ist.

Eine weitere Denkweise der Kultur läßt die fortschreitende Technik bei Hans Freyer erkennen, wenn auf André Varagnac Bezug genommen wird: „Nach Vragnac sind in der bisherigen Geschichte der Menschheit drei Lebensformen aufeinander gefolgt, und ihre Abfolge bezeichnet die drei großen Kulturwellen der Weltgeschichte: dem Kulturstadium der Sammler und Jäger sei das Tierreich zugeordnet gewesen, den Bauern und der Hirtenkultur die Pflanzenwelt, der modernen Kultur seit der Industriellen Revolution die unbelebte Materie".[104] Obwohl pauschal ausgedrückt, ist im heutigen industriellen Zeitalter nicht zu verkennen, daß der Prozeß im Rahmen der unbelebten Materie immer weiter in die molekularen synthetischen Wege der Technik steuert und dem Menschen dasjenige versucht zu geben, was die Natur nicht zu geben vermag. Von daher

---

[102] ebd.
[103] ebd., S.66
[104] Freyer, Hans: Herrschaft, Planung und Technik. Über das Dominantwerden technischer Kategorien in der Lebenswelt der industriellen Gesellschaft (1960), Aufsätze zur politischen Soziologie, kommentiert und herausgegeben von Üne, Elfriede, Weinheim 1987, S.126

wird auch verständlich, daß die fortschreitende Technik sich „tief in die Fundamente des gegenwärtigen Geistes und der gegenwärtigen Gesellschaft eingesenkt"[105] hat.

Die Natur wie auch die Kultur sind in ihrer Wirklichkeit vielgestaltig und unterliegen einem steten Wandel, der sich bei der Kultur gegenüber der Natur schneller vollzieht und der Mensch in seinem relativ kurzen Leben den Wandel der Kultur nicht immer erfährt. Die im Wandel von Krisen geschüttelte Kultur benötigt einen stabilen Hintergrund, der von der Entdeckung der geschichtlichen Wirklichkeit als Ergebnis der Geschichte der Kultur zu erfahren ist.

Es bleibt zu klären, welche Maßstäbe an die Kultur gelegt und welche Kriterien erfüllt werden müssen, um einem Kulturzerfall vorzubeugen und den Ruf als Kulturnation zu erhalten. Hierzu bedarf es der Klärung der umfassenden Kulturbegriffe, die wertbestimmend das Niveau der Kultur ausmachen.

4.1.1 Kultur und die Begriffsmerkmale

Kultur kann als Urphänomen der vergangenen und künftigen Geschichte der Menschheit angesehen werden, sie ist die fortschreitende Verwirklichung des Machbaren, was den Menschen immer wieder ins Erstaunen versetzt und das Werden neuer Gestaltungsformen die Lebenswelt der Menschheit bestimmt. „Kultur (lat.) ursprünglich Ackerbau, später allgemein Veredlung, Pflege, Vervollkommnung; die Gesamtheit der Lebensformen, Leitvorstellungen und der durch menschliche Aktivitäten geformten Lebensbedingungen einer Bevölkerung in einem historisch und regional abgrenzbaren Zeitraum. Zur Kultur gehören alle übernommenen und im Prozeß der Weiterentwicklung und Veränderungen

---

[105] ebd.

befindlichen materiellen Gestaltungsformen der Umwelt (Bauten, Werkzeuge, Geräte etc.); das Wissen und die Nutzung von gesetzmäßig ablaufenden Naturprozessen einschließlich des menschlichen Lebens (Wissen und Technik); alle Ideen, Werte, Ideale und Sinngebungen; die Methoden und Institutionen des Zusammenlebens (Gesellschaft)".[106]

Hieraus erwächst das Verstehen der Kultur von altersher als der Ackerbau die Natur mit dem Gebrauch von Geräten und Werkzeugen verändert und darauf beruhend die Lebensformen der Menschen innerhalb einer Gemeinschaft gestaltet hat. So läßt die Entwicklung des Menschen in gewissen Epochen je nach Material und Werkzeugformen die Stein-, Bronze- und Eisenzeit als Frühkultur erkennen, aus der sich die Hochkulturen entwickelten, die sich im Rahmen einer Entwicklungsphase im Ganzen einer Gesellschaft auf die sozialen Einrichtungen, Gebräuche und Lebensformen ausdehnten und kann als Ergebnis vielfältiger kulturgeschichtlicher Schichtungsvorgänge betrachtet werden.

Die geistige, das heißt immaterielle Kultur spielt beim Kulturwandel und Kulturfortschritt eine ihr bestimmte Rolle, da sie als kulturtragende und kulturschöpferische Gestaltungsform angesehen werden muß und der materiellen Kultur gegenübersteht. Die Kultur lebt in ihren Möglichkeiten in der Gestalt von Völkern, Sprachen, Religionen, Künsten und Wissenschaften in Epochen ihrer gestaltenden Kraft, die an den Ideen, Idealen und Sinngebungen gemessen, das menschliche Leben in ihrer Wirklichkeit erleben lassen oder wie es Max Weber formuliert: „Der Begriff Kultur ist ein Wertbegriff. Die empirische Wirklichkeit ist für uns Kultur, weil und sofern wir sie mit Wertideen in Beziehung setzen, sie

---

[106] Hartfiel, Günter; Hillmann, Karl-Heinz (Hrsg.): Wörterbuch der Soziologie, dritte Auflage, Stuttgart 1982, S. 415

umfaßt diejenigen Bestandteile der Wirklichkeit, welche durch jene Beziehung für uns bedeutsam werden, und nur diese".[107]

Hercus Tullius Cicero (106-43 v.Christi) hat wohl als erster den Kulturbegriff geprägt. Franz Steinbacher merkt hierzu an: „So wie beim Acker guter Boden, guter Samen und ein kundiger Besteller zusammenkommen müssen, so bedarf es auch beim Menschen neben der Anlage noch der Kenntnisse eines Erziehers, der die Kenntnisse eines wie Samen in das Erdreich der Seele pflanzt. Hieran knüpft der römische Philosoph und Staatsmann Cicero an, der von cultura animi spricht und somit sprachlich den Kulturbegriff zuerst geprägt hat. Cicero kennzeichnet philosophia als cultura animi, womit auch inhaltlich über viele Jahrhunderte der Begriff cultura festgelegt ist".[108] Interessant ist die Unterscheidung der Begriffe „Cultura" und „Cultus", die Hans Peter Thurn wissenschaftlich untersucht hat. Schon in früheren Zeiten ist „Cultura" ein persönlichkeitsgebundener Wertbegriff, der mittels Erwerbs einer gehobenen Bildung zu verstehen ist und sich mit Gleichgeschulten identifiziert, was zur Aufnahme des Kulturbegriffs in den Bereichen der gesellschaftlichen Hierarchien führte und die Kulturbürger der Antike sich gegenüber den Kulturlosen entzogen: „Als Barbaren galten ihm nicht nur jene, die jenseits der Grenzen lebten, sondern auch all diejenigen Mitbürger, die der Cultura nicht teilhaftig wurden".[109] Die so verstandene Kultur ließ zwei Klassen entstehen, die privilegierte Gruppe und die von dieser getrennt lebenden Einzelgruppen mit unterschiedlichen Lebensgewohnheiten. Die Handlungsmöglichkeiten des Menschen wurde bezüglich ihrer Umwelt von der antiken Lebenswelt derart eingeengt, daß zu einem Zustand niedrigster Entfaltung und zu kaum menschlichen Gestaltungsmöglichkeiten viele Epochen hindurch führte:

---

[107] Weber, Max: Methodologische Schriften, Studienausgabe, Frankfurt a.M. 1969, S. 28
[108] Steinbacher, Franz: Kultur, Begriff-Theorie-Funktion, Stuttgart, Berlin, Köln, Mainz 1976, S.20
[109] Thurn, Hans-Peter: Soziologie der Kultur. Zur Begriffsgeschichte von Kultur, Stuttgart, Berlin, Köln, Mainz 1976, S. 11

„Sich um Kultur bemühend, blieb daher der Mensch in erster Linie an sich selbst verwiesen", wobei die persönliche Kultur „auf die individuelle, materielle ebenso wie ideelle Lebenssicherung beschränkt"[110] blieb. Erst nachdem die eigenen bedürfnisdeckenden Erfindungen den Weg nach außen fanden, konnte sich individuell eine Gemeinschaftskultur bilden.

Der Kulturbegriff „Cultus vitae", der sich aus dem Begriff der „Cultura" entwickelt hat, besagt, daß „... ein Volk seine Lebensformen kulturell selbst regelt und dadurch zu einer des von anderen Gesellschaften abhebenden Eigenart gelangt" und „daher cultus als der umfassendere, auf Lebensfülle hingerichtete, cultura hingegen als der engere, nur das geistige Leben einbeziehende Begriff"[111] erscheint. Im Laufe der wechselseitigen Wortdeutung von Cultura und Cultus gewann im literarischen Sprachgebrauch Cultura mehr an Bedeutung bis „... im Jahre 1813 Franz von Baader feststellen kann, bei den Begriffen komme nunmehr dieselbe Bedeutung im Sinne von Lebenspflege zu"[112], obwohl im deutschen Sprachraum das Wort Cultura im Mittelalter hinsichtlich der Vorherrschaft der christlich-religiösen Ideale für eine Belebung der Idee der Kulturbegriffsfortführung nur wenig Interesse gezeigt wurde, während im Spätmittelalter durch die aufkommende Säkularisierung der Lebensführung die Kulturidee der Antike wieder neu aufleben ließ.

Mit Beginn der Renaissance, „in deren Verlauf sich der Mensch in zunehmendem Maße auf seine eigenen materiellen und ideellen Kräfte zur Welteroberung besann"[113], ließ den Blick wieder schärfer auf den Begriff Kultur richten, wobei die aufkommende „empirisch-rationale Wissenschaft" die überholten Dogmen ignorierte, "...räumte sie beiseite und setzte an ihre Stelle den Willen, die Natur,

---

[110] ebd.
[111] ebd., S. 12
[112] ebd.

den Menschen und die Gesellschaft mit den neuartigen Methoden auszukundschaften, neu zu begreifen und auf neue Weise zueinander in Beziehung zu setzen".[114] Dieses für den Menschen neue Verhältnis stellte ihn mehr in eine Selbstverantwortung, die ihm ermöglichte, sich sprachlich und gedanklich durchzusetzen, was die Idee und den Kulturbegriff veranschaulicht, sich den „religiösen Fremdbestimmungen und gegen seine Naturabhängigkeit" zu widersetzen, „um sich sowohl praktisch handelnd als auch sinnhaft reflektierend aus sich selbst heraus in seinem Sein zu legitimieren".[115]

Im Zusammenhang mit den menschlichen Bedürfnissen hat sich Samuel Pufendorf (1632-1694) Ende des 17. Jahrhunderts, wie von Hans-Peter Thurn zu erfahren ist, zum Begriff „cultura" bekannt und die Umwelt des Menschen vorwiegend instrumentell gesehen, die „im Dienste menschlicher Selbsterkenntnis stehend betrachtet und erörtert"[116] wird und schließt daraus, daß der Mensch „in der cultura animi Kenntnisse über die Dinge der Außenwelt" gewinnt, „mittels derer sie in erster Linie ihr Selbst bereichern".[117] Vom sozialen Aspekt der Kulturentstehung sieht er Kultur als die „anthropogenen Leistungen, die den Menschen als Mitmenschen über das Stadium hinausführen, in dem seine sozialen Beziehungen noch ausschließlich der Fremdbestimmung durch die Naturmächte innerhalb und außerhalb seiner unterliegen".[118] Damit greift der Mensch in die kulturelle Umgestaltung seiner natürlichen und sozialen Umwelt ein und ist selbst von diesen Veränderungen betroffen, das heißt der Mensch ist individuell von seiner sozialen Existenz nicht zu trennen, womit gesagt wird, daß die hier entstehenden Probleme der individuellen Selbstkulturisierung des Menschen stets

---

[113] ebd., S.13
[114] ebd.
[115] ebd.
[116] ebd.
[117] ebd.
[118] ebd., S. 13f.

auch zu sozialen Fragestellungen"[119] führen, die besagen, daß der Kulturprozeß vom sozialen Umfeld nicht gelöst werden kann. Die Frühaufklärung, so Hans Peter Thurn, brachte den Menschen die Möglichkeit, „... sich als selbständige Wesen zu begreifen und praktisch durchzusetzen"[120], somit der weiter entwickelte Kulturbegriff die Verstandestätigkeit des Menschen als den Antrieb zum Selbstbewußtsein anspricht. Hans Peter Thurn läßt Johann Georg Sulzer (1720-1779) streng unterscheiden „... zwischen der Welt des Gefühls und dem Bereich des Verstandes. Allein letzterem wird der Begriff der Cultur zugeordnet".[121] Die Aufklärung kam jedoch zu der Einsicht, daß der Verstand nicht allein zur Glückseligkeit führt, sondern auch das Gefühl anzustreben sei, um den vom Verstand ausgehenden Kontrollen Zügel anzulegen und die Kultur auf den Weg zu den nichtgeistigen Dimensionen zu bringen.

Gemäß dieser Erkenntnis stand der Weg frei, eine entsprechende Bildung der Menschen zu erreichen, jedoch: „In der aufgeklärten Gemeinschaft sollte ein jedes Mitglied sich selbst verwirklichen können, ohne seinem Mitmenschen zu schaden".[122] Eine zukunftsentscheidende Aufgabe sahen die Aufklärer darin, „...dem selbst erschaffenen Regelsystem menschlicher Beziehungen" eine „innere Stabilität dadurch zu verleihen, daß man den ihm zugehörigen Menschen zu einer vernünftigen Handhabung heranbildete".[123] Hierbei „sollen Herz und Kopf eines jeden an der Kultur beteiligten Individuums zu einem Ausgleich gebracht werden, um das von den Aufklärern gesteckte Ziel „Aufstieg der Menschheitegeschichte" und somit eine für die „aufgeklärte Gesellschaft" eine „verbessernde

---

[119] ebd., S.14
[120] ebd.
[121] ebd.
[122] ebd., S. 15
[123] ebd., S. 16

Selbstgestaltung als einen stetigen Prozeß kulturellen Fortschritts"[124] zu erreichen.

Nachdem Pufendorf seit 1864 den Begriff „cultura animi" und auch den Begriff „cultura" allein als Inbegriff der Pflichten über die Selbsterhaltung hinaus behandelt hat, kann davon ausgegangen werden, daß er aufgrund der Wirkung seiner sprachgestalteten Ausdrucksweise als Schöpfer des modernen Kulturbegriffs verstanden werden kann, das heißt daß der Begriff „cultura animi" vom Wort „Kultur" abgelöst und in der Umgangssprache aufgenommen wurde.

Im Laufe der Aufklärung gibt Johann Gottfried Herder (1744-1803) dem Kulturbegriff den Charakter des „Geistigen" und steht der Aufklärung mißtrauig gegenüber, weil vom Urgrund her ein tiefer Zusammenhang zwischen der Natur und dem Menschen besteht. Hieraus erkennt Franz Steinbacher: „Nach Herder besteht in den großen Lebenseinheiten der Weltgeschichte ein Zusammenhang von Sprache, Lebensverständnis und Lebensweise".[125]

Der aufklärerische Kulturbegriff erfährt, wie Hans Peter Thurn weiter ausführt, „eine konkret-politische Dimension", die dem Bürger zum Bewußtsein verhalf, die Feudalgesellschaft umzugestalten und Herder meint hierzu, „daß Kultur sich nicht durch Obrigkeiten verordnen läßt".[126] Im Verlauf des Übergangs von der Aufklärung zur Klassik blieb eine „politische Umwälzung der überkommenen Machtverhältnisse" aus, „in deren Verlauf eine breite soziale Basis für eine selbstbewußte Bürgerkultur hätte entstehen können".[127] Aus politischer Sicht hat die „deutsche Kleinstaaterei" dazu beigetragen, das bürgerliche Kulturbewußtsein zu hindern, „in praktizierte und selbstverantwortliche Wirklichkeit

---

[124] ebd.
[125] Steinbacher, Franz: Kultur, Begriff-Theorie-Funktion, Stuttgart, Berlin, Köln, Mainz 1976, S. 22
[126] Thurn, Hans-Peter: a.a.O., S. 16
[127] ebd., S.17

umzuschlagen"[128], was die Frage aufkommen ließ, „... wie Kultur als vollendete möglich sei".[129] Hieraus erwuchs die Antwort mit dem Verlangen nach einem Ideal des Kulturbegriffs mit sittlichen Ansprüchen, die für Immanuel Kant erstrebenswert erschien, wenn „... es dem Menschen erlaubt, sich zu einem Höchstmaß vernünftiger Selbstbestimmung aufzuschwingen", wobei der Mensch „zu vernünftigem Handeln" ... „und zugleich gesellschaftlich verantwortbarer Freiheit gelangt".[130] Hieraus folgt, daß die sittlich ideale Kultur vom Individuum und der Menschheit geprägt wird. Soweit der Mensch „naturüberschreitende, kulturgenetische Fähigkeiten besitzt, muß er „diesen seinen Anlagen pflichtgemäß nachgehen"[131], das heißt der Mensch verhält sich kulturschöpferisch und diesem die Kultur als ein nicht auszuweichendes Gebot erscheint. Kant findet seinen Kulturbegriff in der ethischen Sozialbindung, die er anthropologisch untermauert, von der Kultur ausgeht und auf die sie sozialgefiltert wiederum zurückwirkt".[132]

Hieraus gelangt Kants Kulturverständnis „zu neuem, nunmehr bürgerlich betonten Ausdruck" und sollte im Umfeld der vorhandenen Handlungsempfehlungen „der langfristigen Überwindung der latenten Mängel der Menschheitsgesellschaft zugunsten einer würdigen Zukunft dienen".[133] Obwohl Geschichte und Begriffsmerkmale ineinandergreifen und nicht voneinander zu trennen sind, ist hier speziell auf die Begriffsmerkmale der Kultur eingegangen worden. Sie sollen mit nachfolgenden Darstellungen ergänzt werden, ohne einen Anspruch auf völlige Ausschöpfung der Begriffsmerkmale erheben zu können. Die menschlichen Fähigkeiten, die in der Natur den Menschen gegeben sind, die Richtung und das Ziel des Kulturschaffens unter Einbeziehung der Technik sind

---

[128] ebd.
[129] ebd.
[130] ebd.
[131] ebd.
[132] ebd., S. 18
[133] ebd.

Produkte des geistigen Seins des Menschen, das heißt, Träger und Schöpfer der Kultur ist der Mensch als Einzelner einer Gemeinschaft im Hinblick auf Traditionen und Überlieferungen. So gesehen, kann Kultur durch das Zusammenleben vieler Menschen in einer Gemeinschaft entstehen, die zum Ziel der Befriedigung der menschlichen Bedürfnisse im Rahmen der dem Menschen von Gott gegebenen Nutzbarmachung der Natur und der Mensch in seiner schöpferischen Tätigkeit: „... und füllet die Erde und machet sie euch untertan" [134] als das Ebenbild Gottes anzusehen hat. Das kann nicht bedeuten, daß rücksichtslose Ausbeutung oder Erschöpfung der natürlichen Ressourcen der Erde gemeint sind, sondern die schöpferische Inanspruchnahme der von der Natur gegebenen grundgelegten Kräfte und Gesetze, was mit dieser kreativen Ausgestaltung des Begriffs Kultur zu verstehen ist. Die Herausforderung des Menschen durch die Natur und durch den Kulturauftrag erzwingt die Antwort, daß die Kultur als in Verantwortung stehende Ausgestaltung der Natur des Menschen als rationales und sittliches Wesen im Sinne des bekannten Satzes von Immanuel Kant: „Du kannst, denn du willst" erkannt wird. So bringt der Mensch in seinen geschichtlichen Epochen aufgrund seiner vorgegebenen Fähigkeiten in der Auseinandersetzung mit seiner Umwelt und ihrer Gestaltung und seinem praktischen wie auch theoretischen Handeln Kulturinhalte hervor, die in Wechselbeziehungen mit den Lebens- und Handlungsformen der Gesellschaft stehen. Folglich bringt jede Gesellschaft Kultur hervor und Kulturen können sich bis zu einem gewissen Grad unabhängig von Gesellschaftsstrukturen verändern, denn „ein Mindestmaß an Kultur ist für den Menschen lebensnotwendig". [135]

Die Kulturentwicklung, die sich auf den Menschen oder auf den Bereich der Gegenstände bezieht, unterscheidet Walter Brugger zwei Kulturkreise als

---

[134] 1. Mose, Kapitel 1, Vers 28
[135] Brugger, Walter (Hrsg.): Philosophisches Wörterbuch, Freiburg i.Brsg. 1976, S. 208

Begriffsmerkmale der Kultur. Die „persönliche Kultur" (Sprache, Gemein-
schaftsleben, Wissenschaft, Sittlichkeit, Religion) und „die Sachkultur" (Technik
und Kunst)[136], was nicht ausschließt, daß beide Kulturen in Wechselbeziehungen
stehen, während Religion und Sittlichkeit beiden Kulturen die innerweltliche
Zielrichtung angeben. Handelt es sich nur um „die äußere materielle Kultur", die
im „deutschen Sprachgebiet Zivilisation"[137] genannt wird, hat die äußere Kultur
im Rahmen des Kulturschaffens der inneren Kultur „als Grundlage und
Voraussetzung zu dienen" und die äußere Kultur nicht „auf Kosten der inneren
Kultur gepflegt wird"[138], was „kulturfeindlich" oder als Begriff „Halbkultur" zu
verstehen ist. Während die Sachgüter der äußeren Kultur der Vererbung
unterliegen, müssen die von Idealen durchdrungenen persönlichen Kulturgüter, so
Walter Brugger, durch Erziehung, den Kulturvorgang zu beschreiben und zu
begründen, vom Menschen stets neu erworben werden oder wie Albert
Schweitzer zu verstehen gibt: „Von außen, rein empirisch definiert, besteht
völlige Kultur darin, daß alle an sich möglichen Fortschritte des Wissens und
Könnens und der Vergesellschaftung der Menschen verwirklicht werden und auf
die innerliche Vollendung des Einzelnen, als auf das eigentliche und letzte Ziel
der Kultur, zusammenwirken".[139] Die Kultur kann nur durch das
Zusammenwirken vieler Menschen in der Gemeinschaft entstehen, wo der
Kulturmensch mit seiner stets vertiefenden Ehrfurcht vor dem Menschen seine
Lebensbejahung erfährt und mit seinen Idealen in allen Verhältnissen das wahre
Menschentum bewahrt.

Bei der Entdeckung der vorgeschichtlichen Gebrauchsgegenstände fanden diese
als Deutung der Technik Aufnahme bei den Geisteswissenschaften, die sich bei

---

[136] ebd.
[137] ebd.
[138] ebd.
[139] Schweitzer, Albert: Kultur und Ethik, München 1990, S. 354

der Entwicklung der Menschheit mit der fortschreitenden Technik identifizieren, was zu der Ansicht führte, Kultur nicht nur in den Wissenschaften und Künsten zu sehen, sondern mit den zur Kultur gehörenden Lebenselementen wie Technik, Ökonomie, Religion, Politik etc. die Kultur als Ganzes zu verstehen. Hierfür bedarf es, auf den Hinweis von Lothar Bossle zu verweisen, der den Geschichtsphilosophen Benedetto Groce (1866-1952) interpretiert: „Geist und Seele bedürfen vielmehr zu ihrer Erweckung, Reifung und Pflege der Einbettung in eine rein religiös geformte Kultur".[140]

Beim Blick auf die Gegenwart hinsichtlich dem überorganisierten Kollektiv im Bündnis mit der von der Technik abhängigen Wirtschaft kann auf das im Einzelnen vorhandene Ethische nicht verzichtet werden, da sonst dem Menschen seine Freiheit und Selbständigkeit genommen wird, geschweige Ansätze für neue Kulturen erkannt werden. Den von Albert Schweitzer gewiesenen Weg zu beschreiten bedeutet, daß wenn „der ethische Geist der zureichende Grund auf dem Gebiet der Geschehnisse zur Verwirklichung der Kultur ist, so gelangen wir wieder zur Kultur, wenn wir es nur wieder zur Kulturanschauung und daraus sich ergebenden Kulturgesinnungen bringen"[141], ist im heutigen Kulturgeschehen eine Herausforderung, dem Kulturbegriff wieder die Bedeutung zu geben, mit der die Sinngebung kultureller Wertschätzungen in das menschliche Kulturleben Eingang erhält.

---

[140] Bossle,Lothar: Die Überholung der Moderne, Zwei Reden, Paderborn 1996, S. 37
[141] Schweitzer, Albert: Kultur und Ethik, München 1990, S. 62f.

4.1.2 Kultur aus soziologischer Sicht

Von besonderer soziologischer Bedeutung sind die kulturabwandelnden Gesellschaftsformen des Menschen, die ihren Antrieb außerhalb des Kulturellen erhalten. Die Tatsache, daß sich das Wesen des Kulturellen im Verhältnis zum Naturgeschehen als etwas Künstliches zeigt, ist hinsichtlich des Geschichtlichen von der Soziologie aufgenommen worden. Es muß erkannt werden, daß sich der Mensch im Laufe seiner biologischen Entwicklung mit dem Kulturellen konfrontiert wurde, was ihn erst zur Einstellung des Künstlichen führte, das heißt er wurde, wie es Franz Steinbacher ausdrückt: „... ein zur Kultur veranlagtes Lebewesen: Die Kultur wurde gewissermaßen seine natürliche Umwelt, was nicht darüber hinwegtäuschen kann, daß Kultur in ihrem Wesen immer etwas konstruiertes, also Künstliches, darstellt".[142]

Folglich wird die Kultur von der Gesellschaft getragen, im Wechsel der Generationen weitergegeben und erhält so die Bedeutung, daß Kultur vom Menschen ausgeht. In Bezug auf die Soziologie erhält der Kulturbegriff einen Standort, der auf einen zwischenmenschlichen Bereich hinweist, obwohl dieser Bereich sich auch außerhalb des Kulturellen befinden kann.

Der im Menschen tief verwurzelte Antrieb zur Menschlichkeit ist von der Soziologie in ihrem Erkenntnisbereich aufgenommen worden und stellt für das Schaffen zur Gesellung ein außerkulturelles Erscheinen dar, wobei jedoch die Formen der Gesellung im Handlungsbereich des Menschen liegen. Franz Steinbacher sieht auch eine weitere Antriebsbasis in der Daseinserhaltung und Daseinsweitergabe für soziale Erscheinungen als eine vorkulturelle Realität, die sich in abwandelnder Form des Kulturellen bedient und als eine Grundtatsache der sozialen Thematik in der Geschichte des kulturtragenden und kulturdurch-

---

[142] Steinbacher, Franz: Kultur, Begriff-Theorie-Funktion, Stuttgart, Berlin, Köln, Mainz 1976, S. 132

drungenen Gesellschaften zu verstehen ist. Unter diesem Aspekt sind Kultur und zwischenmenschliche Beziehungen nicht zu trennen, da aus beiden eine Kooperation erwächst, die den zwischenmenschlichen Beziehungen dient und somit die Soziologie hier ihr Betätigungsfeld für die Erforschung der Kultur aus soziologischer Sicht gefunden hat.

Was die Kultur der Gesellschaft gibt, ist unbestritten, doch eine Sinnentleerung der Kultur führt zu einem Identifikationsdefizit, was ein Mangel an leistungsfähigen Problemlösungsmöglichkeiten zum Umschlagen in Gewalttätigkeiten auslösen kann und ein „sozialer Wandel, der sich stets im Rahmen der gekennzeichneten Kulturbedingungen zuträgt und ihrer Unterstützung bedarf, verliefe dann destruktiv"[143], die verschärfende Konflikte in den sozialen, wirtschaftlichen und politischen Bereichen fördern oder auch heraufbeschwören und den kulturellen Zielrichtungen widersprechen würden. Stoßen im Alltagsleben kulturelle Güter auf bestimmte Hindernisse, „... die sich als Verständnislosigkeit oder Aggression ihnen gegenüber äußern, werden sie in soziale Enthaltsamkeit gedrängt, die der Gesellschaft nur zum Schaden gereichen kann".[144] Dieses Verhältnis von Kultur und Sozialstruktur, so meint Hans Peter Thurn, kann sich auf beider Fortgang lähmend auswirken und zur „Schwächung der kollektiv geteilten Sinnbezüge führen"[145], was wiederum einer Kulturentfremdung gleich kommt, die weder an den Betroffenen noch an der Gesellschaft insgesamt spurlos vorübergeht. Diese vom Kulturkonflikt ausgelöste Zersplitterung oder gar Lähmung muß seitens der Kulturpolitik „Einhalt geboten

---

[143] Thurn, Hans-Peter: a.a.O., S.122
[144] ebd., S. 123
[145] ebd.

werden" und „... zugunsten langfristiger Strategien, die an die Stelle kompensatorischer Maßnahmen unmittelbar kulturfördernde Ausgaben setzen".[146]

In diesem Zusammenhang der kulturellen Vielfalt findet hier in weitreichendem Sinne die Soziologie Aufnahme in die Kultur fördernden Bereiche, wie Religion, Wissenschaft und Künste, wo Sinn- und Wertgehalte Geist, Ideen und Ideale der Kultur eingeordnet werden und seitens der soziologischen Betrachtung die Kultur als das Ganze von Gegebenheiten gesehen wird. Hieraus erwächst für die Soziologie die Aufgabe, sich mit den sozialen Beziehungen und Folgen zu beschäftigen, um die Wandlungen im sozialen Umfeld der Menschen und die sozialen Strukturen zu erkennen und darzustellen.

Hier ist eine Kulturpolitik in Zusammenarbeit mit kulturschaffenden Instanzen gefragt, die der Förderung von kulturellen Bildungsstätten nahe stehen und die Soziologie interdisziplinär mit Wissenschaften, die in den vergangenen Epochen der Kultur mehr oder weniger Aufmerksamkeit geschenkt haben, zur Lösung der Kulturkonflikte ihren Beitrag zu geben vermag, um einen sozialen Wandel in die falsche Richtung zu verhindern. In diesem Zusammenhang gewinnt der Ausspruch von Theodor Heuß an Bedeutung: „Mit Politik kann man keine Kultur machen; vielleicht kann man mit Kultur Politik machen"[147], was so zu verstehen ist, daß Politik mit Rahmenbedingungen für Maßnahmen zur Erhaltung und Weiterentwicklung des Kulturgutes beitragen kann, um den Verlust an kulturellem Gut und Leben entgegenzuwirken. Von der Idee der Kultur ist die sogenannte Massenkultur zu unterscheiden, die, gefördert von den Medien, in das heutige Zeitalter der Industrialisierung in die Formen der Gesellschaft eingedrungen ist und mit der Massenwerbung „... wird suggestiv an die sozialhierarchischen Gelüste anvisierter Käufer apelliert, die sich im Genuß der

---

[146] ebd.

angebotenen Waren angeblich sozial erhöhen".[148] Auch wird die Masse in die Freizeitwerbung einbezogen, die glaubt, ihr „Glück" in der Freizeitgestaltung zu finden, was zum Trugschluß führt, denn: „Die Betonung des Freizeitbezugs in einem Großteil dieser Werbefeldzüge überbrückt nicht die Kluft zwischen Arbeit und Freizeit, sondern vertieft sie und überläßt ihre Überwindung den Individuen".[149] Obwohl in den Bibliotheken Ausgaben der Klassiker Johann Wolfgang von Goethe oder Friedrich von Schiller zu bekommen sind, die auch gelesen werden sollten, finden statt dessen Popmusik und Unterhaltungslektüre unter jeglichem Niveau bei der vom Zeitgeistgeschmack bestimmenden Gesellschaft mehr Aufmerksamkeit. Scheinbar wecken diese angenommenen Angebote im globalen Sinne mehr Interesse als die eigene „reine" bzw. „höhere" Kultur, die von tugendhaften Vertretern dieser Kultur voll in Anspruch genommen wird und die vom Zeitgeschmack bestimmende Kultur abgelehnt wird oder wie Dieter Stolte hierzu äußert: „Von den Vertretern der Elitekultur wird diese Form abwertend als niedere Kultur eingestuft und abgelehnt"[150] um nicht in eine niveaulose Gesellschaft zu verfallen und anspruchsvolle kulturgerechte Literatur, Künste und Musik ins Abseits gedrängt zu werden.

Immer schon ist die Auslegung der Kultur in der handwerklichen Kunst und in der Bildung begründet, nur um diese Formen genannt zu haben, was dem heutigen Massengeschmack einer von den Medien beherrschten Gesellschaft völlig abgeht, hierbei die Einschaltquote ihren Ausschlag gibt. In einer Zeit der wirtschaftlichen und sozialen Krisen scheinen nicht nur lebenswichtige Konsumgüter wichtiger als Kulturgüter zu sein, ohne zu erkennen, daß die Kultur zum „tragenden Pfeiler der

---

[147] Heuß, Theodor: Kräfte und Grenzen einer Kulturpolitik, Tübingen, Stuttgart 1961, S. 18
[148] Thurn, Hans-Peter: a.a.O., S. 126
[149] ebd.
[150] Stolte, Dieter: Deutschland als Kulturnation, die föderative Gewalt, in:Bossle, Lothar (Hrsg.): Deutschland als Kulturstaat, Festschrift für Hans Filbinger zum achtzigsten Geburtstag, Paderborn 1993, S. 58

Identität"[151] beiträgt und dem Menschen gerade in Krisenzeiten Rückhalt und Stabilität verschafft. Schon aus dem abzuleitenden Wort „colere", aus dem „Hegen" und „Pflegen" zu entnehmen ist, gibt Anlaß zur unwiderruflichen Aufgabe, als Hüter des geistigen Kulturerbes zu sein oder wie es Dieter Stolte formuliert: „In der Kultur finden wir den Teil unseres geschichtlichen Erbes, den wir zustimmend als Kern unseres Identitätsbewußtseins auffassen können".[152]

Aus „Kultur und Gesellschaft"[153] geht hervor, daß sich der Begriff Kultur aus zwei Vorstufen gebildet hat, die der Technik und der Bildung, die beide in dem heutigen modernen Begriff der Kultur Einfluß genommen haben und im Rahmen ihrer Bedeutungskomponenten unterschiedlich einmal als Kulturanthropologie für die Technik und ein andermal als Kultursoziologie für die Bildung, die sich wechselseitig ergänzen. Während die Kulturanthropologie mehr dem Zweck des Vergleichs der Kulturen dient, verbleibt die Kultursoziologie in ihrer klassischen Ausprägung innerhalb der eigenen Kultur, das heißt sie weitet sich in konzentrischen Kreisen des eigenen Lebens „auf die Zusammenhänge ihres geschichtlichen Gewordenseins, ihrer gegenwärtigen Wechselwirkung und ihrer Zukunftsperspektiven bis an die Grenzen der Menschheit aus".[154]

Hieraus darf nicht entnommen werden, daß Soziologie nur der Kultursoziologie zugesprochen werden kann, sondern die Soziologie zeigt auch in die Richtung der Kulturanthropologie, die sich mit den in der Umwelt befindlichen Menschen und ihrem im sozialen Wandel erkennbaren Strukturen beschäftigt. Justin Stagl äußert sich hierzu wie folgt: „Im Falle evolutionistischer, kulturökologischer oder sonstiger kulturmaterialistischer Richtungen ist es die natürliche Umwelt, welche,

---

[151] ebd, S. 57
[152] ebd., S. 56
[153] Neidhart, Friedhelm; Lepsius, M. Rainer; Weiss, Johannes (Hrsg.): Kultur und Gesellschaft, Sonderheft 27, Opladen 1986, S.
[154] Stagl, Justin: Kulturanthropologie und Gesellschaft, Berlin 1981, S.76

im Zusammenspiel mit der Technologie, die eigentlich prägende Kraft für Kultur, Gesellschaft und Person darstellt".[155] Die Anbahnung der Soziologie ist insofern gerechtfertigt als die Soziologie die für ihre Erforschung menschlicher Sinnvorstellungen und Handlungen im Rahmen der Sozialforschung erforderlichen Erkenntnisse in ihren Erklärungsanspruch des kulturellen Lebens aufnimmt, was auch Richard Behrendt zum Ausdruck bringt: „Das menschliche Sozialleben ist ein notwendiger Bestandteil der menschlichen Kultur, und diese ist an allem Gesellschaftsleben beteiligt".[156]

Gleich wo Menschen leben und tätig sind, werden Kulturen geschaffen, die sich zugleich der Natur entziehen, das heißt die Menschheit verliert den ursprünglichen Naturzustand, wobei auch das Soziale in ihrer Grundstruktur des Menschen in seinem Humanbereich den Naturzustand nicht behält oder wie in „Kultur" zu lesen steht: „Wir kennen beim Menschen überhaupt keinen Naturzustand", schreibt A. Portmann, „In allen Stufen seines Soziallebens baut er sich eine eigene, der Natur entfremdete, entgegengesetzte Welt".[157] Die Verwirklichung zwischen menschlichen Beziehungen bringen mit den fortschreitenden und aufbauenden Grundbestandteilen einen sozialen wie auch kulturellen Wandel mit sich, der mit ihren Wertbegriffen zur Gestaltung der Sozial- und Kulturlebenswelt beiträgt, wobei der historische Rückblick und das Gegenwartsgeschehen nicht auszuschließen ist. Lothar Bossle ist hierbei folgender Ansicht: „Bei allen Planungen zur Gestaltung unserer Welt muß die Frage nach der Sinngiebigkeit für den Menschen zuallererst gestellt werden. Ein für allemal sollte man wissen, daß mit dem Versuch, die Strukturen eines sozialen Gebildes zu verändern, nicht auch der Mensch verändert werden kann. Beim

---

[155] ebd., S. 82
[156] Behrendt, Richard: Der Mensch im Lichte der Soziologie, dritte Auflage, Stuttgart 1966, S. 21
[157] Steinbacher, Franz: Kultur, Begriff-Theorie-Funktion, Stuttgart 1976, S. 47

Vorstoß des Denkens in die Zukunft bleibt die ontologische Unverrückbarkeit bestehen, daß keine neue Welt bestehen kann, wenn man die Vergangenheit und die Gegenwart auslöschen möchte".[158] In diesem Sinne sei einzufügen, daß die Soziologie ihren Blick auf die Zusammensetzung und Vorgänge der Kultur unter Berücksichtigung epochaler Ereignisse richtet, die ihr den die Kultur bestimmenden Geist der Zeit innerhalb der Gesellschaft aufzeigt, um aus soziologischer Sicht die Voraussetzung einer Kulturentwicklung und -wandlung zu erkennen. Die der Kultur anhaftende Tradition beinhaltet die Vergangenheit, Gegenwart und Zukunft, ohne die der Kultur der Boden der Begriffe Familie und Erdverbundenheit entzogen wird und dem Menschen das „Zuhause", seine Heimat, verloren geht, denn „Zuhause sind wir nicht in der Gesellschaft, zu Hause und daheim sind wir in der Familie".[159]

Zur Darstellung der Kultur gehören im menschlichen Bereich alle in ihren Ordnungen sozialen Gebilde und aus historischer Sicht muß sich die Soziologie bei ihrer Analyse kultureller Erscheinungen der geschichtlichen Genese stellen, da sich Kultur auf das geschichtliche Dasein des Menschen bezieht. Für die Soziologie sind die Kulturvorstellungen keine Randerscheinungen in ihrem Streben soziologischer Erkenntnisse, sondern Kultur ist ein unausweichliches Merkmal aller soziologischen Erscheinungen, die sich untrennbar mit dem Kulturellen verbindet. So gesehen, ist Heinrich Rombachs Vorstellung von Kultur, wenn er sagt: „Die Kultur, die sich als Entsprechungsgeschehen zwischen den sozialen Ordnungen ereignet, enthält zwar eine zusammenfassende Aussage, erscheint aber nicht selbst in direkter Gestalt, und damit auch nicht so, daß die Aussage einfach gefaßt und unmißverständlich formuliert werden könnte. Sie

---

[158] Bossle, Lothar: Beethovens Sieg über Lenin, Paderborn 1992, S. 150
[159] Thüne, Wolfgang: Die Heimat als soziologische und geopolitische Kategorie, Neue Würzburger Studien zur Soziologie, Würzburg 1987, S. 448

erscheint nicht in eigener Gestalt, sondern nur als der gemeinsame Geist, der sich in den verschiedenen Ordnungen, je entsprechend bekundet".[160]

In einer vom Materialismus beherrschten Zeit wird die Notwendigkeit geweckt, daß der Mensch sich mehr zu den geistigen Werten bekennen muß, um das geistige Leben der Gesellschaft in ihren realen Ordnungen reicher zu machen und den Ideologien trotzen zu können. Die vom Geist geprägte Kultur hat ihre Bedeutung in der sozialen und geschichtlichen Rolle nicht verloren, ohne die sich der Mensch keine neuen Dimensionen im Umgang mit den Menschen schaffen kann, die zur schöpferischen Gestaltung neuer Wirklichkeitsformen führen, denn die vom Menschen gefundenen Formen des Zusammenlebens sind Bestandteile der Kultur: „Nur eine Kultur, die diesbezüglich möglichst viele ihrer Mitglieder zur Mitarbeit auffordert und auch heranzieht, hat berechtigt Aussichten, auf Dauer sinnreich gelebt zu werden"[161], denn der Mensch bringt die Kultur hervor, um überleben zu können.

---

[160] Rombach, Heinrich: Phänomenologie des sozialen Lebens, Grundzüge einer Phänomenologischen Soziologie, Freiburg/i.Brsg. 1994, S.100f.
[161] Thurn, Hans-Peter: Soziologie und Kultur, Stuttgart, Berlin, Köln, Mainz 1976, S. 129

4.1.3 Kultur und Technik

In einer Welt der verwirklichten und materiellen Technik wird von Menschen bewohnt, deren Veränderungen in der Gestaltung schöpferischer Kraft liegt und die sich in der selbst geschaffenen Welt der Selbstbehauptung als das stärkste Geschöpf darzustellen vermögen. Die im Wechselverhältnis von Welt, Mensch und Bewußtsein stehende Technik läßt ihre Bedeutung in der Verantwortung für den Bestand und der weiterentwickelten Kultur erkennen, die keineswegs kommen und gegenwärtig von der in einem strukturellen Umbruch befindlichen Gesellschaft getragen wird. Die vom Menschen weiter geschaffene perfektionierte Technik hat die nicht auszubleibenden Spannungen zwischen Technik und Natur erzeugt, die einerseits katastrophale Auswirkungen schaffen und andererseits für die Menschen einen höheren Kulturstand bringen und in beiden Fällen vom Menschen gegenüber des technischen Fortschritts höchste Verantwortung abverlangt.

Der Mensch ist im Rahmen der Forschung mit dem Vermögen ausgestattet, selbst zu gestalten, die Kulturen zu erhalten und zu erneuern, wenn die geistursprünglichen Inhalte von Religion und Wissenschaft das gesellschaftliche Leben durchdringen, denn „alle Menschen verlangen von Natur nach dem Wissen (Aristoteles). Im Großen und Kleinen bleibt Forschung und Lehre die Mutter des Fortschritts, aber auch der Vertiefung. Was wir heute ergrübeln, wird morgen verwirklicht".[162]

Mit der fortschreitenden Entwicklung der Technik folgte die Empfindung der Entpersönlichung im Arbeitsprozeß und mit den Veränderungen der sozialen Strukturen ein Bewußtseinswandel, die ein „Zurückbleiben der Kultur"[163](cultural

---

[162] Becher, Walter (Hrsg.): Der Blick aufs Ganze. Das Weltbild Othmar Spanns, München 1985, S. 122
[163] Hartfiel, Günter; Hillmann, Karl-Heinz (Hrsg.): Wörterbuch der Soziologie, dritte Auflage, Stuttgart 1982, S. 124

lag) erkennen ließen oder wie Wilhelm Röpke (1899-1966) meint, daß mit der technischen Entwicklung die geistig-moralische Entwicklung nicht Schritt gehalten hat[164], was sich im Zuge des naturwissenschaftlich-technischen Entwicklung bis heute fortgesetzt hat und die Ursachen für die Kulturkrise erkennbar macht. Vor allem sind es die in den technischen Arbeitsbereich einschleichende Technokratie und Bürokratie weiter Ursachen, die den Kulturstand von der schlechtesten Seite betrachten und von Lothar Bossle wie folgt umschrieben wird: „Der Kulturpessimismus der Gegenwart ist ein Ergebnis technokratischer, bürokratischer und psychischer Überwucherung. Nicht die Versuche zur traditionellen Festigung, sondern in ungewissen Rythmen des technischen Fortschritts sind die Anstöße, den Menschen heute in eine Lebensangst zu versetzen"[165], was im Wohlstandsrausch und Fortschrittsglauben nur schwer von der Gesellschaft angenommen wird, obwohl soziologisch erkannt, daß die Ängste der Menschen im Rahmen der Vermassung zugenommen haben.

Die von der Technik vermittelte Funktion zwischen Wissenschaft und Kultur setzt sie die Erkenntnisse wissenschaftlicher Forschung um und stellt diese für das praktische Handeln zur Verfügung, was nur dann negativ zu sehen ist, wenn es sich hier um einen Technokraten handelt, dem das menschliche Empfinden fehlt oder seine Persönlichkeit beschädigt ist, was noch deutlicher gesagt werden muß: „... der Technokrat habe ein Maschinenherz".[166] Das führt zum Mißbrauch technischer Möglichkeiten eines von der Macht getragenen Individuums, statt die Anwendung technischer Errungenschaften einen menschlichen der Kultur sinngebenden Anblick zu geben, das heißt, daß der Techniker von einem höheren Prinzip gehalten ist, „das dann auch sein verantwortetes Verhältnis zur Kultur

---

[164] Röpke, Wilhelm: Maß und Mitte, Zürich 1950, S. 225
[165] Bossle, Lothar: Die Überholung der Moderne, Paderborn 1996, S. 36
[166] Kienecker, Friedrich: Kommunikationstechnologie und Kulturverantwortung, Paderborn 1994, S. 15

bestimmt".[167] Die von der fortschreitenden Technik erwirkte Nützlichkeit der Maschinen und Geräte erfährt zwar eine Steigerung der Lebensmöglichkeiten und eine zunehmende Qualität des menschlichen Daseins, muß aber auch Gefahren hinnehmen, die dem Menschen in seinen Lebensbereichen Risiken für den äußeren und inneren Zerfall einbringen. Diese im Ablauf des menschlichen Lebens erzeugte Zwiespältigkeit zu überwinden, benötigt er in seinem sozialen Umfeld die wertgebundene Kultur als Stabilisator seines Handelns. Mit der Deutung der äußeren Umwelt als menschliches Handeln steht das sinnhafte Handeln als Kultur im Gegensatz zur Natur, was den Menschen zum Kulturwesen macht. Das besagt, daß die oft genannte Zuordnung der Technik in den Bereich der Zivilisation nicht dem Sinn entspricht, weil die Zivilisation als ein Gegensatz zur Kultur zu verstehen ist und die Technik auf sinnhaftem Handeln beruht, was damit belegt werden kann, daß die menschliche Gesellschaft eine kulturelle ist.

Die Kultur war immer schon da, auch in der heutigen modernen Welt und ist eingebunden im Ganzen der Lebensformen des Menschen, sie ist „...die Welt selbst, die alte wie die moderne, die Welt bewohnbar gemacht, verwandelt in Welt des Menschen, der sich nur in Dingen wiederzuerkennen vermag, die er selbst gemacht hat"[168], wie es Jürgen Mittelstraß in seinem Vortrag auf dem CULTEC-Kongreß vertreten hat. Mittelstraß spricht auf die heutige Welt bezogen von einer Leonardo-Welt und teilt das Geschehen in der Welt in drei Welten ein: „Zuerst war die Kolumbus-Welt, die unbekannte Welt, in die der Mensch aufbrach, um ihre Geheimnisse zu erkunden. Dann die Leibniz-Welt, die entdeckte Welt als Rätsel und als gedeutete Welt. Schließlich die Leonardo-Welt als das eigentliche Werk des Menschen", die „heute als das Sinnbild des

---

[167] ebd., S.16
[168] Mittelstraß, Jürgen: Vortragsauszüge aus Kultur und Technik im 21. Jahrhundert, CULTEC-Kongreß, veranstaltet vom Wissenschaftszentrum in Nordrhein-Westfalen in Essen, VDInachrichten Magazin Düsseldorf 9/1992, S. 8ff.

Forschers, des Erfinders und des Künstlers - kurzum: des modernen Menschen - gelten darf".[169] Mittelstraß schließt daraus: „Wenn Kultur nicht zuletzt Forschung, Invention und Darstellung ist, sich im Medium von Finden, Erfinden und Gestalten bewegt, dann ist die moderne Welt als Leonardo-Welt zugleich eine Kultur-Welt".[170] Er will darüber hinaus auch zum Ausdruck bringen, daß die Kultur eine Arbeits- und Lebensform ist, die sich stets miteinander verbinden und „... nicht etwas ist, das wir den Dingen einfach entnehmen, das auch ohne uns ist, sondern etwas, das wir herstellen, machen, tun".[171]

Somit ist gesagt, daß Kultur in einer Leonardo-Welt, benannt nach Leonardo da Vinci (1452-1519), ein „poetisches" (griechisch poiesis = das herstellende Handeln) Leben und die kulturelle Form der Welt ist. Wer glaubt, Kultur nur in den Büchern oder in den Museen vorzufinden, ist sich selbst fremd geworden, „ ... zu einer Gestalt, die das Leben vielleicht noch berührt, die es aber nicht mehr berührt, eine andere Welt, die wir nur betreten können, indem wir unsere eigene Welt verlassen".[172] Dieses Unvermögen, sich nicht weiter entwickelnd mit der eigenen Welt zu verbinden, führt zu einem Kulturzerfall, das heißt, „der hat seine eigene Welt und sich selbst - nicht verstanden".[173]

Der Mensch, der in seinem Denken andere Wege geht und seine Legitimation im Fortschritt der Industriegesellschaft sucht, erkennt seinen Irrtum erst, wenn er an die Grenzen des Wachstums stößt und der ökonomische und ökologische Zustand das Gleichgewicht verloren haben, die unweigerlich soziale, wirtschaftliche und politische Probleme auslösen. Dieser Erosionsprozeß, der durch den Fortschritt der Technik einem Wachstumsprozeß unterliegt, gibt Anlaß zum Zerfall der aus

---

[169] ebd., S.10
[170] ebd.
[171] ebd.
[172] ebd.
[173] ebd.

der Antike und dem Christentum hervorgegangenen abendländischen Kultur. Geschichtlich ist der Mensch in seiner Entwicklung in der von der Natur umgebenden Lebenswelt eingegliedert und so Teil einer Ganzheit, in der sich einzuordnen ist. Ob er die Fähigkeit besitzt, als Teil der Natur das Ganze zu erfassen, ist fraglich, da es doch nur bei einem Teilergebnis bleiben wird, das die Technik zum Nutzen der Wirtschaft möglich macht, was auch zum ausufernden Wachstum und zur Orientierungslosigkeit führen kann, wenn das Wachstum keine Einschränkungen erfährt, da sonst der Ordnung des gesellschaftlichen Lebens die Wertvorstellungen entzogen werden. In diesem Zusammenhang muß auf die in Gefahr geratene natürliche Umwelt hingewiesen werden, die sonst durch die Überlagerung vom wohlstandsträchtigen Wirtschaftswunder nur bedingt wahrgenommen wird und im Hinblick auf den Arbeitsprozeß es sich bei immer mehr Freizeit gut leben läßt.

Mit der Technik und dem Glauben der Menschen an die Technik scheinen sich unbegrenzte Fähigkeiten zu entwickeln, die zwar zur Befriedigung der persönlichen Bedürfnisse beitragen, jedoch im Grunde des Daseins dem Leben der Menschen ihre Identität entziehen, „ ...schließlich halte der Mensch mit aller Anstrengung die Maschine in Gang, wisse aber gar nicht mehr, wozu sie läuft, und so werde der Sklave Mittel zum Herrn seines Herrn".[174] Hieraus ist die Folgerung zu ziehen, daß der Mensch nicht der Technik, sondern die Technik dem Menschen zu dienen hat und das Ziel des Lebens muß die Selbstentfaltung sein, um das eigene Wesen völlig zur Entfaltung kommen zu lassen.

Zur Beurteilung der Bedingungen für das menschliche Dasein unter Berücksichtigung der Erfahrungen bleibt zu hoffen, daß die technische Herausforderung mit der ihr gegenüber stehenden Technikethik zu einem

---

[174] Freyer, Hans: Gedanken zur Industriegesellschaft, besorgt von Arnold Gehlen, Mainz 1970, S. 138

gesunden Optimismus führt. Hieraus ist zu schließen, daß die Technik mit ihrer evolutionären Ursprungskraft den Kulturprozeß zwar bewirken, aber nicht zum Untergang der Kultur führen kann, da sich die technischen und ökonomischen Lebensbedingungen der Menschen verhältnismäßig schneller ändern, als die individuellen Denkschemen und die geistige Kultur, was nicht ratsam, aber auch nicht zu verhindern ist, Technik und Kultur in einem zeitlichen Gleichgewicht zu halten. „Der geschichtliche Sinn der modernen Technik kann in der Tat so bezeichnet werden: sie sei Unterbau einer Gesamtkultur. Wie ein Unterbau erst nachträglich, nämlich als Fundament, also durch den Bau, der auf ihm aufgeführt wird, seine Deutung und sein Recht bekommt, so stellt die moderne Technik nicht wesentlich ein System von neutralen Mitteln für selbstfertige Zwecke, wohl aber eine Aufgabe dar, die nur in einer Gesamtkultur gelöst werden kann".[175]Der enge Zusammenhang zwischen der kulturellen Entwicklung durch die Technik bewirkten Gegebenheiten und Veränderungen und der Erörterung der Anwendungsberechtigung technischer Möglichkeiten gehört zu den zentralen Beweggründen und Themen des heutigen Industriezeitalters.

---

[175] Freyer, Hans: Herrschaft, Planung und Technik, Aufsätze zur politischen Soziologie, kommentiert und herausgegeben von Elfriede Üner, Weinheim 1987, S. 15f.

5. Kulturprozess

5.1 Einflußfaktoren der Technik

Ist der Ingenieur, der Techniker, anders geprägt als alle anderen Menschen? Wohl nicht, denn nicht anders als in anderen Berufen, und so sollte es sein, übt er „seinen Beruf aus in Ehrfurcht vor den Werten jenseits von Wissen und Erkennen und in Demut vor der Allmacht, die über seinem Erdendasein waltet".[176] So steht es im „Bekenntnis des Ingenieurs" des Vereins Deutscher Ingenieure, der am 12.Mai 1856 zu Alixbad im Harz gegründet wurde und der „das Zusammenwirken aller geistigen Kräfte der Technik im Bewußtsein ethischer Kräfte" bezweckt.[177]

Wenn die von altersher angewendeten Werkzeuge, Geräte, Waffen u.a.m. von Archäologen entdeckt werden, die vom Menschen in ihrer Not und Gefahr mit der Urkraft ihres Geistes erforscht und hergestellt wurden, kann vom „homo-insantos" als erforschender und erfinderischer Mensch gesprochen werden. Der Mensch ist in der Vielfalt seiner Gestaltungen den Naturgesetzen verbunden und von der Sehnsucht nach „Neuem" erfüllt, die er mit seiner Naturkraft handwerklich als „homo-faber" im Bereich seiner Phantasie und im Gestaltungsdrang herstellt, um aus der Notwendigkeit heraus sein Leben zu erhalten. Wird doch der Mensch von der Technik getragen und der Mensch die Natur mit der Technik untertan macht, ist daraus zu schließen, daß alles was die Technik macht, nur mit den Naturgesetzen gemacht werden kann, das heißt was mit Wissen, Forschung und Entwicklung als „homo-technikus" die Gestaltung aller für den Menschen notwendigen Güter hergestellt wird und den Menschen im

---

[176] Verein Deutscher Ingenieure: Bekenntnis des Ingenieurs, Düsseldorf 12. Mai 1950; vollständiger Wortlaut siehe Anhang
[177] Verein Deutscher Ingenieure: Satzung desVDI, Düsseldorf 1994, S. 2, §2

Wandel ihrer Kulturen mit dem Handwerk und der Technik ihre Bedeutung gegeben haben.

Im Gesamtverlauf der Menschheitsgeschichte bei der Entstehung und Entfaltung kultureller Schöpfungen ist im Zusammenhang mit der abandländischen Kultur ein „Kommen" und „Gehen" in Gestalt eines Zyklus zu erkennen. Dieses auf die heutige Zeit bezogen, läßt die Erkenntnis ergründen, daß es gar nicht mehr um die Kulturen geht, sondern schlechthin um die Kultur, weil die Menschen ihr gegenüber in eine Beziehungslosigkeit geraten sind, die in einem Maße bis hin zu den von der Technik beherrschten Welt ausgelösten Prozesse eine Entwicklung angenommen hat und folglich der Kultur das Gesetz des Verfalls aufzudringen droht.

Wie das Wort „Prozeß" allgemein zum Ausdruck bringt, handelt es sich um einen Vorgang und Ablauf, der auch in den Epochen der Menschheitskulturen aus dem Geschichtswinkel der Schöpfung im Verbund mit den Wissenschaften und des technischen Fortschritts von der Steinaxt bis zur heutigen hochentwickelten Technik aufzeigt, das es immer schon Kulturprozesse gegeben hat und Kulturen dem Zeitgeist nach neu erwachsen lassen, die als eine unsterbliche Kraft zur Gestaltung der Umwelt des Menschen erhalten bleibt.

Der Beginn der Technik liegt bei der Charakterisierung der ältesten Kulturen in ihren nachweisbaren Waffen und Geräten, die für Zwecke menschlicher Bedürfnisse verfügbar waren. Ob beim Ackerbau auf die Technik reflektierten Pflug bis hin zur klasssischen Mechanik des Abendlandes, die Dampfmaschine, der Verbrennungs- oder Elektromotor, die Chemie und viele weitere fortschreitende technische Errungenschaften der heutigen Zeit lassen den Mensch bei seiner Alltagsgestaltung die Macht der Technik spüren, die den Anspruch erhebt zu glauben, im neuzeitlichen Abendland durch Einwirken auf den

Kulturwandel die Gestaltung des technischen Zeitalters zu übernehmen. Franz Steinbacher vertritt hierzu folgende Meinung: „Zahllose kulturtragende Gesellschaften haben ihre künstliche Traditionsssysteme zur intra- und interzirkulierenden Korrespondenz gebracht sowie durch kriegerische oder ähnliche Überlagerungen (A. Rüstow) Kulturinhalte und Kulturformen gewissermaßen geschichtet".[178]

So gesehen verändert der Mensch nicht nur die Bedingungen seiner Umwelt, sondern auch, wie Steinbacher meint, „im Zuge einer Evolution unter zunehmend künstliche Voraussetzungen - seine primär-biologische Substanz".[179] R. Kugler vertritt hierzu die Position: „Sowie die Individualentwicklung (Ontogenese) erscheint auch die menschliche Stammesentwicklung (Phylogenese) unter den beiden Aspekten der natürlichen und geschichtlichen Entwicklung".[180] Was nun neben der Natur- eine Kulturgeschichte erkennen läßt, ist der Mensch folglich vom Ursprung her ein historisches Lebewesen geworden, das alles Leben einem Umbildungsfluß unterliegt.

Es ist nicht abzusprechen, daß Kultur ein wesentliches Element für die Entwicklung eines jeden Landes ist und als Träger des soziologisch-anthropologischen Gesinnungswandels der Gesellschaft zu verstehen ist. In diesem Zusammenhang sei an die Technik im Rahmen der ökonomischen Bedeutung der Kulturbetriebe erinnert, wobei der Standortfaktor Kultur für die Infrastruktur im Wirtschaftsbereich eine produktive und innovative Wirtschaft mit dem Hintergrund moderner Industrien hervorruft. Wenn Forschung als Bestandteil der Technik zu verstehen ist, nimmt sie Einfluß auf den Wandel des kulturellen Lebens mit dem Hinweis, was machbar ist, auch wünschenswert sei. Kultur als

---

[178] Steinbacher, Franz: Kultur, Begriff-Theorie-Funktion, Stuttgart, Berlin, Köln, Mainz 1976, S. 51
[179] ebd.
[180] Kugler, R.: Philosophische Aspekte der Biologie Adolf Portmanns, Zürich 1967, S. 89f.

Gesamtordnung gesehen, kann die Technik in ihrer Vielfalt im Verbund mit der Ökonomie, der sozialen Gestaltung und der Umweltbemühungen nicht aus ihrer Verantwortung entlassen werden, wenn der Grundcharakter der Kultur nicht verloren gehen soll oder wie es Harald Winkel versteht: „Es besagt, daß bei der Veränderung eines Kulturelements sich auch andere mit ihm in Verbindung stehende Elemente verändern, so zum Beispiel führt eine Veränderung durch eine rein technisch-ökonomische Entwicklung auch zu einer Veränderung der Sozialstruktur, der Einkommens- und Rangskala der Berufe".[181]

Es darf nicht übersehen werden, daß nicht allein die Technik und Ökonomie den zu einem neuen sozialen System führenden Wandlungsprozeß bewirken, sondern unabwendbar werden diese Vorgänge auch von der Soziologie und Religion einflußnehmend begleitet und mit der Technik interdisziplinär den Zielen und Wertvorstellungen für die neu strukturierte Gesellschaft gerecht zu werden. Alfred Weber vertritt hierzu die Meinung: „... daß die Probleme, welche diese moderne Technik aufwirft, von der bisherigen Soziologie in ihrem Umfange und zugleich in ihrer vollen Lebenstiefe und - abgesehen von wenigen Werken - in ihrem gesamtsoziologischen Daseinszusammenhang entsprechend gewürdigt worden sind".[182]

Die im Zusammenhang mit den sozialen Gebilden erkannten inneren Nöte, die von der Technik verursachte Verflachung des Innenlebens ausgelöst wurde und nur auf Zweckmäßigkeit entstandene Denkweise führt, läßt außerhalb der Sozialordnung Konflikte entstehen, weil der Mensch sich dem kulturellen Leben abgewendet und dadurch die Stabilität der Lebensqualität verloren hat, wie dies bezogen auf die Ehe und Familie Leopold von Wiese sieht: „Mit zunehmender

---

[181] Winkel, Harald (Hrsg.): Wirtschaftliche Entwicklung und sozialer Wandel, Darmstadt 1981, S.7
[182] Weber, Alfred: Einführung in die Soziologie, München 1955, S. 349

Kulturzersplitterung und dem Anwachsen der Unterschiede von Mensch zu Mensch wird die Zweiergruppe immer problematischer".[183]

Die Erkenntnisse der soziologischen Überlegungen zeigen, daß die Entwicklung der industriellen Gesellschaft in enger Beziehung zur Technik und zu den Industriesystemen steht, die mit ihren technischen Innovationen, ihrem Machbarkeitsstreben und mit ihren Manipulierbarkeitsmöglichkeiten der Produktion die Epoche der zweiten Hälfte des 20. Jahrhunderts charakterisieren und das technisch-soziale Gesamtsystem der Gesellschaft regeln oder von Carl-Friedrich von Weizsäcker anders formuliert: „Die Technik im Prozeß der Industrialisierung dürfte drei Gründe gehabt haben: soziale, kulturelle, ökologische, oft alle drei in komplexer Mischung".[184] Die durch die Technik bewirkten Gegebenheiten und Veränderungsmöglichkeiten bestimmen unter Berücksichtigung der sozialethischen und politischen Erörterungen der Anwendungsberechtigung technischer Machbarkeiten den Tatbestand der im Rahmen der anthropologischen Abläufe hervorgerufenen kulturellen Verarbeitung, die der Mensch als Mitglied einer Gesellschaft seinen Kenntnissen, Sitten, Gewohnheiten und Fähigkeiten entsprechend seiner Lebensweise des Alltags, der die Kultur beinhaltet, anzupassen vermag.

Der Mensch in seinem Denken und Wollen bei der Gestaltung seines Werkes entfaltet seine Wirklichkeit, die als Wirkung oder auch als ein Vorgang zu verstehen ist, der einen anderen Sachverhalt bewirkt und in diesem Sinne ein Geschehen, also einen Prozeß auslöst, mit dem Wirkungsergebnis der Technik, die mit der Gesellschaft und ihrem Lebensraum in Wechselbeziehungen steht und

---

[183] von Wiese, Leopold: System der Allgemeinen Soziologie, dritte Auflage, Berlin 1955, S. 471
[184] Das Carl Friedrich von Weizsäcker Lesebuch, ausgewählt von Olaf Benzinger, München 1992, S. 122 (Abschnitt: Technik als Menschheitsproblem, Vortrag zur Eröffnung der Ausstellung „Literatur und Industriezeitalter" in Marbach am Neckar, 09.05.1987.

bei der Grundlagenforschung technischer und sozialer Fragen ihre Bedeutung erhält.

Wenn die Technik als Verursacher der Wirkung auf die Entwicklung der Kultur im Verlauf der Epochen angesehen wird, ist zu erkennen, daß die Technik schon von altersher im Wechsel der geistigen und materiellen Bedürfnisansprüche der Menschheit Kulturleistungen hervorgebracht hat und mit Blick auf die heutigen bereits verfügbaren technischen Instrumentarien im gesellschaftlichen Umfeld in der Verantwortung steht. So gesehen, obliegt der Technik, wenn sie sich den Erkenntnissen der Naturgesetze bedient und diese in Gebrauchsgegenstände umsetzt, ein verantwortliches Verhältnis zur Kultur, das den Lebenswerten und Sinnzielen des Menschen entspricht und sich als Kulturträger in die Pflicht zu nehmen hat. Alfred Weber meint hierzu, daß alles Leben einem Umbildungs-prozeß unterliegt, wobei auch Kultursysteme anzutreffen sind, die eine gewisse Starrheit aufweisen und im sozial-kulturellen Existieren doch auch hier ein Umbildungsprozeß erkennbar ist.[185]

Interessant ist auch innerhalb der Geschichtssoziologie bei Alfred Weber, daß er von drei vertikalen „Strängen" spricht, die nachstehend zu unterscheiden sind: Der „Zivilisationsprozeß" als schichtungsfähiger Strang genannt, der die rationale Seite der Geschichtsepochen darstellt, vom Gebrauch der Steinaxt, Nutzbarmachung des Feuers bis hin zur Gegenwart der Maschinen-, Nuklear- und Kommunikationstechnik. Weiter spricht er vom „Gesellschaftsprozeß", der nicht immer zu Tendenzen des „Besseren" geführt hat, wobei sich das Gesellschaftliche im Rahmen des Geschichtsablaufs in Form einer Sinnkurve bewegt hat, jedoch in den Bereichen der Existenzerhaltung, der Existenz-sicherung und der Existenzweitergabe dem kulturellen Umbildungsfluß nicht

---

[185] vgl. Weber, Alfred: Prinzipien der Geschichts- und Kultursoziologie, München 1951,S.115 ff.

immer ausgesetzt war und auch zu einem bedeutenden Bezugsobjekt der politischen Geschichte geworden ist. Beim dritten Strang spricht er von einer „protuberanzartigen"[186] Geschichtssphäre und nennt diese „Kulturbewegung", der er im Bereich des magisch-irrationalen Kunstschaffens die geringste Schichtungsfähigkeit einräumt.

Im Rückblick auf die „drei Stränge" wird der Kulturprozeß wohl am deutlichsten erkennbar, wenn die technische Daseinsbewältigung in Augenschein genommen wird und im Zusammenhang mit der von der empirischen Wissenschaft durchgeführten Analyse der Daseinsfaktoren die künstliche Schichtbarkeit der Kultur gezeigt wird. Mit gerade dramatischer Anschaulichkeit zeigt der rasante technische Fortschritt im menschlichen Bereich, daß der Umbildungsfluß der Evolution vom Geschehen der Konstruktion verdrängt worden ist, das heißt, daß die künstlichen Schichtungsvorgänge der Kultur das ursprüngliche Naturgeschehen hinter sich gelassen hat oder wie Arnold Gehlen von der „Natürlichkeit der Kulturen" spricht und damit zum Ausdruck bringen will, daß die menschliche Wesennatur sich auf ein künstliches Medium eingestellt hat und bezeichnet Kultur als „... die vom Menschen handelnd veränderte Natur".[187] In Ergänzung zu Herders Position vertritt Arnold Gehlen hier die Meinung, daß die Kultur in den Phasen ihrer Entwicklung und in ihren Erscheinungsformen eine gegenseitig ergänzende Erscheinung des menschlichen „Mängelwesens" und seiner Instinktausfälle ist.

Am Ende des Kapitels soll noch kurz auf das Verhältnis von Kultur und Gesellschaft eingegangen werden. Arnold Gehlen unterscheidet zwei

---

[186] Protuberanz: ... aus dem Sonneninnern ausströmende glühende Gasmasse, in: Duden, Band 1, Wissenschaftlicher Rat der Dudenredaktion (Hrsg.), 19. neu bearbeitete und erweiterte Auflage, Mannheim, Wien, Zürich 1986, S. 551

[187] Gehlen, Arnold: Anthropologische Forschung, Reinbek bei Hamburg 1961, S. 21

Gesellschaftsformen, die kulturell modifiziert bzw. abwandelbar sind und die Gesellschaftskörper, die Träger von historischen Kultursystemen sind. Stirbt die soziale Lebensbasis, erlischt auch zwangsläufig der kulturelle Überbau. Oswald Spengler spricht vom „Sterben" einer Kultur, was jedoch nicht bedeutet, daß alle Kulturelemente, die im Prozeß der Lebensvorgänge erworben wurden, für die Tradition verloren sind. Damit sei insgesamt der Hinweis auf den Einfluß des technischen Fortschritts auf das Kulturgeschehen zu verstehen, der nun im Rahmen der technischen Errungenschaften mit den jeweiligen Wirkfaktoren erhellt werden soll.

5. 1.1.   Automatisierung - die zweite technische Revolution

Technik kann als das Verfahren der Naturbeherrschung in der Menschheitsgeschichte verstanden werden und erst seit dem Ende des 18. Jahrhunderts kann von einer modernen Technik, von der 1. Revolution der Technik gesprochen werden, die einschneidende Veränderungen des menschlichen Daseins bewirkt hat und mit der dem Menschen aufgezwungenen neuen Arbeitsweise die Gesellschaft in ihrer Umwelt verwandelt hat. Mit der fortschreitenden Technik, ausgelöst vom Wettbewerbstreben nach immer höherem Wirtschaftswachstum, ließen technische Entwicklungen in den Produktionsstätten den Glauben aufkommen, mit der Automatisierung den Schlüssel für eine höhere Produktion gefunden zu haben, der den Menschen und das Handwerk ersetzen soll, was darüber hinaus auch zur Einführung des „Roboters"[188] führte. Während man noch in den 20er Jahren dieses Jahrhunderts die Forderung nach montagegerechter Fertigung verlangte, nach Möglichkeit dies mit Verringerung von Einzelteilen zu

---

[188] Robot (tschech.) früher für Frondienst, roboten (ugs. für: schwer arbeiten), in: Duden, Band 1, Wissenschaftlicher Rat der Dudenredaktion (Hrsg.), 19. neu bearbeitete und erweiterte Auflage, Mannheim, Wien, Zürich 1986, S. 583.

erreichen, um beim Montagefluß optimale Fertigung und Montagezeiten zu erreichen, fand der Roboter in der Automobilfertigung als Schweißroboter seinen Einsatz, der wesentlich zur Verkürzung der Montagezeiten beiträgt.

Der Termin- und Kostendruck im Produktionsablauf sind Faktoren, die im Montagebereich verschärft zugenommen haben und auf die verfügbare Zeit der Montage drücken, diese zu beschleunigen, konstruktiv diese mit Hilfe von Baukastensystemen erreicht werden konnte. Doch kann der Roboter die manuelle Arbeitskraft nicht voll ersetzen, da sein Einsatz nach wie vor Arbeitskräfte erfordert, die mit dem Einsatz des Roboters beschäftigt sind, um die Präzision und die Störanfälligkeit des Roboters zu verhindern sowie in Klein- und mittleren Produktionsstätten die mit der Hand auszuführenden Montagen nicht wegzudenken sind.

Bevor weiter auf die Wirkung der Automatisierung eingegangen wird, soll geklärt werden, was unter Automatisierung zu verstehen ist. Hierzu ist den Worten von Karl Jaspers zu entnehmen: "Statt durch menschliche Muskeln soll durch die Maschinen gearbeitet werden, statt durch immer wieder anstrengendes Nachdenken durch den Automatismus der Apparate. Die einmalige große Erfinderleistung erspart die Anspannung von Muskeln und Verstand."[189] Was heißt das? Der Mensch entwirft das Programm für die Herstellung des zu produzierenden Erzeugnisses und entnimmt das fertige Produkt, d.h. die automatische Anlage arbeitet nach einem Programm, deren Produktionsablauf elektronisch mit Hilfe der Regeltechnik gesteuert und geregelt wird. Die wiederkehrenden gleichartigen Produktionsverrichtungen werden selbständig ausgeführt und sind durch die Automatisierung erreichten Zustand der modernen technischen Entwicklung als ein bedienungsfreies Arbeitssystem gekennzeichnet.

---

[189] Jaspers, Karl: Vom Ursprung und Ziel der Geschichte, München 1949, S. 142

Hierzu meint Karl Jaspers: „Wenn dann die Maschinen fast zu selbständigen Wesen werden, muß doch irgendwo noch zur Bedienung, Bewachung und Apparatur der Maschinen menschliche Arbeit geleistet werden ...“[190], wodurch es bei der Automatisierung auch zu sozialen Problemen kommt. Obwohl die körperlich arbeitenden Menschen ihre Arbeitsplätze verlieren, werden zwar für die Kontroll- und Einrichtungsfunktionen wiederum Arbeitsplätze erhalten, was zur Änderung der Berufsstruktur und zu Reformen der Ausbildung führt, die den Verlust an Arbeitsplätzen nicht auszugleichen vermögen.

Obwohl die Technik mit ihren Errungenschaften dem Menschen Erleichterungen bringt, rufen diese wiederum Bedürfnisse hervor, die eine Arbeitssteigerung verlangt, zu einer unerträglichen Last und die Automatisierung am laufenden Band in einem wiederholenden Arbeitstakt zum ermüdenden, wenn nicht sogar zum stumpfsinnigen Menschen werden läßt, das heißt die Abhängigkeit der Arbeit von der Maschine wird für den Menschen zum Teil der Maschine und „Der Mensch wird entwurzelt, verliert Boden und Heimat, um an einen Platz an der Maschine gestellt zu werden ...“[191]. Der Mensch verliert über seine Gegenwart die Übersicht, was zu Bedürfnissen nach Genuß und Sensationen führt, die er glaubt sich mit den ihm zur Verfügung stehenden Konsumgütern wie Fernsehen oder anderen Mitteln befriedigen zu können. War noch das Handwerk das vom Menschen geführte und in Bewegung gesetzte Werkzeug, mit der Natur verbunden, so ist die Maschine zu einem selbständigen Werkzeug geworden, „... durch sie wird die Natur vom Menschen betrogen, indem er sie für sich arbeiten läßt.“[192] Jedoch muß die Veränderung der Arbeitsweise zugunsten des Menschen und seiner Würde angesprochen werden, wenn die Wertschätzungen der Technik

---

[190] ebd.
[191] ebd., S. 145
[192] ebd., S. 143

und ihre fortschreitenden Entwicklungen als Gestaltung der Umwelt berücksichtigt werden soll, da die Arbeitsbedingungen menschlicher geworden sind und der Gesellschaft neue Lebensformen gegeben haben, wie es auch Karl Jaspers erkannt hat: „ Die Wertschätzung der modernen Arbeit ist unlösbar von der Wertschätzung der modernen Technik."[193] Das schließt nicht aus, daß die Arbeit zur Automatisierung des Menschen wird und sich "in eine einzige große Maschine"[194] verwandelt, was sich zwangsläufig auf die Gestaltung der Gesellschaft und ihrem kulturellen Umfeld auswirkt.

Diesem Phänomen kann sich der Mensch nicht mehr entziehen, obwohl die Technik zwar Chancen aber auch Gefahren hervorbringt, da sie einer Gewalt gleich den Menschen verwandelt, „...ohne zu merken, daß es und wie es geschieht."[195] Es ist und bleibt die Frage, ob und wie der Mensch in seinem Dasein die Technik, in diesem Fall die Automatisierung durchschaut, um die Folgen zu erkennen, die Gefahren abzuwenden, „...statt daß der Mensch Sklave der Technik wird?"[196] Die Erkenntnis, daß die Technik dem Menschen Nutzen oder Unheil bringen kann, wird davon abhängen, ob er sich der Technik bemächtigt, sie in seinen Dienst stellt und ihr die individuelle Gestaltung des Lebens Bedingungen abverlangt, die der Wertschätzung der Arbeit wie auch der Technik gerecht wird. Auch sind hier der Staat und der Unternehmer gefragt, die sozialen Folgen durch den technischen Fortschritt zu dämpfen und darüber hinaus dafür Sorge zu tragen, diese erst gar nicht entstehen zu lassen. Die moderne Technik mit ihren technischen Maßnahmen und ihrer Leistungsfähigkeit ist durch die Spezialisierung methodischer Verfahrensweisen gekennzeichnet und greift ohne Rücksicht auf die Auswirkungen in das soziale und kulturelle Leben ein,

---

[193] ebd., S. 148
[194] ebd., S. 158
[195] ebd., S. 159
[196] ebd., S. 160

wobei mit der Wirksamkeit der Verfahren sich der Mensch eine materielle Welt geschaffen hat, die ihm seine spezifischen Wünsche und Zielsetzungen erfüllen. Maschinen wie die der Automatisierung mit umfassenden menschlichen Fähigkeiten stellen keinen Ersatz des Menschen dar, sondern sind als Systeme zur Unterstützung der Menschen in ihren Arbeitsbereichen zu sehen, in den ihnen Routinearbeiten abgenommen werden. In vielen Fällen spielt die Automatisierung beim Einsatz von Massenanfertigungen aus ökonomischen Gründen als Rationalisierungsfaktor eine Rolle, die zum Nährboden für die Idee der menschenleeren Fabrik als Endziel der Rationalisierung geworden ist, obwohl es sich hier nur um utopische Vorstellungen handeln kann, da die Automatisierung gekoppelt mit dem Roboter zwar den Menschen am Fließband und anderswo ersetzen kann, aber nicht den gelernten Fachmann mit seinen Fähigkeiten.

Individuell ist doch der Mensch gefragt, wenn wechselnde Kundenwünsche von kleinen Aufträgen bis hin zur Einzelstückanfertigung erfüllt werden sollen. Hier werden bei der Umstellung von der Groß- zur Kleinserie Flexibilität und entsprechende ökonomische Umsicht verlangt, die den Menschen auch künftig in technikzentrierter Form mit der Maschine zusammenbringen.

Der Einsatz der Automatisierungssysteme hat nicht nur in die Industrie Eingang gefunden, sondern auch nach der Entwicklung der Informations- und Kommunikationstechnik wie in vielen Bereichen menschlicher Betätigung ist die Automation nicht mehr wegzudenken. Die hohen Anforderungen an die Wirtschaft treibt mit dem Blick auf die Rationalisierung die Weiterentwicklung der Automation mit dem Ziel voran, effizient gute und billige Produkte herzustellen, wobei die gesellschaftlichen Erwartungen unter dem Einfluß der ökonomischen Flexibilität stehen. Es kann und darf nicht sein, daß die Automatisierung das Allheilmittel effizienter Produktion ist, letztendlich doch der Mensch unter Berücksichtigung einer arbeitsplatzerhaltenden Rentabilität nicht aus den Augen verloren geht und wieder in den Mittelpunkt des Arbeitsprozesses gelangt. So sollte das Handwerk, die menschliche Arbeitskraft, mit der Massenproduktion vereint werden, um den Menschen am „Ganzen" zu beschäftigen, d.h. Motivation und Zufriedenheit für das Gelingen in den Arbeits- und Produktionsbereichen zu erreichen.

In der Fertigungstechnik fand die Automation ihre erste Beachtung als die Produktion wirtschaftlich gesehen von ihren Bearbeitungszeiten in den Bereichen der Schneidwerkzeuge abhängig wurden, was zu der Entwicklung der Rationalisierung mit dem Ergebnis führte, bei den Rüst- und Bearbeitungs- vorgängen automatisch mit entsprechenden Steuerungen die Produktionsabläufe zu beschleunigen, die sich dann auch bei der automatisierten Montage erfolgreich niederschlug. Hinsichtlich des Standes der Technik wurden die Produktions- einrichtungen so hergestellt, daß unter Berücksichtigung der Produktions- konzeption eine Verzahnung bei der Produktrealisierung von Fertigung und Montage die Automatisierung als folgerichtig erkannt wurde. Dies hatte zur Folge, daß bei der Gestaltung der Abläufe aus der Sicht des Ganzen sinnvoll erschien, wenn dieser Vorgang schon bei der Konstruktion auf dem Reißbrett produktgerecht für die Fertigung und Montage unter dem Aspekt der Wirtschaftlichkeit die Automatisierung ihre Berechtigung gefunden hat. Diese Umstellung von der manuellen Fertigung und Montage zur Automatisierung brachte auch für das Bedienungspersonal Probleme mit sich, die bei anfänglichen Schwierigkeiten mit Hilfe von Umschulungen behoben werden mußten. Flexibilität und die Einstellung auf die Automatisierung waren gefragt sowie eine gewisse Gelassenheit aufgebracht werden mußte, um eine Überforderung nicht aufkommen zu lassen. Die durch die Automatisierung entstandene Neuordnung bei der Produktion und Montage ließ berechtigt Fragen aufkommen, wann und ob eine Automatisierung wirtschaftlich gerechtfertigt ist, da ja nicht alles automatisiert werden kann und der tätige Mensch im Bereich seines Arbeitsplatzes nicht voll verdrängt werden sollte.

Der vom Konsumenten ausgelöste sogenannte Marktzwang veranlaßt den Unternehmer als Produzent mit Blick auf den Absatz und der Erlöse betriebswirtschaftlich zu handeln, um den Wünschen und Bedürfnissen des Konsumenten zu entsprechen. Dieser Forderung gerecht zu werden, wird die Technik in spiralförmiger Bewegung vor stets neuen Herausforderungen gestellt, die in Erweiterung der Automatisierung der Produktion und Montage auch bei komplizierten und wechselnden Produktionsabläufen münden. Diese mit der Flexibilität behafteten Produktionsstätten, die neuen Entwicklungen folgen müssen, verlangen für den betrieblichen Ablauf organisatorische Aufgaben-stellungen, die auf der Ebene der Planungen zu lösen sind und unter Berücksichtigung der Qualitätsanforderungen die entsprechende Produktions-technologie Anwendung finden muß. Folglich ruft der Einsatz flexibler Fertigungssysteme Rationalisierungsschwerpunkte hervor, die neue Produktions-strukturen für eine effiziente Nutzung der Produktionsanlagen erforderlich machen, d.h. eine Umstrukturierung, oft auch ein Ortswechsel der Produktionsstätte verbunden mit der Mobilitätsfrage des Arbeitnehmers. Daraus erwächst die Entscheidung für eine Investition, ob der Automationsstrategie mit Blick auf eine flexible und wirtschaftliche Produktion unter dem Aspekt der gegenwärtigen und zukünftigen Entwicklung des Marktes der Vorrang gegeben werden kann.

Die künftige Entwicklung der Automation wird davon abhängen, ob die an die gestellten technischen Anforderungen unter den Alltagsbedingungen bezüglich der Verläßlichkeit und Flexibilität ausreichen und die Automatisierungssysteme mehr als schon geschehen in die vielfältigen neuen technischen Errungenschaften weiter Eingang finden werden. Die damit verbundene Leistungsvielfalt wird mit ihrer erreichten Flexibilität zwar eine entsprechend erhöhte Effizienz erhalten, die der Automatisierung in ihrer Funktion zu dem Ruf verhelfen sollte, den Menschen nicht total von seinem Arbeitsplatz wegzurationalisieren, sondern den Menschen bei seiner Arbeit zu unterstützen, um eine Partnerschaft von Mensch und Maschine herstellen zu wollen.

5.1.2 Massenmedien - die Kommunikationsträger

Die Übermittlung von Nachrichten standen im Zeichen der Fackel- und Trommelsignale, den laufenden Boten und Reitern, um nur diese Übertragungsmöglichkeiten genannt zu haben, obwohl noch die Entwicklung vom Botendienst zum Postwesen anzusprechen wäre, das durch den kaiserlichen Generalpostmeister des Hauses Thurn und Taxis Postverbindungen entstanden und die 1516 für die öffentliche Benutzung freigegeben wurden, was dem Ursprung der Kommunikation angerechnet werden kann. Damals wie auch heute ist die Post eine dem Gemeinwohl dienende Einrichtung, die nicht nur Postsachen und Menschen befördert, sondern zugleich neben persönlichen Erfahrungen und mündlichen Erzählungen auch neues Wissen vom Geschehen in der Welt vermittelt und so nach Eindringen in andere Lebensräume kulturelle, soziale und politische Bezüge entstehen läßt.

Erst die Elektrizität, hier der elektrische Telegraf übertraf alle vorhergehenden Meldesysteme mit wesentlich geringeren Zeiten und Fehlerraten der Übertragungen. Der Wissenschaftler Carl Friedrich Gauß (1777-1855) und Wilhelm Weber (1804-1891) erkannten die Bedeutung dieser Nachrichten-übermittlung, machten die elektrischen Telegrafen für einen Informationsfluß brauchbar, der vorerst von der Presse in Besitz genommen und später als

Kommunikationsmittel auch von der Wirtschaft, der Verwaltung und vom privaten Personenkreis übernommen wurde, was damals auch schon dazu führte, daß der Schriftverkehr, das geschriebene Wort Teil der Kultur, immer mehr verdrängt wurde und ein Wandel innerhalb der Verständigung zu beobachten war.

Oft nicht vorstellbar sind im Vergleich zu den heutigen Kommunikationsverhältnissen die Nachrichtenübermittlungen in den früheren Zeiten, die in den Ortsgemeinschaften und Familien schon bei geringsten Ereignissen eine Sensation auslösten bzw. aus den Worten von Lothar Bossle zu entnehmen sind: „Ein paar erinnerungsträchtige Erlebnisse, wie Geburt und Tod, Hochzeiten, der Besuch des Onkels aus Amerika, die Berichte von Matrosen aus fernen Ländern, waren die konservierungsfähigen Grundlagen für einen normalen Welteinblick".[197] In diesen Zeiten lebte die Menschheit noch ihrer Natur, der Wirklichkeit, und nichts konnte sie von ihrer Denkwelt entfernen. Dann trug die fortschreitende Technik mit dem Telefon und dem Radio und vor nicht allzu vielen Jahren dem Fernsehen die Ereignisse der Welt in die Wohnstuben und verursachten die Vernachlässigung der Geschehnisse in der Umgebung der Lebensgemeinschaften, die kaum noch wahrgenommen wurden. „Romano Guardini meinte einmal, die technisch-industrielle Welt sei durch Menschenhand geschaffene zweite Natur; der Soziologe Hans Freyer nannte diese industrielle Leistungsgesellschaft ein sekundäres System; die Videologen der Gegenwart wollen indessen ein tertiäres System schaffen, in welchem ausschließlich die Medien das Bewußtsein der Menschen lenken sollen".[198] Hier ist die Verantwortung der Medien gegenüber dem Menschen gefragt bis hin zum Verantwortungsethiker, wie Lothar Bossle es meint und führt Max Weber an, dem „seine Sympathie dem Verantwortungs-

---

[197] Bossle, Lothar: Ethik und Medien in einer Gesellschaft der weichen Moral, in: ders.: Videologie als Zerstörung der Gewaltenteilung, Paderborn 1995, S.15
[198] ebd., S.11

ethiker in der Politik gehört, der über Leidenschaft, Verantwortungsfreude und Augenmaß verfügt"[199], was ebenso für die Medienwelt Gültigkeit haben muß. In der Medienwelt steht der Journalismus im Mittelpunkt des Geschehens, der für die Richtigkeit der Meldungen und Berichte verantwortlich zeichnet und einer gewissen beim Journalismus herausgebildeten Moral unterliegt, das heißt „Die Moral des Journalismus steckt in der Sache, die sich Journalismus nennt" oder auch weiter von Hermann Boventer verdeutlicht: „Ich handle sittlich richtig, wenn ich journalistisch richtig handle".[200]

Bevor weiter zu den Einwirkungen der Kommunikationsmittel Stellung bezogen wird, soll erst noch in Kurzform auf den Hörfunk, sprich auf das Radio und das Fernsehen eingegangen werden, die nachfolgend den Schwerpunkt bei den Massenmedien als Kommunikationsträger bilden. Der Rundfunk ist allgemein als Hörfunk und Fernsehen zu verstehen und dient der Verbreitung von Hör- und Bildprogrammen und ist neben der Presse das bedeutsamste Medium, das die Möglichkeit hat, die Menschen anzusprechen und zu beeinflussen. Die Verbreitung von Hörfunk- und Fernsehsendungen unterliegt den Rundfunk- gesetzen mit einer gewissen Rundfunkordnung, die in die 1984 erlassenen Landesrundfunkgesetze und den 1987 zwischen den Bundesländern geschlossenen Medienstaatsvertrag festgelegt wurde. Das in der Welt wohl verbreiteste Übertragungsmedium ist das Radio, das in die kleinsten Lebensräume mit kaum vorstellbaren politischen und sozialen Wirkungen einzudringen vermag, wie es Carl Friedrich von Weizsäcker noch drastischer zum Ausdruck bringt: „Ich möchte glauben, daß die Erfindung des Radios größere Verantwortung mit

---

[199] ebd., S. 19
[200] Boventer, Hermann: Die Moral des Journalismus, in: Bausteine einer Medienethik, katholischer Pressebund e.V. (Hrsg.), Sankt Augustin o. Jahresangabe, S. 4

sich bringt als die Erfindung der Atombombe. Denn Progaganda greift tiefer als Bomben".[201]

Das Fernsehen als öffentliches Kommunikationsmittel ist in Deutschland 1935 nach anfänglichen Schwierigkeiten ausschließlich in den Dienst propagandistischer Zwecke gestellt worden. Nach vorangeschrittenen Entwicklungen stand das Fernsehen erst wieder nach dem Zweiten Weltkrieg ab 1950 nach Freigabe durch die Besatzungsmächte der Öffentlichkeit über alle Sendebereiche in Deutschland zur Verfügung. Schon „1955 wurde in der Bundesrepublik Deutschland der hunderttausendste Teilnehmer verzeichnet" und hatte bereits im Jahre 1987 dreiundzwanzig Millionen Teilnehmer".[202] Die Wirkungen der Massenmedien, und im speziellen das Fernsehen, unterliegen einem komplizierten Prozeß, der von Faktoren wie Meinungen vom Fernsehen oder vom Fernsehen gemachte Erfahrungen beeinflußt wird und weiter umstritten ist. Im Fernsehteilnehmerkreis können Meinungen richtungsweisend für eine Akzeptanz der Fernsehangebote sein, die auch von Denkweisen der Wertevorstellungen eingeschalteter Sendungen bestimmt werden. Lothar Bossle vertritt hierzu die Position: „Das Fernsehen, die Medien überhaupt wirken unzweifelbar auf unsere Daseinswelt ein, so daß eine gewisse Vereinheitlichung des Lebensstils oder zumindest der Sehnsucht nach einem zivilisatorischen Lebensformstil mit bestimmter Konsumbefriedigung heute ein weltweites Verlangen ist".[203] Unter dem Einfluß des Fernsehens entstehen langfristig Wirkungsmöglichkeiten, die in die Entwicklung der Meinungen eingreifen und in der Freizeitgestaltung besonders bei Älteren und sozial Benachteiligten vom Fernsehen unübersehbar vereinnahmt werden. Nicht alles, was die Technik hervorbringt, schadet dem

---

[201] von Weizsäcker, Carl-Friedrich: Der Mensch in seiner Geschichte, München, Wien 1991, S. 148f.
[202] Bertelsmann Universal Lexikon, Band 5, S. 375
[203] Bossle, Lothar: Demokratie ohne Alternative, Vorlesung im Toscanasaal der Residenz, gehalten in Würzburg am 3.11.1991

Menschen, so auch der Hörfunk und das Fernsehen, die in der Öffentlichkeit zum Mittelpunkt der Kommunikation geworden sind, mit der Informations- und Meinungsvielfalt der Journalisten als ein Machtfaktor im Medienbereich zur Bewältigung politischer, wirtschaftlicher und sozialer Sachfragen beizutragen und, wenn überhaupt, auch kulturelle Angebote aufzunehmen in der Lage sind, die der eigenschöpferischen Gestaltung dienlich sein können, soweit der Mensch nicht dem Einfluß der Medien unterliegt.

Der Journalist als meinungsbildendes Medium kann sehr nahe an der psychologischen Technik liegen und steht doch im Blickfeld hoher Verantwortung im Bereich journalistischer Ethik, die dem Journalisten an sich innewohnt. Er steht verantwortlich in der Medienkultur als Machtfaktor, der im Bereich der Lebensverhältnisse Wertgefühle zu erzeugen im Stande ist, die nicht der Ethik der heute abhanden gekommenen Metaphysik entsprechen und mit der Medientechnik ethisches Neuland betreten wird, was auch anders verstanden werden kann als es die Worte von Konfuzius (551 v.Chr.-478 v. Chr.) es ausdrücken: „Wer seine Geschäfte maschinenmäßig betreibt, bekommt ein Maschinenherz".[204] Der Journalismus beruht auf einer Freiheitsidee, die auf dem Grundrecht der Meinungs- und Informationsfreiheit basiert, „ mit dem der Mensch sich seine Würde gibt", wie es der Philosoph Hermann Krings vertritt[205]. Manès Sperber hat eine positive Grundhaltung zur Presse und ist der Meinung, „daß es gut sei, wenn sie die Reifung des Willens zur Freiheit ausnahmslos aller fördert".[206] Das setzt jedoch voraus, daß der Journalismus „im Sinne einer verpflichteten Freiheitskultur fortentwickelt wird"[207], um nicht einer Medienpolitik zu verfallen, die jede Grundlage einer freien Meinungs- und

---

[204] Boventer, Hermann: a.a.O., S. 4
[205] ebd., S. 5
[206] ebd.
[207] ebd.

Geisteskultur entbehrt und in den Bürokratie- und Funktionsbereich abfällt. Die Pressefreiheit ist ein geistiges Element der Meinungsbildung und erfährt in der Bundesrepublik Deutschland gemäß Artikel 5 GG die Ablehnung der Zensur. Es ist nicht zu übersehen, daß mit der Freiheit das Prinzip Verantwortung eng verknüpft ist und der Journalist in die Pflicht genommen wird, wahrheitsgetreu bei seiner Tätigkeit der Sorgfalts- und Rechenschaftspflicht nachzukommen. Nach Hermann Boventer tut sich der Journalist nicht leicht, seine Bindungen zu bewahren und seine Grenzen anzuerkennen, wenn er als Devise Michael Abend zitiert: „Du sollst Dir`s nicht bequem machen"[208] und meint, daß der „Mut zum Nonkonformismus", eine individualistische Haltung in politischen und sozialen Fragen, „heute auch eine spezifisch journalistische Tugend" ist.[209] Zu den neuen Medien gehört auch das Kabelfernsehen, das mit seinen Chancen und Risiken eine Erwähnung finden muß und mehr Möglichkeiten für die Fernsehprogramme als mit den herkömmlichen Funkwellen ermöglicht. Schon vor gut zwanzig Jahren wurde am Kabelfernsehnetz gearbeitet, Anschlüssse den Haushalten angeboten, die heute zum Alltag geworden sind. Obwohl, wie immer bei Einführung neuer Technologien, sich kritische Stimmen erhoben haben, die auf einem Investionsstau moderner Kommunikationstechnologien und auf die damit verbundene Verhinderung neuer Arbeitsplätze hindeuteten, fand das Kabelfernsehen bis auf den heutigen Tag beim Publikum, sprich der heutigen Informationsgesellschaft, ein unersättliches Bedürfnis nach Neuigkeiten. Die dynamische Bilderwelt des Fernsehens mit ihren Aussagen gehen in die Entwicklung des allgemeinen Meinungsklimas ein, dies um so mehr als viele Personen diese erreichen und zeigt Wirkungen auf die Umwelt der Gesellschaft, wenn bezüglich der Zeit, über die nicht mehr der Mensch verfügt, sondern das

---

[208] Boventer, Hermann: a.a.O., S. 10
[209] ebd.

Fernsehen die Gestaltung der Freizeit in ihrer Art und Weise bestimmt, das heißt, das Abendessen wird rechtzeitig eingenommen, um die Tagesschau oder den Krimi nicht zu versäumen und das Wochenende wird so eingeplant, daß der Mensch pünktlich zu den Sportnachrichten zu Hause ist. Bei der Beurteilung der Wirkungsmöglichkeiten des Fernsehens hat Peter Jordan differenziert auch die Herkunft der Zuschauer in die Untersuchungen einbezogen, weil es sich für die Forschung als effektiver erwiesen hat, nicht so sehr die Frage nach der meinungsverändernden Medienwirkung vordergründig zu stellen, sondern daß stärker von der nachweisbaren Tatsache auszugehen ist, daß die Massenmedien, hier das Fernsehen, „einen starken Einfluß auf die Bedeutung des Diskussionsrahmens bestimmter Themen in der Öffentlichkeit ausüben"[210], das heißt, daß sich das Fernsehen in seiner Funktion für die Bewältigung politischer Wirklichkeit zum Kernpunkt des kommunikationswissenschaftlichen Interesse entwickelt hat. Die Meinungsbildung vollzieht sich nicht nur rational, so Peter Jordan, sondern wird auch durch emotionale Faktoren stark beeinflußt: „Ein Fernsehzuschauer, der einer nachrichtlichen Aussage aus Mangel an politischem Verständnis nicht zu folgen vermag, kann zumindest die Wertdimension „negativ/positiv" erfassen. Das Fernsehen hat also die Möglichkeit, gefühlsmäßige Einstellungen seiner Zuschauer gegenüber Sachproblemen (dafür/dagegen; gut/schlecht) zu beeinflussen, selbst dann, wenn die Argumentation nicht verstanden wird".[211] So gesehen, ist das Fernsehen ein meinungsbildendes Werkzeug, das zum Meinungswandel führt und sich auch eindrucksvoll auf den Ausgang einer Wahl auswirken kann.

Die Freizeit, die zur Arbeit aller Gesellschaftsschichten und nicht nur zum Leben der Familien gehört, auch die jüngeren und älteren Alleinstehenden erheben den

---

[210] Jordan, Peter: Das Fernsehen und seine Zuschauer, Frankfurt/a.M. 1982, S. 18f.
[211] ebd.

Anspruch darauf. Das Freizeitproblem konfrontiert alle Schichten und eine sinnvolle Ausgestaltung unserer Freizeit wird zusehends schwieriger. Lothar Bossle vertritt hierzu eine akzeptable Position: „Arbeit ohne Freizeit ist eindeutig eine Verkümmerung des Daseins, selbst wenn dies der schuftende Mensch angesichts spät eingetretener Einsicht erst am Abend seines Lebens merken sollte. Und Freizeit ohne Arbeit ist Daseinsverdruß, ein Gefühl der Sinnleere des Daseins, das sich zumeist recht schnell einstellt".[212] Hier läuft die Freizeit Gefahr, von den Medien absorbiert zu werden, was zur Frage führt, ob die Medien der wachsenden handlungsärmeren Umwelt und den emotionalen Ansprüchen gerecht werden? Die Antwort kann zwar lauten, daß die Medien, hier das Fernsehen, angesichts steigender Lebenserwartungen der Menschen einen hohen Stellenwert eingenommen hat, der die sozialpsychologischen Folgen des Funktionswandels der Familie gelöst hat und zum Strukturelement der Kommunikation geworden ist. Jedoch bleibt die Frage nach dem Freizeitwert als das eigentliche Problem, wenn das unbedingt Richtige als Ereigniswirklichkeit nur ausschnitthaft aus dem Fernsehen entnommen wird und einer strengen Auswahl unterliegt, das heißt die unübersehbare Fülle der Möglichkeiten kann die Wirklichkeit trotzdem nicht voll zum Verstehen bringen.

Der Mensch, aus allen Schichten der Gesellschaft, sitzt vor dem Fernseher, er sieht „Fern", er sieht ständig bewegte und wechselnde Bilder, die zum Tagesablauf der Unterhaltung gehören. Anders als Bücher, die ihren Wertschatz und Satzbau vielschichtig variieren und sich entsprechend den Fähigkeiten des Lesers einstufen lassen, während das Fernsehbild jedem ungeachtet seines Alters

---

[212] Bossle, Lothar: Vorwärts in die Rückgangsgesellschaft. Zur Soziologie der Fortschrittsermüdung, Würzburg 1979, S. 142

zugänglich ist. Das Bedürfnis wächst mit den Angeboten, die ein gesellschaftliches Bedürfnis nach Dingen geben, die noch nicht vorhanden waren und nun das vorhandene Fernsehen den Menschen die Befriedigung bringt.

Wo liegen die Grenzen, wenn die Auswirkungen auf die Familie angesprochen werden? Abgesehen von den Anschaffungs- und Unterhaltungskosten der Fernsehanlage, die den Menschen neben dem Kraftfahrzeug „liebste Kinder" sind, führt das Fernsehverhalten zur massenmedialen Klassengesellschaft und erzeugen mit den Auswirkungen im kulturellen und traditionellen Umfeld des Familienlebens Blicke der Besorgnis. Wo bleibt die Geselligkeit als ein Stück der Kultur, das Miteinander, der Besuch beim Nachbarn oder die Einladung von Gästen, wenn eine fraglich interessante Fernsehsendung unbedingt gesehen werden muß? Vorbei ist die gemütliche Unterhaltung mit der Familie oder mit guten Freunden. Fragen und Zuneigungen der Kinder sind nicht erwünscht, es muß dann geschwiegen werden, der Fernseher rückt zur ersten Stelle der Bedürftigkeit. Wenn auch nicht in allen Familien die Kommunikation und die geselligen Abende mit Gästen in den Hintergrund geraten sind, so bleibt doch in gewisser Weise das Fernsehen dominierend im Mittelpunkt der Familie, da der Bildschirm optisch und akustisch wahrgenommen werden muß. Kommen doch bei Ehepaaren Probleme auf, wenn die Übereinstimmung der Sendungen gestört ist, das heißt der Mann auf eine Sendung besteht, was die Frau nicht nicht interessiert und sich diese dann zurückzieht und zu einem Fernsehwitwendasein verurteilt wird. Das muß nicht sein, wenn gegenseitige Rücksichtnahme Platz ergreift und die Gemeinsamkeit mit gutem Willen Raum gewinnt, um nicht ganz das Gefühl der Zweisamkeit zu verlieren und „Herr" über das Fernsehen zu bleiben. Damit ist die Gefahr gebannt, daß der Mensch seiner Vereinsamung entkommt und der Geselligkeit im Umfeld seines Familienlebens dem weichen Sessel vor dem Fernsehen den Vorrang einräumt. Häufiges Fernsehen und

„schweigende Familien" hemmen zunehmend die Sprachentwicklung der Kinder, die sich dem Fernsehen oft bis in die späten Abendstunden bedienen und mit den Konflikten der Erwachsenenwelt konfrontiert werden, was zur oberflächlichen Reifung führt und die Verhaltensweisen der Erwachsenen verfrüht übernehmen, das heißt die Kindheit als Stadium der Entwicklung geht dem Kind verloren. Mit einem gestörten kommunikativen Umgang in der Familie geht auch die Fähigkeit der sprachlich zusammenhängenden Wiedergabe verloren, was durch den geringen Wortschatz zum mangelnden Sprachverständnis und zum Schaden der schulischen Leistungen führt. Erschwerend für die Kinder kommt die zunehmende Verstädterung mit wenig Spielmöglichkeiten und weniger Freunden hinzu, die wiederum wenig Spielraum für sprachliche Anregungen geben, um auch auf dieses Umfeld der sprachlichen Vereinsamung hingewiesen zu haben. Doch bleibt das täglich stundenlange Fernsehen für die Kinder wie auch für die Eltern die Ursache der „schweigenden Familie". Es bleibt dahingestellt, das Fernsehen zu begrüßen oder zu verwünschen, denn der Fortschritt der Technik ist nicht aufzuhalten und ob zum Nutzen der Menschheit bestimmt der Mensch selbst, wenn er versteht, mit der Technik verantwortungsbewußt umzugehen. Er trägt für sich und seine Familie die Verantwortung wieder zur „kommunikativen Familie" zurückzukehren und die Familie als Ausgangspunkt der Kultur zu betrachten, wobei innerhalb der Erziehung und der Bildung von einem Kulturverständnis ausgegangen werden muß, um den leistungsfähigen Herausforderungen in der Daseinsbewältigung gewachsen zu sein.

Die Medien, als Massenkommunikationsmittel, bedürfen einer Kontrolle und die Verantwortung für eine ordentliche und ethisch vertretbare Medienpolitik liegt beim Presse- und Informationsamt der Bundesregierung, das im Rahmen der Meinungsfreiheit an manigfaltigen Meinungen interessiert ist. Die neuen Technologien auf den Gebieten der Datenverarbeitung, Unterhaltungselektronik,

Nachrichtentechnik und Kabelfernsehen, um nur diese genannt zu haben, werden in die medienpolitische Diskussion als wichtiges und nicht mehr wegzudenkendes Thema einbezogen. Diese in ihrer Vielfalt anzuwendenden technischen Kommunikationsmittel geben ungeahnte Möglichkeiten auf allen Gebieten der menschlichen Lebensgestaltung und bereiten kaum zu überbietende Zukunftsaussichten, die große Begeisterung, aber auch Skepsis auslösen, wenn diese Technologien auf das menschliche Leben mit Folgen einer Veränderung der gesellschaftlichen Ordnung und der kuturellen Umwelt einwirken. In einem Vortrag von Jürgen Mittelstraß[213] sieht er die Leonardowelt als das eigentliche Werk des Menschen, in der sich der Mensch als Entdecker und Deuter bewegt und in ihrer Lage und Wirklichkeit eine forschende und herstellend handelnde Kultur ist, so ist sie heute im historischen Bewußtsein etwas fremdes geworden. Die Wissensstrukturen haben sich verändert und die Informationswelten glauben Wissen ohne mühsame Lernprozesse zu ersetzen und nur eine andere Form des Wissens zu sein, die einen neuen Wissenbegriff prägen und an Stelle eigener Wissensbildung mit einer vertrauensvollen Verarbeitung die Information zu überzeugen, die keinen Zweifel aufkommen lassen darf. Insofern „stimmen" die Informationen, weil das von der Information übertragene Wissen nicht geprüft werden kann, was der Wissensbildung widerspricht und ohne Prüfung kein Wissender sein kann. Hieraus erwächst die Erkenntnis, daß der Mensch hinsichtlich der Informationen der Gefahr einer Abhängigkeit ausgesetzt ist und das selbst angeeignete Wissen verloren geht, da sich in den Medien die Informationen von Wissen und Meinungen kaum unterscheiden lassen und die Meinung in der Informationsform wie Wissen vorgetragen wird, das heißt aus der Informationswelt geht eine Meinungswelt hervor und der Unterschied zwischen

---

[213] Mittelstraß, Jürgen: Vortragsmanuskript: Kommt eine neue Kultur? Auf der Suche nach Wirklichkeit im Medienzeitalter, Zentrum Philosophie und Wissenschaftstheorie, Universität Konstanz,

Wissen und Meinung ist nicht mehr erkennbar, was nach den Worten von Mittelstraß dazu führt: es „.... öffnet sich in überraschender Weise in einer Gesellschaft, die sich nach dem Willen ihrer soziologischen Deuter als Informationsgesellschaft zu verstehen beginnt, eine kulturökologische Nische für eine neue Dummheit. ... sie ist eine gebildete Dummheit oder eine Dummheit auf hohem Niveau".[214] Mit den in Abhängigkeit geratenen Informationen entfernt sich der Mensch immer mehr von den Bildungsstätten, die das Wissen der Wirklichkeit und des „Ganzen" zu bieten haben, um der Gefahr zu entrinnen, eine Welt von Spezialisten zu werden.

Auch Martin Heidegger (1889-1976) erkennt die Medienwelt, die als Wissender nicht zu kontrollieren ist und sich Informationen verläßt, wenn das „Man" die alltägliche Seinsweise des Menschen und in den Medien die moderne Orientierungsform bedeutet. „Weil das Man jedoch alles Urteilen und Entscheiden vorgibt, nimmt es dem jeweiligen Dasein die Verantwortlichkeit ab. Das Man kann es sich leisten, daß „man" sich ständig auf es beruft. Es kann am leichtesten alles verantworten, weil keiner es ist, der für etwas einzustehen braucht. Das Man war es immer und doch kann gesagt werden, keiner ist es gewesen".[215] Damit bewirkt das Man eine Entlastung des jeweiligen Daseins in seiner Alltäglichkeit, „Und weil das Man mit der Seinsentlastung dem jeweiligen Dasein entgegenkommt, behält es und verfestigt es seine hartnäckige Herrschaft".[216] Die Medien nehmen das Bewußtsein in Besitz und lenken die Wahrnehmungen, nehmen Einfluß auf das Dargebotene der Medien, was Herrschaftsstrukturen auslöst, die über das Sein und Bewußtsein des Menschen

---

Frankfurt/Main, Juni 1995
[214] ebd., S.6
[215] Heidegger, Martin: § 27 Das alltägliche Selbstsein und das Man, in: Sein und Zeit, 16.Auflage, Tübingen 1986, S. 127
[216] ebd., S. 128

zu herrschen vermögen. Hieraus erwächst eine Kultur der konstruierten Wirklichkeit oder „aus homo faber, der sich seine Welt schafft, wird mundes faber, die schaffende Welt".[217] Das bedeutet, daß der technische Wandel zugleich auch ein kultureller Wandel ist, bzw. die Technik, die Medien auf den Kulturprozeß wirken, jedoch keine Kulturrevolution auslösen, sondern eine Evolution als Wesen der Kultur zu verstehen ist, die auf die Fortentwicklung der Kultur Einfluß nimmt.

In diesem Zusammenhang soll ergänzend auch die Mediengewalt angesprochen werden und es ist laut Lothar Bossle gut zu wissen, „... daß sich schon Montesquieu keineswegs mit der Nennung der drei üblichen Gewalten - der Legislative, der Exekutive und der Judikative - zufriedengegeben hat"[218] und sogenannte Zwischengewalten, der Adel und die Geistlichkeit, in seiner Zeit entdeckt hat. So kann auch heute von Zwischengewalten gesprochen werden. Folgende Gewalten sind überall vorhanden und heutzutage in der Grundstruktur einer parlamentarischen Demokratie und in der Reihenfolge nach in der Nennung der Gewalt hinsichtlich ihrer Aufdringlichkeitsnähe zum Bürger hin zu erblicken:

„1.   die Massenmedien als Gesamtheit der öffentlichen und der veröffentlichten Meinung,

2.   die Gruppen und Verbände, wozu auch die Religionsgemeinschaften zu zählen sind,

3.   die politischen Parteien,

4.   das Parlament,

5.   die Regierung,

6.   die Rechtssprechung,

---

[217] Mittelstraß, Jürgen: a.a.O., S. 8
[218] Bossle, Lothar: Die Massenmedien als eine neue Gewalt im Gefüge des demokratischen Verfassungsstaates, in: Kremp, Herbert und H.Florian (Hrsg.): Verantwortung und Klarheit in bedrängter Zeit, Festschrift für Heinz J. Kiefer, Würzburg 1988, S. 181

7. in manchen Staaten wie in der Bundesrepublik Deutschland und den USA die nochmalige vertikale Machtaufteilung durch die Institutionalisierung föderalistischer und regionaler Verantwortungsstrukturen".[219]

Die Massenmedien in der Einteilung der Gewalten an erster Stelle vorzufinden, deutet auf ihren hohen Anteil der Meinungsbildung, den sie weiß voll in Anspruch zu nehmen und sollten jedoch „... fortan niemals eine gleiche verfassungsrechtliche Verankerung wie die drei traditionellen Gewalten erhalten; das dynamische Spiel sozialer, geistiger und politischer Kräfte erhält sonst eine Zementierung, die dem Wesen einer freiheitlichen Demokratie zutiefst abträglich wäre".[220] Dieser wenn auch nur kurze Einblick in die eingestuften Gewaltenmächte soll den Blick auf die Massenmedien abrunden, um zu erkennen, wo heute die Meinungsbildung ihren Ursprung hat und hinsichtlich der Einwirkung auf die Lebenswelt der Menschen den Massenmedien zum Schutz der Ehre und Würde des Menschen Grenzen zu setzen sind. Die Medienentwicklung läuft als Massenkommunikation Gefahr, die Gesellschaft zu verändern und die Gesellschaft von ihren Ursprüngen und Lebensgrundlagen zu entfernen und Zweifel aufkommen läßt, ob die Gesellschaft den Nutzeffekt der Medien hinsichtlich der positiven und negativen Folgen einzuschätzen in der Lage ist, was sonst zur Polarisierung der Gesellschaft führt.

War das Medium in der Vergangenheit ein Forum sozialer Kommunikation, die den Platz der freien Meinungsäußerung und Meinungsbildung eingenommen hat, ist heute zu erkennen, daß aus dem Geschehen der Meinungsbildung ein Konsumgeschehen nach marktgesetzlichen Grundsätzen geworden ist, was sehr bedenklich erscheint, ob der Programmerfolg am öffentlichen Interesse gemessen wird, „... sondern an der Attraktivität, nicht an der Qualität, sondern an der

---

[219] ebd., S. 182
[220] ebd.

Quote", wie es Dieter Stolte ausdrückt und weiter der Auffassung ist: „Das Gemeinwohl der Gesellschaft wird weitestgehend dem finanziellen Wohl, dem Erfolg einzelner Veranstalter geopfert".[221] Folglich kommt es zu einer derartigen Programmvermehrung, die unüberschaubar Programmangebote liefert, die nur mit Maßnahmen ordnungspolitischer Maßstäbe zu bewältigen sind.

Interessant werden von Dieter Stolte die „Spezial-Interest-Programme" angesprochen und er weist weiter darauf hin, daß „...jeder gleichsam zu seinem eigenen Programmdirektor wird" und darin das Ende der Kommunikation sieht, „...indem jeder nur noch interaktiv mit seinem Multimedia-Computer, nicht aber mit den Menschen, Mitmenschen und mit der Gesellschaft kommuniziert".[222] Dieser auf den Menschen lastende Kommunikationsdruck hat zur Folge, daß der Mensch die Orientierung verliert, in die Einsamkeit gedrängt wird, die Welt nicht mehr versteht und dem Naturreflex folgend, auf Distanz geht und fern seiner gesellschaftlichen Umgebung einer Verunsicherung anheim fällt. Die verlorenge-gangene Meinungs- und Willensbildung, die zur anthropologischen und sozialen Grundbedingung gehören, kann der Mensch trotz seiner Eigenständigkeit in seinem kommunikativen Bereich im Verbund der Gesellschaft erlangen, auf die er angewiesen ist. Ansonsten ist Stolte der Auffassung, daß „ein Staat aus lauter Einzelwesen kein Staat mehr ist, eine privatistische Computergesellschaft kann auch keine Demokratie mehr tragen".[223] Es kann nicht den politischen, sozialen und kulturellen Ansprüchen genügen, wenn es von einer Massenkommunikation zu einem vom Egoismus getragenen Absterben der Kommunikation kommt und aus diesem Grunde die Bundesregierung erklärt hat: „Die Informations- und Kommunikationstechniken sollen und werden die Meinungvielfalt in unserer

---

[221] Stolte,Dieter: Öffentliche Kommunikation und Gemeinwohl, Vortrag auf den MainzerTagen der Fernsehkritik am 30.Mai 1994, in: Unsere Sendung, 6-7/94, S. 15
[222] ebd.
[223] ebd., S. 16

Gesellschaft erweitern und die Informations- und Meinungsvielfalt stärken.... Mit den neuen Informations- und Kommunikationstechniken eröffnen sich neue Chancen, Kultur an breite Bevölkerungsschichten heranzutragen, das Interesse für die Nutzung kultureller Angebote verstärkt zu wecken und vermehrt zu eigenschöpferischen Tun anzuregen".[224]

Zum Leitthema "Technik und Kommunikation ohne Grenzen" anläßlich des Deutschen Ingenieurtages 1997 vom 12-14. Mai 1997 in Leipzig hat der Präsident des Vereins Deutscher Ingenieure, Hans-Jürgen Warnecke, bereits am 09.05.1997 erklärt, daß Deutschlands Innovationskrise eine Kommunikations-krise ist und meint: „Information und Kommunikation sind zu Engpässen für schnelles und richtiges Entscheiden in Wirtschaft und Gesellschaft geworden", was nicht heißen soll, daß „die Kommunikation zwischen Wissenschaft und Wirtschaft sowie zwischen Forschung und Politik ebenso verbesserungsfähig wie das Verhältnis zu den Medien und Bürgern" ist, um zu erreichen, „daß die Nutzung neuer Medien sozial verträglich und wirtschaftlich sinnvoll gestaltet wird".[225] Nicht die oft genannte Technikfeindlichkeitist unter Berücksichtigung der Technik als Wohlstandsfaktor Grund dafür, die Informationstechnologien abzulehnen, sondern die Frage, wie weit die Technik mit ihren Risiken bei den Menschen nutzbar anzuwenden ist, wobei Situationen so aufgearbeitet werden sollten, daß Entscheidungen nicht aus Ängsten getroffen werden und vielmehr „.. sachliche und nutzbare Informationen und Erkenntnisse darüber" Auskunft geben, „... wo Risiken liegen und wo sich Chancen auftun" [226], die Wege für die gegenwärtigen und zukünftigen Entscheidungen aufweisen und auf der Basis des

---

[224] Zimmermann, Friedrich: Vorstellung des Bundes für eine Medienordnung der Zukunft, Bonn 1985 - Beschluß der Bundesregierung und des Bundesinnenministers vom 13.März 1985
[225] Warnecke, Hans-Jürgen: VDInachrichten, Nr.19, 09.Mai 1997, S. 37
[226] ebd.

Vertrauens und der Verantwortung die Kommunikationstechnologien zu gestalten sind.

Mit den Worten von Hans Sachsse, auf die nicht verzichtet werden soll, kommt dieses Kapitel zum Abschluß, wenn er sagt: „Wir erhalten heute die Maßstäbe für das Verhalten nicht mehr vom Glauben, von der Religion und von den Kirchen, nicht mehr von der Philosophie und von den Wissenschaften, nicht mehr von der Erziehung der Schule und in immer geringerem Maße vom Elternhaus, auch nicht mehr von Dichtern und Schriftstellern, von den geistigen Führern, sondern von einem Informationsbetrieb, der seinem Wesen nach ohne daß man ihm deswegen einen Vorwurf machen könnte - auf andere Ziele ausgerichtet ist".[227] Die von den Medien erbrachten Informationen sind zwar ein beliebtes Gut aber auch als Maßstab für die Entwicklung und das Verhalten der Menschen im heutigen wechselvollen Zeitgeschehen geeignet und nach Hans Sachsse bestimmt die Information „... den geistigen Stoffwechsel des Menschen, seine gesamte Entwicklung, den Aufbau der Persönlichkeit, die Verhaltensweisen, die Umgangsformen und Sitten, den Streit und die Harmonie unter Menschen, wir können sagen: unsere Existenz, unser Wohl und Weh!"[228] Eine gute Information bringt Wissen und wer gut informiert ist, der ist dem schlecht Informierten im privaten wie auch im öffentlichen Leben überlegen, was an die praktische Lebensweisheit des Francis Bacon (1561-1626) erinnert, wenn er meint, daß Wissen Macht sei und mit dieser Erkenntnis die Ideale des technischen Zeitalters auch für die Neugestaltung der Gesellschaft zur Geltung gebracht hat.

5.1.3 Computer - die „Künstliche Intelligenz"

Nicht die Technik alleine bringt dem Manager den unternehmerischen Erfolg, sondern der Mensch, der mit der Maschine umgeht und das Zusammenwirken beider „Partner" erschließen erst den erwarteten Erfolg, der unter Berücksichtigung der menschlichen Fähigkeiten bei der Verteilung der Arbeitsaufgaben auf Mensch und Maschine die Produktivität und Wirtschaftlichkeit eines Arbeitssystems sicherstellen. Die Leistungsmöglichkeiten und optimalen Arbeitsbedingungen des Menschen müssen für den Einsatz am richtigen Arbeitsplatz bedienungsgerecht erforscht und festgelegt werden, was immer schon angestrebt wurde, „den richtigen Mann an den richtigen Arbeitsplatz" zu stellen, was heute angesichts des tiefgreifenden technischen Strukturwandels Bedeutung findet und an den Computer mit seinen vielfältigen Anwendungsmöglichkeiten in allen nur denkbaren Lebensbereichen im heutigen technischen Zeitalter gedacht wird, der nur in aller Kürze seinen Platz innerhalb meiner Arbeit finden soll.

Der Computer ist eine elektronische Datenverarbeitungsanlage. Es ist ein Sammelbegriff für elektronische, programmierbare Rechner und Rechenanlagen unterschiedlicher Größe und verschiedener Techniken. Der US-amerikanische Mathematiker John von Neumann (1903-1975) ließ den Computer rechnen, Programme und Daten speichern, Entscheidungen fällen und konnte dadurch den Programmablauf steuern. Nach vielen Entwicklungsstufen ist der Computer ab 1965 nach der Erfindung der integrierten Schaltkreise weiterentwickelt worden mit dem Erfolg, höhere Speicherkapazitäten, höhere technische Zuverlässigkeit, größere Rechengeschwindigkeiten und geringerer Platzbedarf zu erreichen. Als ein unentbehrliches Verarbeitungssystem hat der Computer zur Lösung von Forschungsproblemen die Mathematik als Qualitätsmerkmal der Naturwissenschaften und alle Wissenschaftsbereiche bis hin zu den Geisteswissenschaften erreicht, um nur diese Anwendungsgebiete zu nennen, wo er sich zu einem bedeutsamen „Werkzeug" für Forschung und Wissen entwickelt hat. Gegenüber früherer zum Ergebnis zeitraubend führender Anstrengung, verkürzt der Computer in einem rasant berauschenden Zeitablauf seine zum Ergebnis führenden „Tätigkeit" und der Mathematiker kann heute von der früheren „Schönheit" seiner Beweisführung nur noch träumen. Der unaufhaltbare Vormarsch des Computers läßt das Ende einer individuellen Beweisführung und einer nachlassenden öffentlichen Pflege der Mathematik erkennen, was den Mathematiker nachdenklich stimmt und befürchten muß, daß die Mathematik von alters her (Pythagoras, Euklid, Archimedes) als die Wissenschaft im Sinne eines Stücks Kultur droht verloren zu gehen.

Der Computer hat nicht nur die Technik revolutioniert, auch die Gesellschaft ist von dieser zur Macht gewordenen Technologie erfaßt worden, sich diesem Phänomen ausgesetzt fühlt, wenn das Denken des innewohnenden Handelns vom Computer bestimmt wird und dem Computer „angeschlossen" die Orientierung für ihre Entscheidungen zu finden glaubt.

Wenn der Computer allgemein als „Künstliche Intelligenz" angesehen wird, ist er doch das beherrschende Sinnbild der modernen Technik, die den Menschen bei der Verarbeitung der Programmgestaltung integriert und zum Sinnbild maschineller Denkweisen geworden ist. Obwohl der Computer die Vielfalt menschlicher Erfahrungen zu beanspruchen glaubt und meint, mehr zu wissen und zu denken als der Mensch, dann irrt er, denn menschliche Intelligenz ist hinsichtlich ihres unverwechselbaren immateriellen Verstandeslebens, was dem Computer abgeht, nicht übertragbar, weil der Computer nicht fühlen und verstehen kann, geschweige denn Erfahrungen und Erlebnisse in seinem

Programm wiedergeben kann. Auf der Suche, den Menschen kopieren zu wollen, wird immer nur ein Traum bleiben, da es dem Schöpfer alleine obliegt, den Menschen als das verstehende und empfindsame Geschöpf zu gestalten. Daran ändert sich auch nichts, wenn der Mensch in der allgemeinen Deutungsweise des Alltags sich als Maschine deklariert und Computerbegriffe wie „sich programmieren" oder „sich löschen" übernommen hat, was lediglich erkennen läßt, wie weit inzwischen der Mensch zur „Maschine" geworden ist. Dies kann in der Wahrnehmung der Überzeugung dazu führen, die Entscheidungen und die damit verbundene Verantwortung dem Computer zu überlassen, obwohl auch dem Computer Fehler unterlaufen und niemand die Verantwortung hierfür tendenziell trägt.

Diesem Gedanken nachzugehen, gibt zu erkennen, daß der Mensch sich der Computertechnologie zu eigen macht, wo Entscheidungen getroffen werden müssen, diesem aus dem Weg zu gehen und dem Computer diese zu überlassen, was in der heutigen Zeit des Werteverfalls von Technokraten und Bürokraten in ihrer Funktion in Anspruch genommen wird und sich dem Computer unterwerfen. Steht der Mensch so dem Computer wehrlos gegenüber, ist der Weg zur Gedankenlosigkeit nicht mehr weit zu glauben, dem Computer das absolute Ergebnis entnommen und ohne Fragestellung auch das Richtige für die Verwendung seiner Aufgabenlösung erhalten zu haben. Wer Zweifel aufkommen läßt, erhält die Antwort, daß der Computer mit seiner Perfektion allen Zweifeln erhaben ist, was den bürokratischen Institutionen nicht ungelegen kommt und greift mit diesem Wandel des Bewußtseins tief in die Wirkung des sozialen und gesellschaftlichen Lebens ein.

Das Computerzeitalter unter Berücksichtigung weiter technischer Erneuerungen hat den Höhepunkt in allen Abläufen der täglichen Anwendungsmöglichkeiten den Höhepunkt noch nicht erreicht, was zur Frage führt, ob der Computer das hervorbringen kann, was den Menschen in seiner Ideenwelt berührt und folglich dieser technische Fortschritt keinesfalls ein menschlicher Fortschritt sein kann und so eine Gleichsetzung des Computers mit dem Menschen und umgekehrt ausschließt.

Zu glauben, der Macht und Willkür der Computertechnologie ausgesetzt zu sein, liegt sehr nahe, wenn der Fähigkeit des Menschen der Blick auf das Ganze verloren geht und die Programmgestaltung kritiklos auf die menschliche Handlungsweise Anwendung findet, obwohl die vom Computer ermittelten Informationen menschliche Probleme zu lösen nicht in der Lage ist. Der Computer mit seiner nicht mehr wegzudenkenden „Tätigkeit" im Bereich vielfältiger Funktionen menschlichen Handelns findet zwar Beachtung, läßt jedoch die Frage aufkommen, wann der Computer dem Menschen das Handeln entzieht, wenn sich der Mensch in seinem Handlungsbereich vom Computer bestimmen läßt und sich ihm unterordnet. Aus der Sicht soziologischer Erkenntnis ist diese ausgelöste Verhaltensweise des Menschen sehr ernst zu nehmen, wenn die Computertechnologie den Verfall der Kreativität und der Tradition, die mit ihren zeitlosen auch in der Gegenwart für den einzelnen und der Gesamtheit gültigen Werte, Sitten, Gebräuche und Lebensgewohnheiten richtungsweisende Inhalte als Vorbildfunktion vermittelt, bewirkt. Der Frage, ob der Computer lernen und Denkarbeit leisten kann, ist der Wirtschaftswissenschaftler und Nobelpreisträger von 1978 Herbert Alexander Simon mit dem Ergebnis nachgegangen, daß sich die erkenntnismäßigen Fähigkeiten des Menschen mit dem Computer nachvollziehen lassen und wie diese Erkenntnis auf den Menschen wirken kann, meint er: „Die Einzigkeit des Menschen war immer ein wesentlicher Bestandteil seiner kosmologischen und ethischen Vorstellungen. Mit Kopernikus und Gallilei hörte er auf, im Zentrum des Universums zu stehen. Darwin beendete seine Rolle als das Wesen, das von Gott einzigartig geschaffen und mit Seele und Vernunft versehen worden ist. Mit Freud hörte er auf, das Wesen zu sein, dessen Verhalten durch einen rationalen Verstand bestimmt war. Mit Beginn der Erstellung von Systemen, die denken und lernen, hört er auf, das Wesen zu sein, das einzigartig seine Umgebung auf komplexe und intelligente Art und Weise manipulieren kann".[229] Es ist unstrittig, daß der Computer ein dem Menschen beigegebenes außerordentliches Hilfsmittel und zugleich doppelwertig ein Weg hin zur Entfremdung ist, wobei die Grenzen zwischen den beiden Möglichkeiten kaum bestimmt werden können. Hieraus erwächst die Frage: Ist der Computer „gut" oder „schlecht"? Die Antwort kann nur lauten, daß die Anwendung es ist, wie der Mensch mit der machtentfaltenden Computertechnologie versteht umzugehen, ohne der Versklavung zu verfallen. Immer schon haben technische Errungenschaften den Menschen bewegt und sein Leben verändert und haben wohl kaum eine so lebhafte Diskussion ausgelöst wie der Computer mit seinen irrationalen Ängsten, die bis tief in den alltäglichen Lebensbereich des Menschen sichtbar werden. Nun, das Menschenbild hat sich verändert, der Computer korrigiert die Rolle des Menschen, er wird zum Vorarbeiter von Daten bis hin zu einer gewissen Ratlosigkeit und meint: „Da steh ich nun, ich armer Tor, und bin so klug als wie zuvor", aus dem Klassiker „Faust", erster Teil der Tragödie von Johann Wolfgang von Goethe (1749-1832). Die Technik mit ihrer dynamischen Entwicklung schreitet voran, Berufe, Arbeitsplätze und gesellschaftliche Stellungen unterliegen den Veränderungen und bedürfen keiner Resignation, sondern es muß darüber nachgedacht und darüber gesorgt werden, wie mit der Technik, hier mit dem Computer, umzugehen ist, denn die Technik kommt nicht

---

[229] Simon, Herbert-Alexander: Verändert der Computer unser Leben?, in: Bild der Wissenschaft, Nr.6, 1982, S. 63-72

zum Menschen, die Technik macht der Mensch und muß den Mut für die Entscheidung aufbringen, „Ja" oder „Nein" zu sagen.

Auch Klaus Brunnstein hat sich mit den Wirkungen des Computers als Informationstechnologie beschäftigt und meint, daß „selbst die Versuche zur Analyse und Bewertung erkannter Wirkungen der Informationstechnologie so kontrovers ausfallen" und lassen schließlich „selbst eine treffsichere Vorhersage der künftigen technischen Entwicklungen noch keine schlüssigen Hinweise auf deren soziale, wirtschaftliche und private Auswirkungen in einem sich unberechenbar wandelnden sozialen und kulturellen Umfeld zu".[230] Erst nach zahlreichen Computereinsätzen konnten Wirkungen der Informationstechnologien in den Fachbereichen beurteilt werden, die Brunnstein „nach dem Grad der Betroffenheit" gegliedert hat: „... unmittelbare (primäre) Wirkung ist dort anzusetzen, wo der Computer direkt auf den Arbeitsplatz einwirkt; unmittelbare (sekundäre) Wirkung ist dort anzunehmen, wo der Arbeitsplatz indirekt betroffen wird, etwa durch eine Veränderung der Arbeitsorganisation; Folge (tertiäre) Wirkungen werden spürbar, wo der einzelne sich im privaten oder öffentlichen Leben durch Computereinsatz betroffen fühlt...".[231]Bei der Automatisierung von Arbeitsplätzen werden die noch vorhandenen nichtautomatisierten Arbeitsplätze so gering wie möglich gehalten und sollten diese mit der Besetzung des Menschen nicht befriedigend ausfallen, kommt möglichst auch hier der Computer zum Einsatz. Auf dem Sektor der Arbeitsplatzveränderungen „ist es Aufgabe der Volkswirtschaften, durch sorgfältige Kontrolle der Entwicklungsprozesse eine Balance zwischen verlorenen und neugewonnenen Arbeitsplätzen zu erreichen"[232]

---

[230] Brunnstein, Klaus: Einige grundsätzliche Überlegungen zu Wirkungen der Informationstechnologien, in: Kruedener, Jürgen und Klaus Schubert (Hrsg.): Technikfolgen und sozialer Wandel, Bielefeld 1981, S.19
[231] ebd., S. 26f.
[232] ebd., S. 27

das heißt es müssen Ausbildungsmaßnahmen geschaffen werden, um den von der Rationalisierung bedrohten Arbeitern neue Arbeitsplätze zu schaffen. Die Diskussionen über die Einschätzung der Informationstechnologien und ihre erkannten „Wirkungen auf die Arbeitsplätze, auf die Privatsphäre des einzelnen, auf das technische Umfeld in Wirtschaft und Gesellschaft" erreichen „dieses Niveau schon deswegen nicht, weil Kenntnisse über die zur Diskussion stehenden Technologien nur selten vorhanden sind".[233]

Mit dem Fortschritt der Computertechnologie werden neue Maßstäbe gesetzt, die Arbeitsbedingungen in den Produktionsbetrieben verändern und weiter in die Arbeitsinhalte eingreifen werden, was zwar zum Abbau körperlicher Belastungen führt, jedoch wiederum Anforderungen an die Sinnesorgane stellt und eine erhöhte Aufmerksamkeit beim Entwerfen von Handlungsstrategien fordert. Wenn schon das Telefon bewirkt, daß nur noch selten geschrieben wird, darf nicht verkannt werden, daß an Stelle des Computers das Lesen unterbleibt und daß sich computergestützte Informationssysteme auf die Verkümmerung der Sprach-fähigkeit mit begleiteten Lähmungserscheinungen auslösen, weil die reduzierten Informationen die lebendige Sprache in verkürzte Bildsymbole verwandeln und das persönliche Gespräch zwischen den Mitarbeitern verloren geht. Letztendlich leidet darunter die Kreativität und die Innovationsfähigkeit, weil für die zielgerichtete Kommunikation wenig Raum verbleibt und folglich eine Veränderung der eigenen und beruflichen Verhaltensweisen nicht ausbleiben.

Die mit dem Computer erstellten automatisierten Produktionssysteme erzwingen stets neue Betätigungsfelder, die wiederum neue Anforderungen an den Menschen stellen, die der Mensch mit Hilfe seiner Wirkungsfähigkeit den von ihm geforderten Auftrag gerecht werden muß. Nicht allein dürfen die technischen

---

[233] ebd., S. 33

und wirtschaftlichen Aspekte im Vordergrund stehen, sondern der Mensch muß den gesellschaftlichen Stellenwert behalten und darf im Rahmen der menschengerechten Einsatzbedingungen nicht vernachlässigt werden. Es ist geboten, daß auch bei erhöhtem Konkurrenzdruck die Humanisierung der Arbeitswelt nicht aus den Augen verloren geht. Es darf nicht vergessen werden, daß auch in Zukunft die computergesteuerten Produktionssysteme nicht ohne den Menschen auskommen können, denn die effektive Gestaltung der Computertechnologie sind und bleiben abhängig vom Zusammenwirken von Mensch und Maschine. Obwohl die Computerisierung deutliche Spuren hinterläßt, muß nicht alles von der Computertechnologie gebotenen Darbietungen kritiklos hingenommen werden, da sonst der für das Überleben des Menschen so wichtige Lebens- und Kulturraum dem Menschen entzogen wird.

Der Computerkritiker Joseph Weizenbaum warnt vor einer neuen Technik-euphorie und vertritt die Ansicht: „Informationen könnten die Probleme der Welt lösen"[234] und verteidigt seine Meinung mit den Worten: „Die ernsten Probleme wie Armut, Krieg, Klima bestehen nicht deshalb, weil wir etwas nicht wissen", sondern: „Das Allerwichtigste, was uns fehle, sei nicht was wir nicht wissen, sondern der politische Wille, zu tun, was wir wissen".[235] Auch in der Vernetzung von Computern sieht er keine Förderung der Verbindung zu den Menschen untereinander, wenn er als Beispiel anführt, daß Kinder, die hinter dem Computer sitzen und glauben, übers Internet sich kennenlernen zu können, „statt draußen mit den Nachbarkindern zu spielen"[236] oder anders gesagt, daß die menschliche Begegnung einer Nichtbegegnung zum Opfer fällt, der Mensch verschwindet

---

[234] Weizenbaum, Joseph: Nichts als Sprachgeröll im weltweiten Internet, in: VDInachrichten, Nr. 13, 29. März 1996, S. 16
[235] ebd.
[236] ebd.

„und mit dem Menschen verschwinden all unsere Probleme".[237] Weizenbaum kann die Idee nicht akzeptieren, daß eine Technologie die Welt heilen kann oder die Methode, auf Probleme technische Antworten zu erhalten. Seine Kritik zielt nicht auf den Computer, sondern auf die ihm umgebende Kultur. So sieht Weizenbaum bei seiner erstellten kritischen Analyse, der nicht widersprochen werden kann, den Computer bei seinen Anwendungsmöglichkeiten als gestalterische Komponente, von dem der Mensch sich ersetzen oder auch beherrschen lassen kann ohne das Kreative und Schöpferische des Menschen geschmälert werden darf. Der Mensch sollte sich darauf konzentrieren, auch zukünftig neue Technologien in seinen Verwendungsbereichen, wo aufwendige Routinearbeiten zu verrichten sind, zur Unterstützung einzusetzen.

Jede Neuerung technischer Entwicklungen wirken auf den Menschen faszinierend und erkennen das „Unheimliche" und die Irrationalität erst auf den zweiten Blick, der dann bei der Anwendung der Computernetze in den Bereichen der Atomkraftwerke und des Militärs mit ihren vorausgesagten katastrophalen Auswirkungen verborgene Ängste auslöst und sozialpsychologisch ein gestörtes Verhältnis zur Technik sichtbar macht, von dem erst eine gewisse technische Sachkenntnis den Menschen von der Furcht befreien kann. Damit wird ein kaum beachtetes Generationsproblem angesprochen, wenn zu beobachten ist, daß die ältere Generation sich mit der Auseinandersetzung der „Neuen Technik" schwer tut und sich von der jüngeren Generation darin unterscheidet, daß sie für die heute fortschreitende Technik ein gewisses Realitätsgefühl aufbringt und über einen inneren Freiraum im Umgang mit der Technik verfügt.

So ist einmal der Lauf der Welt, wenn sich bei diesem Prozeß des technischen Wandels sich dem Alter entsprechend Fähigkeiten entwickeln, die sich beim

---

[237] ebd.

Umgang mit der Technik auf das Wesen des Menschen auswirkt. Zu jeder technischen Veränderung erwachsen Kompetenzen, die wichtiger als früher erscheinen und die alten verkümmern lassen, was unabwendbar zum Prozeß kultureller Evolution gehört. Die in früher Jugend angeeigneten heute jedoch nicht mehr gefragten technischen Kenntnisse werden als normale Reaktion auf den technischen Wandel mit schmerzlichem Verlust und als Unterlegenheit gegenüber den neuen Technologien empfunden, was dem Generationenproblem zugeschrieben wird. Während die junge Generation mit der gegenwärtigen Technik aufwächst, diese für selbstverständlich und natürlich ansieht und mit heranwachsendem Alter problemlos beherrscht, kommen doch bei der älteren Generation Zweifel auf, ob die Hi-Fi-Anlagen oder der Computer dem Menschen wirklich eine noch größere Erleichterung bringen als schon von den vorhandenen Techniken erbracht worden sind. Liegt nicht hier ein Prozeß des Begreifens vor oder eine Entwicklung, das "Neue" grundsätzlich nicht zu akzeptieren? Die vielleicht berechtigte Kritik an den Problemen technischer Systeme mit ihren Auswirkungen auf die Lebenswelt des Menschen läßt die ältere Generation mit Blick auf die Lebenserfahrung erkennen, daß nicht alles technisch Machbare dem Menschen dienlich sein kann und zwangsläufig Zweifel verursachen. Die heute auf Rationalisierung geeichte Gesellschaft kann der Anwendung der fortschreitenden Technik nicht mehr ausweichen und muß sich mit den Problemen der herrschenden Technik auseinandersetzen, um der Gesellschaftsstruktur gerecht zu werden.

Der technische Fortschritt, der oft als „Blindheit" dargestellt wird, verlangt die Erklärung, daß die technische Entwicklung, nicht autonom ist, sondern von sozioökonomischen Systemen gelenkt wird, die selbst Computerfachleuten oft unheimlich erscheinen. Trotz dieser Bedenken ist die Computertechnologie auf allen Anwendungsgebieten unumkehrbar geworden, weil die Richtigkeit der

Computerergebnisse vom Fachmann blindlinks anerkannt wird, sich den Zwecken unterordnet und sich der Computerarbeit anpaßt. Dieser „Künstlichen Intelligenz" als Praxis des Alltags entgegenzustellen und sich als Verständnislosigkeit oder Aggression äußern kann, stößt auf Unverständnis der für den technischen Fortschritt verantwortlichen Techniker und Ökonomen, die auf die neuen Technologien nicht verzichten können und nur zum Einsatz gebracht werden sollten, wenn mit viel Augenmaß und hoher Verantwortung gehandelt wird. Der auf den Menschen zukommende Umbruch, wenn der Mensch nicht mehr zur Arbeit geht, und vielmehr Computer und Datenleitungen die Arbeit zum Menschen bringen, kann zwar eine Erleichterung auslösen, wird aber die Lebensqualität nicht fördern und wie Rafael Capurro meint: „... inwiefern die Maschine ihre individuellen Kontrollmöglichkeiten steigert und mehr Sicherheit in bezug auf zu verrichtende Aufgaben verleiht"[238], zitiert er die Soziologin Sherry Turkle: „In meinen Augen liegt eine der wichtigsten Folgen, die für die Kultur aus der Präsenz des Computers erwächst, in der Tatsache, daß die Maschine Einfluß auf unser Denken über uns selbst haben".[239] Diese Herausforderung sollte ernst genommen werden und „... bereit sein, unser Selbstverständnis in Frage zu stellen, indem wir uns nicht auf eine falsche Defensivposition zurückziehen, während wir in Wahrheit vor der Verantwortung für die von uns selbst geschaffenen Möglichkeiten fliehen"[240] und für Sherry Turkle steht fest, daß der Computer bereits die Kultur und das Denken verändert hat; „Er wirkt schon überall mittendrin mit. Das heißt wohl auch, daß er bereits mitdenkt".[241]Vor dieser „Künstlichen Intelligenz" ist Vorsicht geboten und „... uns vor einer schnellen Pseudoidentifikation mit unserem zweiten Selbst hüten und die

---

[238] Capurro, Rafael: Zur Computerethik, in: Lenk, Hans und Günter Ropohl (Hrsg.): Technik und Ethik, Stuttgart 1987, S. 261
[239] ebd.
[240] ebd., S. 261f.

Andersartigkeit dieser Intelligenz, die wir selbst geschaffen haben, anerkennen und, was ethisch entscheidend ist, sie auch zu nutzen wissen".[242]Im Sinne der Aufklärung sollte versucht werden, hier selbst zu denken, das heißt „daß wir uns der anderen Intelligenz im Hinblick auf unsere Entscheidungen bedienen sollten, anstatt nur auf sie einfach zu verlassen".[243] Beim Einsatz des Computers muß der Mensch hinsichtlich der Entscheidungen „... vielleicht noch den richtigen ethischen Umgang mit ihm (sowie mit der Technik insgesamt) lernen müssen"[244] und Capurro schließt daraus: „Wir brauchen eine Ethik der Umgangsformen mit diesem künstlichen Teil unserer selbst".[245]

Der Computer als "Künstliche Intelligenz" ist vielfältig in seiner Beurteilung und seiner für den Menschen dienenden Einsatzmöglichkeiten aufgezeigt worden. Es kann nicht das Ziel sein, Techniken mit menschlichen Fähigkeiten, soweit das überhaupt möglich ist, in den betrieblichen und privaten Anwendungsbereichen zu installieren, sondern im Wechselverhältnis von Mensch und Computer verstanden werden muß, mit dem Computer umzugehen und seine Einsatzmöglichkeiten in allen Lebensbereichen nutzbringend anzuwenden. Es mag sich zeigen, ob der Mensch zwischen humanistischer Bildung und intelligenter Technik dem Computer seinen Standort zu bestimmen in der Lage ist.

---

[241] ebd., S. 262
[242] ebd.
[243] ebd.
[244] ebd., S.263
[245] ebd.

5. 1. 4. Mobilität - die flexible Gesellschaft

Der Wunsch der Menschen, sich optimal bewegen zu können, mobil zu sein, ist so alt wie es Menschen gibt und mag sein, daß der Antrieb hierfür aus der Sicht der sich bewegenden Tierwelt wohl einem gewissen Neid entsprungen ist. Aus diesem Hintergrund ist eine Erklärung möglich, daß der Mensch automobil sein wollte und der Forschung keine Ruhe gönnte, bis er erst das Rad, das schon damals als eine technische Revolution angesehen werden muß, dann den Wagen mit Zugtieren und schließlich den Wagen, getrieben von einem Motor, das Automobil erforscht und gebaut hat. Obwohl diese automobile Fortbewegung zunächst wunderlich erschien und den Menschen, die dies Fahrzeug zu Gesicht bekamen, als eine Art Maschinenmonster ansahen und den frühen Zeitgeist der aufkommenden Technik nicht wahr haben wollten, weil sie nicht mehr dem natürlichen Ursprung entsprach.

Die Tatsache, daß der Mensch das Auto bedient und ihn auf die hierfür vorgesehenen Straßen führt, geht ihm hinsichtlich des heutigen hohen Verkehrsaufkommens die Freiheit der Automobilität verloren, weil er sich der gesetzlichen Einordnung unterwerfen muß. Nicht allein die Automobilität soll angesprochen werden, sondern auch die Bedeutung der Mobilität im geographischen (Wohnsitzverlagerung, Reisen, Pendelverkehr), soziologischen (horizontale und vertikale Mobilität) und wirtschaftlichen Bereich (Beweglichkeit der Produktionsfaktoren).

In den aufgeführten Bereichen der Mobilität bleibt es nicht aus, daß hinsichtlich der mit der fortschreitenden Mobilität in Verbindung gebrachten und hierfür geschaffenen Verkehrsordnung dieser als sittliche Ordnung gegenübersteht, der sich das Auto im dichter werdenden Verkehr als der „Stärkere" gegenüber dem Radfahrer oder Fußgänger anpassen muß. Mit dem Spruch: „Seid nett zueinander" ist die Nettigkeit „zu einer wichtigen Schule im Sozialverhalten überhaupt geworden und macht sich, wenn vielleicht auch noch schüchtern, auch in anderen Bereichen bemerkbar, im Supermarkt, in der Kirche, am Strand."[246]

Zum Thema „Verkehrstechnik und individuelle Mobilität", das anläßlich einer technikhistorischen Tagung des Vereins Deutscher Ingenieure 1997 behandelt wurde, schreibt der Verfasser in seinem Artikel über die Meinung von Weert Canzler vom Wissenschaftszentrum Berlin: „Nach wie vor steht das Auto im Zentrum aller Verkehrsfragen. Trotz aller sozialen Kosten und ökologischen Folgen ist seine Attraktivität ungebrochen. Eine Verkehrswende ist nicht in Sicht. ... Dabei dürfe das Auto nicht allein als technisches Produkt verstanden werden. Vielmehr verbänden sich mit ihm kulturellgesellschaftlich bestimmte Vorstellungen, die erst seine Attraktivität begründen und Alternativen ausschließen."[247]

Die in den letzten 20 Jahren rasant angestiegene Motorisierung hat sich bis heute zu einer Massenmotorisierung entwickelt, die dringend politisch-administrative Maßnahmen erforderlich machten und parallel dazu die Infrastruktur eine Beschleunigung erfahren mußte, um dem motorisierten Individualverkehr gerecht zu werden. Auch die Technik wird sich den Problemen stellen müssen, um mit neuen Funktionssystemen dem Auto nach wirtschaftlichen Aspekten die unaufhaltsame Bedeutung im Lebensraum des Menschen zu geben, die nicht mehr widerrufen werden kann, obwohl von Weert Canzler erfahren werden konnte, daß „Wirtschaftliche Kosten-Nutzen-Rationalität spielten für das Auto aber nach wie vor nur eine geringe Rolle. Vielmehr sei es so sehr 'in die lebensweltlichen

---

[246] Rombach, Heinrich, in: Phänomenologie des sozialen Lebens, Grundzüge einer Phänomenologischen Soziologie, München 1994, S.47.
[247] Wolf, Fritz, Mit der wachsenden Zahl der Autos nimmt die Mobilität immer mehr ab, in: VDInachrichten, Technik und Gesellschaft, Verein Deutscher Ingenieure (Hrsg.), Düsseldorf, N.10, 7.März 1997, S. 10.

Strukturen' eingeschrieben, daß das Leitbild gar nicht mehr aufgekündigt werden könnte: 'Selbst wenn er es wollte, wird der Staat die Geister, die er einst gerufen hat, nicht mehr los'"[248].

Der Anreiz für den motorisierten Personenverkehr liegt wohl in der Mobilitätsmentalität des Menschen und kann weder von der Bundesbahn noch vom Flugzeug überboten, vielmehr nur ergänzt werden, obwohl hinsichtlich der Zeiteinsparung und der Massentransporte der Mensch, so die Voraussagen, von modernen Schienensystemen und Großraumflugzeugen die Zukunft bestimmt wird, was auf den Individualverkehr bezogen, nur beschränkt werden kann.

Weil sich der überwiegende Teil des Verkehrs auf der Straße abspielt und wie nicht anders zu erwarten, der Personenverkehr mit dem Automobil dominiert, wird das Automobil in den Mittelpunkt der heute verkehrsreichen Zeit gerückt und bestimmt das Gesellschafts- wie auch das Wirtschaftsleben. Mit dieser Feststellung steht die Bahn vor einer zukunftsreichen Aufgabe, den Individualverkehr mit attraktiven Angeboten mehr und mehr auf die Schiene zu verlegen, um einen höheren Verkehrsteilnehmeranteil zu erreichen. Inwieweit das erreicht werden kann, solange die Einsicht „Das Auto liebstes Kind" nicht verdrängt wird, bleibt im Interesse des Massenverkehrs zu hoffen, daß die Bahn es ermöglicht, das Verkehrsangebot auf der Schiene dem Bedarf des Verkehrsteilnehmers anzupassen und entsprechend zu gestalten. Hierbei müßte, um nur bei diesem Beispiel zu bleiben, die Pünktlichkeit als Schlüsselmaßnahme hinsichtlich der Anschlußzüge für den Regionalberufsverkehr besondere Beachtung verdienen, um den nicht immer reibungslosen Straßenberufsverkehr auf die Schiene zu lenken.

---

[248] ebd.

Damit wäre eine spürbare Entlastung der Straße geschaffen und nicht nur im Nahverkehr zur Arbeitsstätte, sondern auch der Fernverkehr ist für den sonst weitreisenden Autofahrer verkehrspolitisch in den Reiseverkehr auf der Schiene einzubeziehen. Obwohl im Schienenverkehr gegenüber dem Straßenverkehr, von Autostaus abgesehen, erhebliche Unterschiede verborgen sind, wenn durch Verspätungen die Anschlüsse verloren gehen oder durch stillgelegte Schienenstränge auf Umwegen viel Zeit in Anspruch genommen werden muß, was nur mit einer Zukunftsplanung hinsichtlich einer erweiterten und verbesserten Infrastruktur der Schienenwege für den Reisenden, wenn er sich entschlossen hat, vom Auto auf die Bahn umzusteigen, ein verlockendes Angebot sein kann. Der Schienenverkehr für den Nah- und Fernverkehr wäre so mit seinen umfangreichen Verkehrsangeboten nicht mehr wegzudenken, weil die vielartigen Verwendungs-möglichkeiten der Mobilität dem Menschen hilfreich in der Personen- und Frachtgutbeförderung zu dienen vermag, den Standort seines Arbeitsplatzes bestimmen kann und seine Arbeitsstätte mit Produktionsgütern versorgt.

Während die Einführung der Bahn im vorigen Jahrhundert die Verkehrsver-hältnisse revolutioniert und mobil gesehen die Landesteile zusammengeführt hat, ist erst seit Mitte dieses Jahrhunderts mit dem Auto eine neue Bewegungswelle ausgelöst worden, die den Bahnverkehr aus seiner bedeutungsvollen Rolle verdrängt hat, weil das Auto mit seinen vielen mobilen Möglichkeiten sich mehr den individuellen Bedürfnissen der Menschen angepaßt hat. Andererseits sind mit dem Auto auch schwerwiegende Probleme entstanden, die mit dem erhöhten Landverbrauch für die Infrastruktur, mit den überfüllten Straßen und mit der Belastung der Umwelt den Menschen zum Umdenken veranlassen müßte, im Interesse des Gemeinwohls, der Bahn mehr den Vorzug zu geben.

„Verkehr wird durch gesellschaftliche Entwicklung erzeugt. Da Verkehrssysteme entscheidenden Einfluß auf die wirtschaftlichen Entwicklungsmöglichkeiten der Gemeinschaft und die persönlichen Entwicklungsmöglichkeiten der Menschen haben, ist Verkehrspolitik immer auch Gesellschaftspolitik."[249] Soll dem Trend Verkehrswachstum auf der Straße entgegengesteuert werden, muß nicht alleine die Funktionsfähigkeit berücksichtigt, sondern auch die Verträglichkeit des Verkehrssystems für den Menschen und die Umwelt sichergestellt werden. Dies zu erreichen, ist eine sinnvolle Arbeitsteilung im Verkehr und ein integriertes Verkehrssystem anzustreben, um die spezifischen Vorteile der jeweiligen Verkehrsträger optimal nutzen zu können. Obwohl eine verstärkte Verlagerung auf die Schiene erstrebenswert ist, muß die Wirtschaft mit ihren vielfältigen Verkehrsbedürfnissen Rücksicht und realistisch auf die Vor- und Nachteile der Verkehrsentwicklung Einfluß genommen werden, was nach sorgfältigem Abwägen dazu führen wird, daß der Anteil der Bahn am Gesamtverkehr gemessen begrenzt und gegenüber dem Personen- und Güterstraßenverkehr unbestritten eine für die Gesellschaft und Wirtschaft nicht wegzudenkende Ergänzung bleiben wird. Das Schiff, eines der ältesten Verkehrsmittel auf dem Wasser, diente und dient dem Menschen erst mit dem Ruder, dann mit dem Segel, Mitte des 18.Jahrhunderts mit Dampfkraft, danach mit Dieselmotoren und heute schon mit Atomkraft ausgerüstet zur Beförderung von Personen und Gütern, wobei Hochsee- und Binnenschiffahrt mit ihren unterschiedlichen Größenordnungen und zweckgebundenen Aufgaben zu unterscheiden sind. Hier soll nur kurz auf die Binnenschiffahrt eingegangen werden, die hinsichtlich des Binnenschiffverkehrs mit ihren Anwendungsmöglichkeiten der Personen- und Güterbeförderung eine besondere ökonomische und ökologische Rolle

---

[249] Memorandum Verkehr mit Czeguhn, Klaus; Hupfer, Peter; Gerber,Peter, Verein Deutscher Ingenieure, VDI-Gesellschaft Fahrzeug und Verkehrstechnik, Mai 1993, S. 4.

eingenommen hat, wenn nur an den sparsamen Energieverbrauch, an die Umweltverträglichkeit und an die auf dem Wasser beförderten hohen Tonnagelasten gedacht wird, haben doch diese einen sehr hohen Anteil an der Entlastung des Straßen- und Schienenverkehrs. Beachtung findet das Containerprinzip, wenn das Zusammenspiel mit dem Landcontainerdienst und der Containerbeladung aufs Schiff und am Zielort umgekehrt und die Versorgung von Gütern für die Industrie und für den Handel in Augenschein genommen wird. Auch der Schiffsverkehr ist nicht problemlos, weil er einerseits vom Wasserstraßennetz, andererseits vom Wetter beeinflußten Wassertiefe und auch von einer kooperativ guten Zusammenarbeit mit den Auftraggebern und den Verkehrsträgern Straße und Schiene abhängig ist. Von den schwankenden Frachtvergütungen abgesehen, kann ein Verdrängungswettbewerb ausgeschlossen werden, weil die arteigenen Vorteile des Schiffsverkehrs wohl kaum übertroffen werden können, was für den Schiffsverkehr eine zuversichtliche Entwicklung im Transportgeschäft bedeutet. Beim Binnenschiffsverkehr kann bei der Personenbeförderung von einem verhältnismäßig hohen Sicherheitsgrad ausgegangen werden und die naturnahe umliegende Landschaft wird für den Schiffsreisenden gefahrlos zum Erlebnis.

„Im Freizeitbereich ist Mobilität sehr eng an tiefverwurzelte, emotionale menschliche Bedürfnisse geknüpft: Erholung, Kultur, Neugier, Entdeckungsdrang, Lebensfreude, Kommunikation, Selbstverwirklichung und Selbstbestätigung erzeugen häufig Transportvorgänge. Die Erfüllung dieser Wünsche bereichert unser Leben. Auch mehr Freizeit durch kürzere Arbeitszeit und langem Urlaub, durch längeres Leben und aktive Ältere sowie höhere Ansprüche an Nahrung und Konsumgüter erhöhen die Nachfrage nach Verkehr."[250]

---

[250] ebda., S. 2.

Eine vom Verfasser durchgeführte Umfrage im weitläufigen Bekanntenkreis hat ergeben, daß nicht alleine der Drang ins „Freie" den Menschen zur Freizeitgestaltung motiviert, sondern auch die Vorstellung der „verpaßten Gelegenheit", am Leben vorbei zu leben. Es muß immer etwas passieren, der Mensch kommt nicht zur Ruhe und erst das Verkehrsmittel, ob Auto oder Bahn, Schiff oder Flugzeug dient der Reiselust und mag das „Zuhause" noch so heimisch und lebenswert sein. Diesem Reisedrang haben sich seit Jahren die Erlebnisunternehmen zu eigen gemacht, um den Bedürfnissen der sogenannten Erlebnisgesellschaft Rechnung zu tragen und auch vordergründig ihrem Geschäft eine gesicherte Existenz zu geben. Nicht alleine die Massenfreizeitgestaltung hat Befriedigung finden können, sondern erst die individuelle Freizeitgestaltung konnte befriedigen, die den Freizeitverkehr in hohem Maße Impulse verliehen hat, um dem Alltag zu entfliehen und der von der Unruhe erfaßten Familie eine Abwechslung zu geben bzw. die Langeweile zu nehmen. Selbst die attraktivsten Freizeitangebote der Reiseunternehmen haben das Auto nicht immer ersetzen können, weil es individuell bequemer und komfortabler erscheint und zum Status der heutigen Gesellschaft gehört. Egal wie auch der "Ausflug" verlaufen mag, es werden einfach die Verkehrsbehinderungen wie Verkehrsstaus, Straßenbaustellen mit den damit verbundenen Zeitverlusten und dem kostenaufwendigen Kraftstoffverbrauch hingenommen, die keinerlei Verdrossenheit auslösen, eher werden diese Straßenereignisse geduldig ertragen und werden den abenteuerlichen Erlebnissen der Freizeitgestaltung zugerechnet.

Freilich unterliegt die Freizeitgestaltung den Bedürfnissen und Wünschen der Menschen, die stetig zunimmt und von den Sportartikelherstellern und Freizeitparkunternehmen durch Werbung weitgehend unterstützt wird. Diesem Trend haben sich auch die Kommunen unterzogen und sich bemüht, Sporteinrichtungen und Vergnügungsparks in die Nähe der jeweiligen

Wohngebiete verstärkt zur Verfügung zu stellen, um weite Anfahrtswege einzudämmen und den Freizeitbedürfnissen nachzukommen. Ob damit dem Freizeitstil Abhilfe geschaffen werden kann, muß bezweifelt werden, weil eine erlebnisreiche Freizeitgestaltung als Selbstverwirklichung zum festen Bestandteil des Lebensinhalts der Reiselustigen und die „Fahrt ins Blaue" zum Freizeitverhalten gehören. Folglich werden die Freizeitanlagen am gleichen Ort der Wohn- und Arbeitsstätten nicht in allen begehrenswerten Fällen Anklang finden, da erst das erlebnisreiche Fernziel befriedigt.

Die Technik mit ihren mobilen Möglichkeiten ist so tief in den Lebensraum des Menschen eingedrungen, daß selbst attraktive Angebote des öffentlichen Personenverkehrs den Autofahrer nicht von der Straße holen können, weil er individuell seine Zeiten bestimmen und auf der Fahrt zur Arbeitsstelle auch noch seine Kinder zur Schule mitnehmen kann. Ein Patentrezept zum Erreichen eines harmonischen Dreiklangs von Mensch, Verkehr und Umwelt wird es auch trotz forschender Technik nicht geben, weil Mobilität mit Freiheit gleichgesetzt wird und die Verfechter mit andersdenkenden Begriffen sehr bald auf die Basis der praktischen Gegebenheiten zurückgerufen werden. Eine Lösung zu finden, bleibt eine offene Frage, weil der Mensch aus seiner bequemen Haltung heraus zu sagen pflegt, allein die Technik könne alles lösen, um sich aus der persönlichen Verantwortung zu entlassen.

Der Campingwagen, ein nicht zu ersetzendes Gefährt, das zur Einrichtung der Freizeitgestaltung gehört und als fahrende „Wohnung", in der der Reisende an allen Orten seinen Gewohnheiten auf dem Campingplatz nachgehen kann, benutzt wird und als Erholung und Muße empfunden wird. Am Wochenende mal ausspannen, raus aus den heimischen Gefilden und rein ins fahrbare Freizeithaus, dem Campinggefährt, das mit allen für den täglichen Gebrauchsbedürfnissen notwendigen Küchen- und Wohneinrichtungen ausgestattet ist, wobei der Fernseher nicht fehlen darf. Auch ist die mobile Einrichtung von den Gewerbezweigen entdeckt worden und dienen diesen als mobiles Büro oder als Unterkunft für die auf Montage tätigen Arbeiter.

Im Sinne der Romantik- und Abenteuermentalität, gleich in welchen Gesellschaftsschichten, führt die Reisenden zu individuellen Entdeckungsreisen, die losgelöst vom Alltagsleben auf dem Campingplatz Gleichgesinnter sich zu einer zusammengehörigen Gemeinschaft finden, was sie sonst in ihren Wohnblöcken oder isolierten Wohngewohnheiten entbehren müssen. An Abwechslung fehlt es auf dem Campingplatz nicht, sei es Bootfahren, Schwimmen oder Angeln und am Abend wird bei einem Umtrunk mit dem „Nachbarn" zusammengerückt. Die Nähe der Natur, die Geselligkeit und das Miteinander ohne Rücksicht auf soziale Schichten und Alter geben diesem Erlebnis eine soziale Mobilität, die der Freizeitgestaltung ihren Wert verleiht.

Der Wunsch, Karriere zu machen, ist legitim, jedoch mit Problemen behaftet, wenn es heißt, daß mit der Karriere ein Wohnungswechsel verbunden ist, der nicht alleine vom Stellenbewerber zu entscheiden ist, sondern auch die Familie mit schulpflichtigen Kindern, die in die Familie integrierten Großeltern oder der Freundeskreis und nicht zuletzt das seßhafte Wohnen im eigenen Haus spielen bei der Entscheidung eine wichtige soziale Rolle. Die Anforderung an die Mobilität von der Wohnung zum Arbeitsplatz ist relativ und kann nur akzeptabel sein, wenn Entfernung und Zeit in einem zumutbaren Verhältnis stehen, um den Arbeitsplatz zu erhalten. Steht aber ein Arbeitsplatzwechsel in Verbindung mit einem Wohnungswechsel an, muß aus Rücksicht der obengenannten Bedenken entschieden werden, entweder in einen, von der Familie getrennten, wöchentlichen Pendelverkehr einzugehen oder darauf zu verzichten und doch im Interesse der „Familienzusammenführung" und des auch für die Familie nicht unwesentlich mit der neuen Karriere verbundenen höheren Status ein Wohnungswechsel den Vorzug zu geben.

Da es sich bei der räumlichen oder geographischen Mobilität um alle Bewegungsvorgänge von Personen innerhalb eines Raumes und ihrer Umwelt handelt, meint Bernhard Schäfers, daß die räumliche Mobilität mit ihren „verschiedenen Ursachen und Erscheinungsformen, kann als eines der am gründlichsten erforschten Gebiete des menschlichen Entscheidungsverhaltens gelten."[251] Diese räumlichen Bewegungsvorgänge werden auch „Wanderungen" genannt und können im Hinblick auf den Arbeitsplatz und des Wohnortes oder der Ausbildung und der Freizeit als „problemlösendes Sozialverhalten" ausgelegt werden und „sind Ausdruck eines neuen oder zu erwerbenden sozialen Status auf der sozialen Schichtungsleiter", der „durch einen (ggf. innergemeindlichen) Wohnortwechsel dokumentiert"[252] wird. Rückblickend auf die hier geschriebene Abhandlung ist Mobilität Ausdruck eigenverantwortlicher Lebensgestaltung und obliegt der grundlegenden Freiheit des Menschen, die Benutzung der Verkehrsmittel und den jeweiligen Ortswechsel zu bestimmen. Er steht unter dem Einfluß der verkehrstechnischen Entwicklung und der Infrastruktur, die für die Ausgestaltung des individuellen und des öffentlichen Verkehrs und für die steigende Geschwindigkeit verantwortlich sind. In jeder Epoche des Zivilisationsprozesses hat die Geschwindigkeit zugenommen und läßt die Welt kleiner erscheinen, die Distanzen sind verschwommen, die Entfernungen zusammengeschrumpft und der Mensch empfindet ein Gefühl der Enge, die Ängste auslösen kann. In diesem Zusammenhang spricht Friedrich Rapp von

---

[251] Schäfers, Bernhard: Sozialstruktur und Wandel der Bundesrepublik Deutschland, Ein Studienbuch zu ihrer Soziologie und Sozialgeschichte, 4.neu bearbeitete und aktualisierte Auflage, Stuttgart 1985, S. 255.
[252] ebda., S.256.

einer „unmittelbaren Funktionserfüllung" und meint in diesem Fall die Verkehrstechnik, die „in einer möglichst schnellen und sicheren Fortbewegung besteht"[253] und zweifelt, ob hinsichtlich der Sicherheit die zunehmende Geschwindigkeit im Gesamtverkehrssystem nötig ist: „Die Frage, ob eine schnellere Fortbewegung tatsächlich in jedem Fall wünschenswert ist, kommt dabei ebenso ins Blickfeld wie die weiterführenden Auswirkungen technischer Maßnahmen auf die physische Umwelt und die anthropologische und soziale Lebenssituation."[254]

Im Gesellschaftsleben nehmen die Verkehrsmittel einen großen Raum ein, in dem sich ein Spannungsverhältnis von Akzeptanz und Kritik gebildet hat. Einerseits werden die Vorteile der Verkehrsmittel genutzt und andererseits werden sie im gleichen Atemzuge verteufelt, obwohl sie wissen, daß sie Mitverursacher der Folgen im Straßenverkehr sind. Dieser Auseinandersetzung muß sich jeder Verkehrsteilnehmer stellen, wenn er in der Vielfalt seiner individuellen und öffentlichen Mobilitätsbedürfnisse Ansprüche an die Technik und die Gesellschaft stellt.

Obwohl der Fahrzeugbestand eine enorme Entwicklung erklommen hat, und von einer Sättigung der Automobilnachfrage nicht die Rede sein kann, steht die Autoindustrie im Wettbewerb stets in Zugzwang und muß sich auf die Wünsche und die wandelnden Ansprüche der Verkehrsteilnehmer einstellen, wobei die Kosten-Nutzen-Betrachtung, die Freude am Fahren, die Autovarianten oder auch die Sicherheit, der Komfort und die Umweltverträglichkeit des Autos in die Kalkulation des Wettbewerbs einbezogen werden müssen. Diesen für die technische Entwicklung, Produktion und für den Absatz zu berücksichtigenden

---

[253] Rapp, Friedrich, Die normativen Determinanten des technischen Wandels, in: Technik und Ethik, Lenk, Hans; Ropohl, Günter (Hrsg.), Stuttgart 1987, S.34.
[254] ebd.

Argumenten schließt sich das für den Verkehrsfluß verantwortliche Straßennetz an, das im Mittelpunkt der Mobilität steht und zum wirtschaftlichen Erfolg wesentlich beiträgt. Nur gut ausgebaute Verkehrswege, bei den schon bei der Planung und Realisierung der Straßenbauvorhaben dem ökologischen Lebensraum der Vorzug zu geben ist, und die neuerdings eingeführten Verkehrsleitsysteme, die als Telematik mit intelligenter Technologie die Kooperation im Verkehr zustande bringen, um schwierige bis chaotische Verkehrsabläufe in geordnete Bahnen zu lenken, setzen voraus das Bestimmen der Wirtschaftsstandorte und nehmen Einfluß auf die wirtschaftlichen und gesellschaftlichen Entwicklungsprozesse.

Aufkommende Probleme auf dem Mobilitätssektor können nur vom Verkehrsteilnehmer als Verkehrsverursacher mit seinen Entscheidungen im Verbund mit der Technik und nicht vom Verzicht auf die Technik gelöst werden, um auch in weiterer Zukunft in Folge eines verantwortungsbewußten Verkehrsverhaltens eine für die Gesellschaft angemessene Lebensqualität zu geben, die zu den heute unabdingbaren Voraussetzungen sozialen Lebens gehört.

5.1.5 Großsysteme, dargestellt am Beispiel der Kernenergie

Es würde zu weit führen, auf die Technik der Atomkraft einzugehen; so soll es nur bei der Deutung für die Ökonomie und Ökologie und bei den Auswirkungen auf die Lebensbereiche der Menschen bleiben.

Das neue Zeitalter, auch Atomzeitalter genannt, beginnend in den 40er Jahren des heutigen Jahrhunderts, ist gekennzeichnet mit der Entdeckung der Atomkraft und ihrer Nutzbarmachung für den Menschen zum Guten aber auch zum Bösen. In der Abhandlung „Welt macht Atom" ist zu lesen: „Naturwissenschaft und Technik haben in den letzten Jahrzehnten außerordentliche Fortschritte gemacht. Ihr bedeutungsvolles Ergebnis ist ohne Zweifel die Entdeckung der Atom-Energie und ihre Nutzbarmachung. Der Mensch erschließt sich eine neue Naturkraft voller Probleme und Verantwortung. Für die Weltgeschichte beginnt ein neues Zeitalter".[255]Bevor auf die Kernenergie hinsichtlich eines Groß-Systems weiter eingegangen wird, bedarf das Wort „System" einer Erklärung: „System ist eine nach einer Idee der Ganzheit gegliederte Manigfaltigkeit von Erkenntnissen. Weder eine Einzelerkenntnis noch viele zusammenhanglose Erkenntnisse machen ein System. Dieses entsteht erst durch Zusammenhang und Ordnung nach einem gemeinsamen Ordnungsprinzip, durch das jedem Teil im Ganzen unvertauschbar seine Stelle und Funktion zugewiesen wird".[256] Es entspricht so einem Ordnungsprinzip eines einheitlichen Ganzen. Auf die Technik bezogen gibt es kein rein technisches Prinzip, sondern erst in Verbindung von Technik und sozialen Strukturen kann von einer Systemqualität gesprochen werden. Großtechnische Systeme müssen nicht immer etwas spezifisch Modernes sein, denn technische Großsysteme gab es immer schon, wenn an die Entwässerungs-

---

[255] Bundeszentrale für Heimatdienst (Hrsg.): Informationen zur politischen Bildung, Folge 13-18, 1953/54
[256] Brugger, Walter: Philosphisches Wörterbuch, Freiburg im Breisgau 1976, S. 192

anlagen für den Ackerbau, an das Wasserstraßen-, Bahnschienen- oder Straßenverkehrsnetz gedacht wird, um nur bei diesen Beispielen zu bleiben, die auch in ihren Zielvorstellungen Chancen und Risiken beinhalten.

Obwohl die technischen Netzwerke für die großtechnischen Systeme die Kernstücke bedeuten, steht doch die gesellschaftliche Bedeutung über den Netzwerken, was bei der Definition eines Großsystems nicht übersehen werden darf, wenn es im Rahmen der technischen und wirtschaftlichen Entfaltung die Möglichkeit erfährt, nicht nur den äußeren Anforderungen zu genügen, sondern auch die Gestaltung der äußeren Umgebung bewirkt. Es muß das Bezugsverhältnis des Großsystems mit den technischen Netzwerken zur sozialen Organisation stimmen oder wie es Heinrich Rombach beschreibt, ist das System „... das Grundbild für den Umgang mit den Dingen" und meint weiter: „Die Anwendung des Grundbildes System auf Dinge heißt Technik. Technisch ist etwas dann, wenn es in die Gestalt eines Systems gebracht ist, und Technik ist nur soviel an einer Sache, wie an ihr System ist".[257] Zur Erklärung gibt er folgendes Beispiel: „Das Rosten gehört nicht zum System des Automobils und kann darum nicht zu seiner Technik gerechnet werden. Vielmehr ist es dort eine Aufgabe der Technik, dieses Phänomen zu verdrängen. Das Rosten gehört aber in das wirtschaftliche System der Autoindustrie und ist dort ein wirksamer Verkaufsfaktor für neue Automobile. Dort gehört das Rosten zur Technik des Verkaufs, denn es nimmt als Argument den wichtigsten Platz im wirtschaftlichen System ein. So hat alles seinen systematischen Ort ...".[258] Der Beginn und Einzug der friedlichen Kernenergienutzung in den 50er Jahren bewirkte mit diesem technischen Fortschritt Problemkreise in den Bereichen der Technik, Ökonomie,

---

[257] Rombach, Heinrich: Phänomenologie des sozialen Lebens, Grundlage einer phänomenologischen Soziologie, Freiburg, München 1994, S. 99f.
[258] ebd.

Ökologie und der Gesellschaft, wobei es bei diesem technischen Großprojekt erst um die wirtschaftlichen und sozialen Erwartungen ging und später auch um die ökologischen und politisch-gesellschaftlichen Zukunftsfragen der Wirkungszusammenhänge. Wie wichtig die Verwertung der Atomenergie für den Standort Deutschland war und ist, erkannte schon damals der amtierende „Atomminister" Franz-Josef Strauß: „Bei der Beteiligung der Bundesrepublik an der Erforschung und Verwertung der Kernenergie für friedliche Zwecke handelt es sich nicht um eine Frage des politischen Prestiges, des politischen Machtanspruchs oder des Nationalstolzes, sondern um eine Frage des Lebensstandortes".[259] Weiter stellt er fest, wenn „ein Volk in Atomwissenschaft und Atomtechnik nicht konkurrenzfähig ist, wird einen Platz in der vordersten Linie der Wirtschaftsnationen dieser Welt nicht behaupten können ...", was „... sich in der Lohntüte des Arbeiters, in der Lebenshaltung der breiten Massen und damit auch in der innerpolitisch ruhigen Zufriedenheit unseres Volkes ... sehr nachdrücklich auswirken würde".[260] Aus dieser Sicht der sozialpolitischen und ökonomischen Überzeugung waren sich die Politik und die Industrie einig, zur Förderung der für den Aufbau der Sozialen Marktwirtschaft erforderlichen Energiequelle „Atomkraft" beizutragen, was dann auch von der „Kommission für Atomphysik" unter dem Vorsitz von Werner Heisenberg umgesetzt wurde.

Es ist bekannt, daß schon 1942 in den USA die Atomkraft für friedliche Zwecke den ersten Kernreaktor in Betrieb genommen wurde und erst danach hat die Kernenergieentwicklung auf dem Gebiet der Spaltstoffgewinnung im militärischen Bereich der USA im letzten Weltkrieg in Form von Bomben auf Japan Anwendung gefunden, die Spuren des Schreckens hinterließen, Kritik und

---

[259] Strauß, Franz-Josef: Die Entwicklung der Atomenergiewirtschaft in Deutschland, Vortrag vor dem Übersee-Club am 23.April 1956 in Hamburg
[260] ebd.

Diskussionen auslösten und sich bis heute durch den Unfall im sowjetischen Kernkraftwerk in Tschernobyl verstärkt fortgepflanzt haben. Verständlich, wenn dieser Fall die Menschen in Ängste versetzt hat und der Atomkraft skeptisch gegenüber stehen, obwohl die deutschen Kernkraftwerke einen hohen Sicherheitsstandart einnehmen und eine Gefährdung für die Öffentlichkeit ausgeschlossen werden kann. Der Physiker Klaus Brunnstein sieht diesen Sachverhalt folgendermaßen: „Als studierter Physiker gibt mir zudem die aktuelle Diskussion über friedliche Nutzung der Kernenergie, diese einmal als Testfall für eine Wirkungsdiskussion betrachtet, zu denken. Ist doch der oft öffentlich erhobene Vorwurf, die Physiker hätten sich nicht um die Folgen der Anwendung ihrer Entdeckung und Entwicklung gekümmert, mindestens aus der Sicht dieser Forscher ungerecht. Gerade der Schock der kriegerischen Nutzung der Kernspaltung (man denke an Hiroshima und Nagasaki) hat ja zur friedlichen Nutzung geführt".[261] Den Kritikern geht es weniger um die Strahlengefahr als vielmehr um die Technik selbst, die doch mit der Kernkraft als Stromquelle der Industrie und der Wirtschaft dient und die Wirtschaftsordnung stabilisiert, was scheinbar nicht in das Konzept der Kritiker zwecks Mißbilligung des Systems paßt. Es war immer schon so, daß neue Werkzeuge die mittelalterliche Zunftordnung bedrohte oder die Maschinenstürmer des 19. Jahrhunderts gewalttätig gegen die Fabrikbesitzer vorgingen. Diese, sie sollten „Zivilisationsmüde" genannt werden, als Einzelgänger ohne Technik und Forschung die technikbegründete Wohlstandsgesellschaft nicht bestehen kann und der Schutz der natürlichen Ressourcen nur mit der Technik möglich ist.

Gegenüber den Industriestaaten der USA, England und Frankreich wurde die Kerntechnik in der Bundesrepublik Deutschland auf rein zivilen Sektor betrieben

---

[261] Brunnstein, Klaus: Einige grundsätzliche Überlegungen zur Wirkung der Informationstechnologie, in: Technikfolgen und sozialer Wandel, hrsgg. von Krueger, Jürgen und Klaus Schubert, Köln 1981, S. 19f.

und befand sich im Bereich der Kernenergieentwicklung im Vorteil, weil die Belastung auf dem militärischen Sektor entfiel. So konnte die Bundesrepublik die Förderung der Kernenergie für friedliche Zwecke aktivieren und sich der für den Aufbau der Sozialen Marktwirtschaft notwendige Energiequelle widmen. Obwohl in der Zeit der 50er und der 60er Jahren noch ein Überangebot der Energieträger Kohle, Öl und Erdgas vorlag, wurde aus weiser Voraussicht das Atomprogramm beschlossen, um den Anschluß an die Kernenergie nicht zu verlieren und hinsichtlich der Weltmarktentwicklung die Leistungsfähigkeit des technischen Fortschritts nicht zu schmälern.

Gesamtwirtschaftlich gesehen, kam die Kernenergie als technisches Großsystem der Industrie sehr gelegen, da sie von diesem neuen Energieträger Preisvorteile erwartet hat, der auch eintraf und half, dem harten Preisdruck im Wettbewerb Widerstand zu leisten. Trotz der dramatischen Folgen der Atombombenabwürfe über Japan im letzten Weltkrieg und des katastrophalen Unfalls in Tschernobyl, die tief im Bewußtsein vieler Menschen wurzelten und die öffentliche Meinung für oder gegen eine kerntechnische Entwicklung stimmen, lösten doch die Zeitströmungen in den Jahren des wirtschaftlichen Aufschwungs Hoffnung und Optimismus aus, wieder dem modernen technischen Fortschritt anzugehören. So erfuhr die Kerntechnik eine Gegenreaktion, die auch die Politik erfaßte und zur Durchsetzung weiterer Baugenehmigungen für Kernenergieanlagen nicht alleine auf die Industrie oder der öffentlichen Meinung angewiesen war, sondern entscheidend waren und sind die Aussagen technischer Gutachter, die mit dem neuesten Stand der Kerntechnik zur Kooperation aller Instanzen dazu beitrugen, der Vielfalt von Widersprüchen Einhalt zu bieten und den Großforschungszentren Impulse zu geben, um die Entwicklungsarbeiten für die zivile Nutzung der Kernenergie zu forcieren.

Über die Sicherheit der Kerntechnik bestehen nach wie vor unterschiedliche Meinungen und Urteile in der Öffentlichkeit, die im Vergleich der Gefahren im Verkehr, der täglich Tote und Verletzte verursacht, der Befürwortung für die Kernenergienutzung gegenüberstehen, wobei doch bei allen technischen Erneuerungen und Anwendungen Sicherheitsvorkehrungen getroffen werden müssen, die nicht alleine auf Berechnungen basieren, sondern auch die auf Störfällen bezogenen Erfahrungswerte hinzugezogen werden, was nicht ausschließt, daß nicht kalkulierbare Risikofaktoren auftreten können. Die angenommenen Risikobereiche hinterlassen ein Problembewußtsein, das auf das Fehlverhalten des Bedienungspersonals als Auslöser eines Störfalles zurückgeführt werden kann. Die Sicherheitsforscher sind bemüht, der Öffentlichkeit Reaktorkatastrophen für unwahrscheinlich zu erklären, mögliche Störfalle rechnerisch zu ergründen und nach menschlichem Ermessen Katastrophenmöglichkeiten zu erkennen, wobei eventuell Störfallfolgen nur mit Vorsorgemaßnehmen unter Einbeziehung der Kenntnisse von Ursachen und Wirkung begrenzt werden können, die keinesfalls ein Sicherheitskonzept beinhalten. Ein Stück Risiko verbleibt immer wie auch in allen anderen Bereichen der Technik, mit dem die Menschen leben müssen, wenn sie nicht auf die für die Wirtschaft und dem Wohlstand nutzbringende Energiequelle verzichten wollen und auch nicht verzichten können.

Der heute an Härte zugenommene Wettbewerb kann sich einen Ausstieg aus der Kernenergie nicht leisten, denn ein Ausstieg bedeutet zugleich ein technologischer und wirtschaftlicher Ausstieg. Nicht alleine die Atomkraftwerke, sondern auch die Entsorgung der Brennelemente bereiten der Öffentlichkeit Sorgen, ohne über den Stand der Entsorgungssicherheiten genügend informiert zu sein. Die auf dem Konsens der Bundesrepublik und der Länder beruhende Entsorgung ist mit Problemen behaftet, wenn sie auf den Widerstand von

Gruppierungen stößt, die die „Weltverbesserung" auf ihre Fahnen geschrieben haben. Es muß richtig gestellt werden, daß bei der Entsorgung ein hoher Sicherheitsstandard vorliegt, der in den Händen der Naturwissenschaftler und Techniker gut aufgehoben ist, die sich auch nicht von Kräften mit wenig genügendem technischen Sachverstand abwerten lassen, um nicht Gefahr laufen zu müssen, der Industrie und der in Wohlstand lebenden Gesellschaft Schaden zuzufügen. Hier sind die Presse und die Medien gefragt, die sich mit den in Verantwortung stehenden Kernenergiefachkräften in Verbindung setzen sollten, um in der Öffentlichkeit unter dem Aspekt der durch die Kernnergienutzung erreichten ökonomischen und ökologischen Erfolge aufklärende Beiträge zu leisten.

Im Zusammenhang mit dem Kokillentransport ist eine Kernenergiediskussion notwendig, um einer gewalttätigen Behinderung der Entsorgung der Kernkraftwerke zu unterbinden und sich nicht über eine vom Rechtsstaat demokratische gefaßte Entscheidung hinwegzusetzen, was sonst zur Beseitigung der Rechtsschranken führt. Nicht nur die Kernkraftwerke und ihre Entsorgung, sondern in jüngster Zeit werden auch die Wasserkraft- und Windenergieanlagen von den Umweltschützern für ihren Widerstand einbezogen, der immer mehr Druck auf den Trend der Solidarisierungsspaltung ausübt und sehr bedenklich stimmt, wenn folglich keine Alternativen für eine ausreichende Versorgung in Aussicht steht und auf die Erhaltung von Arbeitsplätzen und auf den Konsum verzichtet werden müßte. Der Rechtsstaat steht hier im Zugzwang und darf sich nicht von einer Minderheit beugen lassen, das heißt er muß ausreichende Rahmenbedingungen für das Betreiben der Kernenergie und für die Entsorgung der Brennelemente vorsorglich die Energieversorgung sicherstellen. Anläßlich einer Besichtigung des Brennelement-Zwischenlagers in Ahaus (BZA)[262] ist den Besichtigungsteilnehmern klar geworden, wie wichtig und notwendig eine gesicherte Entsorgung der Brennelemente und radioaktiven Abfälle für die Aufrechterhaltung der Kernenergieversorgung ist. Die speziell dafür vorgesehenen Einrichtungen bieten einen sicheren Verbleib des radioaktiven Materials bis zur weiteren Behandlung oder Endlagerung, wie es die „Grundsätze zur Entsorgungsvorsorge für Kernkraftwerke" vom 29. Februar 1980 die Regierungen und von Bund und Ländern fordern.[263] Unter Berücksichtigung der meteorologischen, geologischen, hydrologischen, seismologischen Verhältnissen und der radiologischen Vorbelastung wurde der Standort Ahaus bestimmt, was deutlich macht, unter welchen Vorsichtsmaßnahmen atomrechtliche Anträge zur Aufbewahrung von Brennelementen in den 80er Jahren genehmigt wurden. Damit ist sichergestellt, daß es sich um ein Unternehmen handelt, das bestrahlte Brennelemente und radioaktives Material „umweltsicher" bis zur Wiederverwertung oder endgültigen Endlagerung im BZA zwischenlagern darf.

Auf die Frage der Teilnehmer, wie sicher die für den Transport und die Endlagerung notwendigen Behälter sind, erhielten sie die Antwort, daß die Behälter nach menschlichem Ermessen mit einer nicht zu überbietenden technischen Sicherheit ausgestattet sind. Die Behälter bestehen aus einem dickwandigen zylindrischen Körperbehälter mit einem Doppeldeckelsystem, einem inneren Primärdeckel und einem äußeren Sekundärdeckel als ein sogenanntes Zwei-Barrierensystem und zusätzlich mit einer Schutzplatte gegen äußere Einflüsse. Der Körperbehälter selbst wird aus einem Sphäroguß gegossen, der nach dem Erkalten stahlähnliche Eigenschaften aufweist und wegen seiner

---

[262] Exkursionsfahrt des Lehrstuhls für Soziologie I, Universität Würzburg zum BZA nach Ahaus am 7.-9. Oktober 1997
[263] Kurzbeschreibung des Transportbehälterlagers Ahaus des Brennelement-Zwischenlagers Ahaus GmbH., Tei II, Die Technik, S. 2

hohen Belastbarkeit, sicheren Dichtheitsfunktion und hohen Temperaturbe-
ständigkeit, inzwischen auch „Castor-Behälter" genannt, in den USA und anderen
mit Kernenergiekraftwerken ausgerüsteten Industriestaaten eingesetzt werden.
Diese kurz gefaßte Beschreibung der Behälter ist notwendig zu wissen, mit
welcher hohen Verantwortung und technischen Möglichkeiten mit dem
radioaktiven Material umgegangen wird, obwohl wie in allen technischen
Bereichen ein Rest Risiko bleibt, dem mit zusätzlicher technischer Vorsorge,
organisatorisch mit Hilfe von Schutzvorschriften und Anweisungen begegnet
werden kann, um Unfälle wie Strahlenexpositionen zu vermeiden.

Die Atomkraftwerke mit ihren umweltfreundlichen Leistungen der
Stromerzeugung wirken dem Ausstoß von immensen Tonnen Kohlendioxyd
entgegen und geben der von der Stromenergie abhängigen Wirtschaft und
insbesondere der für den Schutz der Umwelt engagierten Ökologie den Hinweis
auf die bedeutungsvolle Erfolgsbilanz der Technik, die erkennen läßt, daß auf die
Kernenergie nicht verzichtet werden kann und einen hohen umweltfreundlichen
Beitrag leistet. Schließlich stellt die Kernenergieversorgung eine gesamtwirt-
schaftliche Größe dar und kann als Hoffnungsträger für die Erhaltung und
Schaffung von Arbeitsplätzen gesehen werden, die dem sozialen Wandel in den
gesellschaftlichen Lebensbereichen ihre Bedeutung geben. Die Kernenergie als
Großsystem befindet sich auf der Siegerstraße und kann als Spitzentechnologie
aus ideologischen Gründen einer Minderheit auch nicht für beendet erklärt
werden, zumal für die Öffentlichkeit die Akzeptanz der Mehrheit eine
entscheidende Rolle spielt.

Solange es eine bereits in der Forschung befindliche Energiequelle nicht gibt,
wird die Kernenergie ein fester Bestandteil der Energieversorgung bleiben, gleich
wie die Meinungen auch lauten mögen: Sofortige oder auch etappenweise

Stillegung aller Kernkraftwerke oder die Forderung nach weiterem Bau von Kernkraftwerken, was letzteres dem steigenden Energiebedarf entspricht und hinsichtlich der Umweltschäden dieser Energieträger der Realität für die Nutzung der Kernenergie entspricht. Aus Medienberichten konnte entnommen werden und in Fachkreisen ist auch bekannt, daß das bei der Verbrennung von Kohle und Öl ausgestoßene Kohlendioxid für die Menschen gefährlicher und schädlicher ist, als die mit Skepsis behafteten Kernkraftwerke, die doch einer drohenden Klimakatastrophe durch die Kohlendioxid-Emissionen entgegenwirken. Das sollte im Interesse der Forschung, der Wirtschaft und der Öffentlichkeit im energiepolitischen Umfeld dazu führen, den stets geforderten parteiüber-greifenden Energiekonsens zu erreichen, was auch anläßlich des Doppeljubiläums der Siemens AG vom Vorstandsvorsitzenden Heinrich von Pierer angesprochen wurde, „...daß im Hinblick auf die Kernkrafttechnik ein gesellschaftlicher Konsens fehle" und vertritt weiter die Ansicht: „Wenn man am Ende des 20. Jahrhunderts überhaupt von einer alternativen Energiequelle sprechen darf, dann kann nur die Kernenergie gemeint sein", denn „neben der Wasserkraft ist allein die Kernkraft zugleich in der Lage, umweltfreundlich und zugleich auf der Kostenseite konkurrenzfähige Energie in größerem Umfang zu liefern".[264]

Auch bei der Jahrestagung des Deutschen Atomforums 1997 stand die Weiterentwicklung der Kernenergie im Mittelpunkt der sorgentragenden Energiepolitik, die sich den energiewirtschaftlichen Strukturen vorausschauend stellen und frei von Ideologien Verständigung für die Modernisierung der Kerntechnik finden muß. In diesem Zusammenhang zitierte der Präsident des Deutschen Atomforums Winfried Steuer den Bundespräsidenten Roman Herzog

---

[264] von Pierer, Heinrich: Technik im Dienste der Zukunft, in: Bayerkurier, Vortrag zum Doppeljubiläum 150 Jahre Siemens -vierzig Jahre Kernnergie der Siemens AG, München 14. Juni 1997, Jg. 48, Nr. 24, S.13

aus seiner Rede am 26. April 1997: „Ob Kernkraft, Gentechnik oder Digitalisierung: Wir leiden darunter, daß die Diskussionen bei uns bis zur Unkenntlichkeit verzerrt werden - teils ideologisiert, teils idiotisiert sind. Solche Debatten führen nicht immer zu Entscheidungen, sondern sie münden in Rituale, die immer wieder nach dem gleichen Muster ablaufen".[265] Damit verlieh er der Aussage Einverständnis und sagte: „Wenn Politik die Kunst des Machbaren sei, dann sei Energiepolitik die Kunst, das Notwendige und Verantwortbare machbar zu machen"[266], um die Chancen im Bereich Kernneregieversorgung gezielt wahrzunehmen und die Wettbewerbsfähigkeit sicherzustellen. So können auf die Zukunft bezogen auch die Worte von Gisela Bonn verstanden werden, wenn sie im Rahmen der Margret-Boveri-Preisverleihung die Meinung vertritt: „Keiner Generation vor uns wurden solche Einblicke in die innersten Zusammenhänge unserer Welt möglich gemacht, wir sollten sie nutzen, wo auch immer wir durch Beruf oder Berufung hingestellt wurden. Noch sind wir nicht aus der Verantwortung für unsere Zukunft entlassen".[267] Die Technik steht mit ihrem Großsystem Kernenergie in der Verantwortung, die Lebensräume des Menschen mit dem von der Technik geforderten Energiebedarf zu versorgen und die Zukunft nicht aus den Augen zu verlieren.

---

[265] Herzog, Roman: Kernenergie ist fester Bestandteil der Kernpolitik, in: VDInachrichten, Nr. 21, 23. Mai 1997, S.6
[266] ebd.
[267] Bonn, Gisela: Was ist Wahrheit?, Rede der Preisträgerin am 15. Oktober 1994, in: Wahrheit und Verrat, Karl-Heinz Eger zum 65. Geburtstag, herausgegeben von Lothar Bossle, Würzburg 1996, S. 26

5.1.6 Gentechnologie - Technik der neuen Lebensformen

Wie bei allen technischen Neuerungen erfährt auch die Gentechnologie als Teilgebiet der Biotechnologie emotionale Diskussionen und Auseinandersetzungen in der Bevölkerung, da befürchtet wird, daß nach Übertragung von artfremden Genen in bestimmten Organismen neue Lebensformen entstehen, die als andersartig und manipuliert angesehen werden müssen. Längst haben die Forschungsergebnisse der Gentechnologie zu neuen Impulsen und Erkenntnissen geführt, die neue Anwendungsmöglichkeiten in den Bereichen der Medizin und der Biologie eröffnet haben, denn „die Palette der durch gentechnische Eingriffe in die Biologie des Lebewesen angestrebten Veränderungen ist nahezu unübersehbar geworden".[268]

Jedoch muß die Frage erlaubt sein, welche Vor- und Nachteile dieses Teilgebiet der Biotechnologie für die Menschheit bringt und wer trägt seitens der Wissenschaft die Verantwortung für das Eindringen in die Lebensformen, wenn die wissenschaftlichen Zusammenhänge bekannt und durchschaubar sind? Von den Schreckensmeldungen der Medien verunsichert, ist es dem Mensch kaum möglich, über den wirklichen Stand der Entwicklung in der Gentechnologie zu erfahren, um sich ein eigenes Urteil über die komplexen Anwendungen bilden zu können und wo ihre Grenzen zu finden sind. Es scheint ein Gesetz geworden zu sein, daß der Mensch immer schon versucht hat, die Abhängigkeit von der Natur zu verringern, wobei dieses Vorhaben auf Erfahrung beruhte und erst vor über 150 Jahren ihre wissenschaftliche Aufarbeitung erhalten hat. Erst, wie von Regine Kollek beschrieben, mit der von der Wissenschaft als Trägerin der Erbinformation beschriebenen Desoxyribonukleinsäure (DNS) und nach der

---

[268] Kollek, Regine: Die Natur kopieren? Von verrückten Genen und den Restrisiken der Gentechnik, in: Naturwissenschaft und Glaube, Müller, Helmut A. (Hrsg.), erste Auflage, Bern, München, Wien 1988, S. 205

Entdeckung von Enzymen, ließen die neuen Möglichkeiten im Umgang mit lebenden Organismen zu und weiter sagt sie: „Nicht mehr das Vorfindbare ist verfügbar, sondern seit Mitte der siebziger Jahre unseres Jahrhunderts steht darüberhinaus auch der Herstellung neuer Varianten lebender Organismen durch gezielte Eingriffe ins Erbmaterial prinzipiell nichts mehr im Wege."[269]

Schon im alten Griechenland war bekannt, daß Technik ambivalent ist und schwerwiegende Folgen haben kann, wie die von Günter Ropohl zitierte Ausspruch von Sophokles (496-406) besagt: „Vieles Mächtige gibt es, doch nichts ist mächtiger als der Mensch. Klug und erstaunlich geschickt im Erfinden von Technik schlängelt er zwischen Bösem und Gutem sich hin und her".[270]Da schon damals die moralische Fehlbarkeit beklagt wurde, kann, wenn auf das doppelwertige Handeln des Menschen von Gut und Böse Bezug genommen wird, das Zitat ebenso Anwendung finden. Oder „Wo Licht ist, da ist auch Schatten" besagt ein auf Erfahrung basierender Ausspruch, den sich nicht nur die Forschungsbereiche der Gentechnologie, sondern die Technik überhaupt annehmen sollten, wenn es um Folgenabschätzungen geht und an die Manipulationen von Erbgut gedacht wird, die neben Vorteilen auch potentielle Gefahren und damit verbundene ethische Fragen auslösen und zu heftigen öffentlichen und politischen Diskussionen führen. Hier ist der Gesetzgeber gefragt, der dem Mißbrauch der Gentechnologie Einhalt zu bieten hat und der unkontrollierten Anwendung Schranken gesetzt werden.

Auch bei der Gentechnologie sind wie in allen anderen technologischen Bereichen Risiken nicht auszuschließen, ob aus Gründen vorhandener Wissenslücken oder mangelnder Erfahrungen, ein Restrisiko wird immer bleiben,

---

[269] ebda., S. 204
[270]Caspari, Loretta: Technikfolgenabschätzung: Der Philosoph Günter Ropohl fordert eine Instanz, die bei Konflikten vernittelt, in: VDInachrichten, Technik und Gesellschaft, Nr. 43, 24. Oktober 1997, S. 5

über das gesprochen werden muß, wenn der Gentechnologie mehr Verständnis und Vertrauen entgegengebracht werden soll. Die Gentechnologie ist nicht allwissend, auch sie stößt an Grenzen und vermag nur, was die Natur erlaubt, denn „neben der gezielten Herstellung gefährlicher oder problematischer Lebewesen können durch gentechnische Eingriffe auch unbeabsichtigte Organismen entstehen, die in neuer, nicht vorhersehbarer und auch negativer Weise mit anderen Lebewesen und der Umwelt in Wechselwirkung treten".[271]

Es kann nicht sein, daraus die Folgerung zu ziehen, die wissenschaftliche Forschung müsse nun in diesen Bereichen der Gentechnologie gestoppt werden, was einer Vision gleich kommt, da dem Wissen nicht ausgewichen und niemand vorenthalten werden kann, sondern es muß unter den Aspekten der Nutzbringung für den Menschen und der ethischen Verantwortung gelernt werden, mit dem Wissen der Gentechnologie umzugehen. Die Möglichkeiten der Gentechnologie weisen auf vielerlei Hoffnungen hin, um von bisher nicht erkannten Zivilisationskrankheiten befreit zu werden oder umweltschädliche Chemikalien entschärfen zu können, was darauf hin deutet, daß die Gentechnologie „in den Augen vieler im Kampf gegen Hunger und Krankheit unverzichtbar ist".[272] Es muß der Drang vorhanden sein, sich zu zwingen, wissenschaftliche Aufklärung gerade auf diesen Gebieten der Gentechnologie zu betreiben, um durch lebensfeindliche Techniken hervorgerufene Probleme abfangen zu können, die im biologischen Bereich nicht ohne die Nutzung der gentechnischen Eingriffe gelöst werden können. Hier ist jedoch zu berücksichtigen, daß gentechnisch manipulierte Organismen in Verbindung mit der natürlichen Umwelt negative Wirkungen auslösen, die unter Laborbedingungen weder geprüft noch erkannt werden. Derartige Folgen treten als ökologische Störungen auf, die nicht wie bei

---

[271] Kollek, Regine: Die Natur kopieren?, a.a.O., S. 215
[272] ebd., S. 205

einer Technikfolgenabschätzung erforscht oder vorhergesagt werden können und deshalb das Experiment mit der Umwelt sorgfältig geplant werden muß, wenn überhaupt die Gentechnologie mit ihren begleitenden Risiken Anwendung finden darf, um die Akzeptanz nicht zu gefährden und andererseits das Wissen nicht in Frage zu stellen. Die hieraus zu Tage getretenen Diskussionen müssen ausgewogene Standpunkte und differenzierte Betrachtungsweisen erbringen, die als Urteile erkennbar und hinsichtlich der Wechselwirkungen zwischen Wissenschaft, Technik und Gesellschaft anzusehen sind.

Weitere aufklärende Erläuterungen der Gentechnologie sind den Worten von Horst Domday zu entnehmen, wenn er sagt: „Daß es sich dabei um eine - das ist die Definition - Ansammlung von Methoden und Verfahren handelt, um genetisches Material zu isolieren, es zu charakterisieren und dann in einen neuen eventuell fremden Organismus einzubringen".[273] Also ein Vorgang, der von der Natur entnommen wurde und nun der Wissenschaft dient, um bestimmte Produkte herzustellen, die vornehmlich in den medizinischen und pharmazeutischen Bereichen für die Gesundung der Menschen zum Beispiel bei der Dialyse, beim Diabetiker bis hin zur Krebstherapie erfolgreich Anwendung finden. Auf dem Gebiet der Umwelttechnologie muß die Gentechnologie aus Gründen vieler Unwissenden oftmals Kritik hinnehmen, obwohl die Firmen, was nur wenig bekannt ist, die ihre biotechnische Produktionsprozesse auf gentechnische Produktion umgestellt haben, mit wesentlich geringeren Umweltbelastungen zu rechnen haben. Wenn auch nach Meinung der Öffentlichkeit die genbehandelten Nahrungsmittel gesundheitlich schädlich seien, so trifft diese gemeinte Schädlichkeit nicht zu, da mit Hilfe der Gentechnik, wie die aufklärenden Worte von Horst Domday lauten: „toxische Inhaltsstoffe aus Pflanzen entfernt werden können und

---

[273] Domday, Horst: Fallbeispiel Gentechnik, in: Freiheit und Verantwortung der Medizin, XI. Erlanger Medientage, 28-29. September 1996, Bürger fragen Journalisten e.V. (Hrsg.), Erlangen 1996, S. 82

daß mit vielen Kranken die richtige Nahrung angeboten werden kann"[274], was die Nahrungsmittelindustrie bereits erkannt und die Vorzüge in die Nahrungsmittelherstellung aufgenommen hat.

Die von den Medien verbreiteten Angstmeldungen verunsichern den Menschen und lassen wie immer schon bei technischen Neuerungen auch der Gentechnologie wenig Raum für die Aufklärung, um Akzeptanz zu finden. Folglich muß die Gentechnologie und wenn, nur mit Fachwissenschaftlern sich in die Öffentlichkeit begeben, um die Gentechnik transparent zu machen und der Wahrheit verpflichtete Aufklärung zu betreiben.

Die Gentechnologie stößt jedoch an ethische Grenzen, nämlich dort, wo der Eingriff in die Befruchtung menschlicher Eizellen erfolgt. Der Mensch in seinem Forschen kann Gott niemals ebenbürtig sein und ein solches Forschen verliert alle ethischen Grundsätze und damit auch die Achtung und die Würde vor dem menschlichen Leben. Wie ernst es der gentechnischen Wissenschaft ist, geht daraus hervor, daß sie nicht alleine in ihren Forschungsbereichen ihren Zielsetzungen nachgehen, sondern interdisziplinär mit der Soziologie, der Theologie und den Naturwissenschaften über ethische Konsequenzen zu diskutieren. Diese zu einem Konsens führende Kommunikation geben der Gentechnik die für ihre Forschung notwendige Sicherheit, die sie braucht, um erfolgreich im Dienste der Medizin und damit auch zum Wohle des Menschen arbeiten zu können. Im Rahmen einer Vortragsreihe des Universitätsbundes, Tochtergesellschaft Aschaffenburg, unterzog der Biotechnologe Ulrich Zimmermann die Chancen und die Risiken der Gentechnologie einer kritischen Betrachtung und stellte von vornherein fest: „Die Gentechnologie zu verteufeln, ist der falsche Weg" und machte auf die Errungenschaften der Forschung in

---

[274] ebd.

diesem Gebiete aufmerksam: „Gentechnologisch veränderte Bakterien sind bei der Herstellung lebenswichtiger Medikamente im Einsatz und spielen bei der Lebensmittelherstellung eine große und ungefährliche Rolle".[275] Trotz einer gut gemeinten Risikoabschätzung treten in der Regel unerwartete Nebenwirkungen auf und „Die Forschung steht immer wieder, wenn ein Problem gelöst ist, vor neuen Türen".[276] Hinsichtlich der rasant anwachsenden Weltbevölkerung gewinnt die Gentechnologie an Bedeutung, wenn an die Lösung der Lebensmittelfrage gedacht wird und Ulrich Zimmermann bei seiner Stellungnahme zu dieser Frage die Politik anspricht: „Das Problem ist nicht, wie wir durch die Gentechnologie immer mehr Lebensmittel herstellen können, sondern wie wir diese verteilen. Hier ist die Politik gefragt".[277]

Die Gentechnik ist aus der wissenschaftlich-technischen Entwicklung nicht mehr wegzudenken und sollte sich nicht nur auf ihre für die Menschheit erfolgreichen Forschungsergebnisse beschränken, sondern „in einer Zeit, in welcher der transzendierende Glaube und das Vertrauen auf Gott angesichts der Entdeckung und möglichen Handhabung aller zerstörenden Naturkräfte vielfach einer nackten Existenzangst gewichen ist"[278], weist Kurt Herberts auf Karl Jaspers in seiner Philosophie der Freiheit hin, in der er die Notwendigkeit der Besinnung auf die ethischen Grundlagen des Daseins mit einschloß und somit meinte: „Ohne Ergriffenheit am Ganzen fehlen letztlich die Fundamente für unser Tun. Die Weise, wie ich mich zu mir selbst und zum Transzendenten verhalte, wird entscheidend sein für meine Existenz".[279] Auch auf die Maschinen oder

---

[275] Zimmermann, Ulrich: Vortrag: Gentechnologie: Fluch oder Segen? Forscher stehen vor ungeöffneten Türen, Volkshochschule Aschaffenburg, 17. Oktober 1997
[276] ebd.
[277] ebd.
[278] Herberts, Kurt: Freiheit und die Herrschaft der Gene, in: ... dann mag die Erde die Sonne verglühn, zweite erweiterte Auflage, Freiburg i. Brsg. 1984, S. 120
[279] ebd.

technischen Geräte bezogen, die sich nicht von selbst entwickeln oder verbessern, sondern der menschliche Geist ist der alleinige Produktions- und Fortschrittsfaktor, wie es Kurt Herberts deutlich zum Ausdruck bringt: „Unsere Maschinen und Kulturanlagen haben sich keineswegs entwickelt, sie werden von uns entwickelt, dadurch wird das Alte zugleich beseitigt. Nur weil wir als Materialisten Angst vor dem Geist der Welt haben, leugnen wir sein Wirken in der Erd- und Lebensgeschichte und versuchen in sturer neodarwinistischer Weise uns über die Probleme der Evolution, mit mehr oder weniger schlechtem Gewissen, hinwegzutäuschen".[280] So verstanden, meint Kurt Herberts, daß der Mensch in seinem Wesen nicht nur „ein Produkt einer Entwicklung als Geschöpf, sondern ein Selbstentwickelnder als Selbstschöpfer ist".[281] Dieses Selbstschöpfertum dient dem Menschen und trägt in ihrer Geschichte die Wissenschaft, Technik, Wirtschaft und Kultur in das Schöpfertum hinein, das in einer sonst sittlich-religiösen Sphäre verlaufenden Handlung heute bei den hohen Ansprüchen und technischen Perfektion von der materiellen Außenwelt verdrängt wird und von einer gegenläufigen Entwicklung gekennzeichnet ist. Also steht der Mensch in dieser Zeit der Wissenexplosion und der Überforderung von zusammenhängenden Kenntnissen in der Verantwortung, die Orientierung nicht abgeschlossener Prozesse und die Antwort auf das „Warum" nicht zu verlieren, was ihn mit seinem Tun befähigt, dem göttlichen Willen zu dienen und den ureigensten Auftrag seines Wesens zu erfüllen. Trotz der Bedeutung der Gentechnologie, die von der Wissenschaft als die wichtigste Zukunftstechnologie genannt wird, sind nach wie vor gegen die Gentechnologie in der Öffentlichkeit Widerstände zu beklagen, die dazu führen können, die Forschung auf dem Gebiet der Gentechnologie ins Abseits zu drängen und dem Wettbewerb nicht mehr

---

[280] ebd., S. 125
[281] ebd.

standhalten zu können. Während die Gentechnologie im Bereich der Medizin den Durchbruch zur Bekämpfung von Krankheiten erlangt hat und von der Bevölkerung auch akzeptiert wird, bestehen bei der Gewinnung von Nahrungsmitteln immer noch emotionale Bedenken, obwohl die Gentechnologie auch auf diesem Sektor nicht aufzuhalten ist, wenn an die nicht unabsehbaren Vorteile für Mensch, Tier und Pflanze gedacht wird. Es ist unbestritten, daß eine genveränderte Pflanze resistent gegen Schädlinge ist, was folglich dazu führt, daß wesentlich weniger Schädlingsbekämpfungsmittel eingesetzt werden, die ansonsten der Umwelt großen Schaden zufügen würden. Der Ertag könnte jedoch deutlich gesteigert werden, ein Aspekt, der bei steigendem Nahrungsmittelbedarf in der Zukunft eine wesentliche Rolle spielen wird. Hieraus sollte die Erkenntnis gewonnen werden, daß nicht allein das technologische Können wesentlich ist, sondern was die Menschen mit der Gentechnologie bezwecken, um im Rahmen der Zielgebung der Gentechnologie ihre erworbene Akzeptanz einzuräumen.

Es ist interessant zu beobachten, daß der Mensch in seinem bequemen Alltagsleben die Technik für einen Segen halten, verteufeln sie aber dann, wenn er eine scheinbare Bedrohung seiner mühsam erworbenen Sicherheit erlebt, wie dies bei einer negativen oder falsch orientierten Information über die Gentechnologie oder einer anderen Angst auslösenden Technik, wie es bei der Atomenergie gleichfalls der Fall ist. Folgend geht es um lebensbedrohliche Erkrankungen, handelt der Mensch ambivalent und greift fraglos zu den durch die Gentechnologie ermöglichten Medikamente, was wiederum nichts anderes bedeutet, daß Segen und Fluch moderner Technik nicht weit voneinender liegen. Obwohl diesem menschlich verständlichen Sinnen nach Erhaltung seines Lebens Vertrauen geschenkt werden muß, sollte nicht davon abgegangen werden, daß die Öffentlichkeit größtmögliche Offenheit und rücksichtlos über die Anwendungsmöglichkeiten der Gentechnologie erfährt, um eine breite

Zustimmung für eine umfassende Anwendung der Gentechnologie zu erhalten, da die Gentechnologie nichts zu verbergen hat.

Hinsichtlich des internationalen Forschungswettrennens ist die Gentechnologie im Zeichen der Zeit für die Ökonomie eine Herausforderung geworden und sollte entschlossener gehandelt werden und nicht durch oft fruchtlose Diskussionen wertvolle Zeit auf dem Markt zu verspielen. Wohl auch dringend notwendig erscheint eine Interaktion zwischen der Grundlagenforschung und der Industrie zu intensivieren, die im Rahmen der wirtschaftlichen Verwertung der gentechnologischen Forschungsergebnissen zu Anreizen für neue Firmengründungen und Arbeitsplatzbeschaffungen führen, um schon verlorenen Boden auf dem Gebiet der Gentechnologie zurückzugewinnen und auch hier an der Spitze der Gentechnologie voranzuschreiten. Das bedeutet, daß die Industrie und die mittelständischen Betriebe die Forschungsergebnisse schnell in marktfähige Produkte umsetzen, eine leistungsstarke Forschung und Entwicklung aufrechterhalten und eine fördernde Zusammenarbeit zwischen Wissenschaft und Wirtschaft bilden.

Damit sei gesagt, daß der Einsatz der Gentechnik die Chance öffnet, für die Wirtschaft maßgerechte Rohstoffe und neue Anwendungen zu entwickeln oder wie es Hans-Jürgen Quedbeck-Seeger im Rahmen des Symposiums „Grüne Woche" in Berlin zum Ausdruck brachte, daß sich die Pflanzen mit Hilfe der Gentechnik „schneller und gezielter in die gewünschte Richtung verändern"[282] lassen und begründet dies mit der maßgeblichen Rolle, die seiner Ansicht nach „Biotechnologie und Gentechnik als ökologisch und ökonomisch bedeutsame Schlüsseltechnologien im 21. Jahrhundert spielen werden".[283]

---

[282] Quedbeck-Seeger, Hans-Jürgen: Nachhaltiges Wirtschaften mit Gentechnik, in VDInachrichten, Nr. 5, Düsseldorf, 31. Januar 1997, S. 2
[283] ebd.

Angesichts dieser zukunftsweisenden Vorausschau sprach Gerhard Prante im gleichnamigen Symposium die Befürchtung aus, daß ohne die Anwendung der Gentechnik aus Gründen nicht ausreichender Ackerflächen, die durch Erosion, Versalzung, Urbanisierung und Industrialisierung ständig verloren gehen, die Nahrungserzeugung in Frage gestellt werden muß. Er vertrat die Ansicht: „Nur eine Landwirtschaft, die resourcenschonende und umweltverträgliche Anbautechnologien und die Möglichkeiten der Pflanzenbiotechnologie und Gentechnik nutzt, kann die Ernährung der Weltbevölkerung sicherstellen und gleichzeitig einen Beitrag zur Produktion von industriell nutzbaren pflanzlichen Rohstoffen leisten".[284] Folglich wird die Gentechnik ihrer Bedeutung nach dem Schutz der Lebensgrundlagen für die Menschheit gerecht, was zur Weiterentwicklung einer ökologischen Wohlstandsgesellschaft führen kann.

Neben der Informationstechnologie ist nun auch die Gentechnologie zur Schlüsseltechnologie geworden, die auf die wirtschaftliche Entwicklung einen entscheidenden Einfluß ausübt und den Anspruch auf Unverzichtbarkeit erheben kann, so lange sie nicht den Pfad der Verantwortung christlicher und ethischer Aspekte verläßt, daß heißt, wie schon im Grundgesetz verankert, daß die Würde des Menschen unantastbar ist, genetische Manipulationen am Menschen unterbleiben und die Anwendungen nur den Notwendigkeiten für den Menschen zu dienen haben. Voraussetzungen hierfür sind gesetzliche Rahmenbedingungen, eine wie in allen technischen Bereichen unverzichtbare Technikbewertung mit ihren technischen, wirtschaftlichen und gesundheitlichen aufzuzeigenden Folgen und ein zu förderndes Ausbildungsniveau in der Biotechnologie, um eine Wissenschaftsbasis zu erreichen, die den hohen finanziellen Aufwendungen für Forschung und Entwicklung sowie dem Stand einer Spitzenposition gerecht

---

[284] Prante, Gerhard: Nachhaltiges Wirtschaften mit Gentechnik, in: VDInachrichten, Nr. 5, Düsseldorf, 31. Januar 1997, S. 2

werden. Also Chancen nutzen und verantwortlich im Sinne ethischer Grundsätze gestalten, dann werden den gentechnischen Errungenschaften auch Vertrauen und Akzeptanz entgegengebracht werden und letztlich wird die Einsicht in das Nützliche der Gentechnologie alle etwaigen Nachteile verdrängen.

5.2 Technik in der Verantwortung

Unter der zunehmenden Orientierungslosigkeit im Wertgefüge leiden die Menschen, weil ihnen die Wertorientierung und Verantwortung heute nahezu verloren gegangen sind. Der heutige globale Wettbewerb geht über technische und ökonomische Fragen hinaus, deshalb Wertmaßstäbe um so mehr verlangt werden und gemeinsame Wertorientierung gefragt ist, um ein Gleichgewicht von Rechten und Pflichten zu erreichen. In diesem Zusammenhang soll zur Erhellung und als Leitfaden der Thematik die „Verantwortung" bei Hans Freyer kurz abgehandelt werden, wenn er sagt: „Die Verantwortung ist eine Grundtatsache der menschlichen Existenz, einer der starken Spannungen, die dem sittlichen Dasein des Menschen seine Form geben und es in seiner Form halten, und dies vermag sie vor allem deswegen, weil sie nicht nur eine innere Ordnung im Menschen selbst setzt, sondern ihn auf seine Umwelt bezieht".[285] Drei Elemente setzt Hans Freyer voraus, die verbunden jede Verantwortung beinhaltet: Einmal das Subjekt, „das die Verantwortung hat und trägt" und meint, daß als Subjekt immer nur eine Person sein kann, die alleine verantwortlich ist, und zeigt dies am Beispiel des Lokomotivführers, der alleine verantwortlich ist, nicht die Weiche oder Schiene, die nur technisch schadhaft oder befahrbar sein können. Selbst bei einer Verantwortung, die institutionalisiert wird, ein Amt oder eine Instanz, die

---

[285] Freyer, Hans: Verantwortung - Heute, in: Gedanken zur Industriegesellschaft, Mainz 1970, S. 195

für die Verantwortung zeichnet, ist für Hans Freyer „der personale Charakter der Verantwortung nicht aufgehoben".[286]

Das zweite Element, das eine Verantwortung voraussetzt, ist ein „Etwas", das den Inhalt der Verantwortung bildet und verschiedene Größenordnungen haben kann, jedoch ist es immer etwas Konkretes, denn er versteht unter einem konkreten Wesen: „ein Kind, eine Familie, eine Truppe, ein Volk" und beim konkreten Vorhaben oder Anliegen: „die Verwaltung eines Gutes, das Funktionieren eines Maschinenaggregates, das Gedeihen eines Betriebes, das Wohl eines Gemeinwesens, die Stabilität einer Währung, die Erhaltung des Weltfriedens - so also durch alle Größenordnungen hindurch".[287]Er folgert weiterhin: „Wie es keine impersonale Verantwortung gibt, so gibt es auch keine Verantwortung schlechthin und überhaupt, sondern auch nur eine Verantwortung für etwas".[288]

Beim dritten Element „setzt jede Verantwortung eine Instanz voraus, vor der - oder der gegenüber - der Verantwortliche die Verantwortung hat".[289] Hans Freyer bringt folgende Beispiele zur Sprache: „Wenn ich ein Versprechen einlöse oder einen Vertrag erfülle, wenn ich einen Befehl oder einen Auftrag ausführe, ein Gelübde einhalte, auch wenn ich eine Pflicht erfülle, so heißt das, das ich genau das Geforderte oder Ausbedungene oder Geschuldete leiste. Damit ist gesagt, daß der „Inhalt einer Verantwortung" .. „sich nicht in der Weise ausformulieren läßt".. „wie der Inhalt eines Vertrages ... oder einer Verpflichtung" und es ist unmöglich, „eine Verantwortung im Sinne zu erfüllen, daß sie durch eine bestimmte Leistung abgegolten wäre", wobei „der Inhalt einer Verantwortung" ..

---

[286] ebd., S. 197
[287] ebd.
[288] ebd.
[289] ebd., S. 198

„die Sorge für ein konkretes Wesen oder das Einstehen für ein konkretes Vorhaben" ist.[290]

Wenn Hans Freyer von der sittlichen Haltung der Verantwortung spricht, meint er, daß sie „mehr eine Bereitschaft als der Vollzug einer einzelnen Entscheidung" und mehr „das beständige Mitdenken und Vorausdenken, was in ihrem Umkreis vor sich geht".[291] Demnach kann eine Verantwortung „nicht in dem Sinn erfüllt werden, wie eine Pflicht erfüllt wird. Sie wird gleichsam wie ein Lebensraum, den die Person ganz durchdringt, mit dem sie sich identifiziert und dessen Anforderungen sie fallweise erfüllt".[292] Daraus schließt Hans Freyer, daß Verantwortung nur in Grenzen, „immer als Verantwortungsraum" existiert, der „entweder schicksalsmäßig und durch die Natur der Sache" umgrenzt ist (so die Verantwortung der Mutter für ihr Kind) oder „umgrenzt ist durch den Auftrag, der sie schafft und der dann immer auch ihre Grenzen absteckt" und es muß der Person gesagt werden, die eine Verantwortung übernimmt, „innerhalb welcher Grenzen er verantwortlich sein soll", was auch so gedeutet werden kann, „daß jede Erteilung einer Verantwortung ein Vertrauensakt ist" ... „ihm einen solchen Raum anvertrauen", ... „daß er den Willen und die Kraft hat, ihn auszufüllen" und für die Erfüllung Voraussetzung ist, ihm entsprechende „Handlungsfreiheiten", „Kompetenzen" und „Autonomie" zuzusprechen, „... seiner Verantwortung gerecht zu werden".[293] Tendenziell bedeutet dies: „Ohne einen Spielraum des freien Ermessens und der selbständigen Entscheidung ist Verantwortung nicht denkbar, denn die Maßnahmen, die der Verantwortliche zu ergreifen haben wird,

---

[290] ebd.
[291] ebd., S. 199
[292] ebd.
[293] ebd.

sind ebenso wenig im einzelnen vorauszusehen und festzulegen wie die Situationen, mit denen er zu rechnen haben wird".[294]

Es ist wichtig zu erkennen, daß Technik in einem Prozeß entsteht, an dem viele beteiligt sind und in Wechselwirkungen zwischen Mensch, Technik, Ökonomie, Ökologie, Politik und sozialem Umfeld steht, die auf Grundsatzfragen der Verantwortung hinweisen: Wer ist wofür verantwortlich? Wer trägt für Unvorhersehbares die Verantwortung? Günter Ropohl gibt hier folgenden Ratschlag: „Wer Verantwortung erwartet, muß klären, wo im technischen Handeln die erforderliche Wertkompetenz, Sachkompetenz und Handlungs-kompetenz zu finden ist: bei den individuellen Akteuren, bei den industriellen Korporationen, bei den gesellschaftlichen, politischen und rechtlichen Institutionen".[295] Wenn hier die Wertkompetenz angesprochen wird, müssen die zu erwartenden Folgen mit den geltenden Wertvorstellungen vereinbar sein und mit dem Wertgefüge im Gleichgewicht stehen, wobei beim Wollen und Handeln die Ethik von der Verantwortung abverlangt wird, denn: „der verantwortungs-ethisch Handelnde beobachtet und berücksichtigt im Prozeß der Zielerreichung die auftretenden Nebenfolgen seines Handelns und versucht, durch ständiges Wählen des geringeren Übels seine ursprünglichen Ziele unter Beachtung auch der entsprechenden moralischen Qualität und praktischen Auswirkungen seiner Mittel und Wege kompromißhaft zu realisieren".[296] Jede Handlungs- und Entscheidungssituation verlangt die Kenntnisse der geltenden Werte, vorausgesetzt, daß es diese Werte überhaupt auch gibt, weil diese bei der heutigen Orientierungslosigkeit der Menschen, einer Werteverschiebung und

---

[294] ebd., S. 200
[295] Ropohl, Günter: Thesen zur Diskussion, Technik und Verantwortung, Kolloquium der VDI-Hauptgruppe am 13.Juni 1996 in Kassel, in: Magazinbeilage Fazit, VDInachrichten Nr. 37, Düsseldorf 1996, S. 5
[296] Hartfiel, Günter; Hillmann, Karl-Heinz (Hrsg.): Wörterbuch der Soziologie, Stuttgart 1982, S. 262

Polarisierung zwischen Ich-bezogen und gesellschaftsorientierten Werten nur schwer zu erkennen sind. Was getan werden soll oder welche politischen Zielsetzungen erstrebenswert sind, um den Daseinsbedürfnissen der Gesellschaft gerecht zu werden, hat jeder Einzelne in eigener, autonomer Verantwortung zu entscheiden, jedoch für die Lösung technischer Aufgaben ist der Ingenieur mit seinem Fachwissen gefragt, was mit Hilfe des technischen Wissens verwirklicht werden soll. Es „wird in vielfältig vernetzten komplexen Entscheidungsprozessen entschieden, an denen je nach Lage des Falles neben Ingenieuren und Politikern, Banker, Manager, Juristen ebenso wie die Abnehmer und Nutzer der jeweiligen Technik, also die Konsumenten, beteiligt sind"[297], wie es Friedrich Rapp versteht und folglich dazu meint, daß man den Ingenieur „für die Vor- und die Nachteile einer bestimmten Technik" wohl nicht alleine verantwortlich machen kann, da er als Fachmann weder wegen der neben ihm bestehenden anderen Entscheidungsträgern „allmächtig" noch „allwissend" ist, „denn seine Kenntnis ist unvermeidbar durch den jeweils vorliegenden Forschungsstand begrenzt".[298]

Es scheint doch wichtig, auf den Stand und seine Berufsgrundsätze des Ingenieurs hinzuweisen, der mit der „Technik in der Verantwortung" verzahnt ist, wenn Forschung und technischer Fortschritt durch Verantwortungsübernahme zum Wohl der Menschheit betrieben werden. Jutta Saatweber hat zum Thema „Technik und Verantwortung" im erwähnten Kolloquium das Bekenntnis des Ingenieurs aus dem Jahre 1950 zitiert: „Der Ingenieur stelle seine Berufsarbeit in den Dienst der Menschheit und wahre im Beruf die gleichen Grundsätze der Ehrenhaftigkeit, Gerechtigkeit und Unparteilichkeit, die für alle Menschen Gesetz sind" und das vom Verein Deutscher Ingenieure im Jahre 1980 verabschiedete Leitmotiv lautet weiter: „Das Ziel aller Ingenieure ist die Verbesserung der

---

[297] Stellungnahme von Friedrich Rapp , in: Ropohl, Günter:Thesen zur Diskussion, a.a.O., S.10f
[298] ebd., S. 11

Lebensmöglichkeiten der gesamten Menschheit und sinnvolle Anwendung technischer Mittel"[299], wobei in beiden Zitaten die individuelle Verantwortung des Ingenieurs zu erkennen ist. Um die Auswirkungen der Technik zu erkennen, reichen unter diesem Aspekt die fachspezifischen Kenntnisse und Erfahrungen des Ingenieurs nicht immer aus, wenn systematische Zusammenhänge zur Umwelt und zum Menschen berücksichtigt werden müssen. Also kann der Ingenieur nur für die Entstehung, Anwendung und Wirkung der Technik Verantwortung übernehmen, der interdisziplinär auch die nichttechnischen Zusammenhänge, wie ökonomischen, sozialen und politischen Anteile in seiner Beurteilung ganzheitlich in Betracht ziehen muß.

Bei der Betrachtung der Technik stehen immer wieder die technischen Innovationen im Vordergrund, die der Industriegesellschaft seit Jahrzehnten im rasant fortschreitenden technischen Wandel unterliegt und vor diesen geprägt wird. Nicht nur „Segnungen", sondern auch Gefahren und Risiken sind erkennbar, die in den Medien Diskussionen auslösen, in den mehr Fach- und Orientierungswissen gefordert wird. So sollte der Ingenieur für die gesellschaftlichen Diskussionen über Technikfolgen mehr Raum gewinnen, um diesen mit Sachlichkeit bei der Beurteilung und übernommenen Verantwortung auszufüllen, schon deshalb, weil die Umwelt-, Gesellschafts-, Sozialfragen und nicht zuletzt die Zukunftsverträglichkeit der fortschreitenden Technik heute schon einen hohen Stellenwert eingenommen haben. Es sind dem Ingenieur wie auch im Vorfeld der auszubildenden Ingenieure die Bedarfs- und Problemorientierung zu geben, die grenzüberschreitenden gesellschaftlichen Vorstellungen und Ziele anzusprechen, um dem Ingenieur mit interdisziplinären Arbeiten vertraut zu machen und die Sozial- und Kommunikationskompetenzen in seiner

---

[299] Saatweber, Jutta, siehe Thesen zur Diskussion, a.a.O., S. 13

verantwortungsbewußten Tätigkeit eine hilfreiche zukunftsorientierte Unterstützung zu geben.

Verantwortung steht in der Verpflichtung, „... dafür zu sorgen, daß (innerhalb eines bestimmten Rahmens) alles einen möglichst guten Verlauf nimmt, daß jeweils das Notwendige und das Richtige getan wird und daß möglichst kein Schaden entsteht". So Herbert Gassert mit seinem Zitat aus den Großen Duden (1981), der dazu weiter meint: „Wenn auch eine subjektive, das heißt eine auf das Individuum bezogene Verpflichtung ist, so läßt sich auch eine institutionelle Verpflichtung daraus ableiten, wenn unter den Trägern einer Institution ein Konsens besteht". [300] Eine kollektive Verantwortung lehnt Herbert Gassert ab, weil in diesem Begriff die subjektive Verantwortung der Individuen verloren geht.

Immer das „Notwendige" und das „Richtige" zu machen ohne Schaden zu verursachen, ist ohne Risiko und Mißbrauch der Technik nicht durchführbar, weil durch ein erhöhtes Verantwortungsbewußtsein der mit der Technik vertrauten und für den Einsatz der Technik bestimmenden Akteure begrenzt werden, „... denn Technik ist ein Akzeptanzproblem besonderer Art geworden"[301], das wiederum unter Mitwirkung der Technik und der Gesellschaft im Dialog gelöst werden muß. Die Information und Kommunikation als wichtige Elemente bei der Verantwortungsbereitschaft und Verantwortungsübernahme aller im Dialog Beteiligten muß in den Mittelpunkt zur Lösung der Technikanforderung in Wechselwirkung von Mensch und Umwelt gestellt werden, um im Rahmen des Handlungsablaufs die Bereitstellung und Nutzung der Technik für alle Beteiligten als Träger der Verantwortung zu erreichen. Im Hinblick auf die Gesellschaft und der Umwelt zählen zu den Hauptträgern außer der Technik selbst auch die Wirtschaft und der Staat, wobei der überwiegende Teil der technischen

---

[300] Gassert, Herbert: Thesen zur Diskussion, a.a.O., S. 23
[301] ebd.

Innovationen die Wirtschaft vereinnahmt, für die der Unternehmer die Eigenverantwortung zu tragen und der Staat mit den Rahmenbedingungen in den Bereichen der Maßnahmen verantwortlich die Technikentwicklung für die Befriedigung menschlicher Bedürfnisse zu sorgen hat, die unter Berücksichtigung der relativen Produktionskosten die Nutzbarkeit der Technik ihre Akzeptanz bewirken sollten. Wie auch hier verbleibt immer ein Stück Risiko, das zum Gewissenskonflikt führt, ob in den Bereichen der Kernenergie, Gentechnik, Kommunikations- und Informationstechniken oder Umweltabschätzungen, in denen der Mensch nach Orientierung sucht, tut sich der ausbreitende Individualismus schwer, ein Gespür für die heutige Zeit der technischen Innovationen zu finden bzw. scheint das Gespür verloren gegangen zu sein. Wenn davon ausgegangen wird, daß Gewissen der Ort der Erfahrung ist, kann die Leistung des Gewissens darin bestehen, moralisch zu einem Sachverhalt Stellung zu beziehen und der in der Verantwortung stehende Mensch sollte dem Urteil seines Gewissens Folge leisten, das nicht eigenmächtig zu sehen ist, sondern von Überlegungen und Entscheidungen abhängig und verantwortlich zu vertreten ist. Der Philosoph Hans Jonas (1903-1993) beschäftigte sich in den sechziger Jahren mit den ethischen Grundlagen der Technologie in seinem Werk „Das Prinzip Verantwortung. Versuch einer Ethik für die technologische Zivilisation"[302], in dem er die Aussagenthese zugrunde legt, daß eine Ethik notwendig ist, die verhindern muß, daß die heutige Technologie dem Menschen vor einem Unheil bewahren soll. Die frühe Ethik der Gleichzeitigkeit und Unmittelbarkeit, für die Immanuel Kants (1724-1804) kategorischer Imperativ als Beispiel dient, genügt heute nicht mehr, da diese vielmehr eine Ethik der Voraussicht und der Verantwortung für die entfernte Zukunft ist. Für Hans Jonas würde der

---

[302] Jonas, Hans: Das Prinzip Verantwortung, Versuch einer Ethik für die technologische Zivilisation, Frankfurt a.M. 1979, fünfte Auflage 1986

kategorische Imperativ lauten: Handle so, daß die Wirkungen deiner Handlung verträglich sind mit der Permanenz echten menschlichen Lebens auf Erden. Er spricht von einer Zukunftsethik, die eine Tatsachenwissenschaft der Fernsehwirkungen technischer Aktionen und eine Pflicht zur Zukunft verlangt, eine Pflicht gegenüber den Nachkommen. Das Prinzip einer Zukunftsethik liegt in der Metaphysik als Lehre vom Sein, da eine ontologische Verantwortung für die Idee des Menschen besteht und das Sein des Menschen absoluten Vorrang vor dem Nichts hat. Obwohl die Theorie ein Ziel hat, sieht doch die Wirklichkeit anders aus, da Wissen und Macht früher begrenzt waren und im Zeichen der Technologie hat es die Ethik heute mit in die Zukunft reichenden Handlungen zu tun. Eine erweiterte Zukunftsdimension heutiger Verantwortung macht eine Auseinandersetzung mit dem Marxismus notwendig, der zusammen mit der Technik die Utopie zum Ziel hat.

Hierzu gibt ein Besuch Gero von Boehm bei Hans Jonas in New Rochelle (USA), wo er seit 1955 lebte, Aufschluß über die Gedanken von Hans Jonas, die dem technischen Fortschritt gewidmet sind, wenn Gero von Boehm Hans Jonas zitiert: „'Die weltweite technologische Fortschrittsdynamik birgt als solche einen impliziten Utopismus in sich, der Tendenz, wenn nicht dem Programm nach. Und die eine schon existierende Ethik mit globaler Zukunftssicht, der Marxismus, hat eben im Bunde mit der Technik die Utopie zum ausdrücklichen Ziel erhoben. Dies benötigt zu einer eingehenden Kritik des utopischen Ideals. Da es älteste Menschheitsträume für sich hat und nun die Technik auch die Mittel zu besitzen scheint, den Traum in ein Unternehmen umzusetzen, ist der vormals müßige Utopismus zur gefährlichsten - gerade weil idealistischen - Versuchung der heutigen Menschheit geworden.

Der Unbescheidenheit seiner Zielsetzung, die ökologisch wie anthropologisch fehlgeht (erstes nachweislich, letzteres philosophisch aufzeigbar) stellt das Prinzip Verantwortung die bescheidenere Aufgabe entgegen, welche Furcht und Ehrfurcht gebieten: dem Menschen in der verbleibenden Zweideutigkeit seiner Freiheit, die keine Änderung je aufheben kann, die Unversehrtheit seiner Welt und seines Wesens gegen die Übergriffe seiner Macht zu bewahren.'"[303] Auf die Katastrophe angesprochen, die mit dem Vormarsch der Technologie die Menschheit bedroht, bleibt die Hoffnung, die nicht aufgegeben werden darf, nimmt Hans Jonas Bezug auf das Werk „Das Prinzip Hoffnung" von Ernst Bloch: "Ohne Hoffnung kann die Menschheit nicht leben - aber heute ist es eben nicht mehr die überschwengliche Hoffnung das 'noch nicht', wie Bloch sie propagiert. Es ist eine bescheidene Hoffnung, die ihren Sinn aus dem Prinzip Verantwortung bezieht.'"[304]

Daraus ist zu schließen, wie es Hans Jonas meint, daß ein Verzicht auf die Technik einer „Selbstentmachtung" gleich käme. Das wäre „auch moralisch nicht zu verantworten" und würde ein solcher Plan „doch die heutige Menschheit in eine Lage der äußersten und elendsten Not versetzen."[305] Hans Jonas gibt die Hoffnung nicht auf, seine Theorie der Verantwortung beruht auf dem Begriff des „Guten" und bringt die metaphysische Grundlage für eine Art Imperativ des Überlebens zum Ausdruck: „'Handle so, daß die Folgen deines Tuns mit einem künftigen menschenwürdigen Dasein vereinbar sind, d.h. mit dem Anspruch der Menschheit, auf unbeschränkte Zeit zu überleben.'"[306]

---

[303] von Boehm, Gero, Wissen ist Ohnmacht, Ein Besuch bei Hans Jonas, in: Frankfurter Allgemeine Zeitung, Nr. 223, 26. September 1987.
[304] ebd.
[305] ebd
[306] ebd

Wissen ist Macht, die auch in den technologischen Bereichen tief in die Auswirkungen der Entscheidungen greifen und ein unverantwortliches Handeln auslösen kann, wie es Hans Jonas sieht: „Die Ausübung der Macht ohne Beobachtung der Pflicht ist dann unverantwortlich, das heißt ein Bruch des Treueverhältnisses der Verantwortung".[307]

Hier drängt sich die Frage auf, ob eine Ethik der Zukunftsverantwortung für Wissenschaft und Technik Grenzen gefordert werden, wenn jede konstruktive Lösung der Zukunftsaufgaben einen hohen Einsatz von Technologien verlangt? Hans Jonas begnügt sich mit dem Ratschlag: „Behutsamkeit und nicht Überschwang"[308] walten zu lassen und ist sich bei seinen Überlegungen der Grenzen bewußt. „Darin unterscheidet er sich vorteilhaft von manchen Fortschrittskritikern, die lautstark nach gesetzlichen Regelungen rufen, die gar ein Forschungs- oder Entwicklungsverbot für bestimmte Bereiche fordern".[309]

Zu diesen geforderten Grenzen der Wissenschaft und der Technik sagt der ehemalige Präsident der Max-Plank-Gesellschaft Reiner Lüst, „daß über solche Grenzen nur in einem ständigen Diskussionsprozeß Klarheit zu gewinnen ist", wobei es sich nicht „um ein abgeschlossenes oder endgültiges Urteil handeln kann" und ist der Meinung, daß Verantwortung nicht auf verschiedene Gremien abgeschoben werden kann, sondern die Verantwortung hat immer der Einzelne zu tragen, der „im Bewußtsein seiner moralischen Verantwortung handeln muß", das heißt „ohne dieses Bewußtsein dürfen wir Wissenschaft nicht betreiben".[310] Hans Sachsse verdeutlicht dieses, indem er hierzu wie folgt Stellung bezieht: „Die

---

[307] Jonas, Hans: Neue Dimensionen der Verantwortung, in: Mit Plato zum Profit, Ein Philosophie-Lesebuch für Manager, hrsgg. von Weimer, Alois und Wolfram Weimer, Frankfurt a.M. 1994, S.175
[308] Magnus, Kurt: Die Verantwortung der Technik in unserer Zeit, Zeitfragen, Informationen, Meinungen, Dokumente, Bayerische Landeszentrale für politische Bildung (Hrsg.), 1. Auflage, München 1984, S. 42
[309] ebd., S.43
[310] ebd.

wissenschaftliche Einsicht kann die Alternativen soweit in ihren Auswirkungen analysieren, daß der ethische Kern klar zu Tage liegt; sie liefert keinen Ersatz für die ethische Entscheidung, sie kann dem Menschen die Verantwortung nicht abnehmen, aber sie kann die Basis für die Entscheidung verbessern und damit Risiken eingrenzen und Gefahren vermindern".[311] Damit sind auch die Risiken der Technik angesprochen, die zur Besorgnis der Menschen geworden sind, jedoch im Zeichen des Verantwortungsbewußtseins sind die Entscheidungen technischer Fortentwicklungen von allen Disziplinen und Institutionen zum Wohl für das Leben der menschlichen Gemeinschaft zu tragen.

5.2.1 Technik -Risiko- Akzeptanz

Als in den 60er und 70er Jahren der technische Fortschritt noch dem Wiederaufbau diente und den Menschen nach jahrelangen Entbehrungen den Wohlstand brachte, konnte kaum jemand ahnen, daß die Technik heute in eine Doppelwertigkeit verfallen ist. Die Technik schreitet unaufhaltsam fort, mit jeder neuen Errungenschaft, die der Mensch glaubt in Anspruch zu nehmen, steigt auch das Risiko als Auslöser der Technikfeindlichkeit, die sich in den ökonomischen, politischen und sozialen Bereichen niederschlägt. Sei es die von der Technik belastete Natur oder die von der Technik ausgebeuteten zur Neige gehenden Rohstoffe; es sind zwar Argumente, die ein Risiko und eine Ungewißheit beinhalten und doch wird die Technik und ihrer Beurteilung der für den Menschen dienenden Zwecke akzeptiert.

Die Technik ist angelegt, wirtschaftlich wirksam vorzugehen und durch Spezialisierung und Arbeitsteilung leistungsfähig die Ergebnisse der technischen

---

[311] Sachsse, Hans: Technik und Verantwortung, Probleme der Ethik im technischen Zeitalter, 1. Auflage, Freiburg 1972, S. 105

Forschung anzuwenden. Die stets zunehmenden technischen Innovationen beschleunigen den technischen Wandel zu einer aufkommenden Macht, der sich der Mensch kaum entziehen kann und ein Gefühl der Ohnmacht aufkommen läßt. Risiko und Akzeptanz stehen sich hier doppelwertig gegenüber und lassen erkennen, daß eine Ablehnung der Technik in einem Widerspruch zur Menscheitsgeschichte und ihrer technischen Entwicklung steht, was wiederum bedeutet, daß die Technik zu einem festen Bestandteil der kulturellen, gesellschaftlichen und politischen Gestaltung geworden ist.

Mit Beginn der industriellen Revolution ist zu beobachten, daß technische Errungenschaft und Bedürfnisse in einem wechselseitigen Verhältnis stehen, sich spiralenförmig entwickelt haben und es zwangsläufig zu immer neuen Forschungsergebnissen kommt, die zu einem unbegrenzten Wettbewerb umgesetzt werden. Schließlich nimmt der Lauf der technischen Errungenschaften nutzbringend für die Wirtschaft an Tempo zu und letztlich ist der Mensch dieser Beschleunigung ausgesetzt, der sich fragen muß, von wem diese Prozesse technischen Geschehens ausgehen? Die Antwort kann nur lauten: Vom Mensch selbst mit seinen Zielsetzungen nicht endender Bedürfnissen, die ihn zum direkten oder indirekten Handelnden machen. Die Handlungsweise des Menschen in seinen Lebensbereichen obliegt keiner Willkür, es wird überlegt und gezielt ans Werk gegangen, um dem Verlangen nach empfundenen Bedürfnissen einen Weg der Zufriedenstellung zu geben. Also beruht der technische Veränderungswille auf dem Grundgedanken der Vervollkommnung der menschlichen Bedürfnisse mit Hilfe der Herrschaft über die Technik, wobei es zu den technischen Innovationen kommt, die der menschlichen Nutzbarmachung zugeführt werden. Oft steht die Gesellschaft in der Öffentlichkeit den fortschreitenden technischen Entwicklungen ratlos gegenüber, die Ängste und Sorgen auslösen, weil sie der Unverständlichkeit technischer Zusammenhänge ausgesetzt ist. Vielleicht fehlt auch der „*Glaube*" an die Technik, daß sie einer höheren Lebensqualität, der Mobilität und der Gesundheit dient, obwohl sie auch Risiken in sich verbirgt. Der Mensch erfährt eine Unheimlichkeit, die sich in der Grundbefindlichkeit der Angst enthüllt und „Das Gewissen offenbart sich als Ruf der Sorge".[312] Die Befindlichkeit, so Martin Heidegger (1889-1976), „macht offenbar, wie einem ist. In der Angst ist einem unheimlich".[313]

Da Furcht auch als Angst bezeichnet wird und als Charakter der Angst erscheint, soll der Versuch unternommen werden, den Zusammenhang von Angst und Furcht zu klären. „Das Verfallen des Daseins an das Man und die besorgte Welt" nennt Martin Heidegger „eine Flucht vor ihm selbst" und läßt erkennen, daß die Furcht mit ihrem „fundierten Zurückweichen vor dem, was Furcht erschließt, vor dem Bedrohlichen, ... den Charakter der Flucht" hat und die „Furcht als Befindlichkeit zeigte: das Wovor der Furcht ist je ein innerweltliches, aus bestimmter Gegend, in der Nähe sich näherndes, abträgliches Seiendes, das ausbleiben kann"[314], wobei das Zurückweichen den Charakter der Bedrohung haben muß und „Die Abkehr des Verfallens gründet vielmehr in der Angst, die ihrerseits Furcht erst möglich macht".[315]

Anders als bei der Furcht ist bei der Angst „das Wovor der Angst" ein „in der Welt-sein als solches" zu verstehen, da das „Wovor der Angst" kein innerweltliches Seiendes und völlig unbestimmt ist, das heißt, daß das innerweltlich Seiende nicht wichtig ist und „In der Angst begegnet nicht dieses oder jenes, mit dem es als Bedrohlichem eine Bewandtnis haben könnte"[316] oder „das Wovor der Angst ist die Welt als solche" bzw. „wovor die Angst sich

---

[312] Heidegger, Martin: Sein und Zeit, Tübingen 1986, 16. Auflage, S. 277
[313] ebd., S. 188
[314] ebd., S. 185
[315] ebd., S. 186
[316] ebd.

ängstigt, ist das In-der-Welt-sein selbst"[317]. Martin Heidegger sieht nicht nur die Angst als „Angst wovor", sondern als Befindlichkeit der „Angst Worum", wobei „Das Worum die Angst sich ängstigt, enthüllt sich als das, wovor sie sich ängstigt: das in der Welt-sein"[318], woraus bei der „Selbigkeit des Wovor der Angst und ihres Worum" „.. sogar auf das Sichängstigen selbst" zu schließen ist, da dies „als Befindlichkeit eine Grundart des In-der-Welt-seins"[319] ist. Angst und Furcht weiter zu analysieren würde den Rahmen sprengen. Es soll jedoch noch kurz die „Eigentliche Angst" angesprochen werden, wie sie Martin Heidegger sieht, die „bei der Vorherrschaft des Verfallens und der Öffentlichkeit selten" und „physiologisch bedingt" ist. Diese Tatsache ist in ihrer Gegebenheit hinsichtlich der „ontologischen Verursachung und Verlaufsform" ein ontologisches Problem. „Physiologische Auslösung von Angst wird nur möglich, weil das Dasein im Grunde seines Seins sich ängstegt".[320]

Carl Friedrich von Weizsäcker fragt in seinem Werk „Der Garten des Menschen", ob die Ängste begründet sind und meint: „Ja, sie sind begründet", weil die Menschen aus Angst handeln, die Zustände und Geschehnisse erzeugen, „vor denen wir mit Recht Angst haben" und „Das System der Angst stabilisiert sich selbst".[321] Er unterscheidet Angst und Furcht und meint: „Furcht ist ihr die affektive Besorgnis vor einer bestimmten Gefahr" und „Angst ist dann eine der Furcht verwandte allgemeine Gestimmtheit, die einen zu ihrer Begründung hinreichenden konkreten Gegenstand der Besorgnis nicht nennen kann, und die gleichwohl verständigem Zureden nicht weicht."[322]

---

[317] ebd., S. 187
[318] ebd., S. 188
[319] ebd.
[320] ebd., S. 190
[321] von Weizsäcker, Carl Friedrich: Der Garten des Menschen. Beiträge zur geschichtlichen Anthropologie, Frankfurt a.M. 1980, S. 92
[322] ebd.

Zur Analyse der Furcht führt er als Beispiel den Streit um die Kernenergie an, wobei die Zerstörung der Lebenswelt durch das Entweichen der Radioaktivität in die Luft und ins Wasser befürchtet wird. Wiederum sieht er bei den Kernkraftförderern die Befürchtung, daß die Wirtschaft ohne diese Energiequelle der internationalen Konkurrenz nicht Stand halten kann und weitblickend sich die Frage stellt, „wie Armut und Hunger in der Welt ohne Energiewachstum bewältigt werden sollen?"[323] Mit dem Wachstum der Wirtschaft ist das Energiewachstum eng verbunden, um der heute strukturierten Wirtschaft Krisen zu ersparen, womit auch die Kernkraftgegner betroffen sind, wenn ihre Arbeitsplätze vom Energiemangel bedroht werden. Ergänzend sagt er zu den gegnerischen Motiven: "Diese Abwertung macht sich um so bequemer, wenn unzureichende Spezialkenntnisse den Gegner veranlassen, seine deutlich gefühlten Sorgen mit unzutreffenden Einzelargumenten zu verteidigen."[324]

Er kommt zu der Erkenntnis, daß die Befürchtungen beiderseits berechtigt sind, da die Technik stets ein Rest Risiken beinhalten und räumt der Akzeptanz die Chance ein, wenn technisch bedingte Gefahren mögliche technische Abhilfen bringen.

Warum das ökonomisch-technische System soviel Gefahren in sich birgt, sagt er: „Das Konkurrenzsystem wächst als Ganzes, weil in ihm, für jeden Teilnehmer an der Konkurrenz, auf eigenem, privatem Wachstum die Prämie des Überlebens steht"[325]. Bei einem erfolgreichen Manager stellt sich die Befürchtung ein, daß er hinsichtlich der Wachstumsfolgen gegenüber der Konkurrenz zurückbleibt, aber auch die Konkurrenz unterzieht sich dieser Furcht und muß mit denselben Sorgen handeln. Also stehen „beide" im Konkurrenzkampf, wobei sich die Furcht „durch

---

[323] ebd.
[324] ebda., S. 93
[325] ebd.

Furcht vor den Folgen fremder Furcht stabilisiert"[326]. Hieraus erwächst „seine Wachstums- und Durchhaltekraft, denn rational gesteuerte, in aggressive Tat umgesetzte Furcht ist ein gewaltiger Motor"[327], der Gefahren auslösen, aber auch zur Besonnenheit führen kann, die Gefahren affektiv wahrzunehmen.

Obwohl die Menschen im Wohlstand leben, keine materielle Not haben, die medizinische Lebenserwartung gestiegen ist, sie leben in Freiheit und Frieden, haben eine rechtsstaatliche Verfassung und sind militärisch in ein friedenerhaltendes wehrstarkes Bündnis eingebunden, bleibt doch die Angst, die Zustände erzeugt, vor denen der Mensch erst recht Angst hat, weil Angst die Wahrnehmung der Gefahr ist, der Gefahr wovon die eigene Existenz abhängt. Carl Friedrich von Weizsäcker spricht „von der Wahrnehmung der Gefahr so der Mensch ihrer fähig ist. Sie hängt mit dem Vermögen der Vorstellung zusammen. Der Mensch nimmt 'etwas als etwas' wahr, er nimmt Gefahr als Gefahr wahr. Er kann sich abwesende Gefahr vorstellen, und diese Wahrnehmung des Abwesenden ist die Basis des Vermögens menschlicher Furcht. Die Furcht ist nicht selbst ein rationaler Akt, sie ist affektiv. Aber sie ist sinnvoll."[328]

Für die Ein- und Durchführung von Technologien muß ein fairer Interessenausgleich zwischen Politik und Industrie geschaffen werden, um auch Zukunftstechnologien nicht zu verpassen und unternehmerische Risikobereitschaft zu fördern, obwohl Projekte ohne Risiko nicht immer zu realisieren sind. Dies um so mehr, als die Mehrheit der Gesellschaft den neuen Technologien aufgeschlossen gegenübersteht, daß bei den Technologiedebatten im Rahmen der Richtlinienkompetenz die Politik die Technikentwicklung verzögere und bei den öffentlichen Genehmigungsverfahren im internationalen Vergleich zu langwierig

---

[326] ebda., S. 93f
[327] ebd., S. 94
[328] ebd., S. 95

erscheinen. Die wichtigsten Argumente für die neuen Technologien sind die internationale Wettbewerbsfähigkeit und der Umwelt-schutz, gleichwohl die immer noch vertretene Meinung besteht, daß Technologien mehr Gefahren bergen als daß sie nutzen, was bei der Gen- und Kerntechnik besonders zu beachten ist.

Hier darf die dauerhafte Sicherung des Wirtschaftsstandortes Deutschland nicht übersehen werden, dem zukunftsweisende Innovationen der Kommunikations-technologien, Umwelt- und Medizintechnik sowie die Bio- und Gentechnik zugewiesen werden müssen, um bei Anwendung gewinnbringender Vermarktung neue Arbeitsplätze zu schaffen. Das setzt voraus, daß mehr unternehmerische Risikobereitschaft gefördert wird, mehr Mut zur Akzeptanz neuer Technologien - „weniger Staat und mehr Markt" - gefordert wird. Auf die noch zusätzlich aus der Globalisierung ergebenden Probleme kann nur geantwortet werden: Zukunftsträchtige Technologien im Rahmen des technischen Fortschritts zu schaffen, um neue Wirtschaftszweige erschließen zu können. Nicht jede Technik darf unter dem Gesichtspunkt ihrer Gefahren gesehen werden, jedoch dürfen diese nicht außer acht gelassen werden, das heißt Gefahren und Chancen müssen rational diskutiert und zum Konsens geführt werden.

Es ist nicht abwegig darüber nachzudenken, daß die Bürger an Entscheidungen über anzuwendende Technik beteiligt sein wollen, denn Zusammenhänge technischer Errungenschaften zu wissen genügt ihnen nicht. Um eine Akzeptanz zu erreichen, wollen sie differenzierte Anwendungen erfahren, die bei der Entscheidung von ethischen Grundeinstellungen abhängig ist, um Nutzen und Risiken so einschätzen zu können, daß es dann zur technischen Anwendung kommen kann. Zur Diskussion steht hier die Frage, ob die Werte gegenüber der technischen Anwendung wichtiger sind als die ökonomischen Beurteilungen? Alleine muß die öffentliche Meinung als Akzeptanz in Frage gestellt werden, obwohl wiederholt die Meinung vertreten wird, daß die Politik die Folgen der technischen Entwicklung nicht mehr übersieht. Trotz der Bereitschaft der Bürger mit der Industrie einen Dialog einzugehen, sollte nicht geglaubt werden, daß dies zur grundsätzlichen Akzeptanz des Technikfortschritts ausreicht, da trotz für ein Dialog fördernde Aufklärung über die technischen Anwendungen ein Zweifel nicht ganz auszuräumen ist.

Die Akzeptanz kann nicht allein durch technische Aufklärung gelöst werden, weil sie ein sozialethisches Problem der Verantwortung und eine politische Frage geworden ist, die von den Politikern im Einvernehmen mit den Technikern und den Unternehmern gegenüber der Öffentlichkeit zu beantworten ist. Eine Akzeptanz der fortschreitenden technischen Entwicklungen herbeizuführen, die unbestritten auch verbesserte humane Lebensgestaltungen beinhalten, sind die Bürger und Politiker bei ihren Entscheidungen für eine Akzeptanz letztendlich von Sachverstand und der Glaubwürdigkeit der Techniker abhängig, die gemeinsam im Dialog den Weg der ethisch verantwortungsvollen Entscheidungen trotz eventuell aufkommenden Risiken zu beschreiten haben, denn ohne Risiken kein Fortschritt der Technik.

In diesem Zusammenhang bleibt die Angst nicht verborgen, da nach Martin Heidegger die Angst als „Grundbefindlichkeit menschlichen Daseins" zu verstehen ist, weil der Mensch sich ängstigt, wenn er sich bedroht fühlt oder das Gefühl des Ausgeliefertseins empfindet. Das kann, wenn Ängste um zukünftige Technik spürbar werden, zum mangelnden Vertrauen führen, das eine Beziehungslosigkeit zur Technik und eine Ablehnung der Akzeptanz auslösen kann. Den Politikern und Technikern wird es schwer fallen, den Bürger von der Gefahrlosigkeit bestimmter Techniken zu überzeugen, wenn erst Ängste ins Bewußtsein eingedrungen sind, die noch von versuchten Aufklärungen der

Gefahren bei unterschiedlichen Auffassungen erhöht werden. Die Tatsache, daß die Bürger von den komplizierter werdenden technischen Zusammenhängen und ihren Anwendungen überfordert und zusätzlich von der Presse und dem Fernsehen täglich mit den in Gefahr geratenen Anwendungen der Technik berieselt werden, folglich auch Angst und Schrecken hinterlassen. Die Politiker und Techniker haben hier dafür Sorge zu tragen, daß Ängste abgebaut werden und Nachweise erbracht werden, daß alles versucht wird, Gefahren einzudämmen und zu beseitigen, was natürlich nicht dazu führen kann, das Phänomen Angst restlos aufzuarbeiten. Ein Rest Ängste wird immer bleiben, die sich fördernd bei der Abschätzung technischer Entwicklungen auswirken und diesen Grenzen setzen, die dort Anwendung finden sollten, wo der Mensch seine Würde und Rechte bedroht sieht.

In der Zeit der Industrialisierung hat die Technik noch ein Gefühl der Unverwundbarkeit der Natur, ja eine Begeisterung hervorgerufen, die heute in Folge der rasant technischen Entwicklungen in Angst als Zuversicht umgeschlagen ist. Die Auswirkungen der Technik, Technikfolgen und Umweltgefährdungen sind komplexer geworden, die Ängste verursachen und deshalb sehr ernst genommen werden müssen, um Ängste auszuräumen, Vertrauen zu schaffen und Zuversicht zu gestalten, wobei im Rahmen der Öffentlichkeitsarbeit sachlich und verständlich die technischen Anwendungen transparent aufzuzeigen sind. Trotz aller von der Angst ausgelösten Sorgen um die Zukunft - Kernenergie und Gentechnik - werden in der Öffentlichkeit auffällig die Technologien verdammt, die „anderen" nützen, nicht aber die Technik, die ihnen selbst einen Nutzeffekt einbringen, wie beispielsweise der Automobilverkehr mit seinen Gefahren für den Menschen. So ist der Umgang mit dem nicht aufzuhaltenden technischen Fortschritt und seinen Problemen und Ängsten, mit seinen Risiken und seiner Akzeptanz, so einzuschätzen, daß wirtschaftliche, politische und soziale Probleme gelöst werden müssen und die Ängste im Sinne „Die Geister, die wir riefen, nicht mehr los werden" überwunden werden, da der Mensch ohne Technik keine Zukunft hat.

Während des internationalen Kongresses für Sicherheitswissenschaft des Technischen Überwachungsvereins Rheinland in Köln wurde diskutiert und von Albert Kuhlmann gesagt: „Sicherheit ist der Umkehrbegriff von Risiko", womit Sicherheit „das Ergebnis aller Schutzleistungen gegen mögliche Schadensergebnisse" ist und „das Risiko selbst" ... "ein Gefahrenpotential" ausdrückt sowie aus der Sicht der Versicherungsmathematiker „das Produkt von Schadensumfang und Eintrittswahrscheinlichkeit eines solchen Schadens"[329] ist. Dieser Risikobegriff ist von der Technik und den Versicherungen übernommen worden in dem Glauben, daß er für die Vorhaben der Technik ausreicht, was sich im Laufe der entwickelten technischen Errungenschaften als ein Irrtum erwies, wie es sich bei der Auseinandersetzung um die Kernkrafttechnik herausstellte. Obwohl es hier fortschrittliche Erhöhungen der Sicherheit gibt, finden alle Bemühungen in der Öffentlichkeit nur wenig Gehör und Akzeptanz. Es kann zwar objektiv gesagt werden, an welcher Stelle einer Anlage Gefahren ausgehen können und es werden hierfür auch „in der Naturwissenschaft und Technik zum Vergleich der Risiken Zahlenwerte" genannt, „aber die wichtigsten Daten, die wir für die Beschreibung des Risikos benötigen, sind menschliche Daten. Und die existieren nur sehr lückenhaft" und „Einer der großen Bereiche bei der Risikobestimmung ist der Mensch, der die Technik nutzt."[330]

Albert Kuhlmann spricht hier eine Besonderheit an, die insofern wenig Beachtung findet als versäumt wird, „auf die Fähigkeit des Menschen im Umgang mit dieser

---

[329] Kuhlmann, Albert: Wir sind eine schizophrene Gesellschaft, in: VDInachrichten, Nr. 36, 7. September 1990, S. 12
[330] ebd.

Technik einzugehen" und zu glauben, daß „der Mensch mit seiner Anpassungsfähigkeit wird er schon schaffen, die Technik zu meistern"[331], was nicht der Fall ist. Demnach ist der Umgang des Menschen mit der Technik noch zu wenig bekannt. Das führt zu der Annahme, daß die menschliche Überforderung durch die Technik als Versagen des Menschen ausgelegt wird. Also muß „mit Hilfe verfügbarer technischer Möglichkeiten bei der Nutzung so einfach gestalten, daß sie für die Menschen wieder beherrschbar sind."[332] Schließlich ist zu überlegen, von zu komplexen Techniken im Interesse der Sicherheit und Risiken Abstand zu nehmen, um auch Akzeptanz zu erreichen, obwohl es keine Technik ohne Risiko gibt.

Den Aufgaben, den Menschen über die nutzbringenden Anwendungen in den täglichen sozialen Bereichen Aufklärung zu vermitteln, sollten sich die Medien und gesellschaftlichen Institutionen zu eigen machen, da es letztendlich ein Anliegen der Gesellschaft ist, „denn Dinge mit hohen Risiken will die Gesellschaft unter bestimmten Bedingungen nicht".[333] Jedoch wird der Bedeutung der gesellschaftlichen Zusammenhänge vom Techniker viel zu wenig Beachtung entgegengebracht und wenn, oftmals zu spät erkannt wird und zum Vertrauensverlust führt. Das muß vom Techniker als der Verursacher aller technischen Entwicklungen erkannt werden, wenn Glaubwürdigkeit und Vertrauen in den Verhaltensformen der an sich sehr sensiblen Gesellschaft aufgenommen werden soll, um eine Abneigung gegen die Technik und der Akzeptanz den Vorrang geben zu können. Zum Versäumnis des Technikers hat wohl auch beigetragen, daß er sich zu wenig neutral und unabhängig in die Meinungsbildung der Öffentlichkeit hätte einschalten sollen, um aufklärend

---

[331] ebd.
[332] ebd.
[333] ebd.

wirken zu können oder wie es Albert Kuhlmann formuliert: „Das müssen wir stärker tun. Nicht aus Eitelkeit, sondern um einen vernünftigen Pfad aufzuzeigen, auf dem man in die Zukunft der Hochtechnik schreiten kann".[334] Das um so mehr als der Techniker die Menschen mit ihren Sorgen, Ängsten und Gefühlen ernst zu nehmen und aus diesen Beweggründen mit den Menschen einen aufklärenden Dialog zu führen hat, weil die Technik für die Menschen da ist, die auf ihre Befindlichkeit abgestimmt werden muß, um verlorengegangenes Vertrauen zurückzugewinnen, denn ohne Vertrauen keine Akzeptanz, die vielleicht bereit sein wird, auch ein Restrisiko zu übernehmen. Weil die Technik in hohem Maße in das Bewußtsein gerückt ist, müssen die Technologien von der Gesellschaft als auch von der Wissenschaft überdacht werden, um mögliche Schadwirkungen, Mißbrauchsmöglichkeiten, versteckte Langzeitverfahren und den damit verbundenen Verlust von Arbeitsplätzen zu vermeiden. Die daraus erwachsenen Akzeptanzprobleme fordern unterschiedliche Meinungen heraus, bei denen es auch hier erschwert zu Entscheidungen kommen kann, die zu Lösungen der Probleme führen könnten, wenn beispielsweise an die Genforschung gedacht wird, die von Teilen der Gesellschaft „als gefährliche Bedrohungen oder unerträgliche Belastungen empfunden werden".[335]

Laut Meinolf Dierkes ist ein ständiges Ansteigen der Risiken in den technischen Bereichen zu verzeichnen und er ist davon überzeugt, „Daß technologisches Wissen zu schnell in die großtechnische Praxis überführt wird".[336] Von daher befürchtet er, „daß die negativen Folgen neuer Technologien durch nachträgliche wissenschaftlich-technische Anstrengungen nicht aufgefangen werden

---

[334] ebd.
[335] Bundesministerium für Forschung und Technik (Hrsg.): Bundesbericht Forschung VI (Reihe Berichte und Dokumentationen, Bd. 4), Bonn 1979, S. 18
[336] Dierkes, Meinolf: Perzeption und Akzeptanz technologischer Risiken und die Entwicklung neuer Konsensstrategien, in: Technikfolge und sozialer Wandel, hrsgg. von Jürgen Kruedener und Klaus von Schubert, Köln 1981, S. 125f.

können".[337] Selbstverständlich trägt der technische Fortschritt auch zum sozialen Fortschritt bei, wenn für eine frühzeitige notwendige Identifizierung mit den der technischen Entwicklung verbundenen Risikofaktoren Sorge getragen wird. Folglich sind die Wahrnehmung und die Akzeptanz dahingehend einzuschätzen, daß im Rahmen wichtiger öffentlicher Verhandlungen unter Berücksichtigung risikogefährdender Denk- und Verhaltensweisen ein gesellschaftlicher Konsens zu erreichen ist, um in den Entscheidungsfragen der Risikopolitik sein zu können. Zur Erforschung des Risikobewußtseins und der Akzeptanz offenbart sich den Sozialwissenschaften im Bereich der gesellschaftlichen Konsensfindung ein weit gefächertes Gebiet, das über mögliche Erkenntnisse die Hintergründe des Gesellschaftswandels mit seinen Wahrnehmungsstrukturen mehr Aufschluß geben kann als hier der Versuch unternommen wurde, in Kurzform darüber einen Einblick in die Problematik des Risikos und der Akzeptanz der fortschreitenden technischen Entwicklung zu geben.

Es kann davon ausgegangen werden, daß keinesfalls nur von Technikfeindlichkeit gesprochen werden kann, da technische Handlungsmöglichkeiten auch mehr Sicherheitsbedürfnisse einschließen und hinsichtlich der Technikfolgenabschätzung Gefahren abgewendet werden. Hier scheint die Problemorientierung dahin zu laufen, daß die oft kritische Haltung der Techniker von vorhandenen Bewertungsspannen begleitet werden, die in Resignation umzuschlagen drohen und die Entscheidungen für die richtige Weichenstellung gefährden.

Zur Technikbewertung und Technikgestaltung sollten auf betrieblicher und überbetrieblicher Ebene Arbeitzusammenhänge erarbeitet werden, um technische Möglichkeiten beim Gebrauch technischer Anwendungen die technisch bedingten Risiken so klein als möglich zu halten. Seitens der Techniker wäre die

---

[337] ebd.

194

Bereitschaft zu fordern, das Wissen für den Bewertungsprozeß zu erwerben, um sich mit den Besorgnissen der von der Technik betroffenen Menschen auseinandersetzen zu können und so zu einer von der Verantwortung getragenen für den Menschen nutzbringenden aber auch verträglichen Technikanwendung zu kommen.

5.2.2 Technikbewertung - Technikfolgenabschätzung

Die Bemühungen des Menschen als Techniker, der mit Hilfe seiner naturwissenschaftlichen Kenntnisse die Fähigkeit erlangt, die in der Natur verborgenen Rohstoffe und Energiequellen zu ergründen und zu beherrschen, sind angelegt, diese für den Menschen nutzbringend anzuwenden. Die hieraus resultierenden technischen Errungenschaften und Anwendungen stehen oft im Widerspruch der Gesellschaftverträglichkeit, der eine Milderung erfährt, wenn die Gefahren technischer Entwicklungen mit ihren Rückwirkungen auf die Gesellschaft von diesen in Kauf genommen werden und von der Technik eine Begrenzung und Überwachung übernommen wird. Das setzt voraus, daß eine sachgerechte Beurteilung erfolgt, die sich mit den jeweiligen Problemen auseinadersetzt und eine beiderseitige Diskussion geführt wird, die nur Erfolg haben kann, wenn ausreichende technische Kenntnisse vorliegen. Es wäre abwegig, Probleme unberührt zu lassen oder gar Lösungen zu verzögern, was unweigerlich zur Einschränkung des Handlungsspielraumes führt und bei diesem Prozeß der Problemlösungssuche noch ungeklärte Fragen bleiben, die der Entscheidungsträger unter Berücksichtigung der Gesellschaftsverträglichkeit als Restrisiko übernehmen muß.

Im Wirkungsbereich der Technik als Kontrollinstanz und Entscheidungsträger, die sich zwischen der gewinnstrebenden Wirtschaft und den Sachzwängen der

Politik bewegt, wird von der Technik bei aller fachlichen Einsicht eine gefestigte ethische Grundhaltung abverlangt, die bei der Handlung dem Zweck der Gestaltung und den Herausforderungen der Sicherheit für alle, der Wirtschaft, der Politik und der Gesellschaft entspricht. Wie schon in den vergangenen Kapiteln bereits angesprochen, stellt die heute von der Technik geprägte Welt an den Techniker als den für technische Entscheidungen verantwortlichen Handlungsausführenden zunehmend hohe Anforderungen, die Orientierung und Grenzen mit Blick auf das Ganze verlangen. Im Rahmen des gesellschaftlichen Lebens bilden die Werte „ein nicht rational präzis festgelegtes System", wobei die höheren Ideal- und Grundwerte wie Gerechtigkeit und Nächstenliebe „einen höheren Rang einnehmen als die Vermeintlichen nur instrumentellen Werte (z. Bsp. berufliche Leistungen und wirtschaftliches Wachstum), die der Verwirklichung der ersteren dienen sollen, aber in der sozialen Wirklichkeit den stärkeren Einfluß auf das Handeln ausüben".[338] Aus soziologischer Sicht werden die Werte „als Ergebnisse komplexer historisch-soziokultureller Wandlungsprozesse interpretiert", wobei die Entstehung und der Wandel von Werten mit menschlichen Bedürfnissen und materiellen Lebensverhältnissen in Zusammenhang zu bringen sind, die „zur Bewältigung der gegenwärtigen Überlebens- und Umweltkrisen beitragen können".[339]

Technik-Risiko-Akzeptanz führen unmittelbar zur Technikfolgenabschätzung und Technikbewertung, die sich gegenseitig bedingen und zum Abbau von Ängsten beitragen sollen. In Anlehnung an die VDI-Richtlinien 3780 soll die Technikbewertung erörtert werden, die über die unmittelbaren technischen und wirtschaftlichen Gesichtspunkte hinaus die weiterreichenden Wertgesichtspunkte

---

[338] Hartfiel, Günter und Hillmann, Karl-Heinz (Hrsg.): Wörterbuch der Soziologie, dritte Auflage, Stuttgart 1982, S. 809
[339] ebd., S. 810

darlegen, die für das technische Handeln bestimmend sind. Sie „sollen aktuelle und zukünftige Entwicklungen in der Technik umreißen. .. In ihnen werden unter anderem zukunftsweisende Empfehlungen aufgestellt sowie Beurteilungs- und Bewertungskriterien gegeben".[340] Technikbewertung unterliegt dem systematisch und organisierten Vorhaben, wobei die Technik mit ihren Entwicklungsmöglichkeiten analysiert wird und für die Folgen in den ökonomischen, ökologischen und sozialen Bereichen eine Abschätzung erfährt, die je nach Ziel und Wert dieser Folgen eine Beurteilung fordert.

So basieren technische Entwicklungen auf Entscheidungen vielfältiger Möglichkeiten, die hinsichtlich des technischen Fortschritts wertbezogen Berücksichtigung finden, obwohl in den technisch-wirtschaftlichen Gremien nicht immer grundlegende Lebensqualitäten einbezogen werden. Diese Erkenntnis bewegte die VDI-Hauptgruppe „Der Ingenieur in Beruf und Gesellschaft" sich mit den Grundlagen der Technikbewertung zu beschäftigen, um den für die Entscheidung beteiligten verantwortlichen Technikern, Ökonomen, Politikern und der Gesellschaft einen Wertkatalog zur Verfügung zu stellen, der Begriffe, Methoden und Wertbereiche zwecks gemeinsamen Verständnisses aller Beteiligten vermitteln soll. „Technische Gebilde und Verfahren stehen in mannigfachen Systemzusammenhängen mit anderen technischen Gegebenheiten, mit der natürlichen Umwelt, mit einzelnen Menschen, sozialen Gruppen und der Gesellschaft insgesamt. Die Technik darf daher nicht als Selbstzweck, sondern muß immer als Mittel zur Erreichung bestimmter Ziele betrachtet werden".[341] Hier sind an der Technikentwicklung und Technikdiskussion beteiligten Verantwortlichen gefordert, Entscheidungen zu treffen, die technische Verfahren

---

[340] Verein Deutscher Ingenieure, VDI-Hauptgruppe (Hrsg.), Der Ingenieur in Beruf und Gesellschaft: Technikbewertung - Begriffe und Grundlagen, VDI-Report 15, Düsseldorf, März 1991, S. 2
[341] ebd., S. 3

und Produkte auch von den obengenannten Beteiligten akzeptiert werden und in ihren technischen Funktionen den gesellschaftlich-kulturellen Rahmenbedingungen zur Gestaltung einer lebenswerten Welt zu entsprechen, das heißt: „Technik darf sich nicht unkontrolliert und quasi eigengesetzlich entwickeln".[342]

Die Technik ist keine in sich abgeschlossene Welt, sie ist nur interdisziplinär zu verstehen, wobei dem Techniker die Aufgabe zufällt, mit Hilfe der Naturwissenschaft nach neuen Erkenntnissen technische Entwicklungen und Fertigkeiten technisch zu konstruieren und funktionsfähige Sachsysteme herzustellen, die wiederum für die Einführung und Nutzung dieser Sachsysteme von der Ökonomie, Ökologie und der Politik zu entscheiden sind. Diskussionen über die Technik als „Eingriff in die Natur" ist so alt wie es Technik gibt, da technische Produkte auch immer von der Natur entnommene Stoffe benötigt und so eine Veränderung der Natur nach sich zieht, wie die ökologische Dimension der Technik ausmacht. Die vom Techniker geschaffenen nutzenorientierten technischen Entwicklungen für den menschlichen Handlungszweck sagen aus, daß Technik vom Menschen für Menschen entwerfen, so gesellschaftliche Verhältnisse sind und folglich liegt darin die soziale Dimension der Technik.

Technische Entwicklungen ziehen stets neue Entscheidungen nach sich und müssen entsprechende Nutzungsfolgen für Natur und Mensch im Rahmen ihrer Lebenswelt bei den Bewertungen einbezogen werden, wobei der Techniker seine Erfahrungen und sein Fachwissen in Zusammenarbeit mit interdisziplinären Institutionen einbringen muß, um der komplexen Bewertungsaufgabe gerecht zu werden. So kann die Grundidee der Technikbewertung verstanden werden.

---

[342] ebd., S. 12

Der beschleunigte wissenschaftlich-technische Wandel, der in allen Bereichen des menschlichen Daseins mehr oder weniger anzutreffen ist, verlangt ständig weitreichende Entscheidungen in Sachen künftiger Technikentwicklung und hieraus eine Technikbewertung, die Wege mit bestimmten Ergebnissen für die Technikabschätzung aufzeigt, um Schadenauswirkungen zu verhüten oder diese so klein als möglich zu halten. Bei der Einführung neuer Techniken hat die Erfahrung gelehrt, daß diese nie ohne Technikbewertung erfolgt und nie dem Zufall überlassen bleibt. Das bezweckt bei Einführung neuer Techniken, daß sie zweckmäßiger und gefahrloser sind und so eine Ausgangslage für weitere technische Entwicklungen geschaffen wird, die auf den technischen Wandel des Vorhergehenden basiert. So kann die Technikbewertung als Katalysator gesehen werden, der auf den technischen Fortschritt und Wandel Einfluß nimmt.

Obwohl schon bei der Technikentwicklung alle Abwägungen in Augenschein genommen werden, um möglichst nicht gewünschte Gefahren von vornherein zu eliminieren und wertorientiert zu handeln, nimmt doch die Bewertung bei der Funktion der Technik einen hohen Stellenwert ein. Hierzu nimmt Hans Sachsse Stellung mit den Worten: „Uns wird klar, daß das System unserer technischen Zivilisation nicht nur zunehmend schwerer durchschaubar wird, sondern auch immer zerbrechlicher, immer stör- und sabotageanfälliger, daß jeder Fortschritt seinen Preis kostet, daß der unmittelbare Vorteil häufig langfristige Nachteile mit sich bringt. Auch hier ist zunächst die nüchterne Bestandsaufnahme und vorurteilsfreie Untersuchung der Folgewirkungen im Detail erforderlich".[343] Wenn nicht immer auf die Umwelt und auf die soziale Lebenslage Rücksicht genommen wird, müssen bei der Technikbewertung über den Horizont der nur technischen Resultate hinaus wirtschaftliche, ökologische, politische und soziale

---

[343] Sachsse, Hans: Technik und Verantwortung, Probleme der Ethik im technischen Zeitalter, erste Auflage, Freiburg 1972, S. 109

Perspektiven eingebunden werden, um entsprechende Wertaspekte geltend zu machen, damit verhindert werden kann, daß die Technik Gefahr läuft, grenzenlos technische Entwicklungen zu entfalten, die folgenschwere Auswirkungen nach sich ziehen können. Diese bei der Technikbewertung aufkommenden vielfältigen Probleme können nur gelöst werden, wenn die technischen Verfahren differenziert analysiert werden und interdisziplinär folgerichtig gehandelt wird, um auch der Abschätzung der Technikfolgen eine Position für die Untersuchungen einzuräumen. Jede technische Erneuerung birgt in sich Risiken und Gefahren als auch Chancen, die einer besonderen Sorgfalt bedürfen und angestrebt werden muß, den Chancen eine ihr zustehenden Bedeutung zu geben und die Risiken so klein als möglich zu halten, um die notwendigen Voraussetzungen für die technische Entfaltung und Anwendung zu erreichen. Wie schon erwähnt, ist nicht alleine die Technik und Wissenschaft gefragt, sondern auch übergreifend die Wirtschaft, Politik und die Öffentlichkeit, die sich vom Entwicklungsprozeß bis zur Anwendung unter Berücksichtigung der Erfahrungswerte, der Sicherheit, Umwelt und der Gesellschaftsqualität zu entscheiden haben, um mit den geringsten Risiken zielgerichtet die Lebensmöglichkeiten zu verbessern. Schäden lassen sich zwar „durch erhöhten technischen Aufwand beheben" und doch ist es erforderlich, „daß sich die Öffentlichkeit bereit findet, das Wohlstandsfortschrittstempo zugunsten des Erreichten abzubremsen", wozu „Der Mensch".. „in erstaunlich hohem Maße bereit" ist, jedoch „für Wunscherfüllungen des Augenblicks Gefahren und spätere Nachteile in Kauf zu nehmen, das beweist ebenso der Zigarettenkonsum wie die oft verblüffende Risikobereitschaft im Straßenverkehr".[344] Die Menschheit hat immer schon im Umfeld der Gefahren gelebt und sie lebt auch heute darin, wenn man sich die Rüstungs- und an die Großindustrie mit ihren vielfältigen

---

[344] ebd.

Gefährdungen vergegenwärtigt. Es ist erkennbar, „daß es einen technischen Fortschritt ohne die Kehrseite nicht gibt. Nachteile müssen immer in Kauf genommen werden".[345]

Bei der Technikfolgenabschätzung sind unter Bezugnahme auf die Leistungs- und Wirkungsfähigkeit des Menschen schon im Vorfeld der technischen Entwicklung die Untersuchungen dahingehend durchzuführen, daß sie den Voraussetzungen für den Innovationsprozeß dienen, denn „in jedem Projekt der Technikfolgenabschätzung spielt das von Menschen geschaffene Potential sowie das Potential, das die Menschen selbst darstellen, eine entscheidende Rolle".[346] Aus den Erfahrungen ist zu entnehmen, daß hinsichtlich der Technikfolgenabschätzung Sach- und Orientierungswissen wie auch die öffentliche Meinung und die gesellschaftlichen Interessen besondere Beachtung finden sollten und nicht zuletzt die Faktoren wahrgenommen werden müssen, die zur Sozialen Marktwirtschaft erfolgreich geführt und ihr Stabilität gegeben haben, um die Technikentwicklungen nicht ins Leere laufen zu lassen oder wie es Günter Clar formuliert: „Wenn man bedenkt, wie oft Technikentwicklungen ins Leere laufen, weil soziokulturelle Gesichtspunkte, Fragen der Akzeptanz, des (nicht)-empfundenen Bedarfs u.a. nicht berücksichtigt wurden, dann zeigt sich unmittelbar die Notwendigkeit einer zusammenfassenden Behandlung von Sachwissen, Orientierungswissen und Humankapital" ... „worunter" Humankapital „Ökonomen das in ausgebildeten Individuen repräsentierte Leistungspotential einer Bevölkerung verstehen".[347]

---

[345] ebd., S. 110
[346] Clar, Günter: Wissen als unerschöpfliche Ressource, Humanpotential als Aspekt der Technikfolgenabschätzung, in: TA-Informationen, Akademie für Technikfolgenabschätzung in Baden-Württemberg (Hrsg.), Stuttgart, Ausgabe 2/96, S. 10
[347] ebd.

Da in einer marktwirtschaftlichen Ordnung sich Technik vordergründig in den Unternehmen vollzieht, kommt der dem Wohlstand dienende technische Fortschritt in den Unternehmen zustande, was natürlich zu marktwirtschaftlichen Evolutionen führt. Der Markt wird hier in den Bereich der Technikfolgenab-folgenabschätzung einbezogen, wobei das Konkurrenzverhalten hinsichtlich des Risikos und des Kapitalbedarfs bei der Steuerung der Bedürfnisse ihren Stellenwert erhält. Anders ist es bei der Nukleartechnik, um dieses Beispiel zu nennen, da hier der Staat die zentrale Steuerung in diesem Wirtschaftssektor übernimmt. Auch können im Wettbewerb stehende Unternehmen nicht ausschließen, daß gefragte Produkte umweltbelastend genutzt werden, die zwar dem Verkäufer und der Käufer Vorteile einbringen, jedoch zu Lasten Dritter gehen, wenn an Emissionen, Lärm oder an Abfälle gedacht wird. Hier stößt die Technikfolgenabschätzung in Problembereiche, die bei langfristigen oder auch bei nicht mehr rückholbaren Anwendungen den marktwirtschaftlichen Produktions-prozeß und oft ohne Rücksicht auf eine sachgerechte Bewertung und Abschätzung das soziale und kulturelle Geschehen beeinflussen.

Hier bleibt die Frage unbeantwortet, wenn beispielsweise frühzeitig die Folgen der Kraftfahrzeuge als Verkehrssystem verboten worden und die Technikfolgen-abschätzung dem Wettbewerb gegenüber ohnmächtig gestanden wäre, was der Wirtschaft unübersehbaren Schaden zugefügt hätte. Also kann hier von einer Eigengesetzlichkeit der Technik gesprochen werden, die hingenommen werden muß und die Technikfolgenabschätzung infrage stellt sowie aus Wettbewerbs-gründen wegen der hohen Entstehungskosten für die technische Entwicklung oft auch keine Technikbewertung zulassen. So gesehen, sollten grundsätzlich schon vor Beginn neuer technischer Entwicklungen die für die Anwendung angestellten Überlegungen in die Technikbewertung und Technikfolgenabschätzung einbezogen werden, um Änderungsempfehlungen vor der Produktion und

Vermarktung berücksichtigen zu können und den bei der Anwendung der Technik vielleicht zu späten Erkenntnissen zu begegnen. Hier sollen die VDI-Richtlinien Hinweise an alle Beteiligten geben, die mit Technik zu tun haben und für die Nutzung der Technik Verantwortung tragen. Sie analysieren den Bestand der Technik und ihre Entwicklungsmöglichkeiten, wobei auch außerwirtschaftliche Bereiche der Gesellschaft wie Gesundheit, Umwelt, soziale und humane Aspekte eingebunden sind, um Orientierungs- und Informationsfunktion ausüben zu können und dafür Sorge tragen, daß negative Technikfolgen verhindert und positive gefördert werden. Im Hintergrund der Technikbewertung steht die Verantwortung des Technikers, wenn technische Neuerungen von der Gesellschaft angenommen werden. Wird eine Veränderung des Verhältnisses zur Technik bspw. bei der Automatisierung mit Einbußen von Arbeitsplätzen erkannt, ist die Technik nicht wertneutral, denn erst die Technikbewertung schafft gesellschaftlich entscheidende Werte. Hier beginnt die Frage, ob die Technik bereit ist, allein die Verantwortung zu übernehmen, um die Technik so zu gestalten, daß sie weder dem Menschen noch der Natur Schaden zufügt. Der Techniker sollte zum Umdenken bereit sein, die Technikentwicklung nicht unter dem Aspekt des technisch Machbaren oder der nur wirtschaftlichen Effizienz zu sehen, sondern er muß auch danach fragen, welche Technikfolgen und Auswirkungen eine neue Technologie auf die Wirtschaft und Gesellschaft sowie auch auf die Umwelt hat. Der Technikgestalter sollte nicht nur, sondern er muß zur Lösung der Fragen im Rahmen der heute äußerst komplexen Gesellschaft das Wissen anderer Disziplinen in Anspruch nehmen, wenn er seiner Verantwortung gerecht sein und eine höhere Akzeptanz der Technik erreichen will. Es kann bei Technikgestaltung auf die Erkenntnisse anderer Disziplinen nicht verzichtet werden, da das Prinzip der Verantwortung ein Bestandteil der Geisteswissenschaften ist, die in den Bereichen der Technikbewertung und Technikfolgen-abschätzung eine Schlüsselposition einnehmen.

Wenn noch vor Jahren die Technik das Leben der Menschen erleichtert hat und als Zeichen des Fortschritts für immer verbesserte Lebensqualität der Menschen angesehen wurde, liegen heute Erkenntnisse vor, daß die Technik das Leben der Menschen immer mehr bestimmt und vereinnahmt. Die Entwicklung der Technik ist nicht nur Garant für Wohlstand, Freizeit und längeres Leben, sie hinterläßt auch Spuren wie Arbeitslosigkeit, soziale Mißstände und birgt Gefahren, die nicht vorhersehbar und nur schwer beherrschbar sind. Der Techniker wie auch der Laie stoßen bei der Beurteilung der bei der Anwendung der Technik geforderten Sicherheit stets auf Schwierigkeiten, wenn es bei der Wahrheitssuche darum geht, Glaubwürdigkeit und Vertrauen zu erlangen. Hierzu kann H. Maier-Leibnitz eine Antwort geben: „Die erste Wahrheit ist, daß es keine technische Verfahren ohne Unfälle gibt, daß man nur versuchen kann, die Unfälle selten zu machen und ihre Folgen zu verringern, insbesondere Katastrophen zu verhindern. Die zweite Wahrheit ist eine Erstarrung im Sicherheitsdenken, die vielleicht unvermeidlich ist, wenn man bedenkt, wieviel Mißtrauen der Experte in der Bürokratie und in der Öffentlichkeit ausgesetzt ist, wie schlimm es ist, wenn er seine Aussage später oder wenn ein zweiter Experte etwas anderes sagt als der erste".[348]

Folglich ist der Beurteilende bei der Suche der letzten Sicherheit und Technikfolgen hinsichtlich seines Denk- und Vorstellungsvermögens überfordert, da vorausgehende Bewertungen sichere Wirkungshandlungen nicht bekannt sind und für längere Zeiträume nicht berechnet und veranschlagt werden können, das

---

[348] Maier-Leibnitz, H.: Atomenergie vor 25 Jahren und heute, in: Bild der Wissenschaft, Nr. 12, 1979, entnommen aus: Magnus, Kurt: Die Verantwortung der Technik in unserer Zeit, erste Auflage , München 1984, S. 40

heißt, daß eine Zuverlässigkeit von der Technikfolgenabschätzung in allen Bereichen der technischen Anwendungen nicht gefordert werden kann. Trotzdem werden Ziel der Technikbewertung und Technikfolgenabschätzung sein, nach bestem Wissen und Gewissen mit den geringsten Gefahren die Technik in Anwendung zu bringen und sich nach den Wünschen des Menschen und seine natürliche, soziale und kulturelle Umwelt zu orientieren, um menschliche Handlungsspielräume zu schaffen, die Sicherheit, Wohlstand, Umwelt- und Gesellschaftsqualität beinhalten.

5.2.3 Technik - Dynamik im Wandel der Gesellschaft

Anwendung und Ablauf der Technik bewirkte immer schon ein Inbegriff in das gesellschaftliche Leben oder wie es Ernst Benda formuliert: „Technischer Wandel ist in unserer Zeit keine gleichmäßige Entwicklung, sondern ein dynamischer, sich immer noch beschleunigender Prozeß. Die Naturgesetze bleiben unverändert, aber die Fähigkeit des Menschen, sie zu erkennen und zu nutzen, eröffnet immer neue, bisher für utopisch gehaltene Möglichkeiten. Der Mensch steht fasziniert, aber auch verirrt und unsicher vor solchen Entwicklungen. Soll er ihnen ausgeliefert sein, muß er versuchen, den politischen und gesellschaftlichen Prozeß der Technik anzupassen und diese seinem Willen unterzuordnen".[349] Den von der Technik verursachten gesellschaftlichen Auswirkungen steht der Techniker sachkundig der Frage gegenüber, ob der erhoffte Nutzen auch den Wünschen der Menschen entspricht, die nur „nach ethischen und rechtlichen Maßstäben beantwortet werden"[350] kann, um Bedrohungen und Ängste im Lebensraum der Gesellschaft abzuwenden. Damit wird dem Gemeinwohl gedient und eine

---

[349] Benda, Ernst: Von der Ambivalenz des technischen Fortschritts, in: Die Zeit drängt, das Ende der Geduld, hrsgg. von Weizsäcker, Carl Friedrich, München, Wien 1987, S. 200
[350] ebd.

aufkommende Technikfeindlichkeit kann so abgewendet werden, die dem Problem zur Lösung der Entwicklungsmöglichkeiten für eine neue Technik Raum und Zeit geben.

Bevor weiter von der Einwirkung der Technik auf die Gesellschaft eingegangen wird, soll der Begriff der „Gesellschaft" eine kurze Erklärung erhalten. Die Gesellschaft als ein vieldeutig genutzter Begriff wird von den Sozialwissenschaften gedeutet, wenn „allgemein die Bezeichnung für die Tatsache der Verbundenheit von Lebewesen (Menschen, Tiere, Pflanzen)" und die menschliche Gesellschaft als ein „Gefüge von Menschen bzw. vom menschlichen Handeln zur Befriedigung individueller und gemeinsamer Bedürfnisse" zu verstehen ist und dem „mehr oder weniger dauerhafte und organisierte Zusammenwirken zur Erreichung bestimmter Ziele oder Zwecke"[351] dient. Die Gesellschaft ist eine „als vorgegebene Struktur, worin der einzelne Mensch Orientierung und Ordnung, Regelhaftigkeit und Bedeutungsgehalte findet".[352] Es kann mit Sicherheit davon ausgegangen werden, wie es auch die Ergebnisse der Anthropologie ergeben haben, „daß der Mensch als gesellschaftliches Wesen und als soziokulturelle Persönlichkeit ohne Gesellschaft nicht existieren kann".[353] In diesem Zusammenhang ist die Soziologie angesprochen, die unter der kleinsten gesellschaftlichen Einheit nicht das Individuum versteht, sondern setzt in Form von Sozialstruktur und Gruppe eine kollektive Einheit voraus, die heute zwar einheitlichen Anforderungen ausgesetzt ist, jedoch im Rahmen einer Fülle von Erfahrungsbereichen zerfällt, wenn an das von der Technik geprägte fragliche Zusammenleben der Familie gedacht wird. Das wird deutlich, wenn der Mensch sich in seine eigene Umgebung zurückzieht,

---

[351] Hartfiel, Günter; Hillmann, Karl-Heinz (Hrsg.): Wörterbuch der Soziologie, dritte Auflage, Stuttgart 1982, S. 256
[352] ebd.
[353] ebd.

dort machen kann, was er will und sich so der Familie und der Öffentlichkeit entzieht, was eine Existenz ohne Zusammengehörigkeitsempfinden und Tradition bedeutet. Hier könnte von einer Selbstverwirklichung gesprochen werden, was nicht heißen darf, sich in die Mitte seiner Umgebung zu stellen, sondern sich für andere zu öffnen und Verantwortung zu übernehmen. Obwohl Lothar Bossle die industrielle Dynamik als Vorbild für die Gestaltungsmöglichkeiten sieht, meint er: „Ist ein Zweifel an der Fragestellung erlaubt: die Fülle der industriellen Zutaten zur Bereicherung unseres Lebens führte nicht zu einem ganzheitlichen Kosmos; nicht zu einer Harmonie organischer Gesellschaftskörper - und schon gar nicht in die harmonisierte Einbettung des Menschen in eine Einheit zwischen Wohnung, Arbeit und Landschaft".[354]

Wie steht nun das Verhältnis der Gesellschaft zur Technik, die einem steten historischen Entwicklungsprozeß unterliegt? Die von der Gesellschaft vorangetriebene Technik gleich in welchen Bereichen des technischen Lebens, hat Spuren im sozialen Umfeld hinterlassen, die weniger von sozialen, sondern mehr von soziotechnischen Merkmalen gekennzeichnet sind. Die soziale Dimension der Technik ist darin zu erkennen, daß der Mensch, der Technik erzeugt und in seinem Lebensbereich anwendet, sich als Teil der Gesellschaft in einer zwischenmenschlichen Ordnung befindet, die auf das Verhalten und das Handeln des Menschen im Rahmen der Befriedigung seiner Bedürfnisse einwirkt. Daraus folgt, daß die Entwicklung der Technik mit dem Wandel der Gesellschaft gleichziehen und Zusammenhänge aufeinanderbezogene Vorgänge zu erkennen sind, das heißt, daß die Technik zwischen der Natur, dem Individuum und der Gesellschaft in einem wechselseitigen Verhältnis steht.

---

[354] Bossle, Lothar: Vorwärts in die Rückgangsgesellschaft. Zur Soziologie der Fortschrittsermüdung, Würzburg 1979, S. 137

Die Zeitepochen mit ihren Kulturbeständen wurden immer schon von der Technik geprägt, was nicht heißen soll, daß die Technik ausschließlich auf die Entwicklung des Menschen Rücksicht genommen hat, da die Technik als Dynamik im Wandel der Gesellschaft, das darf nicht übersehen werden, Wohlstand wie auch negative soziale Folgen verursacht hat, wie es auch Carl Friedrich von Weizsäcker sieht: „Der wissenschaftlich-technische Fortschritt zeigt, jedenfalls in der Welt unserer näheren geschichtlichen Erfahrung, eine eigentümlich unwiderstehliche Kraft. Er radikalisiert durch seine Konsequenzen die Probleme der Gesellschaft, in der wir leben. Er schafft Wohlstand und kann soziale Ungleichheiten stützen. Er sichert den Menschen vor den Naturgewalten und bedroht den Menschen durch Zerstörung der Natur."[355]

Schon auf dem ersten deutschen Soziologentag 1910 in Frankfurt am Main war es Werner Sombart (1863-1941), der die Technik als ein interdisziplinäres Forschungsfeld angesprochen und hierfür die Soziologie, Ökonomie und die Politik gemeint hat, um die Auswirkungen der Technik auf die Gesellschaft und Kultur zu untersuchen, was damals leider wenig Gehör fand. Erst in den 50er Jahren weckten die Lebensbedingungen einer von der beginnenden Fortschrittstechnik geprägten Gesellschaft das Interesse für eine interdisziplinäre Zusammenarbeit. Unter dem Aspekt Technik und Gesellschaft sollten zum sozialwissenschaftlich orientierten Gegenstandsbereich der Technik führen, um zu erkennen, welche Auswirkungen die technischen Entwicklungen in den Bereichen menschlicher Aktivitäten haben. Mit den daraus erwachsenen Erkenntnissen, daß technische Sachverhalte erst aufgearbeitet werden müssen, wird die Voraussetzung für die Untersuchung der Wechselbeziehungen zwischen technischer Entwicklung und gesellschaftlichen Bedürfnissen geschaffen. Hier ist

---

[355] von Weizsäcker, Carl Friedrich, Die Ambivalenz des Fortschritts, in: Der Garten des Menschen, Beiträge zur geschichtlichen Anthropologie, Frankfurt am Main 1980, S. 46

die Sozialwissenschaft gefragt, inwieweit die Technik zum Wandel der Gesellschaft beiträgt, wenn sich Technik und Soziologie in ihren Teilprozessen wechselseitig durchdringen und hierzu die Wechselwirkungen zwischen der technischen Entwicklung und den Bedürfniszusammenhängen in technischen Fortschritt berücksichtigt werden müssen. Hans Freyer sieht den „Fortschritt als unumkehrbare und unaufhaltsame Bewegung, die aus den Sachen selbst ihre Antriebe empfängt, als Kettenreaktion gleichsam, die, wenn die Initialzündung erfolgt, sich selbst weitertreibt und dabei an Intensität und Reichweite beständig zunimmt, die also in einem ganz naturalen und wertfreien Sinne fortschreitet."[356]

Wenn heute von einer Vergesellschaftung der Technik gesprochen wird, liegt der gesellschaftliche Charakter der Technik im Blickfeld der Soziologie als eine Herausforderung, die einer Techniksoziologie nicht aus dem Weg gehen kann. Der Wandel im sozialen Umfeld ist nicht zu übersehen, da dieser folglich zu neuen organisierten Arbeitsformen und Arbeitsabläufen sowie zur Änderung des täglichen Lebens schon beginnend mit der Industrialisierung im 19. Jahrhundert geführt hat. Ob es sich um die Massenproduktion von Konsumgütern, der Mechanisierung der häuslichen Verrichtungen oder auf weiteren verschiedensten Gebieten menschlicher Anwendung der Technik handelt, sind neue Normalitäten geschaffen, die in die sozialen Praktiken Eingang finden und das Alltagsbewußtsein bestimmen. Die von der Technik ausgelösten Verhaltensweisen des Menschen führt ihn zum Individualisten, wenn er sich von seinen gesellschaftlichen Bindungen entfernt und mit Hilfe der angewandten Technik zunehmende Freizeit erwirbt, die oft in keinem Verhältnis zur Arbeitszeit erscheint, denn „Freizeit ohne Arbeit ist Daseinsverdruß, ein Gefühl der Sinnleere

---

[356] Freyer, Hans, in: Herrschaft, Planung und Technik, Aufsätze zur politischen Soziologie, Üner, Elfriede (Hrsg.), Weinheim 1987, S. 136

des Seins, das sich zumeist schnell einstellt"[357]. Technik bedeutet nicht nur Erleichterung der Arbeitsbedingungen und Freizeiterwerb, sondern sie ist mit ihrer Anwendung für alle Lebensbereiche geschaffen, in denen die Freizeit neben der individuellen Gestaltung in Verantwortung für den Nächsten und dem Gemeinwohl sinnvoll genutzt werden sollte. Die Technisierung muß mit dem sozialen Prozeß und den Handlungsabläufen in Zusammenhang gebracht werden, wenn dies dem Funktionieren eines Zweckes dienen soll. Sollen die neuen Techniken in die Lebensbereiche Eingang finden, muß nicht nur die Effizienz der Maschinen, sondern auch die soziale Verträglichkeit berücksichtigt werden.

Nicht jede technische Innovation findet Bedingungen für die Umsetzung in das soziale Umfeld, in das Leben praktischer Anwendung und wird doch erst später nach staunender Erkenntnis nutzbringend akzeptiert. Folglich kann die Durchsetzung technischer Gegenstände in der heute modernen Industriegesellschaft den Erfordernissen nicht immer widersprochen werden, die nach Aneignung technischer Neuerungen zur Kultivierung des heutigen Zeitalters ihre Beiträge leisten. Während noch vor Jahren die technischen Innovationen sich in den höheren Standeskreisen befanden, haben diese heute in allen Bereichen der Arbeitschaffenden Eingang gefunden und stehen der Gesellschaft insgesamt nicht nach. Beispielsweise gehören der Fernseher und auch schon der Computer heute zur Wohnungseinrichtung, die auf den Lebensstil einstürmen und daraus hinsichtlich der Fülle von Informationen und der Vielfalt von Kommunikationen unterschiedliche Stile im Umgang mit den Menschen untereinander erwachsen. Das kann zur Zersetzung der Gesellschaft in ihrem sozialen Umfeld beitragen und der von der Technik ausgehenden Kulturbelebung Schaden zufügen. So ist zu beobachten, daß die Kommunikation heute nur noch bedingt zum Umgang mit

---

[357] Bossle, Lothar, in: Vorwärts in die Rückgangsgesellschaft, Zur Soziologie der Fortschritts-Ermüdung, Würzburg 1979, S. 142

den Menschen gehört und im Alltagsleben an Bedeutung verloren hat, was dazu führt, daß bei Anwendung der Nutzungsformen der Medien das Gespräch zum Erliegen gebracht wird. Dem Fortschrittsgedanken ist anzumerken, daß die Effizienz sinnlos erscheint, wenn der Mensch zur Technik kein moralisches Verhältnis findet oder wie es Hans Freyer formuliert „Die Gefahr, daß Fortschrittsbewegungen davonlaufen, d. h. vor lauter Effizienz sinnlos werden, droht immer. Angesichts der gegenwärtigen Situation wird man diese Gefahr nicht leugnen können. Daß die Menschheit zum Apparat (nicht nur zum technischen, sondern auch zum sozialen Apparat) der industriellen Epoche ein moralisches Verhältnis bisher nicht gefunden hat, ist seit zwei Menschenalter oft genug ausgesprochen worden. Es werden sehr tiefe menschliche Reserven aktiviert werden müssen, wenn dies gelingen soll"[358]. Also verlangt der Fortschrittsprozeß Kräfte, die sich nicht neu bilden, sondern als überdauernde Reserven zu erhalten sind und nicht nur auf den Fortschritt schauen, jedoch nach dem „Nährboden des Fortschritts" fragen.

Genau betrachtet ist die Dynamik der Technik eng mit der Ökonomie verbunden, die sich gegenseitig bewirken und oft den sozialen Konflikten gegenüberstehen. Jedoch ist dieses Miteinander oder auch Gegeneinander das kleinere Übel im Ablauf des technischen Fortschritts, wenn die Konflikte zwischen den Traditionsinteressen und dem Fortschrittsdenken ins Rampenlicht der technischen Abläufe und Produkte gerückt werden. Zwei Kulturen stehen sich hier gegenüber, die einen, die das Bewährte, und die anderen, die den Fortschritt vertreten. Hier ist die Maschine als Beispiel zu nennen, wobei dem Handwerk mehr zugetraut wurde als der Maschine und aus dieser Erwägung heraus der Verfall kultureller Fertigkeiten beklagt wurde. Während die anderen mit ihren für die Menschheit

---

[358] Freyer, Hans, in: Herrschaft, Planung und Technik, Aufsätze zur politischen Soziologie, Üner, Elfriede (Hrsg.), Weinheim 1987, S. 82f

nutzbringenden technischen Neuerungen einen Fortschritt sahen, ohne vielleicht die Folgen abschätzen zu können und damit eine Akzeptanzkrise ausgelöst worden ist. Das war früher so und bleibt auch heute Gegenstand der kulturellen Krisen, die sich meistens in den Bereichen der ökologischen und sozialen Verträglichkeiten der Technologien abspielen. Das führt dazu, daß der nicht aufzuhaltenden Modernisierung des Gesellschaftslebens der Boden entzogen wird, das wiederum verhindert werden kann, wenn aus sozialen und kulturellen Beweggründen angesichts des Zusammenwirkens von Tradition und Fortschritt die technischen Entwicklungen als Orientierung für den neuen Lebensstil bewirken und Kulturkrisen unterbunden werden.

Der technische Fortschritt hat heute neue Formen angenommen, die neue Wege im privaten wie auch im öffentlichen Bereich aufzeigen oder wie es Hans Sachsse versteht: "Es ist wie ein Sturz nach vorne: die Erfolge der Technik sind es die ungewöhnliche Probleme aufwerfen. Das Fortschrittstempo überfordert heute unsere Organisationsformen", das heißt, "daß wir durchaus infolge dieses technischen Fortschritts über die Formen menschlichen Verhaltens und menschlichen Zusammenlebens neu nachdenken müssen."[359] Es ist nicht alles „Gut", was der technische Fortschritt hervorbringt, sondern es muß durchdacht werden, ob die Technik auch außertechnische Aspekte im Alltagsleben der Menschen in ihrer sozialen Umwelt berücksichtigt hat und sachlich von Wünschen und Bedürfnissen sich nicht fehlleiten zu lassen, um dem Ausweichen vor der Verantwortung keine Chance zu geben. Die Wahrgenommenen oft erdrückenden Folgen der Technik sind für die Menschheit sichtbare Gründe für die Wandlung der Gesellschaft und der geänderten Lebensbedingungen, wie beispielsweise der Computer und die Mikroelektronik auch das Berufsspektrum

---

[359] Sachsse, Hans, Ethische Probleme des technischen Fortschritts, in: Technik und Ethik, Lenk, Hans und Ropohl, Günter (Hrsg.), Ditzingen 1987, S. 49f

und das menschliche Selbstverständnis verändern. Auch die Energieversorgung verursacht Debatten über die Öl- und Kohleenergie einerseits und die Kernkraftenergie andererseits ein Spannungszu-stand zwischen Technik und Gesellschaft, obwohl Vor- und Nachteile nicht trennbar sind, die allgemein bei technischen Systemen oder Verfahren für angestrebte Zwecke auch Vorteile bringen und mit oft erheblichen Nachteilen diesen gegenüberstehen, zwar verringert werden können, sich jedoch nie ganz vermeiden lassen. Ein Ausstieg aus der über viele Jahre gewachsenen Industriegesellschaft käme einer höchst verringerten Effektivität der Industrieanlagen gleich mit Folge einer sogenannten sanften Technologie, die zum Verlust der Wettbewerbsfähigkeit führen und der vom technischen Fortschritt befreiten Menschheit keinen im Sinne des heutigen wahrgenommenen Wohlstands bringen würde. Es erscheint vielleicht töricht, diesem Gedanken weiter nachzugehen und doch kann nicht darauf verzichtet werden, sich mit den von der Technik bewirkten Problemen auseinanderzusetzen, um für die Gestaltung des gesellschaftlichen Lebens Wege zu finden, die dahin führen, Komplikationen abzubauen und das Vertrauen zur Technik zu stärken.

Der technische Wandel und Fortschritt, die das Leben im heutigen technischen Zeitalter bestimmen, sind zu einem ökonomischen, ökologischen, politischen und sozialen Geschehen geworden und haben hinsichtlich der Gesellschaft zu einer Verflechtung gemeinsamen Handelns beigetragen..

Wenn geglaubt wird, daß der Mensch sich nur mit den vom technischen Fortschritt gegebenen und angereicherten Gegenständen für das Alltagsleben zufrieden gibt und sich für soziale und caritative Aufgaben überflüssig fühlt, unterzieht sich einem anthropologischen Trugschluß, da ein von der Technik verursachter sozialstruktureller Umbruch keinen neuen Menschen hervorbringt. Es darf nicht vergessen werden, daß der Mensch im Rahmen der Industriegesellschaft sich nicht nur dem Bedürfnis seines Alltagslebens hingibt, sondern „daß neben dem ökonomischen Typus die Menschen noch folgende Vorzugsneigungen haben können: die soziale, die religiöse, die theoretische, die ästhetische und eine politische Grundorientierung"[360], wie es bei Lothar Bossle in seiner Festansprache zu Ehren von Engelbert Memminger heißt. Diese Betrachtungsweise des Menschen muß dem Wandel im sozialen Umfeld beigemessen werden, wenn der Mensch in seinem Lebensraum sein Verhalten auf Erfahrungen und Einsichten stützt und sein Alltagsleben verstanden werden soll. War die Entwicklung der Technik noch zu Beginn der Industrialisierung von einer sozial isolierten Elite angehörenden Aktivität getragen, so wurde sie doch im Laufe des technischen Fortschritts auf Naturwissenschaft bezogenen Verarbeitung von Erfahrungen zur fortschrittstragenden Innovation.

Um der Vollständigkeit nicht zu entgehen, soll der Techniker als Teil der Gesellschaft und sein Wirken in den technischen Bereichen aus der Sicht seiner Arbeitsfunktion als Bestandteil des technischen Fortschritts kurz in Augenschein genommen werden. Die Tätigkeit des Technikers ist in seiner Form der Ausübung qualifizierter Arbeiten im Rahmen der Koordinierungsaufgaben der Forschung, Planung und der Produktion äußerst komplex, wobei die Rahmenbedingungen hinsichtlich der ökonomischen, ökologischen, politischen und sozialen Zielsetzungen in seinem Arbeitsablauf erwartet werden. Der Wettbewerb fordert stets das Wissen und Können des Technikers für die Innovationen und Umsetzungen von Entwicklungsergebnissen zum Nutzen der Arbeits- und Lebenswelt. Der Techniker als Träger der Innovationen, der an der Lösung komplexer technischer Problemstellungen anwendungsorientiert zur Bewältigung bestimmter Aufgaben beiträgt, steht im Blickfeld der Forschung und Entwicklung

---

[360] Bossle, Lothar, in: Der soziale und karitative Menschentypus - eine Unentbehrlichkeit in humanen Staats- und Lebensformen, Festansprache für Engelbert Memminger, München 17. Oktober 1997

bis hin zur Produktionsreife seiner anwendungsbezogener Gegenstände. Ohne Zweifel bleibt fetzustellen, daß die Leistungen des Technikers bei der erfolgreichen Gestaltung und Durchführung der Sozialen Marktwirtschaft große Verdienste erworben und wenn auch zum mit sozialen Problemen behafteten Wohlstand beigetragen haben. Im Zeichen des technischen Fortschritts hat er eine dominierende Stellung in der Gesellschaft eingenommen, wobei sein soziales Ansehen für die Integration in die bestehende Gesellschaft mit entscheidend ist.

Dem Berufsbild des Technikers, der nicht nur als Spezialist verstanden werden möchte, muß entgegengehalten werden, daß der Techniker in seinem heutigen Berufsleben sich vielseitig und interdisziplinär bemüht, seinen Blick aufs Ganze zu richten. Anders muß von dem Menschen in seinem Betätigungsfeld gesprochen werden, der in seiner Tätigkeit als Spezialist den Blick aufs Ganze verliert und in der daraus folgenden Sinnlosigkeit keine Arbeitserfüllung empfindet, dazu Heinz Solf über Otto Veit zu sagen hat:"..erklärte hierzu Otto Veit mit der einseitigen Interpretation des Nihilismus, mit dem Hineingeworfensein des Menschen. Eine solche Nichterfassung der Welt, wie sie besonders bei den Spezialisten vorliegt, der kleine Dinge immer schärfer sieht und dadurch den Blick auf den Zusammenhang der Welt und des Lebens verliert, kennt weder eine philosophische noch eine soziologische Interpretation der realen Welt."[361] Dieser Gefahr der „Blindheit" kann nur begegnet werden, wenn schon Ansätze erfolgen auf den Lehrgebieten der Geisteswissenschaften in den Schulen und später im Studium der technischen Wissenschaften, um auf den in der Technik nicht immer zu verhindernden Spezialgebieten eine einseitig ausgerichtete Berufsausbildung zum Techniker zu vermeiden. Ansonsten gehen dem Techniker die zusammenhänge und die Übersicht bei seinen Ausführungen im Beruf und

---

[361] Heinz Solf: Otto Veit - ein Ordoliberaler, Institut für Demokratieforschung , Neue Würzburger Studien zur Soziologie, Bd. 12, Würzburg 1988, S. 122

folglich auch in seinem Alltagsleben verloren und sich so den Grund für die Wahrnehmung kultursoziologischen Realitäten entzieht. Schon Christian Peter Wilhelm Beuth (1781-1853), der „Vater der Ingenieure" und Gründer der "Technischen Gewerbeschule" (1821), der späteren „Gewerbeakademie" (1866) und Vorläufer der „Technischen Universitäten" sagte:" Wo die Wissenschaft nicht in die Gewerbe eingeführt wird, da gibt es kein Fortschreiten."[362]

Nicht selten werden die Fragen gestellt, wozu technischer Fortschritt und wohin geht er, dann kann wohl die Antwort am Beispiel von Blaise Pascal (1623-1662), Mathematiker, Theologe und Philosoph, gelten, wenn er zur Erleichterung und Befreiung mühseliger Arbeiten seine nicht vollendete „Rechenmaschine" vorstellte ohne dem Menschen die humane Autonomie zu nehmen. Wenn heute die Technik Unruhe und Angst erweckt, kann darauf geantwortet werden, daß der Mensch die Technik zum Instrument seiner guten wie auch schlechten Wünsche macht und die Angst sich auf die Gesellschaft als Technikanwender beziehen muß. Im Tätigkeitsumfeld kann nicht der Techniker für mißbräuchliche oder gedankenlose Anwendung der Technik verantwortlich gemacht werden. Selbstverständlich ist der Techniker in der Gesamtheit ihrer Auswirkungen verantwortlich, jedoch muß die Verantwortung von der Gesellschaft als Ganzes getragen werden. Der Techniker hat nach wie vor im Fortschrittsprozeß die Produkte folglich so zu gestalten, daß bei richtiger Anwendung der Technik weder der Mensch noch die Umwelt Schaden erleiden. Das muß in das öffentliche Bewußtsein gebracht und nicht vergessen werden, daß die Technik die Grundlage für das wirtschaftliche Wachstum bildet und hieraus die soziale Kraft für das Gemeinwesen schafft.

---

[362] Wahren, Reinhard, Vater der Ingenieure, in: VDInachrichten, Nr. 48, Düsseldorf 27. 11. 1998, S. 8

Francis Bacon (1561-1626) als der Bahnbrecher der modernen Wissenschaften wandte sich zu einer Naturdeutung durch Erfahrungen und Experimente und sah die Wissenschaft und Technik als Ausfluß der Vernunft an, das heißt, daß der Techniker zu immer weiteren Erkenntnissen fortschreitet und so immer höhere Vollkommenheiten erreicht. Francis Bacon stellte schon damals eine Beziehung zwischen Wissenschaft, Fortschritt und Gesellschaft her, wenn er meinte," daß die Naturwissenschaft und die wissenschaftliche Forschung das Ziel hat, dem individuellen und dem sozialen Nutzen (also der Gesellschaft) zu dienen. Dazu muß sie - rational organisiert - arbeitsteilig betrieben und - in der Anwendung ihrer Resultate gewissen Kontrollen durch wissenschaftliche Einrichtungen unterworfen werden. Eine wahrlich überraschende Aussage, die auch heute noch oder gerade erst heute in allen Punkten höchste Aktualität hat."[363] Hieraus ist zu entnehmen, daß Francis Bacon den Fortschritt nicht nur als Selbstzweck zur Naturerkenntnis gesehen hat, sondern als ein Mittel zu einem menschenwürdigem Leben, also zur Vervollkommnung der Gesellschaft.

---

[363] Hockel, Hans L., Die Technik muß der Gesellschaft nutzen, Historische Motive und soziale Folgen des technischen Fortschritts - Mit Francis Bacon begann die neue Zeit, in: VDInachrichten (Hrsg.),

6.   Technik in Wechselwirkung zur Okonomie

6.1   Merkmale einer Marktwirtschaft

Bevor auf die Soziale Marktwirtschaft eingegangen wird, soll kurz die Wirtschaftsordnung erörtert werden. Das wirtschaftliche Leben beinhaltet sittliche Normen, die bei sittlicher Forderung zur Gestaltung der Wirtschaft im ganzen als auch auf das wirtschaftliche Verhalten des Einzelnen Anwendung finden. Obwohl im Hinblick auf eine optimale Güterversorgung die wirtschaftliche Zweckmäßigkeit und Produktivität erforderlich ist, muß die Förderung nach Gerechtigkeit, persönlicher Unabhängigkeit und nach Erhalten der Freiheit und Menschenwürde des Wirtschaftslebens bestimmen, wobei auch die Beteiligung am Kapital, an der Arbeitslenkung und am Produktionsertrag in Form eines gerechten Arbeitslohnes berücksichtigt werden soll.

Hinsichtlich dieser Forderungen und Erwartungen ist eine freiheitliche Wirtschaft gefragt, bei der die staatliche Wirtschaftsordnung nur bedingte Eingriffe in die Wirtschaft vornimmt und individuelle Freiheitsrechte garantiert, wie zum Beispiel die Gewerbefreiheit und die Vertragsfreiheit. Hieraus erwuchs mit dem wirtschaftlichen Liberalismus und dem Neoliberalismus die Form der Marktwirtschaft aus der sich die Wirtschaftsordnung als ein Leitbild herausgebildet hat. Das setzt die vom Staat geschaffenen Rahmenbedingungen in Form von Gesetzen, Rechtssprechung, Verwaltungs- und Finanzpolitik und nicht zuletzt eine Wirtschaftsethik voraus, die erst den freien Markt und einen fairen Wettbewerb erkennen lassen, wie es auch Wilhelm Röpke (1899-1966) formulierte: „Auch im Wirtschaftsleben gilt der Satz, daß Freiheit nicht ohne Disziplin möglich ist, und wenn wir einen freien Markt wünschen, so muß der Rahmen von Bedingungen, Regeln und Institutionen um so fester und unnachgiebiger sein".[364] Dieser Wirtschaftsverfassung stehen die Vorstellungen der Laissez-faire-Philosophie „laßt geschehen, laßt gehen" des historischen Liberalismus entgegen, die meint, daß der Staat sich aus den Aktivitäten der Wirtschaft heraushalten sollte und der Erfolg sich bei einem passiv verhaltenen Staat auch einstellen würde, was sich als ein Irrtum und umgekehrt bei einer vom Staat zentral gelenkten Wirtschaft erwiesen hat.

Walter Becher, der sich mit dem Weltbild Othmar Spanns befaßt hat, sieht den Markt aus der Sicht des Ganzen und spricht hier das Tauschgeschehen Angebot und Nachfrage an: „Das Tauschgeschen am Markt bleibt das zentrale Phänomen der Wirtschaftslehre und blickt auf das, was jenseits von Angebot und Nachfrage bedeutsam ist".[365] Röpke bezeichnet diesen Bereich nur als ein Teilgebiet, denn „ die Gesellschaft als Ganzes kann nicht auf Angebot und Nachfrage aufgebaut werden".[366] Walter Becher kommt zur Überlegung: „Der Bereich des Marktes sei nicht der Gesellschaft gleichzusetzen" und zitiert erneut Wilhem Röpke: „Er ist nur ein Ausschnitt aus ihr, der zwar höchst wichtig ist, aber nur ein Teil eines Ganzen Recht und Möglichkeit der Existenz hat, eines Ganzen, für das nicht die Nationalökonomie, sondern die Philosophie, die Geschichte und die Theologie zuständig sind".[367] Damit ist gesagt: „Die Wirtschaft ist nur ein Teil des Gesellschaftsganzen, der unter dem Vorrang der Gesamtgesellschaft unter der geistursprünglichen Inhalte des Lebens steht".[368] Hinsichtlich dieser kurz gefaßten Deutung der Marktwirtschaft bezüglich ihrer Deutung für das Leistungssystem der Wirtschaft meint Walter Becher: „In ganzheitlicher Sicht ist der Markt daher ein Funktionsträger, der Güter und Leistungen in das

---

[364] Röpke, Wilhelm: Die Gesellschaftskrise der Gegenwart, hrsgg. von Hayek, Friedrich August; Sieber, Hugo; Tuchtfeldt, Egon; Willgerodt, Hans, Erlenbach-Zürich, Stuttgart 1979, sechste Auflage, S. 365
[365] Becher, Walter: Der Blick aufs Ganze, Das Weltbild Othmar Spanns, München 1983, S. 150
[366] ebd.
[367] ebd.
[368] ebd.

Gesamtganze der Wirtschaft eingliedert, das heißt wirtschaftlich fruchtbar macht".[369]Walter Becher hält Othmar Spann gegenüber, daß „der Markt kein Billardkugelspiel sei, sondern ein schöpferischer Vorgang, der Güter und Menschen zu einer wirtschaftlichen Fruchtbarkeit zusammenführt. Er leitet ökonomische Umgliederungen weiter und ruft selber Umgliederungen hervor".[370] Er kommt zu der Schlußfolgerung: „Die Wirtschaft, nicht der Markt ist das Ganze".[371]

Die Gestaltung von Wirtschaftsordnung und Wirtschaftsablauf geht in den Teilbereich der Politik, die zum Ziel hat, eine Steigerung der wirtschaftlichen Leistungsfähigkeit zu erreichen, die einer verbesserten Lebenshaltung zur Förderung des menschlichen Wohlstandes dient, jedoch Stabilität und Wachstum gefordert wird. Die Stabilität beinhaltet Vollbeschäftigung, Geldwertstabilität und außenwirtschaftliches Gleichgewicht und kann auf Dauer einer weltweiten Inflation als mangelnde Stabilität des Wachstums und so die Steigerung des Wohlstandes gefährden. In dem daraus ergebenen Wachstumsprozeß wird im Verbund mit dem Wirken des technischen Fortschritts eine Änderung der Produktnachfrage ausgelöst, die einen gesellschaftlichen Strukturwandel bewirkt. Dabei bedarf es der Beachtung, daß bei der Lösung der Wirtschaftsprobleme die Wirtschaftsordnung und die sozialen Interessen nicht übersehen werden dürfen.

Immer schon hat der Markt das Austauschverfahren von Gütern bestimmt, das sozialverträglich auch die Leistungen nach dem Prinzip Angebot und Nachfrage geregelt und diese Grundform auch heute noch Gültigkeit hat, wenn die Teilnehmer das Marktgeschehen über Angebot und Nachfrage frei entscheiden können. Der Mensch im Streben nach Erhalt seiner Existenz wird stets bemüht

---

[369] ebd.
[370] ebd., S. 153
[371] ebd.

sein, Vorteile im Marktgeschehen zu suchen, um selbstverantwortlich seine Entscheidungen zu treffen, um seinen Bedürfnissen gerecht zu werden. Wenn das Kräftespiel von Angebot und Nachfrage den Preis bestimmt, der sich je nach Lage des Marktes den Marktverhältnissen anpaßt und die Funktion des Marktablaufs übernimmt, obliegt dem Preis doch die Aufgabe, Wirkungen zu vermeiden, die zum Verlust der Marktorientierung führen und die Ordnung der Marktwirtschaft in Frage stellen kann.

Die für die Gesellschaft an Bedeutung gewonnene Wirtschaft und ihre Eigengesetzlichkeiten ergaben wirtschaftliche Anschauungen, die vielfältige Wandlungen erfahren mußten, die zur Frage verleiteten, ob die Funktion des Marktes die Bedürfnisse der Menschen frei und uneingeschränkt und die sozialen Belange des Gemeinwohls zu erfüllen in der Lage ist, kann aus der Betrachtung der Entwicklung des Wirtschaftslebens die Antwort mit „Ja" entnommen werden, wenn der Wirtschaftsliberalismus in das Wirtschaftsgeschehen einbezogen wird.

Der Liberalismus ist als freiheitliche Staats- und Wirtschaftsanschauung zu verstehen und entstand im 18. Jahrhundert als Reaktion gegen den Absolutismus mit der Erkenntnis, frei und uneingeschränkt politisch und wirtschaftlich sich zu betätigen und sinngemäß an den Fortschritt der Menschheit im Rahmen des freien Spiels der Kräfte zu glauben. Der hieraus erwachsene Wirtschaftsliberalismus in Anlehnung an den Kapitalismus setzte sich zunächst in den Bereichen der sozialen Mißstände durch und bildete das Fundament des Wirtschaftsaufschwungs im 19. Jahrhundert. Auf diese freisinnige Weltanschauung erhielt der Wirtschaftsliberalismus von dem Sozialismus und dem Kommunismus als Gegner sehr bald eine entsprechende Reaktion, die stärker war als der Widerstand der konservativen Kräfte. Die Bedeutung des Wirtschaftsliberalismus in seiner Wirkung standen der Markt und das Privateigentum im Mittelpunkt des ökonomischen Handelns, was den Volkswohlstand und die Existenzsicherheit bringen und die Verwirklichung des Gemeinwohls erschlossen werden sollte. Dieses Wirtschaftssystem praktizierte eine wirtschaftliche Dynamik, die den technischen Fortschritt herausforderte, Fabriken entstehen ließ und Reichtümer sich anhäuften, was zur Ausnutzung des Menschen in Betrieben führte. „Nichts dürfte der Sache des Liberalismus so sehr geschadet haben wie das starre Festhalten einiger seiner Anhänger an gewissen Faustregeln, vor allem an dem Prinzip des Laissez-Faire".[372] So sah es Friedrich A. Hayek und der Wirtschaftsliberalismus konnte trotz seiner Erfolge den Verteilungsproblemen und den sozialen Erwartungen nicht gerecht werden, was zu Aufständen in den Produktionsstätten führte. Diese Unruhen wurden von den sozialistischen Gruppen für ihre politischen Ziele aufgenommen und die sozialen Probleme des Wirtschaftsliberalismus fanden besonders nach dem ersten Weltkrieg als Mittel für ihren Kampf gegen den Liberalismus Anwendung, wie es ideologisch und faktisch gegen den Liberaliusmus in Rußland angewandt wurde. So stand der Wirtschaftsliberalismus der Planwirtschaft gegenüber, die ihr Ziel mit dem Wort „Gemeinwohl" umschrieben hat, um damit ihr wirkliches Vorhaben zu verschleiern. Hierzu Friedrich A. Hayek: „Daß die Planwirtschaft zu einer Situation führt, in der wir uns über weit mehr Punkte einigen müssen, als wir gewohnt sind, und daß wir in einem planwirtschaftlichen System die gemeinsame Aktion nicht auf Ausgaben beschränken können, in denen Übereinstimmung erzielt werden kann, sondern daß wir genötigt sind, sie in allem und jedem zu erzwingen, damit überhaupt eine Aktion unternommen werden kann - das ist eines der Merkmale der Planwirtschaft, das mehr als alle anderen ihr Wesen

---

[372] Hayek, Friedrich A.: Der Weg zur Knechtschaft, fünfte unveränderte Auflage, Landsberg am Lech, 1982, S. 37

bestimmt".[373] Hier stößt die individuelle Freiheit des Liberalismus und der Kollektivismus mit seinen verschiedenen Arten des Kommunismus und des Faschismus aufeinander, die sich vom Liberalismus darin unterscheiden, als sie die Gesellschaft als Ganzes in ihrem Produktionsablauf zu Erreichen ihres Zieles sehen und keine individuellen Wünsche dulden. Dieser totalitäre Wirtschaftsakt mit seinen übereinstimmenden Produktionszielen steht im Widerspruch zu der freien Gesellschaft, in der es wohl keine Veranlassung gibt, den Zielen der Planwirtschaft nachzugehen, da sie vom Prinzip der Diktatur betrieben wird und einer bewußten Lenkung unterliegt, wie es Hiaire Belloe beschreibt: „Das Kommando über die Güterproduktion ist das Kommando über das menschliche Leben schlechthin".[374] Dieser Aussage hat inhaltlich zur Folge, daß die autoritäre Lenkung der Planwirtschaft nicht nur die Wirtschaft berührt, sondern auch die Gesellschaft und den Staat, da alle drei Bereiche nicht voneinander zu trennen sind und in der Verfolgung ihrer Ziele dicht beieinander liegen.

Obwohl der Sozialismus autoritär gegen den Liberalismus der französischen Revolution 1789 seinen Anfang nahm, wurde er nicht in dem Umfang seiner diktatorischen Grundlagen ernst genommen. Erst als die Begründer des Sozialismus ihre Absichten frei gaben, die Freiheit als das Grundübel der Gesellschaft des 19. Jahrhunderts deklarierten „und der erste moderne Planwirtschaftler, Saint-Simon, sagte sogar voraus, daß man diejenigen, die seinen projektierten Planwirtschaftsstellen den Gehorsam verweigerte, wie Vieh behandeln würde"[375], stieg die Aufmerksamkeit bis hin zur Bekämpfung des Sozialismus.

---

[373] ebd., S. 88f.
[374] ebd., S. 119
[375] ebd., S. 44

Die stark anwachsenden demokratischen Strömungen, die von der Revolution 1848 ausgingen, brachten den Sozialismus zum Stillstand und ging soweit, daß er sich an die freiheitlichen Bestrebungen anlehnte, um sein wahres Gesicht zu tarnen, was Alexis de Tocqueville (1805-1859) nicht verborgen blieb und in seinem von Friedrich A. Hayek übernommenen Zitat zum Ausdruck kommt: „Die Demokratie dehnt die Sphäre der individuellen Freiheit aus, der Sozialismus dagegen schränkt sie ein. Die Demokratie erkennt jedem einzelnen seinen Eigenwert zu, der Sozialismus degradiert jeden einzelnen zu einem Funktionär der Gesellschaft, zu einer bloßen Nummer. Demokratie und Sozialismus haben nur ein einziges Wort miteinander gemeinsam: die Gleichheit. Aber man beachte den Unterschied: während die Demokratie die Gleichheit in der Freiheit sucht, sucht der Sozialismus sie im Zwang und in der Knechtung".[376] Der Glaube, der Sozialismus werde die Freiheit bringen, den der Sozialismus stets mit Nachdruck ins Feld seiner Eroberungszüge führte, hat in heutiger Betrachtung des Zusammenbruchs der Sowjetunion und der Ostblockstaaten gezeigt, daß der Sozialismus Dank der Entwicklung des Wirtschaftsliberalismus dem Liberalismus weichen mußte.

Die sehr bald erkannten Bedenken der sozialistischen Planwirtschaft, gaben zu Überlegungen Anlaß, inwieweit beim Wirtschaftsliberalismus mit seiner freien Marktwirtschaft aufgekommene Fehler in diesem Wirtschaftssystem beseitigt werden können, wie beispielsweise die soziale Lage der Arbeiter verbessert werden kann, ohne auf die Vorteile der Marktwirtschaft verzichten zu müssen. Die sozialpolitischen Rahmenbedingungen haben zwar zur Verringerung der sozialen Konflikte beigetragen und verbesserten die Orientierung des Gemeinwohls, aber die noch vorhandenen sozialen Mißstände konnten nicht ganz

---

[376] ebd., S. 45

abgeschafft werden. Die Bemühungen, die sozialen Probleme zu lösen, führten zu der Erkenntnis, daß die Freiheit als solche nicht alleine ausreicht, sondern von einer Freiheitsordnung ausgegangen werden muß, die als Ordoliberalismus von der Gesellschaft angenommen werden muß. Um eine Wirtschaftsordnung zu erhalten, die den von der Gesellschaft abverlangten sozial-, wirtschafts- und gesellschaftspolitischen Werten im Rahmen der marktwirtschaftlichen Abläufe entsprechen, müssen auch die christlichen Ordnungsgedanken mit einbezogen werden. Damit fällt dem Staat die Aufgabe zu, Rahmenbedingungen zu schaffen, die den marktwirtschaftlichen Prozessen und dem Gemeinwohl dienen.

Hieraus erwuchs die Erkenntnis, daß nach dem Zweiten Weltkrieg der Liberalismus mit einem erneuerten Liberalismus in das Wirtschaftsgeschehen aufgenommen werden muß, was auch die Erfahrungen der Begründer der Idee der Sozialen Marktwirtschaft, auf die später ausführlich eingegangen wird, gezeigt haben. Die daraus entwickelte Idee der Sozialen Marktwirtschaft mit einer wissenschaftlich begründeten soziologisch fundierten Sozial- und Wirtschaftsethik hat Ludwig Erhard (1897-1977) mit Hilfe der Vordenker Goetz Briefs (1889-1974), Alexander Rüstow (1885-1963), Wilhelm Röpke (1899-1966), Franz Oppenheimer (1864-1943) und Friedrich A. Hayek auf einem völlig neuen Weg mit der Übernahme der ordoliberalen Wirtschaftslehre und der christlichen Sozialethik die 1949 neu entstandene Bundesrepublik Deutschland als eine repräsentative Demokratie aus dem wirtschaftlichen Chaos herausgeführt. Hierbei darf die calvinistische Wirtschaftsethik nicht übersehen werden, wie in Max Webers (1864-1920) „Studien über die Ethik des Protestantismus und dem Geist des Kapitalismus" die Annahme besteht, „daß die einmalige Entfaltung der industriellen Gesellschaft im Abendland auf die calvinistische Wirtschaftsethik als Antriebskraft zurückgeht"[377] und nur im Zusammenwirken mit der auf den Regeln des heiligen Benedikt von Nursia beruhenden benediktinischen Arbeitsethik die Impulse für die wirtschaftliche Entwicklung und Leistungsfähigkeit der Wirtschaft ausgelöst wurden.

Die Soziale Marktwirtschaft ist die Wirtschaftsordnung sozial verantworteter Freiheit und basiert auf der Grundlage einer freiheitlichen Gesellschaft, der Idee des Liberalismus im 18. Jahrhundert, entwickelte sich über den sozialen Liberalismus und des Ordoliberalismus im Rahmen des Gedankenguts der katholischen Soziallehre und der evangelischen Sozialethik oder mit anderen Worten gesagt: sie ist der europäischen, kulturellen Tradition entsprungen. So gesehen ist die Soziale Marktwirtschaft eine anpassungsfähige soziale Ordnung, in die der Mensch von der Anthropologie und von der Soziologie erbrachten grundlegend geistigen Erkenntnissen in den Mittelpunkt des wirtschaftlichen Geschehens gestellt wird, was wohl unwiderruflich als „Schlüssel" zum wirtschaftlichen Aufstieg nach einem in Trümmern gelegenen Deutschland zu bewerten ist. In diesem Zusammenhang soll nun auf die Grundlagen der Sozialen Marktwirtschaft weiter eingegangen werden.

---

[377] Bossle, Lothar: Goetz Briefs - die Verkörperung der Synthese zwischen christlicher Sozialethik und ordoliberaler Wirtschaftslehre, in: Bossle, Lothar; Kürpick, Heinrich (Hrsg.): Mit Goetz Briefs in das 21. Jahrhundert, Paderborn 1994, S. 60

6.1.1 Grundlagen der Sozialen Marktwirtschaft

Rückblickend auf die Wortführung „Soziale Marktwirtschaft" zeigt Wilhelm Röpke, der den Neoliberalismus vertrat und eine sozial und ethisch verpflichtete Marktwirtschaft verfocht, in der „Festgabe für Alfred Müller"[378] den Weg zur geistigen Bewegung von der Theorie bis zur Realisierung der Sozialen Marktwirtschaft, der zu Alfred Müller-Armack (1901-1978) führte und als Vertreter der Freiburger Schule den Begriff „Soziale Marktwirtschaft" prägte und später 1959 anläßlich eines Diskussionsbeitrags in Bad-Neuenahr feststellte: „Der Name Soziale Marktwirtschaft hat sich für unser Wirtschaftssystem eingebürgert, es ist eine Synthese zwischen einer freien und einer sozial verpflichteten Gesellschaftsordnung"[379], die wirtschaftlich und politisch schon in den Anfangsphasen an Bedeutung gewonnen hat.

Nach dem ersten Weltkrieg, eine Zeit der Wirtschafts- und Kulturkatastrophen mit ihrem Kollektivismus und Inflationismus, konnte keine Lösung zur Verhinderung des erfolgten Wirtschaftszusammenbruchs gefunden werden. Der in Umlauf gebrachte Namen der Sozialen Marktwirtschaft mußte nun nach dem Zweiten Weltkrieg den Beweis antreten, mit dem sich die Ökonomen und Soziologen unter der Federführung von Alfred Müller-Armack beschäftigt haben. Selbst Wilhelm Röpke fiel es schwer, dem Entstehen „des Gedankens der Sozialen Marktwirtschaft im einzelnen zu erforschen und darzustellen".[380] Nach dem Verständnis von Lothar Bossle kann die Soziale Marktwirtschaft nicht als eine Sozialökonomie mit dem Charakter einer Volkswirtschaft verstanden werden, sondern: „... daß die Idee der Sozialen Marktwirtschaft nur noch in

---

[378] Röpke, Wilhelm: Die Laufbahn der Sozialen Marktwirtschaft, in: Wirtschaft, Gesellschaft und Kultur, hrsgg. von Greiß, Franz und Meyer, Fritz, Berlin 1961, Titelseite
[379] Müller-Armack, Alfred: Ökonomischer Humanismus, Neoliberale Theorie, Soziale Marktwirtschaft und christliche Soziallehre, Köln 1960, S. 67
[380] Röpke, Wilhelm, a.a.O., S. 4

einem verkümmerten und ausgemergelten Zustand zurückbleibt, wenn man ihr die philosophische Grundlegung entzieht und nicht mehr wahrhaben will, daß ihre Umsetzung nur in der Soziologie einer freiheitlichen, politischen und wirtschaftlichen Ordnung möglich ist"[381] und daß „... der Neo- oder besser der Ordoliberalismus ohne philosophischen, soziologischen und sozialgeschichtlichen Begründungszusammenhang nicht gesehen werden kann".[382] Wenn Wilhelm Röpke von „vorwärtsgestartet" spricht, meint er, daß Irrtümer korrigiert und mit soziologischem, liberalem und christlichem Gedankengut Ideen entwickelt werden müßten, um der Sozialen Marktwirtschaft den Stellenwert zu geben, der den Verdiensten Alfred Müller-Armacks entspricht. Also mußte darum gerungen werden, die Grundwerte hierfür wie Freiheit und Ordnung, Christentum und Solidarität zu schaffen, was dann auch in einer zweiten Nachkriegszeit Ende der vierziger Jahre gelang.

Als nach 1945 die ausgelöste hohe Arbeitslosigkeit, der Hunger und die Inflation in der Bundesrepublik Einzug hielt und sich ein gewaltiger Flüchtlingsstrom über sie ergoß, kam für Alfred Müller-Armack mit seiner politischen Gestaltungsgabe die Stunde des Erfolgs, der zur „wirtschaftlichen Erstarkung Deutschlands" entscheidend beitrug. Auch Walter Becker kam zu dieser Erkenntnis: „Die Öffnung zur freien Marktwirtschaft, also die Verwirklichung der klassischen Lehren, erwies sich mit der Kühnheit ihrer Repräsentanten als ein Zaubermittel, das uns aus der Not und dem Elend, von der Zwangswirtschaft des Krieges befreite".[383] Auf Empfehlung der Vorkämpfer der Sozialen Marktwirtschaft hat sich Ludwig Erhard (1897-1977) rasch dazu entschlossen, die Bedeutung dieser Wirtschaftsordnung in Freiheit mit ihrem politischen und sozialen Inhalt für den

---

[381] Bossle, Lothar: Perspektive 2000. Der ökonomische Humanismus im Geiste Alexander Rüstows, Würzburg 1987, S. 31
[382] ebd.
[383] Becker, Walter: Der Blick aufs Ganze, Das Weltbild Otmar Spanns, München 1985, S. 147

Wiederaufbau der Wirtschaft anzuerkennen, um sicherzustellen, daß die Ernährungslage, die Vollbeschäftigung, ein System der sozialen Sicherheit, die Infrastruktur im Bildungs- und Verkehrswesen, Wohlstand und ein stetes Wachstum zu schaffen und die Bundesrepublik in den Bereich der Welthandelsländer einzuordnen. „Der Wiederaufbau weckte Energien, die nie Erwartetes schufen, Wissenschaft, Technik und Massenfabrikation ermöglichten in erstaunlich kurzer Zeit einen Lebensstandard, der dem der Eltern und Großeltern überlegen war". [384]

Ausschlaggebend war, wie Alfred Müller-Armack bemerkt, daß Ludwig Erhard die Soziale Marktwirtschaft angenommen, durchgesetzt, die Menschen ermutigt, das Streben nach Leistung und die Eigeninitiative gefördert hat. Dieses Geschehen als „Wirtschaftswunder" zu bezeichnen, wie es heute noch geschieht, hat Alfred Müller-Armack keine Erklärung, da hier „keine übernatürlichen Kräfte, sondern in erster Linie ganz real der Leistungswille, das technische Können und der Fleiß der deutschen Bevölkerung sowie das unternehmerische Potential der sich wieder entwickelten deutschen Industrie und des Handwerks". [385] Auch bedarf es der Anmerkung, daß die von der neuen Wirtschaftsordnung profitierten Landwirtschaft zum wirtschaftlichen Wiederaufbau bemerkenswert beigetragen hat. Ludwig Erhard sah den wirtschaftlichen Wiederaufbau nicht als ein Wirtschaftswunder an, sondern war der Ansicht: „Was sich in Deutschland vollzogen hat, war alles andere als ein Wunder. Es war nur die Konsequenz der ehrlichen Anstrengung eines ganzen Volkes, das nach freiheitlichen Prinzipien die

---

[384] ebd.
[385] Müller-Armack, Andreas: Die Philosophie der Sozialen Marktwirtschaft, in: Kreativität des Handelns. Vom Ingenium des Unternehmers, Festschrift für Ludwig Eckes zum 65. Geburtstag, hrsgg. von Lothar Bossle und Konrad Bonkosch, Würzburg 1978, S. 90

Möglichkeit eingeräumt bekommen hat, menschliche Initiative, menschliche Energien wieder anwenden zu dürfen".[386]

Das Schlagwort Wirtschaftswunder ist als Charakterisierung des unerwartet schnellen und nachhaltigen Aufstiegs der westdeutschen Wirtschaft nach dem Zusammenbruch 1945 zu verstehen. Der Neuaufbau der Produktionsstätten nach modernstem technischen Stand, die Investition und Kapitalbildung begünstigende Währungsreform und Steuerpolitik und die ausländische, besonders amerikanische Starthilfen sowie die Entfaltung der unternehmerischen Initiative als das freie Spiel der Kräfte, gaben den Menschen persönlichen Wohlstand und der Wirtschaft Sicherheit und Stabilität.

Es blieb nicht aus, daß in der Politik und Wirtschaft wie auch bei dem damaligen Bundeskanzler Konrad Adenauer (1876-1967) Zweifel aufkamen, ob mit der Sozialen Marktwirtschaft auch wirklich der richtige Weg zur Gesundung der Wirtschaft gegangen werden kann. Wilhelm Röpke hat anläßlich einer persönlichen Begebenheit 1950 mit Konrad Adenauer zur Frage von Konrad Adenauer „Ist die deutsche Wirtschaftspolitik richtig?" in seinem Gutachten Stellung bezogen, indem er die Frage „... ohne wesentliche Einschränkungen bejahen konnte".[387] Hieraus schlußfolgert Lothar Bossle: „... der freiheitliche Rechtsstaat, indem allein eine Marktwirtschaft sich nur geborgen fühlen kann, hat keinerlei Gemeinsamkeit mit dem Obrigkeitsstaat früherer Zeiten oder mit einem sozialistischen Staatshandelsland" und „... jeder Zentralismus neigt dazu, die gesellschaftlichen Wirkkräfte zu übersehen".[388]

---

[386] Breitenbach, André: Was sich vollzogen hat, war keinesfalls ein Wunder, in: Main-Echo, Zeitgeschichte, Aschaffenburg, 4. Februar 1997, S. 5
[387] Röpke, Wilhelm: Die Laufbahn der Sozialen Marktwirtschaft, a.a.O., S. 8
[388] Bossle, Lothar: Perspektive 2000, a.a.O., S. 37

Damit ist gesagt, daß die Soziale Marktwirtschaft zur Durchsetzung ihrer Erfolge einen demokratischen Rechtsstaat benötigt, der in seiner Funktion in Verknüpfung mit der Wirtschaft und den technologischen Strukturen zukunftweisend in der Sozialen Marktwirtschaft einen Rahmen herstellt, in dem sie für den Wohlstand der Gesellschaft sorgen kann.

Um Ludwig Erhard als den Dirigenten der Sozialen Marktwirtschaft und seine für den hohen materiellen Wohlstand vollbrachten Leistungen zu verstehen, muß auf seine Person als Mensch, Politiker und Ökonom ein Rückblick erfolgen und dies um so mehr, als am 04. Februar 1997 sein 100. Geburtstag in Fürth gefeiert wurde. Aus der Presse [389] ist zu entnehmen, daß Ludwig Erhard nach seinem Geburtsjahr 1897 eine kaufmännische Lehre abschloß, im Jahre 1919-1925 sein Studium der Wirtschaftswissenschaften absolvierte und bei Franz Oppenheimer promovierte, der ihm die Impulse und die Kenntnisse für seine spätere Soziale Marktwirtschaft mit auf den Weg gegeben hat. Er war drei Jahre Geschäftsführer im elterlichen Textilbetrieb, danach bis 1942 tätig am Institut für Wirtschaftsbeobachtung der deutschen Fertigware und gründete 1942 das „Institut für Industrieforschung". Im Jahre 1944 verfaßte er die Denkschrift „Kriegsfinanzierung und Schuldenkonsolidierung", die als Ansatz seines späteren Programms für die Soziale Marktwirtschaft angesehen werden kann, das er als Direktor des Wirtschaftsrates in seiner Antrittsrede am 21. August 1948 vorlegte, nachdem er vorher fast drei Jahre als Bayerischer Wirtschaftsminister fungierte, die ihn zusätzlich befähigten, die Grundlagen seiner Marktwirtschaftsvorstellungen zu festigen. Erst mit der Währungsreform am 20. Juni 1948, die einen mit viel Risiko einen glücklichen Verlauf nahm, konnte Ludwig Erhard Dank seiner Beharrlichkeit, die später in gutem Sinne als Starrköpfigkeit bezeichnet

---

[389] Heckmann, Hans: Als Minister gelobt, als Kanzler geschmäht, in: Main-Echo, Zeitgeschichte, Aschaffenburg, 4. Februar 1997, S. 5

wurde, seinen Siegeszug der Sozialen Marktwirtschaft beginnen. Obwohl die Gewerkschaften[390] und Sozialdemokraten am 12. November 1948 mit einem Generalstreik die Grundfesten seiner Wirtschaftspolitik ins Wanken bringen wollten, bestand er seine Bewährungsprobe trotz einer zweiten Belastung 1951 mit dem Anstieg der Arbeitslosen, die nicht dem Wort „Sozial" nach Meinung seiner Gegner entsprach. 1949 wurde Ludwig Erhard Bundeswirtschaftsminister und hatte nun bundesweit die Möglichkeit, seinen Einfluß auf die Marktwirtschaft auszuüben. Sie führte zu wirtschaftlichen Erfolgen, die im Jahre 1954 mit der Vollbeschäftigung einherging, was Ludwig Erhard jedoch nicht davon abhielt, die Bevölkerung zum „Maßhalten" aufzurufen.

Im Oktober 1963 wird Ludwig Erhard Bundeskanzler und muß nach drei Jahren zurücktreten, nachdem die FDP-Minister Ludwig Erhards Kabinett verlassen haben. Er wird danach weiterhin in den Bundestag gewählt und übernimmt von 1972 bis zu seinem Todestag am 5. Mai 1977 das Amt des Alterspräsidenten.

Sein Leben galt der Sozialpolitik und als Krönung seiner Arbeit kann zweifelsohne die Soziale Marktwirtschaft genannt werden, was auch in seiner Regierungserklärung am 10. November 1965 vor dem Bundestag zum Ausdruck gekommen war: „Eine moderne Sozialpolitik hat vielmehr danach zu trachten, daß jedermann sich als freier und selbstverantwortlicher Staatsbürger in der Gesellschaft bewegen kann. Deshalb ist das Ziel, alle sozialen Gruppen vor einer Entwicklung zu bewahren, in der sie zunehmend bloß Objekte staatlicher Fürsorge sind. Die Bundesregierung verkennt dabei nicht die Notwendigkeit, eine umfassende Daseinsvorsorge für unsere gesamte Gesellschaft zu betreiben".[391]

---

[390]Es ist festzustellen, daß der Deutsche Gewerkschaftsbund erst im Grundsatzprogramm 1996 sich der Sozialen Marktwirtschaft genähert hat, wenn er sagt: „Die sozial regulierte Marktwirtschaft bedeutet gegenüber einem ungebändigten Kapitalismus einen großen historischen Fortschritt. Die soziale Marktwirtschaft hat einen hohen materiellen Wohlstand bewirkt",Quelle: Historischer Fortschritt, in: Main-Echo, Zeitgeschichte, Aschaffenburg, 4. Februar 1997, S. 5
[391] Heckmann, Hans: a.a.O., S. 5

Ludwig Erhard sah die Wirtschaft nie als Selbstzweck und ließ die wettbewerbliche Ordnung gelten, „in der allein Freiheit und Gleichheit jedes einzelnen realisiert werden kann, diese Ordnung war ihm gesellschaftspolitisches Leitbild, das heißt: ein zu verwirklichendes Ziel und nicht bloß Mittel zur Verwirklichung anderer Ziele".[392] Auch ging es Ludwig Erhard nicht alleine um die wirtschaftlichen Erfolge, sondern sein Bestreben „Wohlstand für alle" ließ erkennen, daß die Marktwirtschaft als liberales und gesellschaftspolitisches Leitbild zu sehen ist, das mit der Wiederbesinnung an die Tugenden zu den Leistungen des Wiederaufbaus beitrug. Aus soziologischer Sicht fand Ludwig Erhard auch Verständnis für die Haltung der Gewerkschaften und ließ eine gerecht durchgeführte Tarifautonomie gelten, die er in einer modernen Marktwirtschaft im Rahmen seiner verstandenen Arbeitsteilung sogar für notwendig hielt.

Die Gesamtaufgabe der Sozialen Marktwirtschaft ist mit der Schaffung einer arteigenen Wettbewerbsordnung nicht zu lösen, da neue Anforderungen an die Wirtschaft bedingen und immer neue Lösungsversuche unternommen werden müssen, die dem Geist der Sozialen Marktwirtschaft entsprechen bzw. auf die sozialen Erfordernisse Rücksicht genommen werden muß. Der Gesamtkomplex der Sozialen Marktwirtschaft kann auch nicht alleine von der ökonomischen Wissenschaft gelöst werden, sondern interdisziplinär in Zusammenarbeit mit den Bereichen des technischen Fortschritts und mit den Sozialwissenschaften mit Blick auf die Prinzipien der Sozialen Marktwirtschaft, um eine hinreichende Basis für die Gesellschafts-, Kultur- und Sozialpolitik zu erreichen, die der Industriegesellschaft und der Politik Freiräume für die Einhaltung und

---

[392] Wünsche, Horst: Alexander Rüstow und die Soziale Marktwirtschaft Ludwig Erhards, in: Perspektive 2000, Der ökonomische Humanismus im Geiste Alexander Rüstows, hrsgg. von Lothar Bossle, Würzburg 1987, S. 125

Stabilisierung der marktwirtschaftlichen Ordnung schaffen, wie dies auch von Christian Watrin verstanden wird: „Der Wert marktwirtschaftlicher Politik in unserem Lande aber liegt zuerst und vor allen Dingen in den Freiheitsräumen, die sie jedem einzelnen nicht nur formal eröffnet, sondern die sie ihn auch als reale Bestandteile seines Lebens erfahren läßt. Nicht nur die Freizügigkeit der Güter, sondern auch der Mensch ist ein wichtiger Bestandteil der menschlichen Ordnung".[393]

Die Strukturordnung innerhalb der Wirtschaftsbereiche läßt erkennen, daß eine Wirtschaftsordnung nur von mehreren Regeln und Grundsätzen getragen werden kann, die der Ordnung gesellschaftlichen Verhaltens und dem Wesen des Menschen und seiner Erfahrung entgegenkommt. Die Grundlagen der Sozialen Marktwirtschaft beruhen auf drei Prinzipien, die näher erläutert werden sollen. Wenn das Personenprinzip angesprochen wird, ist die Person in seiner Eigenart ein geistbegabtes Wesen und in seiner Vernunftnatur weiß es sittlich zu handeln. Das besagt, daß der Mensch selbstbestimmend ein freier Mensch in seinen Entscheidungen an sittlichen Normen gebunden ist und den Anspruch erhebt, daß die Freiheit des Menschen in allen seinen Lebensbereichen nicht teilbar und von einer Rechtsordnung zu sichern ist. So gewinnt der Mensch seine Anerkennung als Person, aus der sich Grundrechte ableiten, die von der Sozialen Marktwirtschaft und der Verfassung der Bundesrepublik als demokratischer und sozialer Rechtsstaat getragen werden. Das nächste Prinzip meint das Gemeinschaftsprinzip, das in wirtschaftlicher und sozialer Hinsicht das sittliche auf die Gesellschaft bezogene gemeinwohlorientierte Handeln anspricht und zwecks Aufrechterhaltung der gesetzlichen und sozialen Gerechtigkeit zur Pflicht

---

[393] Watrin, Christian: Wie gefährdet ist die Soziale Marktwirtschaft, in: Kreativität des Handelns, Vom Ingenium des Unternehmers. Festschrift für Ludwig Eckes zum 65. Geburtstag, hrsgg. von Lothar Bossle und Konrad Bonkosch, Würzburg 1978, S. 137f.

wird, was zum Zusammenschluß des Einzelnen zum Ganzen im gesellschaftlichen Dasein führt und dem Solidaritätsprinzip Geltung verschafft. Falls sich der Mensch als Einzelperson in der Gemeinschaft mit anderen Personen wechselhaft verbunden und verpflichtet fühlt, ist das Subsidiaritätsprinzip angesprochen, da bei der Hilfestellung die kleine Personengruppe gegenüber der größeren bevorzugt werden muß, bzw. es steht die größere Personengruppe in der Pflicht, der kleineren Gruppe zu helfen, wenn dieser zur Erfüllung ihrer Aufgabe die nötigen Kräfte fehlen. Nach Bewertung der drei Sozialprinzipien ist zu erkennen, daß alle drei Prinzipien sich gegenseitig durchdringen und sich ergänzen. Sie sind als geistige Grundlage der Sozialen Marktwirtschaft zu bewerten. Staatspolitisch könnten die Prinzipien mit dem Ausdruck „So viel Staat wie nötig, so wenig Staat wie möglich" verglichen werden.

Die Feststellung, daß Geschichte und Kultur mit dem Prozeß der technischen Entwicklungen schon im Abendland in Zusammenhang gebracht werden kann, zeigt Benedikt von Nursia deutlich auf, wenn er das Ethos der Arbeit mit dem Leitspruch „Ora et labora" (bete und arbeite) anspricht, das als Arbeitsethik in der modernen Arbeitswelt Aufnahme gefunden hat. Im Zusammenwirken mit der Calvinistischen Wirtschaftsethik, die sich auf den schweizer Reformer Johannes Calvin (1509-1564) stützt, sind beide für die Soziale Marktwirtschaft unverzichtbar. Lothar Bossle macht darauf aufmerksam: „Wie Europa nur zu herausragenden wirtschaftlichen, sozialen und politischen Leistungen imstande ist, wenn alle Schichten ihren Beitrag dazu bringen, so muß auch der europäische Binnenmarkt in seiner Kultur- und wirtschaftlichen Begründung auf der konomischen Synthese von Benediktinischer Arbeitsethik und Calvinistischer Wirtschaftsethik beruhen".[394]

---

[394] Bossle, Lothar: Die Arbeitsethik als Grundlage des europäischen Binnenmarktes, a.a.O, S. 43

Es entwickelte sich und reifte eine Industrie heran, die nur zur Leistung gelangen konnte, weil es nach Karl Jaspers (1883-1969) im christlichen Abendland zum Verbund der Gegensätzlichkeit gekommen ist: „Welt und Transzendenz, Wissenschaft und Glaube, Weltgeschehen und Religion".[395] Es kann davon ausgegangen werden, daß die industriegesellschaftlichen Durchbrüche ohne religiös fundierte Ethik nicht zum Arbeits- und Leistungsethos kommen konnte und dem Soziologen Max Weber die Reformation als „das Aufbruchszeichen für die industriegesellschaftliche Modernisierung Europas am Horizont erschien"[396] sowie Ernst Troeltsch (1865-1923) darauf hinwies, „daß schon das Mönchtum das abendländische Arbeitsideal zuallererst verwirklicht hat".[397] So hat sich die Arbeitsethik im Ablauf der Geschichte zu einer Wirkung auf den Arbeitsalltag entwickelt, sich epochal immer wieder regeneriert und dem Arbeitsleben aufs Neue eine Kraftquelle gegeben.. So „muß uns zu der allzu lange vom Fortschrittsglauben zugeschütteten soziologischen Erkenntnis führen, daß die Religion nicht nur die Quelle der Kultur, sondern ebenso der Ursprung der modernen Industriegesellschaft ist".[398]

Hinsichtlich der Sozialen Marktwirtschaft und ihrer in Zusammenhang bringenden sozialen Fragen und Probleme hat sich die christliche Soziallehre „sofern sie systematisch und konsequent angewendet wird, als ein überaus effektives, differenziertes und im notwendigen Umfang variables Instrument erwiesen"[399] und „die Christliche Soziallehre, um die wir uns heute zu kümmern

---

[395] Jaspers, Karl: Vom europäischen Geist, in: Reden zur Zeit, Bd. 15, Würzburg o. Jahr, S. 13
[396] Bossle, Lothar: Die Arbeitstehik als Grundlage des europäischen Binnenmarktes, a.a.O, S. 42
[397] ebd.
[398] Bossle, Lothar: Beethovens Sieg über Lenin, Paderborn 1992, S. 92
[399] Herr, Theodor: Erneuerung der christlichen Soziallehre im Geiste des Evangeliums und des Zweiten Vatikanischen Konzils, in: Mit Götz Briefs in das 21. Jahrhundert, hrsgg. von Lothar Bossle und Heinrich Kürpick, Paderborn 1994, S. 26

haben, ist nicht für den Himmel, sondern für den Menschen auf dieser Erde bestimmt"[400].

Die soziale Marktwirtschaft muß in ihrer Bedeutung als eine sozial gerechte Wirtschaftsordnung verstanden werden, die der Industriegesellschaft aus humanistischer Sicht eine menschenwürdige lebensfähige Marktwirtschaft ermöglicht. Lothar Bossle ist hier der Ansicht, „daß sich die katholische Soziallehre und die evangelische Sozialethik nur in der Würdigung des Subsidiaritätsprinzips etwas voneinander unterscheiden, enthalten ihre Verlautbarungen vom 19. Jahrhundert bis heute eine erkennbare und verläßliche Nähe zur sozialen Wirklichkeit des Industriezeitalters".[401]

Im Rückblick auf fünfzig Jahre Soziale Marktwirtschaft ist deutlich zu erkennen, daß sie mit Blick auf westliche wie erst recht auf östliche Staaten Deutschland erfolgreich den Weg des wirtschaftlichen Wachstums gegangen ist und mit den Wirtschaftsordnungsprinzipien der Sozialen Marktwirtschaft gegenüber allen anderen Wirtschaftssystemen sich bewährt hat. Jedoch darf nicht übersehen werden, daß seitens radikaler politischer Kräfte an den Fundamenten der freien Sozialen Marktwirtschaft gerüttelt wird, wenn „Beeinträchtigung des Grundkonsenses und mangelnder Erfahrbarkeit der marktwirtschaftlichen Ordnung"[402] als Gefahren erkannt werden, die bei der Sozialen Marktwirtschaft schon deshalb ausgeschlossen werden können, weil unter sozialethischen Grundlagen der Sozialen Marktwirtschaft die sittlichen Grundprinzipien zu verstehen sind.

---

[400] ebd., S. 27
[401] Bossle, Lothar: Ordoliberalismus und christliche Soziallehre - die Versöhnungsidee der 80er Jahre, hrsgg. vom Institut für Demokratieforschung, München 1983, S. 10
[402] Watrin, Christian: Wie gefährdet ist die Soziale Marktwirtschaft, a.a.O., S. 138

6.1.2 Wettbewerb und wirtschaftliches Wachstum

Unverkennbar hat die Wirtschaft die Aufgabe, den Bedarf der Menschen mit ihrer zur Verfügung stehenden Möglichkeiten und geringsten Mitteln zu decken. In Erfüllung ihrer Funktion ist die freie marktwirtschaftliche Ordnung im Rahmen des Wettbewerbs als die optimalste Voraussetzung anzusehen, welche zum wirtschaftlichen Wachstum führt. Der Wettbewerb, gesteuert vom Markt und seinen Strukturen, bewirkt den Mechanismus freier Entscheidungen des Menschen, wie es auch Wolfgang Schmitz artikuliert: „Die Freiheit des Menschen manifestiert in der Wirtschaft als Konsum-, Spar-, Eigentums-, Investitions-, Produktionsfreiheit, sowie Freiheit in der Berufs- und Arbeitsplatzwahl".[403] Die Wettbewerbsfähigkeit steht in Wechselwirkung mit der Konkurrenzfähigkeit, die vom Unternehmer Mut und Risikobereitschaft abverlangen und sich zukünftigen Technologien öffnen muß, wobei das Gleichgewicht von Solidarität und Selbstverantwortung nicht verloren gehen darf. Der Wettbewerb ist einem ständigen Strukturwandel und so stets einer neuen Herausforderung unterworfen, die von der Wirtschaft selbst bewältigt werden und auf eine staatliche Einflußnahme verzichten muß, die nur ins Abseits einer Planwirtschaft führt und, wie bekannt, die ehemaligen Ostblockstaaten das wirtschaftliche und gesellschaftliche Chaos beschert hat. Jedoch hat der Staat gewisse Rahmenordnungen zu schaffen, die dem Unternehmer zu einem fairen Leistungswettbewerb verhelfen, um dem Verdrängungswettbewerb zu widerstehen und dem wirtschaftlichen Wachstum eine Chance zu geben. Hierzu stellt Peter H. Wehrhahn, Gründungsmitglied des Bundes Katholischer Unternehmer, fest: „Wichtig für das Funktionieren des Marktsystems ist es nicht,

---

[403] Schmitz, Wolfgang: Soziale Marktwirtschaft und Ethik, in: Kreativität des Handelns. Vom Ingenium des Unternehmers. Festschrift für Ludwig Eckes zum 65. Geburtstag, hrsgg. von Lothar Bossle und Konrad Bonkosch, Würzburg 1978, S. 103

ob der Wettbewerb vollkommen ist, sondern ob es überhaupt Wettbewerb gibt" und „funktionieren kann eine marktwirtschaftliche Ordnung allerdings nur, wenn der Staat eine entsprechende Rahmenordnung garantiert".[404]

In der Marktwirtschaft ist der freie Wettbewerb als der Motor der Wirtschaft zu verstehen, der von Angebot und Nachfrage die Antriebskraft erhält, die Produktion und die Preise bestimmten. Beim Absatz der Produkte hat der Unternehmer seine Entscheidungen so zu treffen, daß er am Markt erfolgreich bleibt, um für seine Innovationen und Investitionen Gewinne zu erzielen, ohne daß die Einbindung in das Gemeinwesen als Grundlage des Handelns und die Orientierung bei der Standortbestimmung des Unternehmers in Richtung Arbeitsplatzerhaltung verloren gehen dürfen.

Nicht der Arbeitgeber und Arbeitnehmer haben alleine ihren gemeinwohl-orientierten Pflichten nachzukommen, auch ihre Arbeitgeberverbände und Gewerkschaften haben dem härter gewordenen Wettbewerb Rechnung zu tragen, um ihrer Bedeutung hinsichtlich der Solidarität, Konsensbildung und gesellschaftpolitischer Prozesse zur Lösung von Wirtschaftsproblemen gerecht zu werden. Die Marktwirtschaft ist ein wesentlicher Bestandteil der sozialen Wirklichkeit und steuert im Rahmen der Wirtschaftsordnung automatisch die ökonomischen Vorgänge im Kräftespiel von Angebot und Nachfrage, das als Wettbewerbsprinzip und als Grundgedanken zur Sicherung der wirtschaftlichen Bewegungsfreiheit und wirtschaftlichen Wachstum zu verstehen ist, womit gesagt werden kann, daß die Marktwirtschaft ein System ist, das seine Ordnung aus eigenem Handeln selbst herstellt und den Markt im Gleichgewicht hält.

Angesichts des Strukturwandels ist die Orientierung dem Experiment vorzuziehen, um nicht vom Weg der Grundlagen der Sozialen Marktwirtschaft

---

[404] Wehrhahn, Peter H.: Der Unternehmer, seine ökonomische Funktion und gesellschaftliche Verant-

abzukommen, die privates Eigentum, freien Wettbewerb und Leistung als die drei Kernelemente garantiert. Nicht neu, jedoch haben die Dienstleistungen in den Wettbereichen für den Arbeitsmarkt an Bedeutung zugenommen. Die Dienstleistungen sind der im Wettbewerb stehenden Industrie bei der Nachfrage von verbraucherorientierten Produkten unerläßlich geworden und tragen zur Stärkung der güterwirtschaftlichen Konkurrenzfähigkeit bei. Hierzu spricht Hans Jürgen Warnecke, Präsident der Frauenhofer-Gesellschaft, pragmatische Wege an: „Wir müssen, ob wir wollen oder nicht, in unserer Gesellschaft einen Strukturwandel durchmachen, hin zur Informations- und Dienstleistungsgesellschaft .... Die gesellschaftlichen, wirtschaftlichen und kulturellen Aspekte wurden in der Vergangenheit weitgehend von der Industriegesellschaft beeinflußt"[405] und nimmt in diesem Zusammenhang zur Wettbewerbsfähigkeit Stellung: „Diesen globalen Herausforderungen kann die Industrie nur begegnen, wenn die Unternehmen ihre internationale Wettbewerbsfähigkeit durch eine wesentliche Steigerung ihrer Produktivität erweitern können. Denn nur vom Hintergrund einer hervorragenden Produktion und einer wertschöpfenden Industrie in Deutschland kann der Strukturwandel zur Informations- und Dienstleistungsgesellschaft ohne sozialen Abstieg realisiert werden".[406]

Der Innovations- und Kostenwettbewerb können gemeinsam zur Entlastung des Arbeitsmarktes beitragen und der Wettbewerbsfähigkeit einen nicht übersehbaren Vorschub leisten, womit gesagt werden darf, daß weder die Industrie noch die Dienstleistungsbranche auf die Forschung und Entwicklung der Technik verzichten können, die dem Wettbewerb die Fähigkeit für das wirtschaftliche Wachstum geben. Obwohl es Wirtschaftswachstum geben muß, meint eine

---

wortung. Trier 1990, zweite Auflage, S. 13
[405] Warnecke, Hans Jürgen: Ich lehne die harten Gegebenheiten des amerikanischen Arbeitsmarktes ab, in: VDInachrichten, Nr. 51/52, 20.12.1996, S. 2
[406] ebd.

Gruppierung, daß es auch Grenzen hat, die hier die Umweltbelastung meint und nicht weiß, daß die Marktwirtschaft in ihrer Wirtschaftsordnung „in der Tat ihrer Natur nach auf wirtschaftliche Expansion angelegt ist".[407] Sind hier die Umweltprobleme angesprochen, werden die Technik und die Industrie auch Lösungen anstreben und realisieren, jedoch dürfen diese nicht den technischen Fortschritt und die Produktionsverfahren in Engpässe versetzen, die zur wirtschaftlichen Stagnation führen und einen technischen wie auch sozialen Rückschritt auslösen, den sich wohl kaum ein Land hinsichtlich der hohen Arbeitslosenzahl leisten kann. Andreas Müller-Armack, Sohn des Verfechters der Sozialen Marktwirtschaft, ist hier der Ansicht: „Wir brauchen vielmehr einer Aktivierung aller Kräfte guten Willens, um ein Höchstmaß an betrieblicher Produktivität und industriellen Leistungsvermögen in den Dienst des wirtschaftlichen sozialen und humanen Fortschritts stellen zu können".[408]

Beim Wettbewerb kann nur gewinnen, wer kreativ und marktfähige Ideen am schnellsten mit Präzision und Qualität in Innovationen umzusetzen in der Lage ist und sich der technischen Forschung und Entwicklung bedient, die im Geschehen der Wettbewerbsfähigkeit und des Marktes zum wirtschaftlichen Erfolg führen. Es müssen Wettbewerbsideen zugrunde gelegt werden, verfügbares Wissen für die Aus- und Weiterbildung, auch wenn es sein muß durch lebenslanges Lernen unabhängig von Ort, Zeit und Mobilität, das ein Grundbedürfnis der modernen Industriegesellschaft zur Erhaltung und Stabilisierung des Wettbewerbs sein muß, auf die sich die für den Wettbewerb erforderliche Flexibilität abstützt und den Ausbau der wirtschaftlichen Leistungsfähigkeit sicherstellt. Hinsichtlich dieser Feststellung und mit Blick auf die Wettbewerbsfähigkeit gehören im

---

[407] Müller-Armack, Andreas: Die Philosophie der Sozialen Marktwirtschaft, in: Kreativität des Handelns, Vom Ingenium des Unternehmers, Festschrift für Ludwig Eckes zum 65. Geburtstag, hrsgg. von Lothar Bossle und Konrad Bonkosch, Würzburg 1978, S. 93
[408] ebd., S. 94

Betriebsablauf die Leistungen der Mitarbeiter zu den Voraussetzungen eines erfolgreichen Unternehmens. Das Unternehmen muß sich zur Aufgabe machen, den Mitarbeiter zu motivieren, mehr Verantwortung zu geben und ihn voll in die Arbeitsabläufe einzubeziehen, um mitgestalten zu können und ihm den Blick auf das „Ganze" zu geben. Das setzt natürlich eine enge Zusammenarbeit der Führung des Unternehmens mit den Mitarbeitern, ein spannungsfreies innerbetriebliches Arbeitsverhältnis und eine Anpassung an die Marktbedingungen voraus, wenn eine Steigerung der Wettbewerbsfähigkeit erreicht werden soll. Es darf nicht übersehen werden, daß mit steigendem Wohlstand auch außerökonomische Ziele an Bedeutung gewonnen haben und der Berufsalltag für die Familie genügend Freiräume erstrebenswert erscheinen. Daraus folgt, daß am Beruf nicht nur Freude und Zufriedenheit besteht und die Leistung nicht nur im Geldwert zu verstehen ist, sondern auch die Befriedigung im Privatleben eine nicht zu übersehende Bedeutung erhalten hat. Der im Wandel der Industriegesellschaft ausgelöste Konflikt zwischen Beruf und Freizeit gibt zu erkennen, daß sich in der gesellschaftlichen Lebensgestaltung neben der Arbeit neue Lebensinhalte gebildet haben, die ökonomisch gesehen, der Motivation und der Wettbewerbsfähigkeit große Dienste erweisen. So gesehen, ist der Beruf nur ein Teil des Lebens und der zweite Teil das Privatleben. Beide im Gleichgewicht der Zufriedenheit zu halten, sollte Aufgabe des Arbeitgebers und des Arbeitnehmers sein, um dem Wirtschaftswachstum und der Zukunftsentwicklung auf dem Arbeitsmarkt zu dienen. Von der Leistungsbereitschaft aller am Wirtschaftsleben Beteiligten, hängt die Leistungskraft der Wirtschaft ab. Fleiß und Leistung, Arbeitsethos, Verantwortungsbewußtsein und Teamgeist sind im verschärften Wettbewerb notwendiger denn je, wenn der Wohlstand und die soziale Sicherheit gewährleistet werden sollen.

Mit den unterschiedlichen technischen Ansprüchen wird der Unternehmer stets konfrontiert, die zu einem schnell wandelnden Markt führen und der Unternehmer der Konkurrenz gegenüber gemäß der geflügelten Worte „Mehr Markt, Mehr Wettbewerb" ausgesetzt ist. Die hierfür zur Bewältigung schneller Entschlüsse für die notwendige Anpassung an den Markt, wird vom Unternehmer ein Führungsstil verlangt, der einer positiven Einstellung zum Menschen und seiner Umwelt entspricht. Mit anderen Worten gesagt, die Unternehmensführung muß bereit sein, sich so zu verhalten, wie sie es von ihren Mitarbeitern verlangt und kann nur das fordern, was sie selbst zu geben bereit ist. Ist dieser Einklang im Unternehmen erreicht, wird der Unternehmer zum Risiko bereit sein und motiviert mit Vertrauen auf die Belegschaft in den Wettbewerb einzusteigen, um wirtschaftliches Wachstum mit Gewinnen für die Sicherung der Zukunft des Unternehmens und der Belegschaft zu erwirtschaften. Der Wettbewerb ist in der freien Marktwirtschaft ein Organisationsmittel, das die Wirtschaft in Bewegung hält und trotz ihrer unübersehbaren Bedeutung auch Gefahren enthält, wenn es in Folge von Innovationstempo und Modelwechsel zum Preiskampf kommt, der in der Regel nur zu Verlusten führt. Mit Blick auf die Verbraucher und auf die Anwender ist zu erkennen, daß die in kurzer Zeitfolge angebotenen Produkte erst erfaßt und erlernt werden müssen, um diese wirtschaftlich und sinnvoll einzusetzen, was an Neuigkeiten gekauft wird.

Trotz dieser Erkenntnis des Verbrauchers steht sie im Widerspruch zu einer Auffassung, die mit dem Werbespruch „Neu und schneller ist besser" glaubt, der Erste mit dem technisch besseren Produkt auf dem Markt zu erscheinen, was nicht immer zum Erfolg führen kann, sondern weitaus wichtiger ist, die Marktpräsenz, die Lizenzpolitik und die Kundenbetreuung als unentbehrliche Merkmale für den Markt zu behalten.

Wenn in den Bereichen der Industrie der technische Fortschritt auch ein derart rasantes Tempo erreicht hat, daß der Konsument kaum noch folgen kann und sich auf die Wettbewerbsbedingungen verschärft auswirkt, sollte dem Innovationsstreben Einhalt geboten werden, um es nicht zum überforderten Wettbewerb kommen zu lassen, der folglich zur Rationalisierung und zu Arbeitsplatzverlusten führt. Hieraus resultiert die Erkenntnis, daß das wirtschaftliche Wachstum stets im Spannungsfeld mit dem technischen Fortschritt steht, der in Abstimmung mit der Industrie und dem Mittelstandsunternehmen mehr Flexibilität betrieben werden muß, wobei nicht übersehen werden darf, daß die mittelständischen Unternehmen mehr Flexibilität bei den wechselnden Marktbedingungen aufbringen, da sie den Marktzwängen näher stehen als die Industrie.

Das verstandene Spannungsfeld darf nicht zum Störfeld der Interessen des Konsumenten werden, wenn der Kunde in der gesamtgesellschaftlichen Solidarität als Mittelpunkt des wirtschaftlichen Geschehens und die Belegschaft eines Betriebes als Erfüllungsgehilfe für den Unternehmer zu verstehen sind, wobei auch die anthropologischen und ethischen Grundzüge der Sozialen Marktwirtschaft bei allen wiederkehrenden marktwirtschaftlichen Spannungen nicht übersehen werden dürfen. Die Gesellschaft bedarf der marktwirtschaftlichen Ordnung und der Selbstorganisation menschlichen Zusammenlebens, um das menschliche Verhalten für die wirtschaftlichen Vorgänge nutzbar zu machen, die im Zusammenhang mit der Produktivität und der Beschäftigung im Spannungsbereich des technischen Fortschritts auf die Wachstumsrate Einfluß nehmen.

Hier beginnen die Fragen nach dem Gewinnstreben, nach der sozialen Gerechtigkeit und nach der Verantwortung des Unternehmers, wenn wirtschaftliches Wachstum verantwortungsbewußt die Grenzen für die Erhaltung des Unternehmens und der Arbeitsplätze eingehalten werden müssen und in Eigenverantwortung bei der eigennützigen Kapitalansammlung an das Gemeinwohl gedacht werden muß oder wie Wilfried Guth aus dem Hauptwerk „Prinzip Verantwortung" von Hans Jonas interpretiert: " Es besteht nicht nur kein Widerspruch zwischen der vollen Zustimmung zum Prinzip Verantwortung im Jonaschen Sinn und dem klaren Bekenntnis zu sozialer Marktwirtschaft und sinnvollem Wachstum; die menschliche und ökonomische Vernunft sagen uns, daß beides untrennbar zusammengehören."[409] Folglich wird wirtschaftliches Wachstum zur Triebkraft wirtschaftlichen Handelns und zum Kriterium für den Einsatz und die Entwicklung der Technik. Wirtschaftlicher Fortschritt und wirtschaftliche Freiheit sind untrennbar miteinander verbunden, die dem Wohlstand Sicherheit und Stabilität geben, was aus den Erfahrungen in den Ländern zu entnehmen ist, die mit der größten wirtschaftlichen Freiheit auch den höchsten Lebensstandard zu verzeichnen haben. Obwohl Freiheit Wachstum schafft und der zunehmende Wohlstand zu umfangreichen Leistungen in der Lage ist, können Einschränkungen wirtschaftlicher Freiheit und staatliche Eingriffe auf die wohlstandsbringenden Marktkräfte wachstumshemmend einwirken und den erreichten Lebensstandard gefährden. Dieser Gefahr widersetzt sich der gewerbliche Mittelstand in seiner hervorragenden Bedeutung für Wachstum und Erhaltung der wirtschaftlichen Freiheit im zukunftsweisenden offensiv geführten strukturellen und technischen Wandel, obwohl es dem mittleren Unternehmen wegen der anhaltend beschleunigten Qualitätsanforderungen und -ansprüche schwer fällt, sich durchzusetzen und Schritt zu halten.

Wo technischer Fortschritt, sollte aus der Sicht der Wettbewerbsfähigkeit auch technisches Wachstum zu finden sein. Dieser Grundlegung folgend ist die

---

[409] Guth, Wilfried, Die Ethik des Gewinnstrebens, in: Frankfurter Allgemeine Zeitung, Nr. 276, 26. 11. 1988, S. 15

wichtigste Aufgabe für Politik, Wirtschaft und Gesellschaft wettbewerbsfähige Arbeitsplätze zu erhalten und neue zu schaffen, um dem Arbeitnehmer Perspektiven zu eröffnen und in den für ihm lebensnotwendigen Arbeitsprozeß eingliedern zu können. Dieser Herausforderung steht die Zukunftsgestaltung mit ihrer Entwicklungsdynamik gegenüber, die auf der Kreativität des Menschen mit dem Fortschritt technologischer Leistungsfähigkeit gründet und das Fundament für die Wirtschaftskraft und für das Wirtschaftswachstum bildet.

Die vom Pioniergeist erstrebte Forschung und Technik sind Initiativen für die Motivation der geforderten Dynamik, für die Mobilität und Umsetzungsfähigkeit der für die soziale Arbeitswelt notwendigen Wirtschaftsprozesse, wobei Wirtschaftswachstum auch als Instrumentarium für die Konjunkturentwicklung und -belebung verstanden werden kann. Jedoch ist zu beachten, wenn wirtschaftliches Wachstum sich mit dem technischen Fortschritt in einem Spannungsfeld befindet, das im steten Wandel des Wettbewerbs von einer sogenannten Fortschrittsautomatik seine Wirkung erfährt, daraus ein Risiko erwächst und der Wirtschaft den Boden für die Wettbewerbsfähigkeit zu entziehen droht, die Industriegesellschaft dann zu einer Risikogesellschaft wird. Hieraus kann zukunftsweisend angenommen werden, daß die vom Unternehmer und Mitarbeiter geforderte Kreativität und das Risikobewußtsein der Entwicklung in Forschung und Technik die Dynamik für Leistung und Produktionssteigerung geben, die sich wiederum im Umfeld des wirtschaftlichen Wachstums positiv auswirkt oder wie es Hans Jürgen Warnecke ausdrückt: „ ... Denn ich meine, daß ganz allgemein unser Denken und Handeln immer noch geprägt ist durch Vorstellungen wie statisch, planbar und allein bestimmend. Dabei sind wir im Strukturwandel längst in einer neuen Situation, die gekennzeichnet ist durch Dynamik, nichtlineare Turbulenz und globale Interaktion. Je schneller wir das begreifen, neue Verhaltensweisen lernen und aktives Mitwirken beherrschen, desto stärker sind wir in der Zukunft".[410]

Der auf dem Ordnungsprinzip beruhende funktionierende Wettbewerb hat dafür Sorge zu tragen, daß die von den Marktkräften gesteuerte Wirtschaft eine Basis für einen sozialpolitisch motivierten Umverteilungsprozeß erzielt wird, um die Voraussetzungen für ein friedliches Nebeneinander des Arbeitgebers und Arbeitnehmers sicherzustellen und gemeinsam eventuell wirtschaftliche Schadensfälle mitzutragen. Wirtschaftliches Wachstum muß kooperativ mit dem technischen Fortschritt im Marktablauf den wirtschaftlichen Erfolg zum Ziel haben, um auch den Blick auf die Prinzipien der Sozialen Marktwirtschaft nicht zu verlieren und zu einem erfolgreichen marktwirtschaftlichen Produktionsprozeß zu gelangen.

---

[410] Warnecke, Hans Jürgen: Ich lehne die harten Gegebenheiten des amerikanischen Arbeitsmarktes ab, Zur Perspektive des Standorts Deutschland, in: VDInachrichten, Nr. 51/52, Düsseldorf 20.11.1996, S. 2

6.1.3 Unternehmen Technik in einer humanen Wirtschaftsordnung

Immer schon hat es unter den Menschen „Handel und Wandel" in Form eines Tauschsystems gegeben, worunter das Ansehen des Händlers bzw. des Kaufmanns oft gelitten hat. Der heilige Chrystostomos, Erzbischof von Konstantinopel um die Wende des 4. und 5. Jahrhunderts vertrat sogar die Ansicht, daß „die Kaufleute wohl nicht ohne Sünde leben können".[411] Nicht minder steht im Lehrbuch des kanonischen Rechtes Gratans aus dem 12. Jahrhundert zu lesen: „Der Kaufmann kann Gott nicht gefallen, oder nur mit Mühe".[412] Obwohl sich diese negative Einstellung gegenüber dem Kaufmann in Ländern mit vorkapitalistischfeudalen Regierungen und ungerechterweise auch bis heute fortgepflanzt hat, war es Thomas von Aquin im 13. Jahrhundert, der die Bedeutung des Kaufmanns und Unternehmers für die Funktion der Wirtschaft erkannte und im Zusammenhang mit der katholischen Wirtschaftsethik bei der Erfüllung der Interessen des Gemeinwohls eine Bewertung des Handels hervorhob. Im Sinne der Christenlehre sollte dies dem Unternehmertum nicht nur zum positiven Ansehen verhelfen, sondern den Unternehmer auf den Pfad der Moral führen. Trotz immer wieder aufkommender Unternehmerfeindlichkeit seitens der Theologen mit der Begründung aus den Schriften des Alten und des Neuen Testaments wegen des Zinsnehmens und Reichtums, fand die Kirche sehr bald die Überzeugung, daß auch Kaufleute gute Christen sein können und in ihrer Nützlichkeit für die Gemeindemitglieder der Kirche überzeugt waren. Hieraus kristallisierten sich zwei verschiedene Unternehmer heraus: die mit dem Unternehmergewinn und die mit dem Zinsnehmen, die jedoch dem Zinsverbot unterlagen, denn „Leihzins war verboten, Kapitalprofit aus unternehmerischer

---

[411] Werhahn, Peter H.: Der Unternehmer. Seine ökonomische Funktion und gesellschaftliche Verantwortung, zweite Auflage, Trier 1990, S. 14
[412] ebd.

Tätigkeit aber erlaubt. Spätere Wirtschaftshistoriker, wie Werner Sombart, haben auf die große Bedeutung dieser Unterschiede hingewiesen".[413] Auch kann die Unternehmerfeindlichkeit in der vorindustriellen Zeit darauf zurückgeführt werden, weil die Menschen im Unternehmer den sahen, der mit seinen stets fortschreitenden kreativen Fähigkeiten Veränderungen im Lebenslauf hervorrief, während die Menschen in ihren beständigen Berufen als Bauer und Handwerker gewohnheitsgemäß ohne grundlegende Veränderungen ihren Lebensrythmus lebten und sich ihren sozialen und kulturellen Boden mit ihren heimischen Wurzeln nicht entziehen lassen wollten, denn „es ist ein Grundzug menschlichen Wesens, daß das Festhalten an bestehenden Lebensformen eng verbunden ist mit der Angst vor befürchteten Nachteilen, die durch Veränderungen eintreten könnten".[414]

Der Nationalökonom Adam Smith (1723-1790) verstand mit seinem Begriff der Arbeitsteilung den Wirtschaftsprozeß als ein Naturgesetz, die auf den Ideen der Aufklärung, des Naturrechts und der englischen Moralphilosophie fußte, das heißt, der Reichtum des Landes ist nicht der Geldvorrat im Sinne des Merkantilismus und die in der Landwirtschaft erbrachten Güter, sondern daß die Arbeitsleistung des Volkes entscheidend ist. Wirtschaftspolitisch forderte man Freihandel und Laissez faire, der Staate solle möglichst wenig eingreifen, da der freie Wettbewerb zu einer natürlichen Harmonie des sozialen und wirtschaftlichen Lebens führe. Mit der Theorie des Laissez-Faire-Liberalismus glaubte Adam Smith, das die Wirtschaft ohne „Lenkung" funktionieren müßte und der Unternehmer lediglich der Kapitalgeber ist. Besitztum hat immer schon eine gewisse Bedeutung erhalten, Macht ausgelöst und Ausdruck für eine soziale Rangordnung gewesen, die durch das Prestigedenken innerhalb der Gesellschaft

---

[413] ebd., S. 16
[414] ebd.

Unruhe und Unzufriedenheit hervorrief. Das läßt an die Ausbeutung durch den Frühkapitalismus erinnern, der beim Erwerb von Eigentum auf den Bürger übergriff und nach dem Prinzip „Hast Du was, bist Du was" sein auf Erwerb gerichtetes Handeln aggressive Züge aufkommen ließ. Erst die Erkenntnis, daß der Besitz in der bürgerlichen Gesellschaft privatrechtlich und privatwirtschaftlich zu den Grundlagen der freien Marktwirtschaft gehören, ist bei Karl Marx (1818-1883) die Wirtschaft als Planwirtschaft anders zu verstehen. Der den Markt zur Behörde, das Privatrecht zum Staatsrecht und Eigentum zum Begriff der Staatssouveränität macht, d.h. die Menschen haben sich derjenigen Verwendung der Produktivkräfte zu unterwerfen und die, die den Staat beherrschende Gruppe für gut zu befinden. Deutlicher nimmt Wilhelm Röpke (1899-1966) hierzu Stellung: „Der Sozialismus kann nicht anders als freiheitsvernichtend im weitesten Sinne des Wortes sein. Er will das Werk der Emanzipation krönen und kann nicht anders als die schärfste Unterwerfung des Individuums bringen".[415] Lothar Bossle ergänzt diese Gedanken: „Aus der Eigenart des Werkes von Marx konnte weder eine philospohische Klarheit über das Wesen des Menschen noch über die Wirklichkeit der Welt noch eine Ethik verbindlichen Verhaltens erwachsen".[416] Eigentum ist eine der Grundlagen der freien Marktwirtschaft und erfährt im Rahmen der Grundprinzipien der Sozialen Marktwirtschaft Schutz und Rechte, die den Menschen auf den Weg in die Freiheit seines Handelns begleiten. In diesem Sinne kam im 20. Jahrhundert die Wende für den Unternehmer, der von Josef A. Schumpeter in seinem Buch „Theorie der wirtschaftlichen Entwicklung" den Unternehmer für das wirtschaftliche Wachstum in der Verantwortung sieht und den Weg zur freien Marktwirtschaft aufzeichnete.

---

[415] Röpke, Wilhelm: Die Gesellschaftskrisis der Gegenwart, hrsgg. von Friedrich August Hayek, Hugo Sieber, Egon Tuchtfeld und Hans Willgerodt, 6. Auflage, Erlenbach, Zürich, Stuttgart 1979, S. 143
[416] Bossle, Lothar: Die Arbeitsethik als Grundlage des europäischen Binnenmarktes, Würzburg, Paderborn 1990, S. 92

Der Unternehmer wird sich dahingehend bestätigen, technische Erfindungen schöpferischer Weise in ökonomische Produktionen umzusetzen, um sich der Nutzbarmachung von Innovationen zu bedienen und wirtschaftliches Wachstum zu ermöglichen. Der hierfür erforderliche Kapitaleinsatz, ohne den ein Gelingen immer mit einem Risiko verbunden ist, gibt dem Unternehmer den Anschub und Drang für seine unternehmerische Tätigkeit, sein Werk zu vollenden. Der Unternehmer steht hier in der Pflicht, Kapital und kreative Tätigkeit im Gleichgewicht zu halten, um Gewinne zu erzielen, die den sozialen Sicherungselementen als subsidiäre Elemente der Sozialen Marktwirtschaft und der Sicherstellung seines Unternehmens dienen. So kann der Unternehmer als ein Garant der freiheitlichen Gesellschaftsordnung gesehen werden, der den Anspruch hat, vom Staat in Form von Rahmenbedingungen gestützt zu werden und nicht alleine die „Schwachen", die Arbeitnehmer müssen gestärkt werden. Abraham Lincoln (1809-1865) wollte gleichfalls die Schwachen nicht stärken, indem ihr die Starken schwächt. Sein Motto kann man folgendermaßen zusammenfassen: Ihr werdet denen, die ihren Lebensunterhalt verdienen müssen nicht helfen, indem ihr diejenigen ruiniert, die sie bezahlen. Mit diesem Hinweis ist die freie Marktwirtschaft im Einklang mit dem technischen Fortschritt nicht nur die Grundlage für das erfolgreiche Handeln des Unternehmers, sondern bildet auch die Grundlage für den Wohlstand der Gesellschaft, wie auch Ludwig Erhard eine besondere Verantwortung von allen Beteiligten, Arbeitgeber und Arbeitnehmer, abverlangt hat.

Auch wenn der Unternehmer im Kreuzfeuer seiner Entscheidungen steht und von ihm Flexibilität und Mut zum Risiko erwartet werden, wenn es um Innovationen, Wettbewerb und Kreativität geht, von denen die Wirtschaft lebt, muß davon ausgegangen werden, daß der Unternehmer seine Fähigkeiten auch für seine sozialverantwortungsbewußte Tätigkeit einsetzt und der Humanität in seinem

Wirtschaftsleben einen beachtenwerten Platz einräumt, denn „der Unternehmer muß deshalb dahin wirken, das Sachziel der Wirtschaft zu erreichen, nämlich die Kulturfunktion der Unterhaltsfürsorge, wie Werner Sombart das einmal genannt hat".[417]Daraus ist zu schließen: „Auch der Betrieb ist ein Sozialgebilde, und es gehört zu den Aufgaben des Unternehmers, sich zu bemühen, seinen Mitarbeitern zu ermöglichen, den Betrieb als Lebensraum zu erfahren".[418] Dieser unternehmerischen Aufgabe erwächst die Pflicht, seinen Mitarbeitern die Sicherheit des Arbeitsplatzes und eine Heimstatt des Wohlgefühls zu geben, da im Leben des Menschen die Arbeit einen elementaren Stellenwert hat, zum Wesen des Menschen gehört und Ausdruck seiner persönlichen Würde ist. Unter diesem Aspekt sozioalpsychologisch den Arbeitslosen zu sehen, läßt seine Bewußtseinskrise erkennen, die von den Problemen im familiären Bereich und von seinem ausgelösten Schamgefühl gegenüber seinen in Arbeit stehenden Kollegen ausgelöst wird, was als menschliches Schicksal in der Bewertung der Arbeitslosigkeit oft zu wenig Beachtung findet.

Wenn trotz steigendem Wachstum und hoher Erträgen entgegengesetzt mehr Arbeitslose entstehen, muß die Frage erlaubt sein, ob angesichts dieser Entwicklung und Vielzahl von Überstunden die Mechanismen der Marktwirtschaft noch stimmen. Hier muß der Staat mit marktkonformen Mitteln und mit den Institutionen der Arbeitnehmer und Arbeitgeber Vereinbarungen treffen, die dem Wirtschaftsprozeß im Interesse des Gemeinwohls wieder die soziale marktwirtschaftliche Richtung geben und im Sinne des Subsidiaritätsprinzips „Hilfe zur Selbsthilfe" die Sozialpolitik den Wirtschafts-markt bestimmt. Der Unternehmer muß in seiner Verantwortung und in seiner

---

[417] Wehrhahn, Peter H.: Der Unternehmer. Seine ökonomische und gesellschaftliche Verantwortung, a.a.O., S. 38
[418] ebd., S. 38f.

innovativen Funktion den Mensch als seinen Mitarbeiter sehen, um ihn kommunikationsfreudig für seinen zum Erfolg führenden Wirtschaftsprozeß zu motivieren. Aus dieser Erkenntnis kommt es nicht auf den noch so technisch fortschrittlichsten Maschinenpark als vielmehr auf den Menschen an. Auch darf nicht vergessen werden, daß der soziale Partner, die Gewerkschaften, als Verhandlungspartner in Zeiten kritischer Auseinandersetzungen vom Unternehmer Anerkennung finden sollte, um gemeinsam Konfliktlösungen zu erreichen, die dem Recht der Notwendigkeiten entsprechen.

In diesem Zusammenhang soll kurz auf die Gewerkschaften eingegangen werden, die durch ihr diszipliniertes Verhalten während der Wiederaufbauphase der Wirtschaft Anteil am Gelingen des deutschen Wirtschaftswunders haben, obwohl die Gewerkschaften mehr sein wollen als nur ein Interessenverband der Arbeitnehmer in ihren wirtschaftlichen Arbeitsbereichen, sondern „als große Massenorganisationen der deutschen Gesellschaft erheben sie den Anspruch, Stützpfeiler der demokratischen Ordnung und Anwalt einer demokratischen Gesellschaft zu sein".[419] In der gewerkschaftlichen Praxis werden zwar gesellschaftspolitische Ziele angesprochen, jedoch steht die Tarifpolitik im Mittelpunkt ihres konkreten Arbeitens und ihrer Zielsetzungen. Eine angemessene Verbesserung der Löhne soll damit erreicht werden. Mit den Mitbestimmungsregelungen haben die Gewerkschaften einen unmittelbaren Einfluß auf die wirtschaftlichen Entscheidungen in den Betrieben erhalten, denn „durch diese Regelung ist allerdings auch eine unmittelbare Mitverantwortung der Arbeitnehmer in der deutschen Wirtschaft gesetzlich verankert worden, die das, verglichen mit anderen westlichen Ländern, relativ kompromißfreundliche Klima

---

[419] Sontheimer, Kurt: Grundzüge des politischen Systems der Bundesrepublik Deutschland, überarbeitete Neuausgabe, München 1984, S. 175

zwischen den Tarifparteien begünstigt hat".[420] Das kann zur Folge haben, daß bei einer angespannten Arbeitsplatzbeschaffungslage alle am Arbeitsmarkt verantwortlich beteiligten Unternehmer, Gewerkschaften und wenn es sein muß auch die Politik, Konsensbereitschaft signalisieren, um einer Lösung für die Arbeitsplatzerhaltung und - beschaffung näher zu kommen und bestrebt sein werden, den sozialen Frieden sicherzustellen. Angesichts der sozialen und wirtschaftlichen Notwendigkeiten muß der Unternehmer im Interesse der Aufrechterhaltung der sozialen Wirtschaftsordnung seinem sozialethischen Verhalten den Vorrang geben, obwohl aus Gründen der Wettbewerbs- und Konkurrenzfähigkeit auch „Härte" im Sinne einer Rationalisierung nicht auszuschließen ist, die er zu verantworten hat, denn „Ethisch orientiertes Handeln kann nach Max Weber gesinnungsethisch oder verantwortungsethisch orientiert sein. Derjenige Unternehmer ist Verantwortungsethiker, der weiß, daß er für die voraussehbaren Folgen seines Handelns aufzukommen hat".[421]

Mit der sozialethischen Verantwortung des Unternehmers als eine Maxime seines unternehmerischen Handelns ist nach Peter H. Wehrhahn der Begriff der „Unternehmenskultur" aufgekommen, der heute positiv bewertet wird und den Unternehmer menschlich im „Wir-Gefühl" darstellt bzw. „die Wirklichkeit einer Unternehmung so zu verändern, daß mehr Menschlichkeit entsteht anstelle rein mechanisch-rationeller Abläufe".[422] Dieser Begriff der „Unternehmenskultur", ableitend „einer Kultur als menschliche Kultur", läuft Gefahr, wenn sich Unternehmen, bei denen die sozialethischen Voraussetzungen nicht gegeben sind, mit diesem anerkannten Begriff schmücken und so das Wort Unternehmenskultur in Mißklang bringen. Nicht überall findet das Wort Unternehmenskultur

---

[420] ebd., S. 58
[421] Wehrhahn, Peter: Der Unternehmer. Seine ökonomische und gesellschaftliche Verantwortung, a.a.O., S. 76
[422] ebd., S. 77

Aufnahme und es kommen Zweifel auf, ob dieses Wort in die Wirklichkeit einer Unternehmung zu verankern ist, „weil man gewöhnt ist, zwischen geistig-künstlerischen bestimmter Kultur und naturwissenschaftlich-technischer Zivilisation zu unterscheiden".[423]

Peter Drucker macht in seiner Veröffentlichung „Die Chance des Unternehmers" deutlich, daß die Unternehmenskultur ein Mittel zur Legitimierung unternehmerischer Macht ist, indem diese in echten Wertvorstellungen begründet wird.[424] Nicht zuletzt fällt in den Bereich der Unternehmensführung die gesellschaftspolitische Aufgabe der Umweltpolitik, die sich der Unternehmer auch hinsichtlich der Wettbewerbsgedanken zu stellen hat. Die Zeiten sind vorbei, wo Abfallprodukte auch mit giftigen Bestandteilen gelagert wurden und Schutthalden unproblematisch hingenommen wurden, bis es bekannt wurde, daß die Belastbarkeit der Umwelt an Grenzen gestoßen ist, die einer Lösung bedürfen. Dieser Aufgabe mußten sich der Staat, die Technik, die Wirtschaft und auch die Gesellschaft stellen, um diese geschlossen mit Hilfe gesetzlicher Rahmenbedingungen und marktkonformen Regelungen zu lösen und die ökologischen Probleme zu bewältigen. Auf den Egoismus der vier oben benannten Bereiche muß zugunsten des Allgemeinwohls verzichtet werden, was leider aus wirtschaftlichen Gründen nicht immer zur Zufriedenheit realisiert werden kann, doch die Notwendigkeit zeigt es, daß die Menschen in ihrer gesellschaftlichen Verantwortung den ökologischen Problemen nicht ausweichen dürfen. Es gehört zum Unternehmen, daß ökonomische Rahmenbedingungen geschaffen werden müssen, die mit wirkungsvollen Maßnahmen die Erhaltung der Vollbeschäftigung und des Wirtschaftswachstums, das globale Wirtschafts-gleichgewicht und die Stabilität des Geldwertes garantieren. Die freie

---

[423] ebd.
[424] vgl. ebd.

Marktwirtschaft wird bemüht bleiben, eine sozial ausgewogene und gerechte Marktwirtschaft in die Gesellschaftspolitik einzubringen, um unter Berücksichtigung der marktwirtschaftlichen Prinzipien eine soziale Absicherung zu gewährleisten.

Im Rahmen dieser sozialpolitischen Zielsetzung haben die Abläufe der die Einkommen und Vermögen so zu verteilen, daß auch der Leistungsschwache in seinem Lebensbereich auch bei ökonomischen Veränderungsprozessen sozialen Schutz erfährt oder mit anderen Worten heute vom sozialen Netz gesprochen wird, das den Beschäftigten bei Arbeitslosigkeit, Krankheit, Erwerbsunfähigkeit und anderen Lebensrisiken auffängt, wofür er mit seinen Beiträgen zur Absicherung der in Anspruch genommenen Leistungen selber aufkommen muß. Ist das nicht der Fall, erhebt der Hilfsbedürftige Anspruch auf die Hilfe der Gemeinschaft nach dem genossenschaftlichen Prinzip „Einer für alle, alle für einen", wie es schon Friedrich Wilhelm Raiffeisen (1818-1888) in seinen sozialen Werken im 19. Jahrhundert praktiziert hat und „.. zum anderen bedingten die religiösen und sozialen Anschauungen schließlich seine ökonomischen Ideen".[425]

Damit ist die Genossenschaftsidee angesprochen, ohne die dem Unternehmer der Leitfaden für seine humane unternehmerische Tätigkeit verloren gehen würde, denn „auch genossenschaftliches Denken, aus der Not des Tages geboren und nicht auf die Einrichtung künftiger Weltkatastrophen ausgerichtet, will in bedrohten Situationen nicht noch mehr verändern, sondern bewahren. ... Es geht dem genossenschaftlichen Geist vielmehr um die Bewahrung elementarer Lebensgüter; man will satt werden und möchte seine Heimat und Arbeit

---

[425] Koch, Walter: Ursachen für das Auftreten Raiffeisens im vorigen Jahrhundert, in: Die Zukunft der Genossenschaften im 21. Jahrhundert, Zur Erinnerung an Friedrich Wilhelm Raiffeisen und Georg Heim, hrsgg. von Lothar Bossle, Würzburg 1989, S. 106

behalten".[426] Die Zustände der notleidenden Bevölkerung ließen die im 19. Jahrhundert entstehenden Genossenschaften nicht lange auf sich warten, dessen Handeln der aktiven Selbsthilfe von religiösen und sozialen Gedanken durchdrungen war, die von Walter Koch in drei Kategorien gesehen werden: „Die erste Kategorie beinhaltet zunächst einmal religiöse und christlich-ethische, die zweite Kategorie soziale und sozialpolitische und die dritte Kategorie wirtschaftliche Beweggründe"[427], was zur Erkenntnis beiträgt, daß die ökonomischen Ideen Raiffeisens von der Lösung sozialer Fragen und religiöser Erneuerung und Vertiefung getragen wurden. Seine Ideen zu den Genossenschaftsbewegungen gingen zurück auf die christlichen Impulse, die er dem Evangelium entnommen hat und die interpretiert so ausgelegt werden können: „Wenn die Menschen das Lebenswerk Christi bejahen würden, könnten sie dann nicht ähnlich wie er handeln? Er hatte sein Leben für alle gegeben, damit jetzt alle für Gott und ihren Nächsten - und nicht nur für sich selbst - leben sollten".[428]

Folglich haben die in Unternehmen die leistungsstärkeren Beschäftigten für den Ausgleich der Finanzierung der Hilfeleistungen des „Schwächeren" und zur Förderung und Sicherung der Familien Sorge zu tragen, was nicht aus der Sicht der zu hohen Belastungen im sozialen Bereich zur Abschwächung des Leistungswillens führen darf. Die Unternehmerpolitik einer Wirtschaftsordnung, wie sie die Soziale Marktwirtschaft vorsieht, wird das Sachziel des Unternehmens sein, Güter und Dienste zu erbringen, die am Markt der

---

[426] Bossle, Lotahr: Die Entwicklung des Genossenschaftswesens vom 19. Jahrhundert bis zur Gegenwart, in: Die Zukunft des Genossenschaftswesens im 21. Jahrhundert. Zur Erinnerung an Friedrich Wilhelm Raiffeisen und Georg Heim, hrsgg. von Lothar Bossle, Würzburg 1989, S. 152f.
[427] Koch, Walter: Ursachen für das Auftreten Raiffeisens im vorigen Jahrhundert, a.a.O., S- 105
[428] Anläßlich der Einweihung einer Genossenschaftsbank am 07. Oktober 1983 in Stuttgart, in: Friedrich Wilhelm Raiffeisen: Einer für alle - alle für einen, hrsgg von Walter Arnold und Fritz Lamparter, Neuhausen-Stuttgart 1985, S. 13f.

Befriedigung von Bedürfnissen des Menschen dienen, wobei die Existenz des Unternehmens für die Realisierung dieser Sachziele unter Berücksichtigung der katholischen Soziallehre und der evangelischen Sozialethik Rechnung zu tragen hat. Die Einbindung des Menschen in seine Arbeit im Unternehmen hängt vom Sachziel des Unternehmens ab, das in seinen Zuständigkeitsbereichen unter Einsatz der verfügbaren Kräfte und Mittel dafür die Verantwortung trägt, die Sachziele zu erreichen, um die Existenz des Unternehmens und so auch die Erhaltung der Arbeitsmöglichkeiten sicherzustellen. Diese vom Unternehmen zugeteilte Aufgabe infolge des technischen Fortschritts zu erfüllen, läßt auch erwarten, daß der Mensch in seinem Arbeitsprozeß nicht nur qualitativ an der Erfüllung des Sachziels mitzuarbeiten, sondern sich auch an der Weiterentwicklung des Sachzieles zu beteiligen hat, denn „die Existenz einer betrieblichen Patnerschaft zwischen Arbeitgeber und Arbeitnehmer gehört deshalb zu den wesentlichen Voraussetzungen, durch welche der Arbeiter in Europa wie nirgendwo in der Welt eine Stellung der Würde und der sozialen Absicherung im Gefüge unseres freiheitlichen Rechtsstaates erhalten hat".[429] Der Mensch erfährt die Tätigkeit, auch Arbeit genannt, als das Schaffen aus Absicht und Zweck für das Erreichen seiner Mittel zur Befriedigung seiner Bedürfnisse und die seiner Mitmenschen. Ohne auf die vielfältigen Begriffe der Arbeit einzugehen, die von Soziologen, Ökonomen und Politikern interpretiert werden, soll die Begriffsbestimmung von Heinrich Kürpick dargestellt und erläutert werden: „Nur eine geistig-körperliche Betätigung der Kräfte des Menschen bezeichnen wir als Arbeit, die an dem Ziel orientiert ist, geistige Güter, Sachgüter

---

[429] Bossle, Lotahr: Die Arbeitsethik als Grundlage des europäischen Binnenmarktes, Würzburg, Paderborn 1990, S. 26

und Dienstleistungen zu schaffen oder zu erbringen".[430] So ist die Arbeit ein Grundverhalten des Menschseins und als ein Wirkfaktor in den Entscheidungsprozessen der Wirtschaft zu verstehen, wobei der Mensch in seiner freien Entscheidung geordnet und sittlich zu handeln weiß, als Person seine Selbstverwirklichung erfährt und so ein Recht auf Arbeit hat. Damit geht die Arbeit als die schöpferische Kraft des Menschen eine Verpflichtung ein, die nicht nur dem individuellen Wohl dient, sondern sie ist die Voraussetzung für den sozialen Frieden und Humanisierung der Arbeitswelt und beides als Ganzes gesehen, gehört zu den notwendigen Rahmenbedingungen einer erfolgreichen Wirtschaft für den Unternehmer. Mit Blick auf das Marktgeschehen kommt dem mittleren Unternehmen, dem Mittelstand zukunftsweisend eine besondere Bedeutung zu, wenn anläßlich einer Informationsveranstaltung der ehemalige Bundesminister für Forschung und Technologie, Heinz Riesenhuber, den Mittelstand in den Mittelpunkt des Marktgeschehens gestellt hat und als Motor konjunktureller Veränderungen sieht: „Wir (der Mittelstand) müssen besser und schneller sein als die anderen, Techniken und Produkte anbieten, die andere noch nicht haben. Dann sind wir den geänderten Bedingungen der Weltwirtschaft gewachsen, können etwas bewegen und gestalten".[431] Es geht ihm nicht darum, billiger und schneller in unkontrollierter Hast zu sein, was der Wertschöpfung nur schaden kann, sondern er meint, mehr leisten und technischen Neuerungen gegenüber mehr Aufgeschlossenheit zu zeigen. Obwohl der Mittelstand immer schon seit Beginn der Industrialisierung vor schwierigen Aufgaben gestanden hat, ist es ihm mit viel Fleiß und Umsicht gelungen, die Herausforderungen zu

---

[430] Kürpick, Heinrich: Die Zukunft der Arbeit - aus der Sicht der Wirtschaft, in: Die Zukunft der Arbeit, sozialethisches Kolloquium 1983, Studienkreis Kirche, Wirtschaft NRW (Hrsg.), Gelsenkirchen-Buer 1987, S. 31
[431] Riesenhuber, Heinz: Referat über Mittelstand in der technologischen Herausforderung - neue Produkte - neue Märkte, Veranstaltung der Raiffeisenbanken und Volksbanken in Haibach am 21.11.1996

meistern. So muß der Mittelstand auch in schwierigen Zeiten Selbstvertrauen aufbringen und wissen, daß der Ruf nach dem Staat, der nur die Rahmenbedingungen für Förderungen schaffen kann, den Markt nicht bestimmen kann, sondern über die Mobilität von Kapital und Personal und mit Hilfe des unverzichtbaren technischen Fortschritts sich um die Produkte und Märkte selbst kümmern muß. Neues auszuprobieren und Unbekanntes zu wagen, so die Meinung Heinz Riesenhubers, sollte dem Unternehmer, dem Mittelständler, Zuversicht geben und den Unternehmensgeist stärken. Dem mittelständigen Unternehmer sprach er Mut und Unternehmensfreude zu, denn „was wir aus unseren Chancen machen, hängt von unserem Mut ab".[432]

Die Globalisierung bietet dem mittelständigen Unternehmen mit einer hohen Anforderung an Mobilität und technologische wie wirtschaftsorganisatorische Anpassungsfähigkeit gute Möglichkeiten, diese kreativ zu nutzen und damit arbeitsplatzgefährdende Schwachstellen im Unternehmen stabilisieren zu können. Hinsichtlich der freiheitlichen Wirtschafts- und Gesellschaftsordnungen, als die Garanten der persönlichen Freiheit, ist der Mittelstand für die Gesellschaft unverzichtbar, da er mit der Vielfalt und Dynamik der mittelständigen Wirtschaft ein reichhaltiges Angebot an Gütern und Dienstleistungen sowie ein hohes Beschäftigungsniveau hinterläßt und für einen ausgleichenden Faktor bei sozialen Gegensätzen sowie für Flexibilität der Wirtschaft und beruflichen Aufstieg sorgt. Die der Sozialen Marktwirtschaft zugeordneten wirtschaftlichen Grundsätze tragen mit den schöpferischen Kräften des Menschen zur Voraussetzung für sozialen Frieden und Humanisierung der Arbeitswelt und zu den Bedingungen einer erfolgreichen und freien Marktwirtschaft des Mittelstandes bei, die eine Schlüsselposition in der Gesellschaft einnimmt. Als Träger der Versorgung in den

---

[432] ebd.

regionalen Bereichen kann auf den Mittelstand nicht verzichtet werden und erhält gesellschaftspolitisch im wirtschaftlichen Lebensbereich einen nicht wegzudenkenden Platz, weil er auch einer Vermassung durch die Großbetriebe und eine Konzernmachtkonzentration verhindert. Hieraus ist zu erkennen, daß Selbständigkeit im Mittelstand nur in einer freien Gesellschaft möglich ist, zum Aufstieg und zur Gründung eines mittelständigen Betriebes unabhängig von Institutionen und Personen führt. Es muß Aufgabe des Unternehmers sein, in seiner verantwortungsbewußten Betätigung den sozialpolitischen Verpflichtungen und der materiellen Versorgung der Bevölkerung nachzukommen, ohne den Überblick auf das Ganze seines wirtschaftlichen Wirkens zu verlieren, denn „er kann seinen Betrieb aufrechterhalten aus sachlicher Freude an der Produktion und am Schaffen, aus Verantwortungsbewußtsein seiner Familie gegenüber, zur Erhaltung der Arbeitsplätze und Einkommen seiner Mitarbeiter, ja sogar - wie Max Weber für die Anfänge unseres Zeitalters aufgezeigt hat - aus religiösem Sendungsbewußtsein".[433] Wenn der Unternehmer vorrangig den wirtschaftlichen Nutzen zur Lösung der sozialpolitischen Probleme verwendet, ist er verantwortungsbewußt in der wirtschaftlichen Rahmenordnung und der Soztialethik eingebunden, die in Anwendung zu bringen, reichen nach Alfred Müller-Armack der Menschenverstand oder die Wirtschaftstechniken nicht aus, „sondern Geist verlangt".[434] Alfred Müller-Armack sieht den Unternehmer in seiner religiösen Bindung, der ihn befähigt, am Werk der Gottesschöpfung mitzuarbeiten und sein Unternehmen in den Dienst des göttlichen Auftrages zu

---

[433] Geiß, Franz: Unternehmertum in letzter Bindung an höhere Werte, in: Wirtschaft, Gesellschaft und Kultur, Festgabe für Alfred Müller-Armack, hrsgg. von Franz Geiß und Fritz W. Meyer, Berlin 1961, S. 535
[434] ebd., S. 544

stellen: „Machet euch die Erde untertan", um „selbst schöpfersich und unternehmerisch tätig zu werden".[435]

---

[435] ebd., S. 545

7. Kulturstaatliche Bedeutung der Technik

7.1 Repräsentative Demokratie als freiheitliche Staatsform

Demokratie bedeutet die Herrschaft des Volkes mit Mehrheitsentscheidungen oder wie Demokratie aus dem griechischen übersetzt „Volksherrschaft" heißt und als eine Staatsform zu verstehen ist, in der die Staatsgewalt im Auftrag und unter Kontrolle des Volkes ausgeht. Folglich steht der Mensch im Mittelpunkt allen Geschehens oder wie es Gerhard Möbus ausdrückt: „...es gibt keine Demokratie, wo der Mensch nicht das Maß aller Dinge ist".[436] Hieraus erwächst der Sinn und Zweck des Rechtsstaates, daß er die Würde jedes einzelnen Menschen erlaubt, sich frei innerhalb seiner Gemeinschaft, jedoch mit Rücksicht auf diese Gemeinschaft, zu entfalten. Das Fundament der freiheitlich-demokratischen Grundordnung ist die Rechtsstaatlichkeit, die verwirklicht wird, wenn sich der Staat an die bestehenden Gesetze und an die Idee der Gerechtigkeit hält oder wie es in Art. 20 Abs. 3 GG heißt: alle Teile der öffentlichen Gewalt „sind an Gesetze und Recht gebunden". Diesen Hinweis als Einführung zu verstehen, folgen später weitere Erläuterungen über die Bedeutung der Demokratie, wobei auf den Beginn der modernen Demokratie mit ihren vielfältigen Verfassungselementen einzugehen den Rahmen der Ausführungen sprengen würde. Es sei lediglich noch erwähnt, daß in den USA von einer ersten modernen Demokratie gesprochen werden kann und in Europa in der französischen Revolution demokratische Prinzipien zu erkennen sind, die sich erst während der dritten Republik 1871 mit dem Verfassungsgesetz 1875 konstituierte, während Großbritannien unter Beibehaltung der Monarchie auch im 19. Jahrhundert mit einem Parlamentarismus mit einem Kabinetts- und einem Zweiparteiensystem sich einer demokratischen Staatsform näherte. In

---

[436] Möbus, Gerhard: Autorität und Disziplin in der Demokratie, in: Reden und Aufsätze zur Politik, hrsgg. von Heinrich von der Gablentz, Köln, Opladen 1959, S. 11

Deutschland gelang nach dem Scheitern der Versuche 1848 erst mit der Verfassungsveränderung am 28.10.1918 die Einführung der parlamentarischen Verantwortung der Regierung und mit der Verfassung vom 11.08.1919 der Weimarer Republik eine demokratische Staatsform, jedoch mit plebiszitären Elementen, welche dem Volk ermöglichten, den Reichspräsidenten zu wählen und durch ein Volksbegehren auf die Gesetzgebung Einfluß zu nehmen, was dem Dritten Reich 1933 die Machtergreifung ermöglichte, das Ende jeder demokratischen Staatsform auslöste und hin zur Diktatur führte. Nach dem katastrophalen Kriegsende 1945 unternahmen die Politiker aus dem Kreis der Widerstandskämpfer erneut den Versuch, Deutschland unter dem Schutzschirm der Besatzungsmächte USA, Frankreich und Großbritannien eine Demokratie gemäß der Gewaltenteilung und der Rechtsstaatlichkeit zu verwirklichen, wobei aus den Fehlern der Weimarer Republik entsprechende Lehren gezogen wurden. Zu verstehen ist die Demokratie aus der Sicht von Freiheit und Autorität, wobei sie erst aus Gründen der Gestaltungsstruktur begreiflich erscheint, wenn der Grundsatz der Gewaltenteilung Berücksichtigung findet. Die Teilung der Macht im demokratischen Verfassungsstaat liefert die sichere Abgrenzung gegen Mißbrauch der Macht. „Die institutionalisierte Verteilung staatlicher Macht ist die strukturelle Voraussetzung für eine Humanisierung des politischen Handelns".[437] Die Gewaltenteilung trennt die Funktion der Staatsgewalt in die gesetzgebende, vollziehende und rechtsprechende Gewalt. Die Exekutive, Legislative und die Judikative sind voneinander getrennte Gewalten, d.h. eine Bündelung dieser Gewalten auf eine Person schließt sich von vornherein im demokratischen Rechtssystem aus. Diese Gewaltenteilungslehre geht auf John Locke (1632-1704) und insbesondere auf den Baron de Montesquieu (1689-

---

[437] Bossle, Lothar: Die Neuformulierung des Prinzips der Gewaltenteilung aus der Einsicht in die Belastungen der heutigen Demokratiepraxis, in: ders.: Demokratie ohne Alternative, a.a.O., S. 47

1755) zurück. Montesquieu kam aufgrund eines pessimistischen Menschenbildes zu dieser Einsicht. Laut Montesquieu „lehrt eine ewige Erfahrung, daß jeder Mensch, der Macht hat, dazu getrieben wird, sie zu mißbrauchen" und „damit dies nicht geschehe, müßten Vorkehrungen getroffen werden, daß die Macht die Macht bremse".[438] Montesquieu erkannte neben den klassischen Gewalten noch Zwischengewalten, nämlich Adel und Geistlichkeit. An die Stelle dieser Zwischengewalten sind in einer soziologischen Gewaltenteilungslehre heute die Parteien, die Verbände, kirchliche Gemeinschaften und die Medien getreten. Die Parteien werden sogar im Artikel 21 GG als integrativer Bestandteil des demokratischen Verfassungsstaates positiv gewürdigt.[439] Die von den Medien betriebene öffentliche Meinungsbildung führen zu politischen Entscheidungen, stören das Gewaltenteilungsgefüge und können es aus dem Gleichgewicht bringen. Im weiteren Sinne gerät hier die Gewaltenteilung in Gefahr, wenn die Medien emotional öffentliche Meinung betreiben, Meinungsbildung inszenieren und die staatsbürgerliche Meinungsbildung bewußt hintertreiben. Nach dem Beschluß der drei westlichen Militärgouverneure (USA, Großbritannien, Frankreich) erhielten am 1. Juli 1948 die Ministerpräsidenten der westlichen Zonen den Auftrag, „bis zum 1. September eine verfassungsgebende Versammlung einzuberufen, die eine demokratische Verfassung föderalistischen Typs ausarbeiten sollte".[440] Obwohl damit der erste Schritt zur Bildung eines deutschen Staates getan wurde, hinderte die Teilung Deutschlands eine Verfassung für Gesamtdeutschland zu erstellen. Die westlichen Alliierten beschlossen nun, für Westdeutschland durch einen parlamentarischen Rat der

---

[438] Hoyer, Norbert: Prinzipien aus der Natur der Dinge abgeleitet, in: Main-Echo, Aschaffenburg 30. November 1998, S. 3
[439] Bossle, Lotahr: Die Neuformulierung des Prinzips der Gewaltenteilung aus der Einsicht in die Belastungen der heutigen Demokratiepraxis, a.a.O., S. 49
[440] Sontheimer, Kurt: Grundzüge des politischen Systems der Bundesrepublik Deutschland, 11. überarbeitete Auflage, München 1986, S. 34

Länder ein Grundgesetz zu erstellen und es von den Länderparlamenten ratifizieren zu lassen, was verständlicherweise nicht befriedigte, da nach wie vor an ein demokratisches Gesamtdeutschland gedacht wurde. So trat der parlamentarische Rat am 1. September 1948 zur Beratung des Grundgesetzes zusammen unter Berücksichtigung der von den Alliierten vorgeschriebenen Grundlinien der Verfassung: „Sie sollte demokratisch und föderalistisch sein und die Grundrechte sichern. Im übrigen sollten die Deutschen weitgehend freie Hand haben".[441] Da bereits ein von den Ministerpräsidenten erarbeiteter Verfassungsvorschlag vorlag, gingen die Beratungen ohne wesentliche Meinungsverschiedenheiten gut voran. Jedoch kamen strittige Fragen im Rahmen der auszuarbeitenden föderalistischen Ordnung auf, die mit einem Kompromiß zwischen den beiden Volksparteien CDU und SPD beigelegt wurden, in dem eine Bundesstaatsform ihre Funktion über die Eigenstaatlichkeit der Länder ausüben sollte. So verheißungsvoll die Grundgesetzgebung baldigen Erfolg versprach, kamen durch die Alliierten mit ihren Forderungen Rückschläge auf, die bei den deutschen Verfassungsgebern Zweifel aufkommen ließen, ob sie noch eigenmächtig gemäß der ihnen zugesprochenen Souveränität die Verfassung erarbeiten dürfen, zumal die Alliierten bei Nichtbefolgen ihrer Forderungen die Genehmigung des GG ablehnen konnten. Es mußten also bei dieser kontrollierten Verfassungsgebung Richtlinien eingehalten werden, um jeden Konfliktstoff zu vermeiden und die Verfassungsgebung zum abschließenden Erfolg bringen zu können. Das Grundgesetz konnte nun am 08.05.1949 vom Parlamentarischen Rat beschlossen werden und trat am 23.05.1949 in Kraft. In der Außen- und Verteidigungspolitik und im Außenhandel wurden von den Alliierten noch Vorbehalte geltend gemacht, doch „dank der politischen Geschicklichkeit Adenauers und des amerikanischen Interesses an einer deutschen Wiederaufrüstung, wurde die

---

[441] ebd., S. 38

bestehende Kontrolle der westlichen Alliierten über Deutschland gelockert, bis die Bundesrepublik im Jahre 1955 ihre volle formale Souveränität erhielt".[442] Das Grundgesetz beinhaltet die Grundordnung der Bundesrepublik Deutschland und enthält in der Präambel die Prinzipien des GG, die hier nur in Stichworten genannt werden: Verantwortung vor Gott und den Menschen, stattliche Einheit, Bekenntnis zu Europa, Recht der Selbstbestimmung in Einheit und Freiheit für ganz Deutschland. Nicht übersehen werden darf, daß eine Wortlautänderung des GG nur erfolgen kann, wenn eine Zweidrittelmehrheit im Bundestag und im Bundesrat vorliegen. Nachdem die Entstehung des GG in aller Kürze angedeutet worden ist, soll nunmehr der Blick auf die Demokratie in

ihrer Bedeutung als freiheitliche Lebensform der Menschen gerichtet werden. In

diesem Zusammenhang wird von Lothar Bossle die Französische Revolution mit den Maximen „Freiheit, Gleichheit, Brüderlichkeit" angesprochen, die zwar die Sinngebung der Demokratie beinhalten, jedoch „beanspruchen sie unter sich im Verhältnis zueinander eine verschiedene Wertigkeit".[443] Im Rahmen der demokratischen Grundsätze muß davon ausgegangen werden, daß Brüderlichkeit einer menschlichen Würdigung gleichzusetzen ist, die darüber hinaus anthropologischen Anspruch auf Anerkennung des individuellen Menschen erhebt und dieser Hilfe in mitmenschlicher Beziehung im Sinne der Nächstenliebe christlichen Glaubens zukommen läßt. Wenn unter Gleichheit aller Menschen das Humanitätsprinzip der Demokratie verstanden wird, ist dies zwar auf gleiche Rechte der Menschen bezogen, jedoch anthropologisch gesehen nicht die Gleichheit mit der Vielfalt der Menschen in ihren sozialen, geistigen und politischen Lebensbereichen zu verwechseln ist, wie es der Marxismus in seiner Idee die Gleichheit des Menschen als Gleichheitsprinzip und der Vollkommenheit

---

[442] ebd., S. 39

vereinfacht verwirklichen wollte. Also bedeutet Gleichheit, „daß innerhalb einer demokratischen Gesellschaftsstruktur die Chance vorhanden ist, auf unterschiedlichen Wegen zum Glück und zur Erfüllung zu gelangen"[444] oder um es ergänzend zu sagen, zur Erfüllung seiner Wünsche zu gelangen, ohne seinen Mitmenschen ein Leid anzutun. Nach den Brüderlichkeits- und Gleichheitsprinzipien folgt nun die Freiheit als das oberste Gebot und als die innerste Struktur der Demokratie, die erst durch die Wertbindung Würde und Sinn und damit eine menschliche und politische Chance erhält. Die hier gemeinte Freiheit als Schlüsselbegriff der Demokratie verlangt zum Zwecke der Einsicht in die Sachgerechtigkeit die Anerkennung von Autorität, um eine sozialpolitische Bindung der Freiheit zu erlangen, die positiv wie auch negativ in Erwägung gezogen werden kann. Damit ist gesagt, daß Freiheit „ein Spannungsbegriff zur Macht und Herrschaft"[445] ist und der Freiheitsbegriff in einem demokratischen Staat vom Prinzip der Rechtsstaatlichkeit in Grenzen gehalten werden muß, denn „die Grenzsetzung einzelmenschlicher Rechte gegen jegliche Form der Willkürversuchung politischer und staatlicher Macht kann nur wirksam werden, wenn innerhalb eines Staates der Katalog rechtsstaatlicher Absicherungen unbezweifelbar ist".[446] Die Rechtsstaalichkeit der Demokratie ist sehr sensibel, wenn sie in Abwehr eines jeden Versuchs steht, den Charakter des Rechtsstaates durch systemsprengende Reformen zu verlieren und die Funktionsfähigkeit des Staats- und Gesellschaftsprinzips dadurch beeinträchtigt wird. Hier gilt das schwer errungene Freiheitsgut von dem politischen Extremismus fernzuhalten und sich mehr der Mitte als Grundsatz zur Erhaltung und Stabilität der Demokratie

---

[443] Bossle, Lotahr: Unvermeidliche Bemerkungen zur Realität der Demokratie, in: Demokratie ohne Alternative, Stuttgart 1972, S. 11
[444] ebd., S. 12
[445] ebd., S. 13

[446] ebd., S. 13

hinzuwenden, denn „schon Aristoteles hat auf den Zusammenhang einer Existenz von Mittelschichten mit einer ausgewogenen demokratischen Verfassung hingewiesen".[447]

In diesem Zusammenhang ist es oft schwierig, friedliche Demonstrationen und autonome Gewalttäter der Rechts- und Linkspositionen auseinanderzuhalten, da die Attacken von Systemgegnern die Demonstrationsfreiheit als Schutzschild für ihre politischen Ziele mißbrauchen, wie beispielsweise es die Widerstände gegen die Castor-Transporte im März 1997 gezeigt haben. In eine große Gefahr begibt sich die Demokratie, wenn sie nicht die Hoffähigkeit des Rechts- und Linksradikalismus versteht zu verhindern und Kraft der demokratischen Verfassung ihre Aktivitäten unterbindet und für eine stabile tragfähige Mitteposition eintritt. Hieraus können die Lehren aus der Weimarer Reichsverfassung mit Schwerpunkt der plebiszitären Willensbildung gezogen werden, daß die Grundgesetzgebung auf eine reine Repräsentativverfassung ausgeht, wobei der Bürger nur als teilnehmender Wähler seine Souveränität bestimmen kann. Auf die in der Verfassung verankerte demokratische Grundordnung mit ihren Grundprinzipien, die Demokratie, den Föderalismus und den sozialen Rechtsstaat von jeder Verfassungsänderung auszuschließen, haben die Politiker vor Angriffen auf die repräsentative Demokratie als freiheitliche Staatsform ihr Augenmerk besonders gerichtet. Denn unter „Freiheitliche Staatsform" muß verstanden werden, daß eine Demokratie ohne den Grundwert „Freiheit" nicht existieren und nur im Rahmen freiheitlichen Zusammenlebens lebensfähig bleiben kann. „Die Freiheit muß daher ihre Begrenzung in der Bejahung von Werten finden, die aus notwendigen Ordnungsfolgerungen für die Erhaltung eines freiheitlichen Zusammenlebens hervorgehen. Freiheit ohne

---

[447] ebd., S. 14

Ordnung führt ins Chaos - aber nie und nimmer in die stabile Kontinuität einer demokratischen Entwicklung."[448]

Hier kommt die demokratische Gesinnung zum Ausdruck, die sich nicht nur auf die persönliche Freiheit bezieht, sondern auch auf die Freiheit und Würde der Mitmenschen, was anthropologisch begründbar ihren Niederschlag in der Respektierung der Würde der Mitmenschen findet, die der Autorität und Beachtung im Umgang miteinander bedarf und den Menschen in Freiheit aller in den Mittelpunkt eines demokratischen Rechtsstaates mit einem angemessenen nationalen Selbstbewußtsein stellt. Hierzu nimmt Hans Eckardt Stellung zu Karl Jaspers Meinung: „Notwendig ist die Sorge aller für die Freiheit. Denn sie ist das kostbarste, nie von selber zufallende, nicht automatisch sich erhaltende Gut. Sie kann nur bewahrt werden, wo sie zum Bewußtsein gekommen und in die Verantwortung aufgenommen ist".[449] Daraus resultiert, daß niemand Freiheit, Recht und Demokratie abzulehnen gewillt ist, es sei denn, „nur in der Vernebelung durch Nöte und Leidenschaften"[450] und unterscheidet die Freiheit, „ob wir aus dem Glauben an Gott und die Aufgabe der Menschenwürde den Weg der Freiheit wählen, ... oder ob wir im verkehrenden Triumph nihilistischer Leidenschaft uns dem Verhängnis überlassen, als Menschen durch Menschen in unserem Wesen zerstört zu werden"[451] und „daß durch Freiheit die Freiheit aufgehoben wird".[452]

Wie schon erwähnt, gehört die Autorität zur Demokratie, denn ohne Autorität keine Demokratie, da Autoritätsverlust den demokratischen Rechtsstaat

---

[448] Bossle, Lothar, Freiheit und Autorität als institutionelle Vorbedingungen im Gefüge des demokratischen Rechtsstaates, in: Würzburger Studien zur Soziologie, Bossle, Lothar und Goldberg, Gerhard W. (Hrsg.), Bd. 7, Würzburg 1982, S. 28

[449] Jaspers, Karl: Über politische Freiheit, in: Freiheit und Würde des Menschen, Stimmen aus drei Jahrtausenden, hrsgg. von Hans Eckhardt, München 1941, S. 141

[450] ebd.

[451] ebd., S. 142

[452] ebd., S. 140

gefährdet, denn die Autorität ist „eine in der Welt wirksame Daseinsmacht, die Gehorsam (oder abgeschwächt: Einfluß, Nachfolge, Geltung) beansprucht und geleistet erhält".[453] Autorität ist in diesem Sinne ein sozialer Bezug, ein Verhältnis zwischen Menschen oder auch zwischen Staat und Bevölkerung, wobei nie Einseitigkeit besteht, denn im Wechselspiel bringt einer Vertrauen entgegen und der andere übernimmt die Verantwortung. So gesehen ist die Autorität eine geistige Einflußnahme und entzieht sich der Gewalt, ein abgeschwächter Befehl neigt mehr zu einer Empfehlung oder zu einem Ratschlag, dem sich der Geforderte im Rahmen der Gesetze nur schlecht entziehen kann. Folglich braucht jede Ordnung als Grundlage der Demokratie ihre Autorität, wenn sie nicht durch ein Autoritätsverlust in ein Chaos geraten will. In seinem 1958 im Schloß Koblenz gehaltenen Vortrag über „Autorität und Disziplin in der Demokratie" läßt Gerhard Möbus keinen Zweifel aufkommen, daß Freiheit und Autorität als notwendiges Zusammenspiel die Voraussetzung für die Existenz einer Demokratie ist.[454] Also gehören Freiheit und Autorität zu den unverzichtbaren Stützen eines realistischen Demokratieverständnisses, die zur Durchsetzung in einem Rechtsstaat institutionell unantastbar abgesichert sein müssen, denn Aristoteles hatte bereits erkannt, daß in Demokratien, wo die Gesetze entscheiden, keine Demagogen aufkommen können.

Es ist unbestreitbar, daß Freiheit und Eigentum als ein Grundprinzip der Demokratie unzertrennbar in einem Zusammenhang stehen und daß zur Entwicklung einer freiheitlichen Demokratie das Eigentum als Gewährleistung der Freiheit und Geborgenheit des Menschen gehören. Eigentum ist nun einmal

---

[453] Jaspers, Karl: Von der Wahrheit, München 1958, S. 767
[454] Möbus, Gerhard: Vortrag „Autorität und Disziplin in der Demokratie" am 21. Oktober 1958 anläßlich seiner Amtseinführung als Direktor des wissenschaftlichen Forschungs- und Lehrstabs an der Schule der Bundeswehr für Innere Führung im Schloß Koblenz

der Ausgangspunkt für die Formung eines demokratischen Staates und eines damit verbundenen freiheitlichen Lebens.

Die freiheitliche Demokratie ist eine offene Gesellschaft, weshalb Karl Popper in seinem Werk „Die offene Gesellschaft und ihre Feinde" in aller Klarheit den Propheten Marx nicht zu den Befürwortern einer offenen Gesellschaft und schon gar nicht zu den wissenschaftlich bedeutenden Gestalten des 19. Jahrhunderts[455] und stand in seiner Gesellschaftsphilosophie in radikalem Gegensatz zur kritischen Theorie der Frankfurter Schule.

Nach der Wiedervereinigung der Bundesrepublik Deutschland mit der Deutschen Demokratischen Republik, den 3. Oktober als Tag der Befreiung vom Joch marxistischer Ideenwelt als Nationalfeiertag genannt, hat nun auch die repräsentative Demokratie als freiheitliche Staatsform in den neuen Bundesländern Aufnahme gefunden. Nun sind die Politiker gefordert, gemäß dem Ausspruch von Willy Brandt: „Es muß zusammenwachsen, was zusammengehört" den mit politischen, wirtschaftlichen und sozialen behafteten Problemen Herr zu werden, den Weg für den Einzug der freiheitlichen Demokratie zu ebnen und die innere Einheit laut Johann Wolfgang von Goethe „Daß Deutschland eins werde" zu vollenden, denn „politisch handeln heißt vom Ganzen her für das Wohl der einzelnen im Ganzen handeln"[456], das dem Othmar Spann`schen Prinzip entspricht.

Bei aller Stabilität und Stärke der Demokratie ist sie trotz Machtverteilung und Machtkontrolle nicht gegen Schwächen gefeit, jedoch besteht die Stärke der Demokratie wohl darin, daß sie ihre wie jede Regierungsform ausgestattete

---

[455] Bossle, Lothar: Wissenschaftliche Landgewinnung als Voraussetzung für den geistigen und kulturellen Aufbruch, in: ders.: Beethovens Sieg über Lenin, Paderborn 1992, S. 68
[456] Becher, Walter: Macht und Unmacht des Staates, in: Der Blick auf`s Ganze. Das Weltbild Othmar Spanns, München 1985, S. 133

Unzulänglichkeit nicht leugnet, sie zu ihr steht und daraus Kraft und Schutz schöpft, um sich gegen ihre Gegner behaupten zu können.

7.1.1 Technik und Föderalismus in der Landespolitik

Allgemein ist Föderalismus (lat. foedus, Bund) eine Zusammenfassung mehrerer Staaten unter einer gemeinsamen Regierung, wobei den einzelnen Mitgliedern weitgehend Selbstverwaltung gelassen wird. Charakteristisch für alle föderativen Ideen ist die Eigenständigkeit eines jeden Landes zu bewahren und die Pflicht, Leistungen gemäß dem Subsidiaritätsprinzip für das Gemeinwohl zu erfüllen. Wie hat sich nun der deutsche Föderalismus als föderative Ordnung gemäß der Verfassung der Bundesrepublik Deutschland konstituiert?

Der Parlamentarische Rat sprach sich für einen Bundesstaat aus und hatte die Wahl, das Senatsprinzip oder das Ratsprinzip zu übernehmen. Nachfolgend ist von Kurt Sontheimer aus seinem Buch „Grundzüge des politischen Systems der Bundesrepublik Deutschland" zu entnehmen, daß sich der Parlamentarische Rat für die Tradition entschied, das heißt, „der Bundesrat repräsentiert die Länderinteressen beim Bund durch ernannte, nicht gewählte Regierungsvertreter. Dementsprechend fungiert die Ländervertretung im Prozeß der staatlichen Willensbildung vornehmlich als ein Instrument der Exekutive und der Bürokratie, nicht jedoch als ein zusätzliches Organ der demokratischen Willensbildung".[457] Demnach steht das Bundesrecht über dem der Länder gemäß des Prinzips „Bundesrecht bricht Landesrecht", was wiederum so zu verstehen ist, daß den Ländern eine Gesetzgebung zugestanden wird, wenn die Verfassung des Bundes es zuläßt oder anders gesagt, als Legislative sind die Länderparlamente demnach

---

[457] Sontheimer, Kurt: Der deutsche Föderalismus, in: Grundzüge des politischen Systems der Bundesrepublik Deutschland, 11. Auflage, München 1986, S. 248

ohne Bedeutung, jedoch verfügen die Länder im Rahmen ihrer Verwaltung über die Ausführung der Gesetze.

Es darf in diesem Zusammenhang nicht vergessen werden, daß der Bund gegenüber den Ländern an Übergewicht zugenommen hat, so daß die Länder spezifisch gesehen an Boden des politischen Umfelds eingebüßt haben. Damit erfuhr die politische Funktion der Länder gegenüber der Macht des Bundes eine Begrenzung, was einer politischen Gewaltenteilung gleich kommt. Obwohl die Länder mit ihren demokratisch legitimierten parlamentarischen Regierungen über eigenständige Staatsgewalt verfügen, ist diese jedoch in ihren Ausführungsbereichen durch die Bundesregierung begrenzt, was im Grunde genommen für das Funktionieren des föderalistischen Systems unbedeutend erscheint. Wichtig ist zu erkennen, daß in den Prozessen der Entscheidungen und der gesamtstaatlichen Willensbildung das zur Einigung hinführende Zusammenspiel der Länder funktioniert. Die Begründung für die Vormachtstellung der Bundesregierung in der Gesetzgebung und ihrer Ausführung gegenüber den Ländern ist in der Notwendigkeit verankert, den Bürgern zu einheitlichen Lebensverhältnissen zu verhelfen.

Da die Länder die legislativen Zuständigkeiten im kulturellen Bereich sowie das Polizei- und Kommunalrecht zugesprochen erhielten, sind sich die Länder dahingehend einig, durch Konferenzen die Politik und Verwaltung in den genannten Fachministerbereichen zu koordinieren, um weitgehende Unterschiede zu vermeiden, obwohl die Länderparlamente sich nicht an die Beschlüsse gebunden fühlen müssen. Die durch die Technik und Ökonomie erzeugten Gleichgewichtsstörungen in der Zuständigkeitsverteilung zwischen Bund und Ländern führt zu einer Minderung des Föderalismus und zu den Konflikten zwischen den Interessen des Bundes und der Länder. Um dieser Schwächung des Föderalismus entgegenzutreten, muß gemäß der Neugliederung des

Bundesgebietes nach Artikel 29 GG gewährleistet sein, daß die Länder nach Größe und Leistungsfähigkeit die ihnen zugedachten Aufgaben wirksam erfüllen können. Hinsichtlich dieser Probleme der Aushöhlung des Föderalismus läßt der traditionelle Föderlismus erkennen, daß er in seiner Struktur nicht gefährdet ist, „wenn die Länder ihre eigene Politik noch wirksamer koordinieren und jenen kooperativen Föderalismus praktizieren, der von ihnen verlangt, daß sie immer mehr staatliche Aufgaben an den Bund abgeben. Nur durch eine stärkere Unterordnung unter die Bedürfnisse des Gesamtstaates läßt sich der Bundesstaat als politisches Gliederungsprinzip retten".[458]

Im Rahmen des Föderalismus hat der Bundesrat im Ordnungsgefüge der Bundesrepublik ein gewisses politisches Gewicht, das sich in seiner verfassungsrechtlichen Stellung niederschlägt, jedoch von der Öffentlichkeit nicht so hinsichtlich seiner Bedeutung wahrgenommen wird, wie er es verdient. Gemäß Art. 50 GG: „Durch den Bundesrat wirken die Länder bei der Gesetzgebung und Verwaltung des Bundes mit" und stellt seine Funktionen und Kompetenzen in den Mittelpunkt seiner Arbeit. Hierzu nimmt sich der Bundesrat das Recht, Kontrollen und wenn nötig auch Korrekturen bei wichtigen Entscheidungen der Rechtsordnung oder Verwaltungsvorschriften und der Gesetzgebung des Bundestages und Bundesregierung durchzuführen, die von der Zustimmung des Bundesrates abhängig sind, was aus gutem Grund verständlich erscheint, wenn die Verwaltungen der Länder mit diesen Entscheidungen konfrontiert und von den Ländern durchgeführt werden sollen.

Zu den Zuständigkeiten der Landesregierungen muß festgestellt werden, daß der Bundesrat je nach Größe der Ländereinwohnerzahlen ihre Mitglieder für den Bundesrat bestimmen und auf Instruktion der Landesregierung das Amt sowie bei der Stimmübergabe geschlossen für die jeweilige Landesregierung auszuführen

---

[458] ebd., S. 253

haben. Mit anderen Worten ist festzustellen, daß die Länderparlamente auf die Entscheidungen des Bundesrates zwar Einfluß nehmen können, jedoch an diesen Entscheidungen nicht beteiligt sind. Nicht unerwähnt werden darf, daß „der Bundesrat, dank seiner starken Stellung im Gesetzgebungsprozeß, auch zu einem Instrument parteipolitischer Einflußnahme wurde"[459], was dazu führt und immer wieder vorkommt, daß die parlamentarische Opposition auf dem Wege des Bundesrates versuchen wird, sofern die parteipolitische Zusammensetzung der Opposition das ermöglicht, die Tätigkeit der Regierung zu korrigieren bis hin zu hintertreiben, obwohl dies nicht die Aufgabe des Bundesrates sein kann und auch nicht sein darf.

Es ist deshalb unbestreitbar, daß der Bundesrat seinen Auftrag und seine Ausführung als Zustimmungsorgan in der Gesetzgebung zu sehen hat. Sollte es doch mal zwischen dem Bundestag und dem Bundesrat zu keiner Einigung kommen, so steht beiden ein Vermittlungsausschuß zu, bestehend aus jeweils elf Vertretern des Bundestages und des Bundesrates, dem es aus Erfahrung fast immer gelungen ist, aufgekommene Differenzen zu beseitigen. Daraus ist zu entnehmen, daß der deutsche Föderalismus nicht nur die Interessen der Länder und deren Bevölkerung zu sichern und zu fördern hat, sondern schwerpunktmäßig „das Prinzip der Teilung und Beschränkung politischer Gewalt zur Wirkung zu bringen, und zwar sowohl durch regionale Machtverteilung wie durch innerexekutive Kontrolle"[460], was den Föderalismus unentbehrlich macht.

Im Rahmen des Föderalismus gehört die kommunale Selbstverwaltung, die kommunalpolitisch in der nationalen Politik zwar eine untergeordnete Rolle spielt, jedoch als ausführendes Organ des Staates und als politisch selbständige Körperschaft bzw. Gemeindebehörde bestimmte Aufgaben durchzuführen hat.

---

[459] ebd., S. 256
[460] ebd., S. 257f.

Dies ist gemäß Artikel 28, Abs. 2 GG so zu verstehen, daß alle Gemeinden das Recht haben, die Angelegenheiten der örtlichen Gemeinschaft in eigener Verantwortung zu regeln (Selbstverwaltung). Sie sind dabei an die von Bund und Ländern erlassenen Gesetze gebunden".[461] Obwohl die kommunale Selbstverwaltung bemüht ist, die Bürger zur Erledigung der Gemeindeangelegenheiten zu aktivieren, um auf unterster Landesebene Demokratie zu praktizieren, läßt die Praxis doch erkennen, daß die Kommunalpolitik trotz geordneten demokratischen Gesichtspunkten nur begrenzt den Bürger anspricht und diese nur in bestimmten Angelegenheiten der Kommunalpolitik Aufmerksamkeit schenken.

Es ist aber ein Irrtum zu meinen, daß die Kommunalpolitik der Gemeindeverwaltungen mit den Rats- und Bürgermeisterverfassungen und der Bundesländer mit der Gesetzgebungskompetenz für die Kommunalordnung unpolitisch sei, weil der Bürger sich hier mit denselben politischen Parteien wie auf Bundesebene und zusätzlich mit den lokalen Bürgerinitiativen auseinandersetzen muß. Einer besonderen Aufgabe kommt der Gemeindeverwaltung zu, wenn die Sicherstellung der Versorgung der Bürger abverlangt wird, die zu wachsenden technischen, ökonomischen und ökologischen Aufwendungen führt. Obwohl die Gemeinden und die Städte sich im Besitz einer relativ gesehenen Finanzautonomie befinden, sind die Finanzierungen für die notwendigen Versorgungsleistungen der Bevölkerung unterschiedlich je nach industriellen und agraischen Ansiedlungen oder gar reinen Wohngemeinden aus Grund- und Gewerbesteuern nicht immer zu bewältigen. Dies kann oft zu planlosen Ansiedlungen von Industrie und Gewerbetreibenden führen, was einerseits außer den Geldquellen auch Arbeitsplätze schafft und andererseits der aufkommende Umweltschutz und die Raumplanung nicht berücksichtigt wird. Mit dieser durch die Technik immer stärkeren Industriegesellschaft wachsen auch die finanziellen

---

[461] ebd., S. 259

Aufwendungen, was dazu führte, daß die Bundesregierung mit der Finanzreform von 1969 für Abhilfe sorgte und die Gemeinden an der Einkommens- und Körperschaftssteuer beteiligen ließ. Der zunehmenden Industrialisierung mit den Problemen der Zukunftsaufgaben waren die Gemeinden trotz der Finanzierungshilfen weder finanziell noch strukturell gewachsen und mußten sich einer Neugliederung im Rahmen der von den Bundesländern durchgeführten kommunalen Gebietsreform unterziehen, die den Gemeinden die Voraussetzung für die Bewältigung ihrer zukünftigen Aufgaben ermöglichen. Der Kommunalpolitik fällt es nicht immer leicht, in einem Balanceakt zwischen Finanzierungsproblemen und kommunaler Planung zum Wohle der Gemeinde zu entscheiden, wobei das Gemeinwohl im Vordergrund zu stehen hat.

Die heute angespannte Lage der Länder und Gemeinden wie auch die der Bundesrepublik Deutschland insgesamt gesehen, gibt Anlaß zur Feststellung, daß die „fetten Jahre" und das „über unsere Verhältnisse leben" vorbei sind und ein Umdenken gefordert werden muß, um die Grundhaltung in einer humanen und solidarischen Gesellschaft sowie die Wertorientierung nicht zu verlieren. Es darf nicht zu Egoismus und Intolleranz führen, da sonst Rechtsbewußtsein und Rechtstreue schwinden und auch Sitte, Tradition und auch das Brauchtum verloren gehen. Die Rückbesinnung auf die Anfangsjahre nach der Gründung der Bundesrepublik Deutschland ist gefragt, den Blick auf den Wiederaufbau nach den Kriegsjahren zu richten, wiederum erneut Ausgangslagen zu schaffen, den technischen Innovationen Einzugsbereiche öffnen und der Infrastruktur mehr Bedeutung beizumessen. Mit diesen Maßnahmen werden Anstöße und Flexibilität für Betriebsansiedlungen oder Bertiebserweiterungen ausgelöst und geben auch kleinen und mittleren Unternehmen aus Handel, Handwerk und Gewerbe als wichtige Elemente der Wirtschaft Raum für Wachstum und Schaffen von Arbeitsplätzen. Im Rahmen der Infrastruktur verdient der Standort Technik hinsichtlich ihres technologischen Fortschritts mehr Beachtung und Toleranz, um die Technologiefeindlichkeit in der Gesellschaft so gering wie möglich aufkommenzulassen. Grundsätzliche Fragen bei schwerwiegenden Entscheidungen über Ethik und Technik können nicht ausgeklammert werden, wenn daran gedacht wird, einen bio- und gentechnologischen Betrieb anzusiedeln, gegen den Vorbehalte und Bedenken bestehen, obwohl heute kaum ohne diese Technologien ein Medikament zum Nutzen der Menschheit hergestellt werden kann.

Auch die Umwelttechnologien sind im Rahmen der Infrastruktur als zukunftsträchtige Wirtschaftszweige zu nennen, die der Natur und den Menschen dienen, doch den Landes- und den Gemeindeverwaltungen große Sorgen bereiten und doch als Dienstleistungsbetriebe bei der Arbeitsplatzbeschaffung einen Schwerpunkt darstellen, der den Ländern und Gemeinden einen Weg zum Arbeitslosenrückgang bedeuten kann. Wissenschaft und Forschung stehen hier gegenüber Ländern und Gemeinden oft noch vor zwar lösbaren Aufgaben, die jedoch nur gelöst werden können, wenn die Verwaltungen für die Ansiedlung entsprechende Infrastrukturen ermöglichen und die Betriebe mit ihren marktfähigen Produkten Umsätze letztendlich für die Gemeindekasse und dem Wohl der Gemeindeeinwohner. Der Föderalismus mit seiner Wirtschaftsförderung für Existenzgründungen und Förderpolitik für technische Innovationen setzt wirtschafts- und technologiepolitische Akzente, die marktorientierte Entwicklungsvorhaben und Forschungseinrichtungen nach neuesten Erkenntnissen aus Wissenschaft und Forschung unterstützen. Die Infrastrukturen stehen so im Mittelpunkt der Unternehmen und der Bewältigung der Länder- und der Gemeindeaufgaben, die im Einzugsbereich des technischen Fortschritts und der Umsetzung angesiedelt sind.

Sollte die Sicht auf den Kern der Sozialen Markwirtschaft aus dem Blick geraten sein, so muß hinsichtlich der verschärften Wettbewerbssituation der Appell

Ludwig Erhards „Maß halten" in Erinnerung gebracht werden, wenn die Soziale Marktwirtschaft ausgewogen zwischen wirtschaftlicher Leistung und sozialer Wohlfahrt weiter funktionsfähig bleiben soll. Flexibilität und Eigenverantwortung sind beim Unternehmer wie auch bei den Ländern und Gemeinden als auch bei den Arbeitnehmern gefragt, um neue Wege für technische Innovationen über regionale Arbeitsmarktinitiativen für Arbeitsplätze zu beschreiten. Hier hat der Föderalismus den Hebel anzusetzen, um in Bereichen der Infrastrukturen den Ursachen defizitären wirtschaftlicher und sozialer Erscheinungen entgegenzutreten.

Die Erkenntnis, daß der Schlüssel zur Lösung gegenwärtiger und zukünftiger Auftragserfüllung in den Infrastrukturen für Wissenschaft und Forschung zu finden ist, gibt den Industrien und Gewerbetreibenden in den regionalen Bereichen die Grundlagen für den technischen Fortschritt. Auf den Gebieten der Verkehrs-, Kommunikations-, Umwelt-, Gen- und Biotechnologie und der medizinischen Forschung geben den Ländern und den Gemeinden Anlaß, moderne Zukunftstechnologien zu erschließen. In enger Zusammenarbeit mit den Städten und Gemeinden sind Forschungs- und Entwicklungskapazitäten in Kooperation mit entsprechenden Hochschulforschungseinrichtungen zukunftsträchtige Forschungsergebnisse zu erzielen, die dem Land, Bezirken und Gemeinden wettbewerbsfähige Resultate liefern, mit denen sich auch kleinere und mittlere Betriebe für den technischen Wandel qualifizieren können.

Angesichts dieser Zukunftsfragen ist die Förderung der Forschung in den Bundesländern zur Stärkung des Wettbewerbs in den Vordergrund geraten, die dem Föderalismus zugeschrieben und für die Lösung infrastruktureller Aufgaben ein hoher Stellenwert eingeräumt wird. Ob Straßenbau, Schienen- oder Wasserwege, Flughäfen oder Wohnungsbau, Industrieanlagen oder Gewerbebetriebe, Wasser- oder Energieversorgung, Landwirtschaft oder öffentlicher

Personen- und Güterverkehr und nicht zuletzt die Kulturstätten wie Schulen, Museen, Theater- und Musikhallen und alle caritativen Einrichtungen sowie Stätten der Rechtssprechung und der Polizei als Sicherheitsorgane entspringen den Infrastrukturen des Föderalismus, der den Ländern hierfür die Eigenständigkeit gibt, mit finanziellen Landesmitteln die für die jeweiligen Infrastruktur notwendige Entscheidung unter Berücksichtigung technischer, ökonomischer, ökologischer und sozialer Belange zu treffen. Bei der Bewältigung dieser Gegenwarts- wie auch Zukunftsaufgaben sollte ein besonderes Augenmerk auf die Leistungsfähigkeit des Schul- und Hochschulwesens und insbesondere auf das Sozialsystem gerichtet werden, um verantwortlich die Bildung für den technologischen Fortschritt zu fördern und die soziale Sicherheit als das Fundament der Menschenwürde und des sozialen Friedens zu erhalten.

Technische Innovationen im Verbund mit Infrastrukturen sind zukunftssichernde Maßnahmen und Leistungen, die im Wettbewerb der Regionen und darüber hinaus mithalten können und eine Wirtschaftsstruktur für Arbeit und soziale Sicherheit schaffen. Mit Blick auf die Europäische Union dürfen die deutschen Länder nicht zu Verwaltungsregionen abgestuft werden, sondern eine angemessene Weiterentwicklung und Stärkung des Föderalismus ist gefordert, oder anders formuliert, daß Föderalismus und Subsidiarität „so wenig wie möglich und soviel als nötig" im Geist von Herrenchiemsee mehr gefördert werden sollte. Damit geht es nicht um mehr Zentralismus, sondern um die Stärkung der Eigenverantwortlichkeit von Bund und Ländern und auch um das Prinzip der Subsidiarität und der eigenverantwortlichen Aufgabenerledigung. Die Länder müssen zukünftig in der Lage sein, in einem gewissen Rahmen technische Innovationen, wirtschafts- und finanzpolitisch zentrale Politikkonzepte autonom durchzusetzen, die mehr Wettbewerb in der Politik und zusätzliche technische und wirtschaftliche Dynamik bringen.

7.1.2 Technik und Politik in der militärischen Forschung

Der Umgang mit dem technischem Fortschritt befindet sich stets in einem Wandel, der erst zur Stabilität der in der Wechselwirkung stehenden Technik und Politik beiträgt, wenn der soziale und wirtschaftliche zum Wohlstand führende Beitrag geleistet und der technische Fortschritt mit seinen Auswirkungen von der Politik nicht in Grenzen gehalten wird, soweit der Allgemeinheit kein Schaden zugefügt wird. Die Bundesrepublik Deutschland mußte sich nach 1949 die Frage stellen, wie einer aufstrebenden Industriegesellschaft im Umgang mit Stabilität und Wandel bei fortschreitenden Technologien politisch zu begegnen ist. Näheres hierüber zu erfahren, kann nur lückenhaft erfaßt werden, da Quellen über die Politik mit Fragen der Technik oft dort versiegen, wo staatliche Entscheidungen unter dem Siegel der Geheimhaltung getroffen werden, sei es die Kernenergie oder in den Hochtechnologiebereichen wie Raumfahrt, Elektronik oder Biotechnologie, die in militärischen wie auch in zivilen technischen Bereichen genutzt werden und beide Bereiche in der Forschung in Wechselwirkung zueinander stehen. Bevor näher auf die technischen Forschungen im militärischen Bereich Bezug genommen wird, soll auf die Deutsche Bundeswehr eingegangen werden.

Nachdem durch die Grundgesetzänderung 1954 und 1956 die Voraussetzungen für die Einführung der Streitkräfte der Bundesrepublik Deutschland gegeben worden sind, wurde bereits 1954 von der Londoner Neunmächtskonferenz der USA, Großbritannien, Frankreich, Kanada, Italien, der drei Benelux-Staaten und der Bundesrepublik der Beitritt zur NATO und zum Brüsseler Pakt, der zur Westeuropäischen Union (WEU) geändert wurde, beschlossen. Am 09.05.1955 erfolgte dann die Aufnahme der Bundesrepublik Deutschland in die 1949 gegründete North Atlantic Treaty Organisation (NATO), im gleichen Jahr traten die ersten Wehrgesetze in Kraft und 1956 mit der Einführung der Bezeichnung „Bundeswehr" für die Streitkräfte der BRD begann der Aufbau des zivilen Teils der drei Teilstreitkräfte: Heer, Luftwaffe und Marine. Damit erreichte die BRD innen- wie auch außenpolitisch eine Gleichstellung im Raum der Nato-Staaten und gab der damals jungen Demokratie als wehrhafte Demokratie Stabilität und Sicherheit. Gemeinsam mit anderen europäischen Organisationen leistet die NATO ihren Beitrag zur Gestaltung einer umfassenden europäischen Sicherheitsarchitektur und wird auch in Zukunft eine treibende Kraft in diesem Prozeß bleiben.

Wenn nun noch auf die Führung und Organe der Bundeswehr eingegangen wird, so soll dies zum besseren Verständnis bei den Entscheidungen technologischer Forschungsvorhaben beitragen. In Friedenszeiten hat der Bundesverteidigungsminister den Oberbefehl über die Streitkräfte und in Kriegszeiten obliegt der Oberbefehl dem Bundeskanzler. Dem Bundesvertei-digungsministerium unterstehen drei Staatssekretäre, die für die Verwaltung, für die Rüstungsbereiche und für die Verbindung zum Parlament zuständig sind. Der sogenannte militärische Führungsrat mit dem Vorsitzenden, dem Generalinspekteur als höchster militärischer Repräsentant und den Inspekteuren des Heeres, der Luftwaffe und der Marine sowie des Sanitäts- und Gesundheitswesens, die für die Einsatzbereitschaft der Streitkräfte die Verantwortung tragen. Die Bundeswehr unterliegt der parlamentarischen Kontrolle, wobei der Verteidigungsausschuß des Bundestages die Kontrolle der Streitkräfte besonders ausübt und Einfluß auf die Anschaffung von Waffensystemen und Geräten nimmt. Nicht zuletzt muß die parlamentarische Einrichtung der Institution des Wehrbeauftragten eine Erwähnung finden, die es sich zur Aufgabe macht, den Schutz der Grundrechte der Soldaten zu verteidigen.

Die Erfahrungen des letzten Krieges gaben Anlaß, gegen die Wiederbewaffnung Widerstand zu leisten, gestärkt durch den Ruf „Ohne mich", der jedoch aus Sicherheitsgründen gegenüber den aufkommenden Gefahren aus dem Osten der Einsicht sehr bald Platz machte, die Remilitarisierung als eine Notwendigkeit in Planung zu nehmen. Auch fanden die Befürchtungen für eine Wiederbelebung des deutschen Militarismus keine Nahrung, da die Bundeswehr als Armee den demokratischen Charakter der Bundesrepublik nicht in Frage stellt und die politische Führung vor dem militärischen Kommando die Priorität behält. Während zur Kaiserzeit, in der Weimarer Republik oder im Dritten Reich das Militär im Mittelpunkt der Gesellschaft stand, ist die Bundeswehr eine Organisation im Staate, die als eine staatliche Funktion wie jede andere zu verstehen ist und als Allgemeine Wehrpflicht den „Staatsbürger in Uniform" beinhaltet. Obwohl es älteren Soldaten nicht leicht fiel, aus Gründen altüberlieferter Traditionen, das Konzept der Inneren Führung zu praktizieren, ist doch die Integration der Bundeswehr in die Gesellschaft fortwährend erfolgt, wobei in hohem Maße die von der demokratischen Gesellschaft geprägten Wehrpflichtigen und Reservisten beigetragen haben. Es darf nicht überhört werden, daß die Bundeswehr als deutsche Armee per Gesetz eine defensive Streitmacht ist und laut Art. 26 GG weder eine Vorbereitung noch eine Durchführung von Angriffskriegen verfassungswidrig unter Strafe gestellt wird. Die Verteidigung des deutschen Vaterlandes ist angelegt als Sache des ganzen Volkes und erfordert die Bereitschaft, für die Sicherheit des freien Gemeinwesens, für Frieden, Recht und Freiheit einzutreten, wie es in der Präambel des GG auch zum Ausdruck kommt.

Es wäre töricht, von einer Abschaffung der allgemeinen Wehrpflicht zu sprechen, da sonst die Bundeswehr keinen Platz im kollektiven Bewußtsein des Volkes mehr hätte und geistig die Beziehung zur Gefühlswelt, dem Vaterland einen

Dienst zu erweisen, verloren ginge. Mit einer reinen Berufsarmee hätte die Bundeswehr eine Armee der „Gehaltsempfänger", die ihren Job machen und das Bindeglied „Bundeswehr" zwischen den Soldaten und der Bevölkerung ginge verloren, was nichts anderes bedeuten würde als die Bundeswehr aus dem persönlichen Blickfeld der Staatsbürger verschwinden würde. Es kann und darf nicht auf die allgemeine Wehrpflicht verzichtet werden, wenn die Bundeswehr gemäß ihres Auftrages, die Sicherstellung des Friedens erfüllen soll.

Immer schon finden Waffen als Ausrüstung der Menschheit für ihre Verteidigung oder Durchsetzung von Interessen, wobei erfahrungsgemäß zur Erhöhung der Ausrüstung Fahrzeuge, Geräte und Festungen in verschiedenen Epochen und Kulturen hinzukamen und die Abwehr- und Angriffsfähigkeiten ergänzten. So lange es Menschen gab und geben wird, wird die Rüstung ein Instrument der politischen Auseinandersetzung bleiben, wobei die militärische und zivile Technik in Wechselwirkung stehen, um die Zweckbestimmung der Technik je nach Truppengattungen zum Erreichen der gesteckten militärischen Ziele zu erreichen.

Im Rüstungsbereich der Bundeswehr ist die Gesamtdurchführung von der Planung bis zur Aussonderung von Waffensystemen, Geräten u.a.m. gestrafft und vereinfacht worden, um auf die in der Industrie und Wirtschaft ständigen Marktveränderungen die damit verbundenen Probleme der technischen Neuentwicklungen sowie auf die politischen Veränderungen und militärischen Kräfteverschiebungen entsprechend reagieren zu können und die technischen Notwendigkeiten für den Verteidigungsauftrag auf den neuesten Stand zu halten. Diese Aufgaben zu lösen, sind Zweck und Ziel der Wissenschaft und der Technik gemeinsam mit der Bundeswehr und der Industrie auf dem technischen Sektor tätig zu werden, die unter Berücksichtigung von militärisch-technisch-wirtschaftlichen Forderungen zu optimalen Ergebnissen kommen sollen.

Es würde den Rahmen der Ausführungen sprengen, wenn über den Ablauf von der ersten Aufgabenstellung bis hin zur beschaffungsreifen Auslieferung des Projektes an die Truppe beschrieben werden sollte. Die Schwerpunkte der wehrtechnischen Forschung ergeben sich unter anderem aus den Bemühungen, umfassende Analysen und Prognosen und eine Diskussion zwischen der Wehrtechnik und den Führungsstäben herzustellen und damit auf möglichst sicherer Grundlage eine langfristige Vorausschau als Beitrag zur Bundeswehrplanung sicherzustellen, wobei sich das Bundesverteidigungsministerium an der Erarbeitung von wissenschaftlich-technischen Studien beteiligt. Ein sozialpolitisches Schwerpunktthema der Wehrforschung ist die Untersuchung anthropo-technischer Probleme, die sich daraus ergeben, das infolge zunehmender Komplexität technischer Systeme die Wirksamkeit von Waffen und Geräten in immer stärkeren Maße Grenzen gesetzt werden müssen. Dies nicht allein durch die Technik, sondern durch den Menschen, der das technische System zu bedienen und zu beherrschen hat. Aufgabe der Anthropotechnik als Wissenschaft wird es sein, Voraussetzungen, Bedingungen und wechselseitige Einflußfaktoren beim Zusammenwirken von Mensch und Maschine zu untersuchen mit dem Ziel, die Anpassung der Technik an den Menschen zu optimieren. Zu diesen wehrtechnischen Entwicklungen ist zu sagen, daß die Schwerpunkte sich einerseits aus den Ergebnissen der wehrtechnischen Analyse, Studien und Experimentalentwicklungen, bei deren Erarbeitung die Industrie als potentieller Auftragnehmer wehrtechnischer Entwicklung und Fertigung weitgehend eingeschaltet ist, und andererseits aus den militärischen Forderungen und Absichtserklärungen als Bedarfsträger ergeben, die in einem ständigen Dialog zwischen der Wehrtechnik und dem Bedarfsträger im Rahmen eines Planungs- und Entscheidungsprozesses ihren Niederschlag im Streitkräfte- und Rüstungsplan finden. Wegen der immer größer werdenden

Entwicklungskosten und -risiken sind die nationalen Entwicklungsvorhaben kaum noch durchführbar, was dazu führt, die Entwicklungen entweder in bi- oder multilateraler Zusammenarbeit durchzuführen oder auf Entwicklungen teils zu verzichten und die im NATO-Bereich entwickelten Waffen und Geräte zu beschaffen.

So wie alle Waffen und Geräte vom Techniker geplant, entwickelt, gebaut und der Truppe übergeben werden, müssen diese Waffen und Geräte auch vom Techniker in der Truppe technisch überwacht, instandgesetzt und versorgt werden. Diese Techniker als Offiziere und Truppenführer haben den Auftrag, die Truppe taktisch zu führen, die Kampf- und Versorgungstruppen in der Instandsetzung, Bergung und Ersatzteilbeschaffung zu unterstützen und die laufende Ausbildung des technischen Personals als Soldat und Fachmann an den Waffen und Geräten zu überwachen und die Einsatzbereitschaft der Truppe optimal sicherzustellen.

Zur Lösung der Forschungsaufgaben tragen kooperativ Technische Hochschulen, Forschungsinstitute und die Industrie bei, wobei die Ergebnisse entweder im militärischen oder zivilen Bereich Anwendung finden wie beispielsweise bei der Grundlagenforschung des hitzebeständigen Materials für Raumflugkörper, das auch für Triebwerke genutzt werden kann. In vielerlei Hinsicht ist die Forschung und Entwicklung keiner wissenschaftlich-technischen Begrenzung unterworfen, da diese zukunftweisend dafür Sorge tragen muß und vom Verteidigungs-ministerium als Auftraggeber gefördert wird, um den Anschluß an fremdländische Forschungserfolge nicht zu verlieren.

Im Rahmen der technologischen Forschung obliegt dieser militärischen Zweckgebundenheit, die den Anforderungen und dem Bedarf von technischen Systemen unterliegen, die wiederum den zivilen Zielsetzungen nicht entsprechen. Gegenüber den zivilen Anforderungen stehen die militärischen in höchster

Erwartung der Leistungen und Eigenschaften der Funktionen unter extremen Verhältnissen und Belastungen, die für die Durchführung des Kampfauftrages geforderten Ansprüche, wie Geschwindigkeit, Genauigkeit und Zuverlässigkeit etc., erfüllt werden müssen, soweit die Kosten der Realisierung nicht im Wege stehen. Nicht selten stehen sich die militärischen und die zivilen Techniken im Wechselspiel gegenüber, wenn aus reiner militärischer Zielsetzung für die bekannte V2 der Flüssigkeitsantrieb zum Einsatz kam, der später dem Antrieb der zivilen Raumfahrt in den USA diente, und umgekehrt die Lasertechnologie im zivilen Bereich an Bedeutung gewonnen hat, bevor diese eine militärische Anwendung fand. Die Zusammenarbeit von militärischen und zivilen Forschungsstellen geben nach technologischer Bewertung der militärischen Entscheidung die Fähigkeit, entsprechende Techniken zu übernehmen. Ebenso zieht die Industrie aus den Ergebnissen entsprechenden wirtschaftlichen Nutzen, die der zivilen Anwendung dienen.

Die Technik ist nicht nur auf die Technik in den militärischen und zivilen Bereichen zu sehen, sondern muß auch auf außertechnische Bereiche wie auf die sozialen Strukturen, auf die Wirtschaft, Ökologie und nicht zuletzt auf die Politik bezogen werden, wenn die Rüstungstechnik besonderen Einfluß auf die Gesellschaft und Politik nimmt. Geht der Verteidigungsauftrag wegen überholter technisch-strategischer Funktionen verloren, ist die Technik gefragt, wenn nicht, steht die Politik in der Verantwortung, politische Lösungen zu finden, um militärische Konflikte zu vermeiden. Der Frieden in Europa ist der Raketentechnik mit dem Besitz von Nuklearwaffen zu verdanken, die sicherheitspolitisch an Bedeutung gewonnen haben, weil eine solche mit diesen Waffen geführte Auseinandersetzung keiner Seite gedient ist. Trotz wiederkehrender Abrüstungsverhandlungen, die der konventionellen Rüstung Vorschub geleistet haben, ist die atomare Bewaffnung nicht ganz aus dem Blick strategischer Zielsetzungen verschwunden und dient weiterhin als Abschreckung, was auch mit einer konventionellen Bewaffnung erreicht werden sollte, wenn aus dem Wechselspiel mit der militärischen und zivilen Forschung eine optimale Verteidigungsfähigkeit hervorgeht. Diese Möglichkeit kann ebenso einer Abschreckung dienen und der Politik eine Handlungsinitiative für die Beilegung eines Konfliktes geben. Wäre diese Verteidigungskonzeption auch auf der Gegenseite zu erwarten, käme es zu keiner Auseinandersetzung und würde zum Abbau von Spannungen beitragen. Da dies nur der Theorie zugetragen werden kann, darf die Politik sich der Realität nicht verschließen, daß auch nach einer raumumgreifenden Offensive des Angreifers das eroberte Land im Gegenangriff wieder zurückerobert werden muß. Das setzt voraus, daß auch Waffensysteme für einen Angriff in der Rüstungsplanung einbezogen werden müssen, die für die Zielsetzung eines begrenzten Angriffes erforderlich sind.

Die von den Rüstungsgütern geforderte technische Qualität erfordert hochqualifizierte Fachkräfte, die ihr Können und Wissen ebenso von der zivilen Technik in der Industrie, in den Mittel- und den Kleinbetrieben für ihre ausführenden zivilen Aufträge in Anspruch nehmen, wie dies beim Technologietransfer von militärischer und ziviler Antriebsforschung auf dem Räder- und Kettenfahrzeugsektor der Fall ist. Es kann nicht geleugnet werden, daß die Rüstung mit ihrem militärischen Bedarf, die Industrie und der zivile Lieferant sich in einer Interessensituation befinden und sich schwer tun, wenn sich die Politik aus strategisch-politischen Gründen um eine vorgesehene Abrüstung bemühen muß und die Rüstungsgüterlieferanten sich der neuen sicherheitspolitischen Lage anpassen müssen. Das verlangt vom Unternehmer Umsicht, Flexibilität und Durchstehvermögen, um neue Produktions- und Absatzstrukturen zu erschließen, die zu neuen Märkten für zivile Produkte führen und die Zukunft des Unternehmens sicherzustellen.

Es genügt nicht alleine über die Möglichkeiten und über die Wirkungen der Waffen und Geräte im Einsatz zu wissen, der technische Offizier muß auch dem Fortschritt der Technik folgen und kooperativ als Gesprächspartner des Technikers in der Industrie bei der Entwicklung, Erprobung und Einführung neuer Ausrüstungen mitwirken. Die heute komplizierte und vielfältige Technik in allen militärischen und zivilen Bereichen läßt der politischen Verantwortung nur wenig Raum und verlangt vom technischen Offizier wie auch von einem Soldaten eine hohe notwendig gewordene technische Ausbildung, um seinem Materialbeschaffungs- und Materialerhaltungsauftrag zur Sicherstellung der Truppeneinsatzbereitschaft zu erfüllen.

7.1.3 Technik - ein staatspolitischer Entscheidungsfaktor

Es entspricht der Tatsache, daß ein staatliches Leben ohne die Technik in Wechselwirkung mit der Ökonomie als kulturstaatlicher Träger nicht denkbar ist. Die Vielfalt von Individuen stellt als Einheit die Staatsgesellschaft dar und das bindende Element der Einheit kann in den Bedürfnissen der Staatsbürger gesehen werden, wobei die Bedürfnisse nicht nur materieller Art sind, sondern die Tätigkeit und die Existenz des Staatsbürgers ist wiederum von der Arbeit und Existenz des anderen abhängig, was die Gesellschaft ausmacht, die mit dem Fortschritt der mit der Kultur verflochtenen Technik immer komplizierter wird. Hierzu äußert sich Pierre Lafitte wie folgt: „Die Speerspitze der Politik ist die Wirtschaft. Die Speerspitze der Wirtschaft sind die Ingenieure" und diese sollten „mehr Verantwortung in der Politik übernehmen", da „Politik in der Zukunft viel mehr technische und wissenschaftliche Kompetenzen erfordere".[462]

---

[462] Lafitte, Pierre: In der Politik gibt es zuwenig Ingenieure, in: VDInachrichten, Nr. 21, Düsseldorf 24.05.1991

Technik in ihrer Entwicklung und der Staat als politische Institution sind aufeinander angewiesen, woraus resultiert, daß es keine unpolitische Technik geben kann, weil die Technik nicht Selbstzweck ist, sondern bestimmten Zielen und Interessen dient und ihr Zusammenwirken mit der Wirtschaft dem Staat Veranlassung gibt, in technische Entwicklungen einzugreifen, was zu wechselseitigen Beziehungen zwischen Technik und Staat führt. Das im Jahre 1963 ins Leben gerufene Ministerium für Wissenschaft und Forschung unterstreicht die Bedeutung der Technik und Wirtschaft für den Staat und die Gesellschaft, wobei wiederum dem Ministerium die Aufgabe obliegt, sich bei technischen Innovationen mit Finanzmitteln und Gesetzen zu beteiligen.

Obwohl der Staat die Förderung technischer Entwicklungen gesellschaftlich-politisch als seine Aufgabe sieht, kommen doch auch Zweifel auf, ob alle machbare Technik dem Menschen Vorteile bringen kann, wenn an die früheren und gegenwärtigen Auseinandersetzungen der Kernenergienutzung oder an die Gentechnologie gedacht wird.

Immer schon kamen bei technischen Entwicklungen Zweifel und Ängste auf, die im Umfeld der Gesellschaft soziale Prozesse auslösten, die nicht immer zu negativen, sondern auch zu positiven Ergebnissen führten. In diesen Fällen sind die Institutionen für Technikfolgenabschätzung und Technikbewertung gefragt, die neuen Techniken bei der Anwendung die Auswirkungen in den Bereichen der Umwelt und der Gesellschaft abzuschätzen und zu bewerten haben. Im Blickfeld der ökologischen Zusammenhänge muß hier in Frage gestellt werden, ob es möglich ist, letztendlich zu entscheiden, was der Natur und dem Menschen Nutzen oder Unheil bringt. Wenn die Politikwissenschaft die Grundlage der Lehre von der Souveränität des Staates ist und zweckverbunden die Fundamente des Zusammenlebens der Menschen sichert, überläßt er dem Bürger seine Selbständigkeit und hat in seine Lebensführung nicht einzugreifen. Aus dieser

Sicht muß die ökologische Politik so verstanden werden, daß sie nur mit ihrer Rahmenpolitik Einfluß auf gezielte Bedingungen des menschlichen Daseins einnimmt und wie der Mensch sich auf die neuen Bedingungen einstellt und handelt, wird von der Politik dem Menschen überlassen. Hermann Schulte-Vennbur vertritt hierzu die Meinung: „Die Ökologie kann uns das Netz von Wechselwirkungen in der Natur innerhalb gewisser Grenzen vorab verfügbar machen und uns zeigen, welche Folgen bestimmte Eingriffe in der Natur haben können. Ökologisches Wissen liefert Gesichtspunkte für Entscheidungen und kann bei einer Formulierung von Zielen helfen. ... Wir müssen aber selbst entscheiden, was wir wollen und selbst verantworten, was wir tun".[463] Soweit der Mensch die Möglichkeiten hatte, in seinem Sinne die Natur zu verändern, tat er es, wobei heute die ökologische Politik der menschlichen Umgestaltung der Natur Grenzen zu setzen weiß, um ihr Gleichgewicht zu erhalten und das menschliche Dasein zu sichern.

Bei der Einsichtnahme in den technischen und ökologischen Fortschritt ist zu bemerken, daß sich gerade in der ökologischen Krise eine neue Qualität der Industriegesellschaft herauskristallisiert hat. Während 1968 über die Interpretation moderner Gesellschaften mit dem Leitthema: „Spätkapitalismus oder Industriegesellschaft" diskutiert wurde, steht heute auf dem Plan „Ökologische Tragfähigkeit zukünftiger Entwicklung", die als Hauptfrage der ökologischen Modernisierung angesprochen wurde. Angesichts dieser nicht auszuschließenden Fragen stellte Wolfgang Zapf ein Ökologiedefizit bei den Sozialwissenschaften fest und die ökologischen Risiken und Gefahren im Modernisierungsprozeß selbst in Gefahr gebracht werden könnten. Zu den Folgen durch bisher nicht beherrschte Risiken fomulierte Ulrich Beck: „Der Schlüssel

[463] Schulte-Venbuhr, Hermann: Wahrheitsokkupanten im neuen Gerwand, in: Sonde, Pieroth, Elmar; Rommel, Manfred; Schönbohm, Wulf; Wissmann, Matthias (Hrsg.), 17/18 Jahrgang, Nr. 4/84 und

gegen die Umweltzerstörung liegt gerade nicht in der Umwelt, auch nicht nur in einer veränderten Moral des einzelnen, einer veränderten Forschungsethik oder Wirtschaftsethik, sondern wesentlich in den historisch fragwürdig werdenden Regelsystemen der Institutionen. Ohne Soziologie bleibt die ökologische Frage gesellschaftsblind, handlungsunfähig".[464] Hier erscheint die Soziologie gefragt, um verstärkt in ihren Bereichen sachverständige Erörterungen von Problemen und Fragen ihre Chance zu nutzen sowie durch Forschung Orientierung für zukünftige gesellschaftliche Entwicklung zu vermitteln und interdisziplinär mit der Technik, Ökonomie, Ökologie und Theologie gemeinsam Wege der komplexen Probleme zu finden, um bei der Gestaltung des gesellschaftlichen Modernisierungs-prozesses hilfreich sein zu können. Hier ist eine Vernetzung der Wissenschaften, Technik und dem Staat erkennbar, die deutlich einen Weg zur Bewältigung der durch den technischen Fortschritt verursachten gesellschaftlich-politischen Prozeßprobleme aufzuzeigen in der Lage sind. „Aufgabe der Wissenschaft müsse es sein, mehr als bisher die Komplexität der Zusammenhänge in das Bewußtsein zu heben, sie in unser Weltverständnis aufzunehmen, sie zu erforschen und für die Öffentlichkeit durchschaubar zu machen. Zur Bewältigung dieser Aufgaben sollten Geistes- und Naturwissenschaftler in der Zukunft enger zusammen-arbeiten"[465], denn „eine moderne Industriegesellschaft ist ohne Wissenschaft nicht lebensfähig".[466]

Während die Aufgabe der Technik zwischen den Erkenntnissen der Naturwissenschaft und den Bedürfnissen des Menschen angesiedelt sind, kann von der Soziologie gesagt werden, daß sie bemüht ist, sich dem freigewordenen

1/85, S. 24

[464] Beck, Ulrich: Bei den drängenden Fragen blieben die Soziologen stumm, in: VDInachrichten Nr. 42, Düsseldorf 26.11.1990, S. 16

[465] Artmann, Axel: Reportage des Vortrages von Christian Graf von Krockow „Technik beeinflußt die Politik", in: VDInachrichten, Nr. 7, Düsseldorf 14.02.1992, S. 41

[466] ebd.

Bereich zwischen der Technik, den Wissenschaften und dem Staat zu widmen, um Verhältnisse und Zusammenhänge zu erkennen, daß gesellschaftspolitische Prozesse in Bahnen rationaler Entschlüsse gelenkt und die Auswirkungen der Technik auf das menschliche Leben in Einklang gebracht werden können. Immer schon hat sich die Soziologie der Aufgabe gestellt, das soziale Handeln, die Strukturen der Gesellschaft und die daraus resultierenden Prozesse zu erkennen und gewann interdisziplinär in den Anwendungsbereichen Technik und Ökonomie mit dem Aufkommen der Sozialen Marktwirtschaft in der Sozialforschung besonders an Bedeutung. Die gewaltigen technischen Möglichkeiten, mit denen die Gesellschaft konfrontiert wird, geben der Soziologie in den Teildisziplinen im Rahmen der Meinungs- und Sozialforschung Erkenntnisse, die zur Anwendung des erhofften Nutzens führen und bei der Ausführung der Technik sowie bei den Rahmenbedingungen des Staates berücksichtigt werden sollten. Die Gestaltung und die Einflußnahme des Staates auf die gesellschaftlichen Bereiche wie Recht, Wirtschaft, Handel und Technik, geben dem Staat im Rahmen der Verfassung zwar eigene Vorstellungen ihre Vorhaben zu realisieren, jedoch sind für ihn nicht alle Wege offen, wenn hinsichtlich der politischen Entscheidungen an die Einflußnahme der Technik gedacht wird, wie es auch Axel Artmann formuliert: „Seit dem Zeitalter der industriellen, naturwissenschaftlichen und technischen Revolution nähme die Technik aber Einfluß auf die Politik".[467] Trotz des in Erinnerung gebrachten allgemein bekannten Spruchs „Politik ist die Kunst des Möglichen", stellt sich doch die Frage, ob das „Mögliche" auch das „Erlaubte" sei, wo doch die Technik in die Einflußbereiche des Staates eingedrungen ist und dem Staat allein entscheidende Maßnahmen teils entzogen hat.

Soweit es möglich ist, sollte Technik und Soziologie gemeinsam unvermittelt in die Gesellschaft hineinwirken, wobei der Technik die Forderung abverlangt

---

[467] ebd.

werden muß, die Folgen technischer Entwicklungen zu bedenken und abzuschätzen, was nicht immer leicht sein wird, wenn aufkommende gesellschaftliche Probleme nicht rechtzeitig erkannt werden. Für die nicht vorhersehbaren Erkenntnisse, die sich nachträglich als Fehlentscheidungen herausstellen, kann die Technik in ihrem Verantwortungsbereich zur Rechenschaft gezogen werden, obwohl auch hier eine Risikobereitschaft gefragt ist, wenn es um die Zukunftssicherung geht. Die technischen Entwicklungen sollten versuchen, eine rechtzeitige Anpassung an die zu erwartenden Verhältnisse zu finden, die bei der Reglementierung und den gesellschafts-politischen Zielsetzungen des Staates entsprechen, wobei soziale Begrenzungen in der Entfaltung und Anwendung der Technik berücksichtigt werden sollten, zumal von der Technik Qualitätsanforderungen, Sozialver-träglichkeit und Sicherheitsauflagen abverlangt werden.

Bei der Anwendung der Technik werden die staatlichen Rahmensetzungen von der Technik keinesfalls strapaziert, wenn der Staat die Zielvorgaben beschränken und der Technik mehr Eigenverantwortung überlassen würde, da ja zur Überwachung in Sachen Technik der seit 120 Jahren eingeführte Technische Überwachungsverein[468] aus der Sicht der Chancen und der Risiken für einen reibungslosen Ablauf der technischen Überwachung dem Staat auf neutraler Basis an die Hand gegeben wird, was nicht heißen soll, daß alle Risiken gänzlich ausgeschaltet werden können.

Sind auch die Aufgaben und Arbeitsweisen der Technik, des Staates und der Soziologie verschieden, sollte trotz sektoraler Betrachtung der Blick auf das Ganze gerichtet sein, wie dies aus dem Zitat von Max Planck hervorgeht, „daß

---

[468] Technischer Überwachungsverein (TÜV), als Selbstverwatungseinrichtung der deutschen Wirtschaft in der zweiten Hälfte des 19. Jahrhunderts gegründeter, eingetragener Verein. Der TÜV ist unabhängig und neutral und hat den Zweck, Menschen, Umwelt und Sachgüter vor nachteiligen Auswirkungen der Technik zu schützen, in: Bertelsmann Universal Lexikon, Bd. 17, S. 366

man dem Wesen eines Gebildes nicht auf die Spur kommt, wenn man es immer weiter in die Bestandteile zerlegt und dann jeden Bestandteil einzeln studiert, da bei einem solchen Verfahren oft Wesentliche Eigenschaften des Gebildes verloren gehen. Man muß vielmehr stets auch das Ganze betrachten und auf den Zusammenhang der einzelnen Teile achten ... . Stets ist das Ganze noch etwas anderes als die Summe der einzelnen Teile".[469] Sinngemäß ist das Objekt im „Ganzen" zu sehen und der Mensch in den Mittelpunkt der Bemühungen zu stellen, was so zu verstehen ist, daß die Technik für ein unbeschwerliches Leben zu sorgen hat, die Soziologie mit Orientierung zur Lebensgestaltung verhilft und der Staat mit entsprechenden Rahmenbedingungen dazu beiträgt, daß beides ermöglicht werden kann. Um das zu erreichen, muß gegenseitige Verständigung und Akzeptanz vorliegen, die dem Anliegen des Menschen für die Bereitschaft zum verantwortungsbewußten Handeln dienen. Also müssen die Technik, Wirtschaft und der Staat künftig der zunehmenden Verantwortung gegenüber der Gesellschaft bewußt ihren Aufgaben folgen, um der gesellschaftspolitischen Verflechtung nachkommen zu können, wobei die Soziologie mit ihren anthropologischen Erkenntnissen hier helfend und sinnvoll eingebunden werden kann.

Es stellt sich die Frage, warum die Technik und der Staat sich im Umgang miteinander so schwer tun? Es mag wohl daran liegen, daß die Technik einerseits und der Staat mit seinem politischen Machtwillen andererseits einer unterschiedlichen Denkweise bei den technischen Entwicklungen folgen, wobei die Technik sich durch viel Dynamik auszeichnet und der Staat mit seinen öffentlichen und gesellschaftlichen Institutionen mehr der Statik unterworfen ist und Gefahr läuft, daß die technische Forschung zum Politikum wird, wie dies bei

---

[469] Planck, Max: Die Physik im Kampf um die Weltanschauung, Leipzig 1953, zitiert von Becker, Walter: Der Blick auf das Ganze. Das Weltbild Othmar Spanns, München 1985, S. 36

Hans Freyer zum Ausdruck kommt: „So handelt es sich nicht nur um jenen Zweibund von Wissenschaft und Technik, sondern um ein Dreierbündnis: Der unternehmerische Geist, das Erwerbsstreben und der Politische Machtwille, sehr heterogene Kräfte der politischen und sozialen Sphäre also, sind der dritte Faktor in der weltgeschichtlichen Bewegung der neuzeitlichen Technik, schon in den ersten Phasen, erst recht natürlich heute, wo Vorsprünge im technischen Standard und öffentliche Investitionen für die Forschung zum Politikum geworden sind".[470]

Der Staat muß es sich zur Aufgabe machen, die Technik so zu steuern, daß die Entwicklungen der Technik den gesellschaftlichen Zielen entsprechen und für die Realisierung das Instrumentarium im Rahmen eines technikpolitischen Konsenses aller Betroffenen Sorge zu tragen, wobei auch die Technik und die Industrie sich bei Änderungen bestimmter Technologien bewegen müssen. Hinsichtlich der technischen Entwicklung müssen vom Staat verläßliche Vorgaben und Forschungshilfen geboten werden, insbesondere dann, wenn internationale Interessen beider Seiten vorliegen, wobei wieder Technik und Staat aufeinander angewiesen sind, zumal der internationale Wettbewerb sich in einer Phase der Beschleunigung befindet. Auch im Bereich des alltäglichen Lebens der Gesellschaft kann sich die Technik wie auch der Staat einen Alleingang leisten, wenn Gemeinsamkeiten bei der Abwägung der Umweltqualität und der Wirtschaftlichkeit vorliegen; dies bedeutet auch, daß die Technik als ein politischer Begriff verstanden werden kann.

Obwohl der Staat bestrebt sein wird, der technischen Entwicklung die Richtung anzuzeigen, die mit den politischen und sozialen Zielen übereinstimmen muß und als ein umfassender gesellschaftspolitischer Prozeß zu sehen ist, was realistisch gesehen bedeutet, daß der Staat den technischen Fortschritt nicht ausschließlich

---

[470] Freyer, Hans: Die Technik als Lebensmacht, Denkform und Wissenschaft, in: Gedanken zur Industriegesellschaft, besorgt von Arnold Gehlen, Mainz 1970, S. 152

bestimmen kann. Es sei denn, daß der Staat bei technischen Fehlentwicklungen zum Schaden der politischen, wirtschaftlichen und sozialen Interessen einschreiten muß und das Verwaltungsgericht[471] ein Verbot ausspricht. Es ist nicht ausgeschlossen, daß hier auch technisch-wissenschaftliche Verbände, wie beispielsweise der „Verein Deutscher Ingenieure" mit ihren vielfältigen technischen Beratungsangeboten, der als ein von der Öffentlichkeit und der Industrie akzeptierter und kompetenter Gesprächspartner eine Vermittlungs-funktion zwischen Technik und Staat übernehmen würde, um Konflikte bei Fragestellungen technischer Anwendungen im Frühstadium einer nicht immer nutzbringenden Auseinandersetzung zu vermeiden. Hier kommt den Verbänden eine überragende Bedeutung zu, vorausgesetzt, daß auf beiden Seiten Akzeptanz besteht und kooperativ auf der Basis gegenseitigen Vertrauens Technik bezogene Fragen sachverständig bearbeitet und vermittelt werden. Ein solches „Miteinander", gleich in welcher Besetzung, geben dem Staat die Erkenntnisse, mit welchen Verfahren sich zukünftige Aufgaben bewältigen lassen, ohne mit dem Grundgesetz, Art. 5, Absatz 3„ Kunst und Wissenschaft, Forschung und Lehre sind frei" in Konflikt zu geraten. Zur Natur des Menschen gehört es, daß er ohne die für die Erforschung und Nutzbarmachung der Materie bestimmte Technik nicht leben kann und diese die Grundlagen des kulturellen und praktischen Lebens bildet, woraus gegenüber der Schöpfung die Verantwortung und Pflicht erwachsen, mit dem Besitz der Natur sorgfältig und sparsam umzugehen oder wie es Kurt Herberts beschreibt: „Freilich stellt uns die Natur die Stoffe und Energien, die wir benötigen, bereitwillig zur Verfügung. Allerdings entsteht hieraus auch die Verpflichtung für den Menschen, diesen Besitz in

---

[471] Verwaltungsgericht, Abk. VG, erstinstanzliches Gericht der Verwatungsgerichtsbarkeit ... die Rechtsprechung in Sachen der Verwaltung ... . Organisation, Zuständigkeit und Verfahren der allgemeinen Verwaltungsgerichtsbarkeit sind in der Verwaltungsgerichtordnung vom 21.01.1960 festgelegt, in: Bertelsmann Universallexikon, Bd. 19, a.a.O., S. 24

verantwortlicher Weise zu behandeln und einzusetzen. Der Mensch kann das, was ihm zu eigen ist, einerseits im egoistisch-asozialen Sinn mißbrauchen, andererseits aber darüber auch so verfügen, daß es als Mittel und Werkzeug zu sinnvoller Lebensgestaltung und zur Erfüllung von Pflichten und Aufgaben innerhalb der Gesellschaft dient"[472] und den ethischen Erwartungen entspricht, weil sie Ursprung und Energiequellen des politischen Lebens sind.

Die freiheitliche Demokratie ist eine anspruchsvolle Staatsform, die in der Erfüllung einer christlichen Ethik ihr Sicherheit gibt und in der Freiheit die Garantie der Würde des Menschen dem Schwachen zuliebe gesehen werden muß, wobei auch ethische Wertentscheidungen zulässig sind, die in einer immer orientierungsloser werdenden Gesellschaft dringend notwendig sind. Hier steht die Demokratie zwischen politischer Führung und dem Bürger in einem Dialogverhältnis, das zu einem ethischen Konsens führen muß, um so grundlegende kulturelle Werte der Demokratie wie Toleranz und Meinungsfreiheit auf Dauer zu verteidigen. So soll die Demokratie der Weg sein, nicht das Ziel, das Ziel ist der Mensch, die Schöpfung. Unter diesem Aspekt ist der Fortschritt der Technik in den staatspolitischen Entscheidungen als Deutung für das Gemeinwohl zu verstehen.

„Die schicksalhafte Verknüpfung von Politik und Technik zeige sich ebenso auf vielfältige Weise bei den elektronischen Medien"[473], mit deren Hilfe die Gesellschaft beeinflußt wird und ihr Schaden zugefügt werden kann. Obwohl die Technik wie hier in den kulturellen Bereichen ihre Spuren hinterlassen hat und Werte eingebüßt wurden, hat die Technik ihre Bedeutung und Notwendigkeit in allen Bereichen der für das Gemeinwohl verantwortlichen Institutionen nicht

---

[472] Herberts, Kurt: Gemeinwohl und Gleichgewicht - die humanen Voraussetzungen unseres gemeinsamen Zusammenlebens, Eröffnungsansprache auf dem Symposium des Institut für Demokratieforschung am 15.-16. März 1984, S. 12
[473] Artmann, Axel: Technik beeinflußt die Politik, a.a.O., S. 41

verloren. Die Länder haben sich gemäß ihrer Kulturhoheit der Aufgabe für eine Einschränkung des Kulturverfalls zu stellen, „da sich durch die regionale und lokale Verwurzelung der kulturellen Verschiedenheiten ein Reichtum erhalten und gebildet hat, die durch die föderale Struktur unseres Landes geschützt wird"[474] und „gerade die Kulturhoheit der Länder bildet den Kern der Bundesrepublik".[475] So führt „Die Unterschiedlichkeit der verschiedenen Einflüsse".. „im föderalen Rahmen zu einer flächendeckenden Kulturverbreitung".[476] Daraus ist zu schließen, daß „die verschiedenen kulturellen Strukturen nicht im Gegensatz, sondern im Austausch miteinander friedlich koexistieren, kann sich aus gewachsenen Strukturen kulturell Neues entwickeln"[477], um hier einem vom Kulturverfall gebildeten Vakuum, in dem sich bald Ideologien bilden, entgegenwirken zu können und der Technik ihre kulturstaatliche Bedeutung zu geben.

---

[474] Stolte, Dieter: Deutschland als Kulturstaat, Deutschland als föderale Kulturnation, in: Deutschland als Kulturstaat, hrsgg. von Lothar Bossle, Festschrift für Hans Filbinger zum 80. Geburtstag, Paderborn 1993, S. 57
[475] ebd.
[476] ebd.
[477] ebd.

8. Technik und Kultur in der Daseinsbewältigung

Am Anfang der Weltgeschichte steht das Wort: „Im Schweiße deines Angesichts sollst Du dein Brot essen" (1. Mose, Kapitel 3, Vers 18).

Obwohl die Griechen und Römer in diesen Worten nur einen Fluch sahen, kam es bald zu der Einsicht, daß Arbeit und technisches Schaffen der größte Segen ist, den der Schöpfer der Menschheit mit auf den Weg für ihre Lebensgestaltung geben konnte. In den Werken selbst in den einfachsten Vorgängen der Technik sind hohe Kunst und edelste Harmonie erkennbar und über viele Arbeitsgänge, die heute rein gewohnheitsmäßig ausgeführt werden, können für die Bedingungen des heutigen Kulturlebens, der Wirtschaft, des Handwerks und der Technik neue Einblicke gewonnen werden, die der auf einer wahren und sittlichen Grundlage ruhenden Gesellschaft neue Gesichtspunkte verleihen. Im Rahmen des technischen Wandels ist eine neuartige Form in allen Lebensbereichen menschlichen Zusammenlebens geschaffen worden, die mit der in den zurückliegenden Jahren gemessenen Daseinsordnung nicht vergleichbar ist und sich in einer verhältnismäßig kurzen Zeitspanne vollzogen hat, mit dem Übergang von der Agrar- und Handwerksbevölkerung durch Erschließung neuer Energiequellen zur industriellen Gesellschaft verbunden war.

In Folge der expandierenden Industrie wuchs auch die Bevölkerungszahl und mit ihr die Wachstumsquote, da die wachsende Nachfrage der Bedürfnisse ein erhöhtes Arbeitskräftepotential erforderte und den Überlebensbedingungen durch verbesserte Agrarerzeugnisse gerecht werden mußten.

Um hier dem Bedarf an Arbeitskräften zu genügen, die nicht mehr aus der heimischen Bevölkerung gedeckt werden konnten, da sie zu den Schwerpunkten der Industrieanlagen abwanderten, mußten saisonbedingt ausländische Arbeitskräfte aus dem Osten für die Landwirtschaft angeworben werden.

Die gewaltige Bevölkerungszunahme löste in den Industriestätten auf die Bevölkerung einen Druck aus, der zu Auswanderungen vornehmlich nach Amerika führte. Jedoch nahm die Abwanderungswelle ab, da nicht immer die Erwartungen in den Aufnahmeländern in Erfüllung gingen. Der Aderlaß an Arbeitskräften war trotz des Auswanderungsrückgangs zu groß, so daß der hohe Bedarf an Arbeitskräften in den Ballungsräumen der Industrie einen Lohnanstieg auslöste und so zu einem besseren Leben führte, was wiederum ein Wandel in den Bedürfnissen der sozialen Lebenswelt der Menschen bedeutet hat. Der Drang in die Städte war die Folge, die Urbanisierung nahm so ihren Lauf und ließ die Städte zu Großstädten anwachsen, wobei die großräumigen Siedlungsstätten die großstädtische Daseinsweise der Gesellschaft prägten.

Mit den wachsenden Bedürfnissen in den technischen, wirtschaftlichen, sozialen, politischen und kulturellen Bereichen wurden die Städte zu Schwerpunkten, die den Handel zur Deckung der Bedürfnisse, die Mobilität auf dem Verkehrssektor und die Verwaltung zur Zentrale der städtischen Einrichtungen in den Mittelpunkt der städtischen Gesellschaft stellten. Im Rahmen dieser Industrialisierungsbelebung kam es zu neuen Klassen, dem Unternehmer und dem Arbeiter und in den städtischen Institutionen, dem Beamten und Angestellten als neuer Mittelstand, die folglich zur Änderung der Sozialstrukturen führten. Obwohl die Städte irrtümlicher weise als Leitbild des Fortschritts angesehen werden, stößt der städtisch geprägte Mensch doch in seiner Daseinsbewältigung auf Probleme, die ihn in der Masse auf engem Raum vereinsamen läßt. Er muß den Verbleib seiner traditionellen Ordnung und die Entfernung seiner naturgebendenen Lebensweise hinnehmen, die auch von den ihm gebotenen vielfältigen Kulturveranstaltungen nicht ersetzt werden können, zumal diese von oberflächlich reizüberfluteten Unterhaltungsdarbietungen überboten werden und zur Abstumpfung beitragen. Angesichts dieser sozialen und psychischen Zustände, wobei heute u.a. noch die hohe Kriminalität in den Städten hinzukommt, muß die Frage gestellt werden, ob die gesellschaftlichen, wirtschaftlichen und politischen Institutionen alles getan haben und tun, den Menschen in ihrem Dasein mehr Harmonie und Geborgenheit zu geben. Die fortschreitende Technik hat mit ihrem Wirken auf den Menschen in seinen Kulturbereichen das Dasein seiner Lebensverhältnisse, sein Bewußtsein und seine Mentalität gewandelt oder anders gesagt, ist die Technik mit ihren Erfindungen zum Schicksal des Menschen geworden, die als Wahrnehmungs- und Verhaltensweisen aufgenommen wird, an denen sich der Mensch orientiert..

Es ist deutlich geworden, daß die Technik für den sozialen Wandel im Rahmen der Daseinsbewältigung verantwortlich angesehen wird und sich besonders bemerkbar macht, wenn der Arbeitsplatz eine Trennung vom Wohnort nach sich zieht und die damit verbundene Trennung von der Familie als Schutzfunktion und Arbeitsplatz zum Verlust der Familienzusammengehörigkeit führt. Damit wird der Familie der Vater oder auch die Mutter entzogen, die auch nicht von einer großzügig beanspruchten Freizeit zu ersetzen ist, da die Freizeitgestaltung meistens in die Bahnen der Hobbys und des Vergnügens gelenkt wird. Auch die Großfamilie, wo noch die Großeltern einbezogen wurden und heute nur noch von einem Seltenheitswert gesprochen werden kann, die den Eltern eine nicht wegzudenkende Hilfe im Familienleben darstellten. In dem zur Kleinfamilie geschrumpften Haushalt, müssen nun der Vater und die Mutter alleine die Funktionen der Hausgemeinschaft übernehmen, wobei beide auf gleichgestelltem Recht auf Arbeit und für den Lebensunterhalt der Familie zu sorgen haben. Damit hat die Familie ihre hohe Wertschätzung behalten, wobei der Vater und die Mutter in ihren Zuständigkeitsbereichen im Haushalt und in der Erziehung der Kinder sich gegenseitig unterstützen. Zur Gestaltung der Daseinsbewältigung soll die „Katholische Soziallehre" angesprochen werden, wenn der Mensch sich am „Wurzelgrund ... Träger und Ziel aller gesellschaftlichen Institutionen die gesellschaftliche Ordnung und ihre Entwicklung ... dauernd am Wohl der Personen orientieren; denn die Ordnung der Dinge muß der Ordnung der Personen dienstbar werden und nicht umgekehrt"[478], was sich auch der Staat im Rahmen seiner Verfassung „als politische Organisation der Gesellschaft zur Erreichung des Gemeinwohls"[479] zu eigen gemacht hat. Dem Menschen in seinem Lebensraum obliegt die Freiheit und Verantwortlichkeit, in dem der Staat nicht einzugreifen und lediglich den Schutz in seinem Lebensbereich zu gewährleisten hat, wobei dem Menschen vom Ursprung her nicht nur Rechte, sondern auch Pflichten zuzuordnen sind, die „den Eltern zur Pflege und Erziehung ihrer Kinder"[480] zukommen und verantwortlich die „Grundwerte einer freiheitlich-demokratischen und sozialen Ordnung zu vermitteln".[481] Daraus folgt, daß „Erziehung und die Bildung notwendig sind, um in einer leistungsorientierten Gesellschaft langfristig überleben zu können. Der Mensch darf sich nicht allein am Bilde einer ausschließlichen Risikiogesellschaft orientieren. Wir leben in einer industriegesellschaftlichen Welt, in welcher sich der Mensch im Vergleich zu früheren Zeitaltern vor gesteigerten Risiken und angestiegenen Chancen sieht".[482]

Die Freiheit, die dem Menschen vom Ursprung seines Lebens gegeben, kann nur gedacht und verwirklicht werden, wenn materielle und geistige Freiheit innerlich zusammengehören, um die Fähigkeit zu erlangen, auch Kulturträger zu sein, der dem Kampf um die Daseinsbewältigung seine Bedeutung verleiht. Auch wäre ein vom technischen Fortschritt ausgelöster Wohlstand in Bescheidenheit zu leben der Kulturerhaltung dienlicher, obwohl die materiellen Errungenschaften dem

---

[478] Roos, Lothar: Die Grundwerte der Demokratie und die Verantwortung des Christen, in: Deutschland als Kulturstaat, Festschrift für Hans Filbinger zum 80. Geburtstag, hrsgg. von Lothar Bossle, Paderborn 1993, S. 318
[479] ebd.
[480] ebd., S. 319
[481] ebd.
[482] Bossle, Lothar: Ringvorlesung: Leben in vier Generationen - Eine Einführung in die Bedingungen des Kultur- und Pflegedienstmanagements, Würzburg, Toscana-Saal der Residenz, 11.11.1995

Menschen mehr Freiraum geschaffen und zugleich ihn aber auch abhängig gemacht haben, wie dies am Beispiel des Handwerkers, der durch das Einwirken der Maschine zum Arbeiter geworden ist, erkannt wird oder durch das moderne Wirtschaftssystem Unsicherheit entstehen ließ und in der Zusammenballung vieler Betriebe an einem Ort den Menschen in seinem Erwerbsleben fern von seinem Wohnort und seiner natürlichen Umgebung schwerwiegende Folgen im Kampf ums Dasein nach sich zieht und „das Geistige in ihm verkümmert[483]".

Hierzu meint Albert Schweitzer, daß sich das schon in der Kindheit auswirkt, da die Eltern im „unerbittlichen Arbeitsdasein"[484] nicht in normaler Weise sich dem Kind widmen und mehr nach äußerlicher Zerstreuung suchen, Ablenkung von sich selbst, „Nicht Bildung sucht er, sondern Unterhaltung, und zwar solche, die die geringsten geistigen Anforderungen stellt"[485], die an sich der Kultur dienen sollten. Die Presse und die Medien sowie die sogenannten kulturellen Veranstaltungen, „die das geistige Leben unterhalten sollten"[486], lassen ihren Wandel erkennen, der zur Oberflächlich- und Geistlosigkeit führt und die Vorstellung vom geistigen Leben verloren geht. Auch sieht Albert Schweitzer die Verkümmerung des Geistes im heutigen Berufstätigen als „Spezialist", der im Zusammenwirken der Einzelnen zwar Hochleistungen vollbringt, jedoch leidet die geistige Bedeutung der Arbeit für den Werktätigen, weil er nur ein Teil seiner Fähigkeit gibt und vom „Ganzen" isoliert wird, das „eine Rückwirkung auf sein Wesen"[487] ausübt und die Persönlichkeitsentfaltung einschränkt.

Der in ruheloser Hast lebende Mensch, gefördert von der Mobilität im Verkehrsbereich, und auch das Leben auf engem Raum lassen Verhältnisse

---

[483] Schweitzer, Albert, Kulturhemmende Umstände in unserem wirtschaftlichen und geistigen Leben, in: Kultur und Ethik, München 1990, S. 25
[484] ebd.
[485] ebd.
[486] ebd.
[487] ebd., S. 26

aufkommen, die den Menschen als Fremden sehen und das unpersönliche Verhalten als normal empfunden wird, was nicht weit von der Humanlosigkeit entfernt ist oder wie es Albert Schweitzer formuliert: „Die Affinität zum Nebenmenschen geht uns verloren. Damit sind wir auf dem Weg zur Inhumanität. Wo das Bewußtsein schwindet, daß jeder Mensch uns als Mensch etwas angeht, kommen Kultur und Ethik ins Wanken."[488] Es bleibt zu wünschen, daß die Gesellschaft dem Einzelnen zuversichtlich auf dem Weg des Vernünftigen und Sittlichen einen Halt gibt, um ihn aus den Fängen der Demolierung zu befreien und im Rahmen des nicht aufzuhaltenden technischen Fortschritts verantwortlich seinen Mitmenschen gegenüber bei seiner Daseinsbewältigung für die Erhaltung der Kulturfähigkeit Sorge zu tragen.

Es ist kein Geheimnis, daß die Familie die Keimzelle der Gesellschaft und des Staates ist und den geistigen Mittelpunkt innerhalb der Wertefortpflanzung darstellt, wobei die Familie untrennbar mit der Rolle der Frau verbunden ist und angesichts der Veränderung in der Gesellschaft die Mutter-Kind-Beziehung nicht geschwächt werden darf. Nicht nur der Staat, die Gesellschaft selbst und nicht zuletzt die Kirchen beider Konfessionen sind gefragt und müssen ihre Dienste für die Familie wahrnehmen und intensivieren, um der Familie hinsichtlich der religiösen Atmosphäre in ihren Lebensbereich die Aufnahmebereitschaft für die christliche Botschaft zu vermitteln, die ihr die Vorbedingungen für den Umgang christlicher Erziehung der Kinder geben. Zu glauben, mit dem Zeitgeist der Wohlstandsgesellschaft und der Bedarfsbefriedigung den Reifegrad erreicht zu haben, sollte doch gefragt werden, ob es nicht ratsam sei, die Erziehung wieder zu entdecken, die dem jungen Menschen zum christlichen Glauben führt, die ihm auch die Fähigkeit gibt, darin das eigentliche Glück des Lebens zu erleben und im Alltagsleben sichtbare Kennzeichen für die Daseinsbewältigung entgegenzu-

---

[488] ebd., S. 28

nehmen. Sind doch die kirchennahen Christen offensichtlich glücklicher als ihre religiös gleichgültigen Zeitgenossen, denn sie schauen tendenziell zuversichtlicher in die Zukunft und bewerten ihr Familienleben als konfliktarm. Kurzum, sie sind verantwortungsfreudiger, selbstsicherer und optimistischer als ihre Mitmenschen, die in Familien ohne christlichen Glauben aufgewachsen sind, ohne den jede Orientierung im Leben verloren zu gehen scheint.

Der Mensch in seinem gewohnten Raumbereich als ganzes hier „Raum" genannt, denn „eines seiner Wesensmerkmale ist die Begrenzung"[489], in der er eingebunden ist, wobei der Raum dem Menschen eine Fessel sein und der Ausbruch „oftmals Heimat- und Wurzellosigkeit"[490] bedeuten kann. Raum als Milieu verstanden, das den Menschen in den Teilbereichen seiner Existenz prägt und folglich eine Einladung an den Menschen, sich für Seßhaftig zu entscheiden, was ihn zur Heimat werden läßt. Wenn hier Raum und Ort als eine Utopie gemeint verstanden werden, wie es auch Thomas Morus den Begriff der Utopie in seiner Utopia im Jahre 1616 in die europäische Literatur eingeführt hatte, war das Gegenteil von Raum und Ort gemeint, eine Insel irgendwo"[491], hält dieser Träumerei nicht stand, weil die Utopie keine Raumgebundenheit kennt, denn „die Verortung im Raum löst die Utopie auf"[492] und eine Utopie, die sich verwirklicht, ist keine Utopie oder wie Karl Mannheim darauf verwies, „daß jede Utopie im Stadium ihrer vermeintlichen Verwirklichung zur Ideologie denaturiert. Das utopische Denken läßt daher keine Bindung an die Wirklichkeit und damit an den Raum zu."[493] Die sozialanthropologische Erkenntnis besagt, daß der Mensch ohne Anbindung an individuelle, soziale und politische Zusammenhänge nicht

---

[489] Bossle, Lothar: Bedingungen des Gleichgewichts in Anthropologie, Pädagogik, Soziologie und Politik, in: ders.: Sorge um das Gleichgewicht, Würzburg 1976, S. 212
[490] ebd.
[491] ebd.
[492] ebd.
[493] ebd.

auskommt, jedoch wird ihm die Möglichkeit eingeräumt, sich „innerhalb einer pluralistischen Gesellschaftsstruktur" diese für eine der Bindungsangebote zu überprüfen und zu entscheiden, um sich zu integrieren. Das entspricht im Leben des Menschen einer „anthropologischen Normalität"[494], ist gleichbedeutend mit einer Orientierung und einem Zurechtfinden des Menschen in dieser von der Industrialisierung geprägten Welt. Es ist nicht verwunderlich, daß in den Bereichen der industriellen Großraumgesellschaft, „die in den ersten Perioden ihrer Entstehung zuerst einmal alle Kleinraumstrukturen zertrümmert hat"[495], bei denen Menschen das Bedürfnis entsprang, einer überschaubaren Gruppierung anzugehören, die dem Prinzip der Freiheit und dem der Sicherheit zugleich zu entsprechen. Diese Integration hat dem Mensch in seinem gesellschaftlichen und politischen Leben zur Entfaltung seiner Persönlichkeit die Freiheit und Geborgenheit gegeben, denn eine Gesellschaft, die den Auftrag zur gesellschaftlichen und politischen Integration nicht erfüllt, ist dem Untergang geweiht. Will eine Gesellschaft weiter bestehen, muß sie vorher gelernt haben, sich konstruktiv weiterzuentwickeln, auf dem Bewährten aufbauen und sich des technischen Fortschritts für verbesserte Lebensbedingungen bedienen, der ihr zwar materielle Verbesserungen auf die Oberfläche ihres Daseins bringt, jedoch darunter wird das Leben sinnentleert, egoistisch und von Angst und Wertverlust geprägt. Der Grund hierfür ist, daß sich die Gesellschaft von ihren ursprünglichen Strukturen und Lebensbezügen entfernt, ohne einen Ausgleich zu finden, was teils zur Aggressivität im Alltagsleben gegenüber den Mitmenschen führt und die zwischenmenschlichen Beziehungen in der Familie und am Arbeitsplatz in Mitleidenschaft gezogen werden, weil die Mechanismen des stetigen materiellen Wachstums und der wachsenden materiellen Versorgung unsinnige geistige

---

[494] ebd., S. 214
[495] ebd.

Situationen auslösen, die Gesellschaft naturentfremdet, konsum- und versorgungsabhängig macht und die Selbständigkeit verloren zu gehen droht, was letztendlich im Ursprung aller technischen Entwicklungen zu finden ist und den Wandel des kulturellen Lebens innerhalb der Daseinsbewältigung bewirkt. Hieraus erwächst die Erkenntnis, daß es sich um ein ernst zu nehmendes Problem bei der Gestaltung der Gesellschaft handelt, das wiederum nicht mit Gesetzen und Verordnungen gelöst werden kann, sondern es muß ein Freiraum für die Selbstverantwortung geschaffen werden, um die Beziehungen zu den natürlichen Lebensgrundlagen wieder zu finden, um den Fortbestand einer wertorientierten Gesellschaft zu ermöglichen, wobei die Ethik zur Lösung der Probleme in allen Lebensbereichen der heutigen Industriegesellschaft besondere Bedeutung erfährt.

Ob in den Wörterbüchern oder in anderen Werken wird die Ethik als Lehre und Wissenschaft vom sittlichen Wollen und Handeln des Menschen in verschiedenen Lebenssituationen gedeutet, die von Verantwortung und Verpflichtung anderen gegenüber getragene Lebensführung betreffen. Hierbei müssen zur inhaltlichen Bestimmung der Ethik die theologischen, christlichen Werte berücksichtigt werden und die Ethik, die sittliche Verpflichtung, muß im Wesen der Freiheit vernunftbestimmend sein: „So glaubt Kant im kategorischen Imperativ ein allgemeines Gesetz gefunden zu haben, in dem die Vernunft das Handeln bestimmt"[496], das den sittlichen Sachverhalt der Wertmöglichkeiten und Wertnotwendigkeiten zu erkennen vermag, um das Handeln zur Pflicht werden zu lassen. „Insofern der Mensch als Geistwesen Ebenbild Gottes ist und eine subjektiv endliche Vernunft Teilhabe an der absoluten Vernunft Gottes bedeutet, gibt es eine für alle Menschen übereinstimmend geltende, allgemein verpflichtende Sittenordnung".[497] Inhaltlich ist jeder Personenkreis grundsätzlich

---

[496] Brugger, Waler: Philosophisches Wörterbuch, Freiburg im Breisgau 1976, S. 99
[497] ebd.

dem allgemeinen Sittengesetz verpflichtet, wobei soziale Unterschiede in gewissen Situationen spezialisiert und individualisiert gesehen werden, wie dies bei der Anwendung der Technik in den vergangenen Abhandlungen erkennbar geworden ist. Wenn heute vom „mächtigen Menschen" bei der Gestaltung der Technik gesprochen wird, muß er sich Zügel anlegen, um von der Offenbarung Gottes getragene Technik in die Pflicht genommen zu werden und für seine Umwelt Verantwortung zu übernehmen, wenn er sich nicht selbst vernichten will. Als die des ohnmächtigen Menschen auf Ordnung aufgebauten Ethik noch Bestand hatte, beruht die Ethik durch die Macht der Ethik und der abhängigen Menschen heute auf Entscheidungen, wobei allerdings das Dasein vom Einfluß der christlichen Ethik getragen wird. So gesehen steht die Technik im Bezugsfeld eines Auftrages zur technischen Gestaltung in der Verantwortung gegenüber dem Schöpfer und der vom technischen Fortschritt geprägten Gesellschaft mit ihren im Wandel befindlichen soziologischen Problemstellungen. Die menschlichen Wandlungen im Bereich der sozialen Verhaltensweisen im heutigen Zeitalter der fortschrittlichen Technologien zeigen anthropologische Probleme auf, wie sie bereits von Friedrich Dessauer wie folgt beschrieben worden sind: „Technische Erlösung, technische Mittel allein machen nicht glücklich, nicht edel, aber sie sind wesentliche Elemente der Veredlung des Glückes, Faktoren der Kultur. ... Solange Menschen leben, wird ihr Sein strebendes Kämpfen bedeuten. ... Die Ebene der Kampfprobleme im Menschenleben, die Ebene seiner Interessen bedeutet die Höhe seiner Kultur".[498] So sah Friedrich Dessauer aus der Sicht der christlichen Ethik die anthropologischen Zusammenhänge im Raum der Technik, Kultur und des Christentums, wobei die Technik die Grundlage des technisch zweckmäßigen Handelns ist und die Religion die Grundlage der Ethik darstellt.

---

[498] Dessauer, Friedrich: Technik Weltgeschehen, II. Teil, Kapitel 2, Technik und Gesellschaft, in: Philosophie der Technik, das Problem der Realisierung, zweite Auflage, Bonn 1928, S. 101

„Das Denknotwendige, einen Inhalt habende, sich mit der Wirklichkeit stetig, lebendig und sachlich auseinandersetzende Grundprinzip des Ethischen lautet: Hingebung an Leben aus Ehrfurcht vor dem Leben".[499] Albert Schweitzer meint hier, daß Ethik darin besteht, die gleiche Ehrfurcht vor dem Leben wie dem eigenen Leben entgegenzubringen bzw. Leben erhalten und fördern, um zum Sittlichen zu gelangen, wobei der ethisch handelnde Mensch der Nötigung gehorcht, dem Leben beizustehen und diesem keinen Schaden zuzufügen, da Ethik eine „ins Grenzenlose erweiterte Verantwortung gegen alles, was lebt"[500] ist. Die Ethik bildet somit eine positive Haltung zum Leben aus, denn sie handelt durch das Individuum grenzenlos lebensbejahend und optimistisch. Wenn die Technik auch einen Wandel des Selbstgefühls des Menschen in seiner Umwelt vollzogen hat und eine Ethik unter dem Aspekt des Fortschritts glaubt entwickelt zu haben, so bleiben doch als Schwerpunkt für die Ethik wie für das Dasein selbst, das heute ein vernetztes System darstellt, die Zehn Gebote. Sie bilden das ethische Fundament für unser Kulturleben. Nur mit Mut zur Ethik in der heutigen Gesellschaft, die von Zweckmäßigkeit und Nutzbringung gefangen gehalten wird, kann den Weg zum christlichen Glauben frei machen, wenn sie in ihrer von der Geschichte und Traditionen geprägten Kulturwelt bestehen will. Das Eindringen der Technik in die Alltagswelt der Gesellschaft brachte neue soziale Strukturen und Verhaltensweisen, die den Menschen mächtig erscheinen läßt und sich doch in Abhängigkeit befindet, was ihn veranlassen sollte, seine Entscheidungen unter dem Einfluß der christlichen Ethik sein Dasein zu bestimmen. So ist die Technik Gegenstand und Bezugsfeld eines Auftrages zur Gestaltung des Daseins verantwortlich gegenüber dem Schöpfer, wobei den Menschen im Rahmen der

---

[499] Schweitzer, Albert: Ethik der Hingebung und Ethik der Selbstverkommnung, in: Kultur und Ethik, München 1990, S. 328

[500] ebd., S. 332

Zehn Gebote sogenannte Grundnormen gegeben werden, um zu wissen, was sie an Wissen benötigen. Die Technik, die an das Dasein der Menschen, an ihre Ziele, Bedürfnisse und Leistungen geknüpft ist, erfährt der technische Gegenstand durch die Realisierung der Idee aus einem Wesen einen technisch höheren Wert, der zum gesellschaftlichen Strukturwandel führt, wie beispielsweise die Mobilität oder die Kommunikation die Menschen in ihren Beziehungen zwar näher bringen, die in ihrem Dasein trotz dieser Aufwertung jedoch auch Abwertungen erkennen lassen. Es ist unbestritten, daß die Technik große Fortschritte im Wandel der Epochen erzielt und den sozialen Erwartungen Rechnung getragen hat. Friedrich Dessauer meint hierzu: „Dies sind die sozialen Einrichtungen der Gegenwart".[501] Hierzu ist zu bemerken, daß die Soziologie auf dem Gebiet der Technik und der Religion eine Schlüsselposition eingeräumt wurde und ihre Aufgabe erkannt hat, in der heutigen Industriegesellschaft ihren Auftrag zu erfüllen, wie dies u.a. aus den Worten von Lothar Bossle zu entnehmen ist: „Insofern drückt sich in dieser Bemerkung von Eugen Rosenstock-Huessy schon die Erkenntnis aus, daß die Politikwissenschaft und die Soziologie als die Interpretationswissenschaften der modernen industriellen Gesellschaft anzusehen sind. Dieser Unterstreichung der Rolle der Soziologie als Gegenwartswissenschaft kommt die wissenschaftliche Unbestreit-barkeit zugute, daß der Beginn der Soziologie als einer eigenständigen Wissenschaft genau mit dem Beginn der industriegesellschaftlichen Entwicklung in Europa zusammenfällt".[502] Damit bekam die Soziologie die entscheidende Rolle zugewiesen, sich den sozialen und politischen Strukturveränderungen in den Bereichen der zwischenmenschlichen Beziehungen und den gesellschaft-lichen Formen anzunehmen und als Gegenwartswissenschaft in den

---

[501] Dessauer, Friedrich: Technik Weltgeschehen, a.a.O., S. 109

[502] Bossle, Lothar: Eugen Rosenstock-Huessy als Soziologe, in: Eugen Rosenstock-Huessy - Denker und Gestalter, hrsgg. von Lothar Bossle, Würzburg 1989, S. 19

soziologischen Forschungsbereichen einen unentbehrlichen Platz errungen hat. Eugen Rosenstock.Huessy sieht in den zunehmenden technischen Errungenschaften und ihren Folgen die Gefahr einer Enttraditionalisierung der gesellschaftlichen Gefügestrukturen, was zur „Entzauberung aller Lebensbezüge"[503] führen könnte und die Menschheit vergessen läßt, daß sie alles aus Gottes Hand erhält, was ihn „in seinem Wagemut zu einer grenzüberschreitenden Soziologie" führt, das heißt „zu einer Soziologie, die immer bereit ist, den methodisch gesetzten Rahmen zu sprengen, wenn die Wirklichkeit es verlangt. Doch bei Rosenstock-Huessy kommt hinzu, daß er die Seriosität einer solchen Grenzüberschreitung immer gewährleistet sehen möchte durch die Feststellung, daß die Soziologie niemals auskommt ohne eine genügende Kenntnis des Menschen, das heißt er kann sich die Soziologie nicht ohne die Anthropologie vorstellen, die eine tiefe Bezüglichkeit zur europäischen und kulturellen Tradition aufweist".[504] Das besagt, das die Soziologie in ihrem Aufgabenbereich den Menschen in seinem sozialchristlichen und sozialpolitischen Bereich in den Mittelpunkt stellt, um Erkenntnisse im gesellschaftlichen Wandel zu erlangen und der Soziologie die Möglichkeit zu geben, auf der Grundlage der christlichen Ethik auf den Wandlungsprozeß der Gesellschaft Einfluß nehmen zu können, da „.. das Christentum nun einmal eine der stärksten gestaltenden Kräfte unserer Kultur und aus ihr nicht fortzudenken ist".[505]

---

[503] ebd., S. 23
[504] ebd., S. 26f.
[505] Röpke, Wilhelm: Die Gesellschaftskrisis der Gegenwart, sechste Auflage, hrsgg von Hayek, Friedrich August; Sieber, Hugo; Tuchtfeldt, Ergon; Willgerodt, Hans, Erlenbach-Zürich, Stuttgart 1979, S. 19

Die Tatsache, daß die Menschen sich „in einer Phase antihumanistischer Forderungen"[506] befinden und sich von der biblischen Religion in einer nicht geringen Anzahl entfernt haben, gibt Karl Jaspers die Gefahr eines „Unterganges" zu erkennen und meint: „Die ganze Polarität vom Humanismus und Christentum droht zu versinken"[507], denn „es ist in der Tat so: ohne die Bibel gleiten wir ins Nichts"[508], wenn der geschichtliche Ursprung aufgegeben wird. Die Gestaltung wie bisher die Bibel und die Antike gesehen werden, genügt für die Lösung der gegenwärtigen Probleme der menschlichen Lebenswelt und Daseinsbewältigung nicht. „Beide müssen in einer Aneignung verwandelt werden"[509], wobei die Verwandlung „nur aus dem ursprünglichen Glauben, aus dem schon die Bibel hervorgegangen ist, aus dem Ursprung, der zu keiner Zeit war, sondern immer ist, dem ewig Wahren: Mensch und Gott, Existenz und Transzendenz"[510] geschehen und nicht gelingen kann, „wenn wir nicht das Äußerste in unserer Seele rückhaltlos zur Wirkung bringen".[511] Die in den geschichtlichen Epochen durch die Technik verursachten Veränderungen der Lebenswelt haben die biblische Religion oftmals in den Zustand der Verneinung gebracht und haben die Menschen in die Gottesferne rücken lassen. Nicht die Technik selbst hat dies verschuldet, sondern der Mensch, was er mit den Errungenschaften gemacht hat, ohne zu wissen, daß alles, was die Wissenschaft und die Technik hervorgebracht haben, von Gott, dem Schöpfer alles Daseins, der Menschheit geschenkt und in Auftrag gegeben hat, in Dankbarkeit und Ehrfurcht seine Gaben anzunehmen und gerecht zu verwalten. Das sollte den Menschen zu der Erkenntnis führen, der

---

[506] Jaspers, Karl: Vom europäischen Geist, hrsgg. vom Institut für Demokratieforschung, zweite Auflage, Würzburg 1979, S. 29
[507] ebd.
[508] ebd.
[509] ebd., S. 30
[510] ebd.
[511] ebd., S. 31

biblischen Religion Aufnahmebereitschat zu signalisieren, um die Technik als fester Bestandteil der Kultur nicht nur als Selbstzweck zu sehen, sondern die Augen und Herzen für den Eingang der biblischen Religion zu öffnen, daraus der Mensch für seine Daseinsbewältigung Mut und Kraft zu schöpfen in die Lage versetzt wird.

9. Schlußbetrachtung

Die Erfahrungen aus den letzten Jahren haben gezeigt, daß die Industriegesellschaft von der immer komplexer werdenden Technik abhängig geworden ist und Konflikte hervorgerufen hat, die sich an den negativen Wirkungen entzündet haben und sich mit dem herkömmlichen Instrumentarium der Gesellschaft kaum noch lösen lassen. Zukunftweisend muß sich am Ende der Arbeit die Frage stellen, nämlich wohin die technische Entwicklung den Menschen führe? Eine Antwort hierauf zu geben, ist nicht leicht, zumal bedacht werden muß, daß die Entwicklungen der Technik zu rasant aufeinander folgen und die von der Technik verursachten Veränderungen in den Lebensgewohnheiten der Menschen von diesen kaum noch nachvollzogen werden können. Das kann nicht bedeuten, daß die Überlebenschance der Industriegesellschaft gefährdet ist, da das rechtzeitige Erkennen der sichtbaren Gefahren technischer Entwicklungen von der vorausschauenden Technikbewertung getragen wird, und den Menschen zukunftbestimmend vorhandene Techniken zur Verfügung stehen werden, denn „zur Wirklichkeit der heutigen Zeit gehört die Technik - der Inbegriff jener Verfahrenbeweisen, durch welche der Mensch fähig wird, seine Zweckhaftigkeit nach Belieben zu entwickeln".[512]

Wenn die Technik als Verursacher des Wandels in allen Lebensbereichen des Menschen eine Schlüsselposition auch für die Zukunft eingenommen hat, muß sich der Techniker mehr als bisher auch den wirtschafts-, sozial- und ordnungspolitischen Bereichen zuwenden, um besser teilhaben zu können an der Gestaltung der Industriegesellschaft. Er muß sich klar sein über die Ziele der Gesellschaft und auch über die Ziele der Technikgestaltung, denn Sozial- und Umweltverträglichkeit sind entscheidend für die Zukunft der Industriegesell-

---

[512] Solf, Heinz: Die Überforderung des Menschen in der Welt der Technik, in: Otto Veit - ein Ordoliberaler. Neue Würzburger Studien zur Soziologie, Bd. 12, Würzburg 1988, S. 91

schaft, da Technik und Mensch untrennbar zu allen Zeiten in freier Entfaltung zusammengehören, oder wie es bei Arnold Gehlen zu lesen ist: „Die Technik ist so weit wie der Mensch. Der Beweis läßt sich daran führen, daß wir umgekehrt erst aus Spuren der Werkzeugbenutzung mit Sicherheit schließen können, daß wir es mit Menschen zu tun haben".[513] In der heutigen technisch dominierten Zeitepoche wird die jüngere Generation mit den belasteten Zielsetzungen der Menschen und Technik konfrontiert, die sie als eine schwere Hypothek für ihre Zukunft erfahren, was ein positives Denken fordert, das ein grundsätzliches Lebensprinzip beinhaltet und ein bedingungsloses Grundvertrauen verlangt, um Optimismus zu wecken und der Zukunft eine Chance zu geben, wenn Technik Lebensinhalt bedeuten soll. Erst der Zeitpunkt der frühen Industrialisierung gab der sozialen Entwicklung den Anstoß für die Befreiung der Menschen von der Einengung des täglichen Lebens, die erreicht werden konnte, nachdem ein geordnetes System von Wirtschaftsfaktoren geschaffen wurden, die zur freien Entfaltung des Wirtschaftslebens führte. Der Erfindergeist und die Entwicklungen in den Industriebereichen gaben mit der Einführung der Sozialen Marktwirtschaft den heutigen erreichten Stand der Wirtschaft und den wachsenden Lebensstandard, wie es auch bei Christsian Watrin verdeutlicht wird: „Die wohlstandsmehrenden Folgen der wirtschaftlichen Freiheit aber sind der zweite Grundzug einer erfolgreichen Marktwirtschaftspolitik, ihr Ausdruck sind der

---

[513] Gehlen, Arnold: Die Technik in der Sichtweise der Anthropologie, in: Anthropologische Forschung, Reinbeck bei Hamburg 1961, S. 93

Lebensstandard und das trotz Mängel weltweit gesehen hohe Niveau der sozialen Sicherung".[514]

Im Einklang mit der rasanten Entwicklung und dem technischen Fortschritt wachsen mit zunehmenden Erfolg auch die Ansprüche bis hin zum Glauben an unbegrenzte Möglichkeiten der Verbesserung des Wohlstands, der Sicherheit und Unabhängigkeit, als scheint es, daß alles noch zu langsam geht, statt das bereits Errungene zu stabilisieren und den Fortgang der Entwicklungen in gemäßigte Bahnen zu lenken, die den Vorbedingungen der Weiterentwicklung entsprechen. Bescheidenheit und Rückbesinnung auf die Ausgangslage nach dem Zweiten Weltkrieg sind gefragt und heute wie auch für die Zukunft gehört das Vertrauen der marktwirtschaftlichen Ordnung.

Wolfgang Schmitz vertritt hierzu die Auffassung: „Bisher ist eine marktwirtschaftliche Ordnung immer noch der beste Mechanismus zur nachhaltigen Verwirklichung dieser Freiheiten für den Einzelnen und ihre Abstimmung mit den Bedürfnissen der Gesellschaft"[515], wobei nicht alleine die Bedürfnisdeckung, also die Güter, sondern auch der Mensch ein wichtiger Bestandteil der marktwirtschaftlichen Ordnung ist. Zur wirtschaftlichen und sozialen Lage der letzten Jahre hat der ehemalige Bundeswissenschafts-minister Jürgen Rüttgers Stellung bezogen und geglaubt, daß es den wenigsten Menschen klar ist, daß wir in den letzten Jahren nicht nur konjunkturelles Tiefpunkte durchschritten haben, sondern den Beginn eines grundlegenden strukurellen Wandels erlebt haben. Und dieser Strukturwandel ist noch lange nicht vorbei. Doch wie dieser aussieht und wie er funktioniert, darüber hat die Diskussion noch gar nicht begonnen. Aber die Menschen müssen lernen, mit diesen

---

[514] Watrin, Christian: Wie gefährdet ist die Soziale Marktwirtschaft, in: Kreativität des Handelns, Vom Ingenium des Unternehmers, Festschrift für Ludwig Eckes zum 65. Geburtstag, hrsgg. von Lothar Bossle und Konrad Bonkosch, Würzburg 1978, S. 138
[515] Schmitz, Wolfgang: Soziale Marktwirtschaft und Ethik, in: Kreativität des Handelns, a.a.O., S. 103

wirtschaftlichen und kulturellen Veränderungen zu leben. Deshalb müssen wir konsequent auf Bildung und Ausbildung, Forschung und neue Technologien setzen" und die Soziale Marktwirtschaft nicht aus den Augen verlieren. Um die Ökologie der Ökonomie näher zu bringen, soll Othmar Spanns Naturphilosophie mit seinem Grundthema „Wirklichkeit der Welt" nur kurz angesprochen werden und „verstand darunter die Hinordnung der Natur mit allen ihren Eigenschaften und allen ihren Stufen auf die Möglichkeit des Lebens".[516] Er entdeckte in dem 1914 erschienenen Buch „Die Umwelt des Lebens" den Umweltforscher Lawrence J. Henderson, der auf die Bedeutung und besonderen Eigenschaften des Wassers für Mensch und Natur hinwies. Obwohl Othmar Spann nur wenige Möglichkeiten hatte, in naturwissenschaftliche Forschung Einblicke zu erlangen, ahnte er doch, daß es hier ganzheitliche Zusammenhänge gibt und meint: „Die Natur legt sich in Teile auseinander, um deren Sein in Gegenseitigkeit zu entfalten".[517] Für Othmar Spann ist die Natur ein Abbild des Schönen und ist „schöpferische Partnerschaft mit dem Geist angelegt und erreicht im Menschen daher ihre höchste Form".[518] Es wird kaum ein ökologisches Grundgespür erreicht werden, wenn die Innen- wie die Umwelt von der materialistisch-mechanischen Einsicht erfaßt gedacht wird, was für Othmar Spann sehr bedenklich erscheint und nicht vermag, den technischen Fortschritt „in ein vernünftiges Welt- und Menschenbild einzuordnen".[519]

Dazu bemerkt Othmar Spann, daß die neuzeitliche Physik in der mathematisch-mechanistische Darstellung zwar große Erfolge zu verzeichnen hat, jedoch „ihren Irrtum fanden wir nicht darin, die mechanische und mengenhafte Bestimmtheit

---

[516] Becker, Walter: Der Blick aufs Ganze. Das Weltbild Othmar Spanns, München 1985, S. 33
[517] ebd., S. 35
[518] ebd.
[519] ebd.

der Natur zu unterstellen, sondern darin, sie für ihre Wesen auszugeben".[520] Othmar Spann hat von der Wirklichkeit der Natur gesprochen und mit der Untersuchung des Werkes „Die Umwelt des Lebens" das Wort „Umwelt" aufgegriffen, das die Menschen heute in Atem hält und ohne Sicherung ihrer Naturgrundlagen keine Ökonomie möglich ist sowie von der Ökologie, der Lehre von der Ganzheit der Umwelt, ausgegangen werden muß, die das Verhältnis von Menschen und Land darstellt. Die ökologische Gedankenwende muß einer Prüfung unterzogen werden, ob nur die Zusammenhänge angesprochen oder die Ganzheitsgehalte erfaßt werden müssen, um das ökologische Gleichgewicht für das Leben der Menschen zu erreichen. Die Ökonomie in Anwendung der Innovationen der Technik sollte nicht als Widerpart der Ökologie gesehen werden, denn nur gemeinsam, Technik, Ökonomie und Ökologie als Träger der Verantwortung für die den Menschen von Gott zur „Verwaltung" gegebenen Natur und mit Hilfe der vom Staat für den Menschen nutzbringenden Rahmenbedingungen, werden eine technische, wirtschaftliche und ökologische Lösung finden. Das fordert Wissen, das sich vom Ursprung der Wissenschaft her zu einer Dynamik entfalten und dem Menschen schrankenlos zugewandt ist und erforscht „Was ist und denkbar ist"[521] sowie „auf begrentzen Gebieten das Wissen zur Herrschaft über die Naturkräfte bringt"[522], obwohl die moderne Forschung endlos erscheint, erkennt die Wissenschaft „die Weiten ihres Wissens, den Sinn und die Grenzen ihres Erkennens".[523]

Aus anthropologischer Sicht stehen Wissenschaft und Gesellschaft im Spannungsfeld des Fortschritts, was nicht ausschließt, daß die moderne Welt

---

[520] ebd.
[521] Jaspers, Karl: Vom europäischen Geist, hrsgg. vom Institut für Demokratieforschung Würzburg, zweite Auflage, Würzburg 1979, S. 16
[522] ebd., S. 18
[523] ebd., S. 17

unabdingbar auf Wissenschaft und Technologie angewiesen ist, deren Fortschritte, wenn auch

nicht auf allen Gebieten, zu Bedrohungsängsten führen, was die Frage auslöst, ob es eine Vertrauenskrise gibt. Es kann von einer Krise nicht die Rede sein, wenn der technische Fortschritt gefragt und nach Innovationen verlangt wird, die dem Menschen Erleichterungen oder medizinische Hilfe bringen. Also müssen die Wissenschaft und die technischen Errungenschaften für die Gesellschaft transparenter gemacht werden, um Ängste abzubauen und Vertrauen zu gewinnen. Soll für die heutige Zeit eine Erneuerung des wirtschaftlichen, gesellschaftlichen und politischen Lebens erfolgen, müssen gemäß den Grundorientierungen der Katholischen Soziallehre eingesetzt werden, die aus der christlichen Auffassung des Menschen erwächst, denn alles Soziale hat seinen Ursprung und sein Ziel in der menschlichen Person, wobei es unerläßlich ist, das beständige Bemühen um soziale Gerechtigkeit in allen Lebensverhältnissen zu steigern. So könnte der Privatisierung des Glaubens und der Ethik entgegengetreten werden und der notwendigen wirtschaftlichen, sozialen und politischen Integrationsfähigkeit geholfen werden, um die von der Technik erschaffenen Umwelt der Auflösung der menschlichen Persönlichkeit entgegenzuwirken, wie auch Thomas Görnitz die moderne Technik interpretiert: „Meine Überzeugung ist es, daß die Probleme des Überlebens der Menschheit .... wahrscheinlich nur durch eine moralische Kooperation von Naturwissenschaft und Kirche zu bewältigen sind".[524] Die Krise, in der sich die Gesellschaft befindet, kann mit wirtschaftlichen, sozialen und politischen Rezepten nicht überwunden werden, sie verlangt die Absage an die zerstörende Selbstherrlichkeit des Menschen und das Hinhören auf das, was Gott dem Menschen sagt, was dem

---

[524] Görnitz, Thomas: Moderne Technik - veraltete Weltsicht, in: Das Ende der Geduld, Carl Friedrich von Weizsäckers Die Zeit drängt in der Diskussion, München, Wien 1987, S. 135

Menschen zutun aufgibt. Wenn die Würde und die Not in dieser Welt zur Existenz des Menschen gehört und nach der Bestimmung des Menschen gefragt wird, antwortet Augustinus: „Du hast und geschaffen zu Dir"[525], was das innerste Geheimnis des Menschseins bedeutet, denn „unser Menschsein selbst ist die Frage nach Gott".[526] Ständig hat sich der Mensch die Erde untertan gemacht und die Erde unbegernzt genutzt, was keineswegs der Vergangenheit angehört und dem Mißverständnis der Schöpfung gegenüber noch weitere gefährliche und schwer durchschaubare Mechanismen hinzugefügt, mit denen der Konsumgesellschaft verholfen wird, den Inhalt ihres Lebens sinnentzogen zu gestalten und veranlaßt, mit den ihr anvertrauten Gütern der Natur nicht immer verantwortungsbewußt umzugehen. Die Frage, die Kurt Herberts stellt, „Ob wir nicht besser täten, unsere Vitalbedürfnisse unter moralischer Doktrin in Askese zu überführen", was vielleicht unangemessen erscheint, „denn es geht ja um das Maß, und dieses Maß festlegen kann nur ein urteilender Verstand, der alles - das Geben und Nehmen - bedacht hat".[527] Ist der Mensch in einer Situation im Bereich des Möglichen das Mögliche zu begreifen ausgesetzt und vom Angebot der Konsumgüter überfordert, fällt es ihm in seiner Orientierungslosigkeit schwer, das Maß zu halten, weil er sich den Zusammenhängen der Erfahrungswerte entzieht. Der Mensch muß sich als Einzelner einer Gemeinschaft anvertrauen, von der er sich den Lebenssinn erhoffen kann. Kurt Herberts sieht diesen Sachverhalt wie folgt: „Als Teil eines Ganzen kann er nicht auf dieses Ganze verzichten"[528], wobei ihm bei der Bewertung der Mechanismen in seiner

---

[525] Herberts, Kurt: Menschheitsgewissen und Humangenese, in: .... dann mag die Erde in der Sonne verglühn, zweite erweiterte Auflage, Freiburg i.Brsg. 1984, S. 169
[526] ebd.
[527] ebd. S. 171
[528] ebd.

Daseinsbewältigung die Psychologie und Soziologie behilflich sein kann, die „Ganzheit der Wirklichkeitserkenntnis wieder herzustellen".[529] Es muß die Fähigkeit erlangt werden, mit den ethischen Normen der christlichen Sittengesetze die Zukunft der Gesellschaft in allen kulturellen Lebensbereichen zu gestalten, denn die Fähigkeit des Menschen ist unbegrenzt. Es gibt kein Bereich der Wirklichkeit, in dem der menschliche Geist nicht schließlich doch einen Weg finden wird, wobei es darauf ankommt, welchen Stellenwert das Gefundene für das Leben des Menschen hat und das Materielle nicht zuviel Gewicht für das Leben des Menschen bekommt, da der Mensch sonst alles andere vergißt, denn „Was nützt einem Menschen, wenn er die ganze Welt gewinnt, dabei sich aber selbst verliert und Schaden nimmt".[530] Mit diesem christlichen Glauben wird Hoffnung geweckt und schenkt den Menschen Zuversicht und die Gegenwart zu meistern und optimistisch in die Zukunft zu scheuen oder besser von Eugen Rosenstock-Huessy geschildert: „Das Christentum ist der Begründer und Gewährsmann der Zukunft, ist der Prozeß selber, sie zu finden und zu sichern, und ohne den christlichen Geist gibt es keine wirkliche Zukunft für die Menschen".[531] Die Kultur als das Urbild des Forschers, Erfinders und Konstrukteurs gesehen, die sich im Finden und Gestalten bewegen und eine kulturelle Form und zugleich auch eine Lebensform darstellen, ist nicht etwas, das wächst oder den Dingen entnehmen könnte, sondern was der Mensch herstellt und macht, also die Technik, die den Kulturprozeß zu bewirken und die Form der Welt zu erschließen vermag. Die Erkenntnis, daß die heutigen Wissensstrukturen im Rahmen der Information und Kommunikation nur eine besondere Form des

---

[529] Bossle, Lothar: Die Macht des Alltags und die Ohnmacht der Theorie, in: ders.: Beethovens Sieg über Lenin, Paderborn 1992, S. 73
[530] Lukas 9, Vers 25
[531] Rosenstock-Huessy, Eugen: Die Zeit ist aus den Fugen, in: Des Christen Zukunft oder wir überholen die Moderne, Moers 1985, S. 79

Wissens sind, aus dem ein Wissensbegriff entstanden ist und keiner Wissenswelt, sondern einer Meinungswelt entspricht, die als Medienwelt über das Bewußtsein ihrer Subjekte zu herrschen in der Lage ist. Albert Schweitzer meint hierzu. „ Das Verhängnis unserer Kultur ist, daß sie sich materiell viel stärker entwickelt hat als geistig. Ihr Gleichgewicht ist gestört"[532], denn „in der Begeisterung über die Fortschritte des Wissens und Könnens sind wir zu einer fehlerhaften Auffassung der Kultur gelangt. Wir überschätzen deren materielle Errungenschaften und haben die Bedeutung des Geistigen nicht mehr in erforderlicher Weise gegenwärtig"[533]. Daraus ist zu schließen: „So paradox es klingen mag: durch die Fortschritte des Wissens und Könnens wird wirkliche Kultur nicht leichter, sondern schwerer gemacht".[534]

Die Bücherausstellung, die viele eigenwillige originelle Akzente setzt, macht deutlich, daß diese dem neuen Stand der Technik auch computergestützt entsprechen. Elektronische Spielereien und Tüfteleien unter dem Markenzeichen „virtual realitis" nehmen immer breiteren Raum ein und lösen traditionellere Formen der Kreativität ab. Ältere Menschen mögen darüber in kulturpessimistische Melancholie versinken, doch den Jüngeren gefällt es, was die Frage zuläßt: Hat vor einem solchem Triumph der modernen Technik innerhalb der Computertechnologie, die alle traditionelle Formen des Lesens und des Lernens manipulieren wird, die traditionelle Form der Wissenvermittlung noch eine Chance? Anläßlich der jährlichen Buchmessen als Indiz gesehen, drohen jedoch die Bücherproduktion und -lektüren keinesfalls dem Niedergang entgegenzugehen. Zwar nehmen immer weniger Aussteller teil, doch nimmt die Vielzahl der Titel stetig zu. Obwohl diese unübersichtlichen Bücherberge von Konsumenten

---

[532] Schweitzer, Albert: Die Krise der Kultur und ihre geistige Ursache, in: Kultur und Ethik, München 1990, S. 98
[533] ebd.
[534] ebd., S. 99

abgetragen werden, egal ob diese gelesen werden oder als Dekoration einfach in den Bücherregalen landen, die oft dem „hohen" Bildungsstand Ausdruck verleihen sollen. Der technische Fortschritt kann nicht immer gut geheißen werden, trotzdem schreitet er voran, der die kulturpessimistische Grundstimmung und die Erlahmung des kulturellen Gestaltungswillens erkennbar macht, wobei die Kulturerlahmung und die Fortschrittsdynamik, die im Grundwiderspruch der heutigen Zeit stehen und die Menschheit zur existentiellen Unsicherheit führt. In diesem Zusammenhang soll die in den 70er Jahren aufgekommene Postmoderne angesprochen werden, ohne oft zu wissen, „was nun unter der Postmoderne als umschreibbarer Zeitepoche eigentlich verstanden werden könnte".[535] Erst nach gründlicher Nachforschung hat sich herausgestellt, daß es sich hier „um ein Sammelsurium aller denkbaren geistigen, künstlerischen, wissenschaftlichen und religiösen Tendenzen in unserer Zeit handeln dürfte".[536] Daraus kann geschlossen werden, daß die Postmoderne nichts anderes ist „als die wortbombastische Umschreibung eines Vakuums"[537] und letztlich ihren Charakter darstellt, „von allem etwas zu sein, aber nichts mit Entschiedenheit"[538] und „durch keinerlei erneuernde Ideengehalte angefüllt"[539] ist. Das gibt zu erkennen, daß „diese Verschwommenheit in den Gegenwartstendenzen ... zur Erschlaffung kultureller Energien"[540] beiträgt. Dieser Kultur ermüdenden Gefahr muß entgegengewirkt werden, wenn Kultur versucht dem Menschen nahezulegen, sie seien das, was sie erleben, erfahren und empfinden. Es genügt nicht nur eine hervorragende technische und wissenschaftliche Infrastruktur, sondern es muß noch das

---

[535] Bossle, Lothar: Glaube als Sauerteig im 21. Jahrhundert, in: ders.: Die Überholung der Moderne, Zwei Reden, Paderborn 1996, S. 23
[536] ebd.
[537] ebd.
[538] ebd.
[539] ebd.
[540] ebd.

Wesentliche hinzukommen: der menschliche Geist, der erst am produktivsten ist, wenn er in seiner gesamten Vielschichtigkeit gefördert wird. Die Leistungsfähigkeit des Menschen wird nach seiner gesamten Lebenssituation bestimmt und wird neben technischen und strukturellen Voraussetzungen vom kulturell lebendigen Umfeld geprägt, das von Innovationen auch von Kräften des Geistes und des Glaubens getragen wird. Die erlebte Geschichte gründet in der Erkenntnis, daß Kultur der Nährboden und die Impulse für die wissenschaftliche und industrielle Forschung liefert, denn das Verhältnis Mensch-Technik-Natur ist ein Geflecht der Kultur. In einer Zeit des Umbruchs, wie sie heute erlebt wird, sollte nicht nur über die Finanzen, sondern mehr über eine neue gesellschaftliche Struktur nachgedacht werden und in der öffentlichen Diskussion müssen neben den Rechten auch die Pflichten des einzelnen stärker als bisher in den Vordergrund gestellt werden, wobei auch eine Rückbesinnung auf richtig verstandene Freiheit als grundlegendes Kennzeichen der Würde des Menschen unerläßlich ist. Hermann Lübbe ist hier der Auffassung: „Daß wir bei unserem Guten Wissen verpflichtet sind, alles zu tun, was nötig ist, um unsere naturalen und zivilisatorischen Lebensgrundlagen zu sichern"[541] und „daß die Moral stets das letzte Wort behält" ... „und in letzter Instanz ist die rationale Einstellung zu dieser Krise eine Sache rationaler Moral"[542], zu der auch die Zuversicht gehört, auf die ein moralischer Faktor angewiesen ist, „je mehr Stand und Verlauf der Dinge zu Sorgen Anlaß geben".[543] Um aus der kritischen Lage herauszufinden, hängt „von unseren Tugenden, von unserer Klugheit, von unserer Zuversicht" ab „und eben aus diesem Grunde wächst mit dem Ernst der Lage die Verpflichtung

---

[541] Lübbe, Hermann: Das letzte Wort behält die Moral, in: Der Lebenssinn der Industriegesellschaft, Über die moralische Verfassung der wissenschaftlich-technischen Zivilisation, hrsgg. von Gerhard Zeidler, Berlin, Heidelberg 1990, S. 223
[542] ebd., S. 224
[543] ebd.

zur Zuversicht"[544], die aus Sicht die Angst vor bestehender Dramatisierung der Veränderungszustände zu nehmen versucht und Mut für Veränderungen geben kann, um Ziele zu erreichen, nach denen es sich zu streben lohnt. Auch ist es an der Zeit, in einer verunsicherten Welt nach den Grenzen, Freiheiten und Ordnungen zu fragen, denn die Zeiten sind gut oder böse; wie der Mensch ist, sind auch die Zeiten, also muß um die gute Zeit gerungen und zuversichtlich der Zukunft entgegengebracht werden:

„Das Böse, das wir tun, wird uns vielleicht verziehen werden. Aber unverziehen bleibt das Gute, das wir nicht getan haben"[545].

---

[544] ebd.
[545] Waggerl, Karl Heinrich: Kleine Münze, Salzburg 1957, S. 40

10. Literaturverzeichnis

ALTHAUS, Hans, Peter; HENNE, Helmut; WIEGAND, Herbert (Hrsg.):
Lexikon der Germanistischen Linguistik, Tübingen 1980

ARTMANN, Axel: Reportage des Vortrags von Christian Graf von Krockow
„Technik beeinflußt die Politik", in: VDInachrichten, Nr. 7, Düsseldorf
14.02.1992, S. 41

BARUZZI, Arno: Immanuel Kant, in: Klassiker des politischen Denkens, Bd. II.,
Von John Locke bis Max Weber, hrsgg. von Hans Maier, Heinz Rausch
und Horst Denzer, München 1989

BECHER, Walter (Hrsg.): Der Blick aufs Ganze. Das Weltbild Othmar Spanns,
München 1985

BECK, Heinrich: Philosophie der Technik, Perspektiven zur Technik-
Menschheit- Zukunft, Trier 1969

BECK, Ulrich: Bei den drängenden Fragen blieben die Soziologen stumm, in:
VDInachrichten, Nr. 42, Düsseldorf 26.11.1990, S. 16

BEHRENDT, Richard: Der Mensch im Lichte der Soziologie, dritte Auflage,
Stuttgart 1966

BENDA, Ernst: Von der Ambivalenz des technischen Fortschritts, in: Die Zeit
drängt, das Ende der Geduld, hrsgg. von Weizsäcker, Carl Friedrich von,
München, Wien 1987

BENZINGER, Olaf: Das Carl Friedrich von Weizsäcker Lesebuch, München
1992

von BOEHM, Gero: Wissen und Ohnmacht. Ein Besuch bei Hans Jonas, in: FAZ
Nr. 223, 26. September 1987

BONN, Gisela: Was ist Wahrheit?, in: Wahrheit und Verrat, Festschrift für Karl-
Heinz Eger zum 65. Geburtstag, hrsgg von Lothar Bossle, Würzburg 1996

BOSSLE, Lothar: Vorwärts in die Rückgangsgesellschaft. Zur Soziologie der
Fortschrittsermüdung, Würzburg 1979

DERS.: Eugen Rosenstock-Huessy als Soziologe, in: ders (Hrsg.): Eugen Rosenstock-Huessy - Denker und Gestalter, Neue Würzburger Studien der Soziologie, Bd. 14, Würzburg 1989

DERS.: Soziologie als Erkenntniswissenschaft, in: ders: Vorwärts in die Rückgangsgesellschaft. Zur Soziologie der Fortschrittsermüdung, Würzburg 1979

DERS.: Vom Sozialismus zum ökonomischen Humanismus. Die Synthese zwischen Sozialer Marktwirtschaft und christlicher Soziallehre, München 1984

DERS.: Der unverzichtbare Dreiklang der europäischen Kultur, Glaube, Wissenschaft und Technik, in: ders.: Die Überholung der Moderne, Paderborn 1996

DERS.: Kommentiertes Vorlesungsverzeichnis, SS 1996, Phil. Fak. III, LS für Soziologie I, Würzburg 1996

DERS.: Deutschland als Kulturstaat, Festschrift für Hans Filbinger zum achtzigsten Geburtstag, Paderborn 1993

DERS.: Beethovens Sieg über Lenin, Paderborn 1992

DERS.: Ethik und Medien in einer Gesellschaft der weichen Moral, in: ders.: Videologie als Zerstörung der Gewaltenteilung, Paderborn 1995

DERS.: Die Massenmedien als eine neue Gewalt im Gefüge des demokratischen Verfassungsstaates, in: Kremp, Herbert und H. Florian (Hrsg.): Verantwortung und Klarheit in bedrängter Zeit, Festschrift für Heinz Kiefer, Würzburg 1988

DERS.: Der soziale und karitative Menschentypus - eine Unentbehrlichkeit in humanen Staats- und Lebensformen, Festansprache zu Ehren von Engelbert Memminger, München 17. Oktober 1997

DERS.: Goetz Briefs - die Verkörperung der Synthese zwischen christlicher Sozialethik und ordoliberaler Wirtschaftslehre, in: Bossle, Lothar und Heinrich Kürpick (Hrsg.): Mit Goetz Briefs in das 21. Jahrhundert, Paderborn 1994

DERS.: Perspektive 2000. Der ökonomische Humanismus im Geiste Alexander Rüstows, Würzburg 1987

DERS.: Die Arbeitsethik als Grundlage des europäischen Binnenmarktes, Paderborn 1990

DERS.: Ordoliberalismus und christliche Soziallehre - die Versöhnungsidee der 80er Jahre, hrsgg. vom Institut für Demokratieforschung, München 1983

DERS.: Die Entwicklung des Genossenschaftswesens vom 19. Jahrhundert bis zur Gegenwart, in: ders. (Hrsg.): Die Zukunft des Genossenschaftswesens im 21. Jahrhundert. Zur Erinnerung an Friedrich Wilhelm Raiffeisen und Georg Heim, Würzburg 1989

DERS.: Die Neuformulierung des Prinzips der Gewaltenteilung aus der Einsicht in die Belastungen der heutigen Demokratiepraxis, in: ders.: Demokratie ohne Alternative, Stuttgart 1972

DERS.: Unvermeidliche Bemerkungen zur Realität der Demokratie, in: ders.: Demokratie ohne Alternative, Stuttgart 1972

DERS.: Freiheit und Autorität als institutionelle Vorbedingung im Gefüge des demokratischen Rechtsstaates, in: Würzburger Studien zur Soziologie, hrsgg. von Lothar Bossle, und Gerhard W. Goldberg, Bd. 7, Würzburg 1982

DERS.: Wissenschaftliche Landgewinnung als Voraussetzung für den geistigen und kulturellen Aufbruch, in: ders.: Beethovens Sieg über Lenin, Paderborn 1992

DERS.: Bedingungen des Gleichgewichts in Anthropologie, Pädagogik, Soziologie und Politik, in: ders.: Sorge um das Gleichgewicht, Würzburg 1976

DERS.: Die Macht des Alltags und die Ohnmacht der Theorie, in: ders.: Beethovens Sieg über Lenin, Paderborn 1992

DERS.: Glaube an den Sauerteig im 21. Jahrhundert, in: ders.: Die Überholung der Moderne, zwei Reden, Paderborn 1996

BOVENTER, Hermann: Die Moral des Journalismus, in: Bausteine einer Medienethik, katholischer Pressebund e.V. (Hrsg.). Sankt Augustin o.J,

BRAUNER, Hilmar: Die Phänomenologie Edmund Husserls und ihre Bedeutung für die soziologische Theorien, Meisenheim a. Glan 1978

BREITENBACH, André: Was sich vollzogen hat, war keinesfalls ein Wunder, in: Main-Echo, Zeitgeschichte, Aschaffenburg, 4. Februar 1997, S. 5

BRUGGER, Walter: Philosophisches Wörterbuch, Sonderausgabe, Freiburg i. Brsg. 1976

BRUNNSTEIN, Klaus: Einige grundsätzliche Überlegungen zu Wirkungen der Informationstechnologien, in: Kruedener, Jürgen und Klaus Schubert (Hrsg.): Technikfolgen und sozialer Wandel, Bielefeld 1981

BUNDESMINISTERIUM für Forschung und Technik (Hrsg.): Bundesbericht Forschung VI, Reihe Berichte und Dokumentationen, Bd. 4, Bonn 1979

BUNDESZENTRALE FÜR HEIMATDIENST (HRSG.): Informationen zur politischen Bildung, Folge 13-18, Bonn 1953/54

CAPURRO, Rafael: Zur Computerethik, in: Lenk, Hans und Günter Ropohl (Hrsg.): Technik und Ethik, Stuttgart 1987

CASPARI, Loretta: Technikfolgenabschätzung: Der Philosoph Günter Ropohl fordert eine Instanz, die bei Konflikten vermittelt, in: VDInachrichten, Technik und Gesellschaft, Nr. 43, 24. Oktober 1997, S. 5

CLAR, Günter: Wissen als unerschöpfliche Ressource, Humanpotential als Aspekt der Technikfolgenabschätzung, in: TA-Informationen, Akademie der Technikfolgenabschätzung in Baden Württemberg (Hrsg.), Ausgabe 2/96, Stuttgart 1996

CZEGUHN, Klaus; HUPFER, Peter; GERBER, Peter: Memorandum Verkehr, VDI-Gesellschaft Fahrzeug und Verkehrstechnik, Mai 1993, S. 4

DESSAUER, Friedrich: Streit um die Technik, Frankfurt a.M. 1958

DERS.: Naturwissenschaftliches Erkennen, Beiträge zur Naturphilosophie, Frankfurt a. Main 1958

DERS.: Philosophie der Technik, 2. Auflage, Bonn 1928

DERS.: Technik Weltgeschehen, II. Teil, Kapitel 2, Technik und Gesellschaft, in: ders.: Philosophie der Technik, das Problem der Realisierung, zweite Auflage, Bonn 1928

DIERKES, Meinolf: Perzeption und Akzeptanz technologischer Risiken und die Entwicklung neuer Konsenssstrategien, in: Technikfolge und sozialer Wandel, hrsgg. von Jürgen Kruedener und Klaus von Schubert, Köln 1981

DOMDAY, Horst: Fallbeispiel Gentechnik, in: Freiheit und Verantwortung der Medizin, XI. Erlanger Medientage, 28.-29. September 1996, hrsgg von Bürger fragen Jouirnalisten e.V., Erlangen 1996

FETSCH, Cornelius: Die Erneuerung der Sozialen Marktwirtschaft. Ein Modell für Europa, in: Bossle, Lothar und Peter Kell (Hrsg): Die Erneuerung der Sozialen Marktwirtschaft. Festschrift für Heinrich Kürpick zum 60. Geburtstag, Paderborn 1995

FILIPEC, Jindrich: Eugen Rosenstock-Huessy und die Wurzeln der gegenwärtigen europäischen Alltagskultur, in: Bossle, Lothar (Hrsg.): Eugen Rosenstock-Huessy, Denker und Gestalter, Neue Würzburger Studien zur Soziologie, Würzburg 1989

FÜRSTENBERG, Friedrich: Die Entwicklung der soziologischen Fragestellung, in: ders.: Soziologie, Hauptfragen und Grundbegriffe, dritte Auflage, Berlin, New York 1978

FREYER, Hans: Die moderne Technik, in: Herrschaft, Planung und Technik, Weinheim 1987

DERS.: Soziologie, Hauptfragen und Grundbegriffe I. Die Entwicklung der soziologischen Fragestellung, dritte Auflage, Berlin, New York 1978

DERS.: Herrschaft, Planung, Technik. Aufsätze zur politischen Soziologie. Zur Philosophie der Technik, hrsgg. und kommentiert von Üner, Elfriede, Weinheim 1987

DERS.: Gedanken zur Industriegesellschaft, Mainz 1970

DERS.: Verantwortung- Heute, in: ders.: Gedanken zur Industriegesellschaft, Mainz 1970

GEHLEN, Arnold: Anthropologische Forschung, Reinbeck 1961

DERS.: Die Technik in der Sichtweise der Anthropologie, in: ders.: Anthropologische Forschung, Reinbeck bei Hamburg 1961

GEIGER, Theodor: Gesellschaft, in: Handwörterbuch der Soziologie, hrsgg. von Alfred Vierkandt, Stuttgart 1931, Neudruck 1959

GEIß, Franz: Unternehmertum in letzter Bindung an höhere Werte, in: Wirtschaft, Gesellschaft und Kultur, Festgabe für Alfred Müller-Armack, hrsgg. von Franz Geiß und Fritz W. Meyer, Berlin 1961

GEORG AGRICOLA-GESELLSCHAFT: Neue Technologien- oder der achte Schöpfungstag, in: VDInachrichten, Nr. 45, 8. November 1985, S. 11

GÖRNITZ, Thomas: Moderne Technik - veraltete Weltsicht, in: Das Ende der Geduld, Carl Friedrich von Weizsäckers Die Zeit drängt in der Diskussion, München, Wien 1987

GUTH, Wilfried: Die Ethik des Gewinnstrebens, in: FAZ, Nr. 276, 26.11.1988, S. 15

HARTFIEL, Günter und HILLMANN, Karl-Heinz (Hrsg.): Wörterbuch der Soziologie, dritte Auflage 1982

HAYEK, Friedrich A.: Der Weg zur Knechtschaft, fünfte unveränderte Auflage, Landsberg am Lech 1982

HECKMANN, Hans: Als Minister gelobt, als Kanzler geschmäht, in: Main-Echo, Zeitgeschichte, Aschaffenburg, 4. Februar 1997, S. 5

HEIDEGGER, Martin: Die Grundbefindlichkeit von Angst als eine ausgezeichnete Erschlossenheit des Daseins, in: ders.: Sein und Zeit, Tübingen 1986

DERS.: Die Technik und die Kehre, Pfullingen 1961

DERS.: §27 Das alltägliche Selbstsein und das Man, in: ders.: Sein und Zeit, Tübingen 1986

HERBERTS, Kurt: Dann mag die Erde in der Sonne verglühn, zweite erweiterte Auflage, Freiburg i. Brsg. 1984

DERS.: Freiheit und die Herrschaft der Gene, in: ders.: Dann mag die Erde die Sonne verglühn, Freiburg i. Brsg. 1984

DERS.: Gemeinwohl und Gleichgewicht - die humanen Voraussetzungen unseres gemeinsamen Zusammenlebens, Eröffnungsansprache auf dem Symposium des Instituts für Demokratieforschung e.V. Würzburg am 15.-16. März 1984, S. 12

DERS.: Menschheitsgewissen und Humangenese, in: Dann mag die Erde in der Sonne verglühn, zweite erweiterte Auflage, Freiburg i. Brsg. 1984

HERZOG, Roman: Kernenergie ist fester Bestandteil der Kernpolitik, in: VDInachrichten, Nr. 21, 23. Mai 1997, S. 6

HERR, Theodor: Die Erneuerung der christlichen Soziallehre im Geiste des Evangeliums und des Zweiten Vatikanischen Konzils, in: Mit Götz Briefs in das 21. Jahrhundert, hrsgg. von Lothar Bossle und Heinrich Kürpick, Paderborn 1994

HEUß, Theodor: Kräfte und Grenzen einer Kulturpolitik, Tübingen, Stuttgart 1961

HOCKL, Hans L.: Die Technik muß der Gesellschaft nutzen, Historische Motive und soziale Folgen des technischen Fortschritts - Mit Francis Bacon begann die neue Zeit, in: VDInachrichten, Nr. 24, Düsseldorf 15.06.1984, S. 5

HOYER, Norbert: Prinzipien aus der Natur der Dinge abgeleitet, in: Main-Echo, Aschaffenburg 30. November 1998, S. 3

JASPERS, Karl: Gedanken aus der Zeit, München 1950

DERS.: Die moderne Technik, in: Vom Ursprung und Ziel der Geschichte, München 1949

DERS.: Vom europäischen Geist, in: Reden zur Zeit, Institut für Demokratieforschung (Hrsg.), Bd. 15, Würzburg 1979

DERS.: Über politische Freiheit, in: Freiheit und Würde des Menschen, Stimmen
aus drei Jahrtausenden, hrsgg. von Hans Eckhardt, München 1941

DERS.: Von der Wahrheit, München 1958

JONAS, Hans: Wandel und Bestand, Frankfurt a. Main 1970

DERS.: Das Prinzip Verantwortung, Versuch einer Ethik für die technologische
Zivilisation, fünfte Auflage, Frankfurt a. Main 1986

DERS.: Neue Dimensionen der Verantwortung, in: Mit Plato zum Profit, Ein
philosophisches Lesebuch für Manager, hrsgg. von Weimer, Alois und
Wolfram Weimer, Frankfurt a. Main 1994

JORDAN, Peter: Das Fernsehen und seine Zuschauer, Frankfurt a. Main 1982

KIENECKER, Friedrich: Kommunikationstechnologie und Kulturverantwortung,
Paderborn 1994

KOCH, Walter: Ursachen für das Auftreten Raiffeisens im vorigen Jahrhundert,
in: Die Zukunft der Genossenschaften im 21. Jahrhundert, Zur Erinnerung
an Friedrich Wilhelm Raiffeisen und Georg Heim, hrsgg. von Lothar
Bossle, Würzburg 1989

KOLLEK, Regine: Die Natur kopieren? Von verrückten Genen und den
Restrisiken der Gentechnik, in: Müller, Helmut A. (Hrsg.):
Naturwissenschaft und Glaube, Bern, München, Wien 1988

KÜRPICK, Heinrich: Die Zukunft der Arbeit, aus der Sicht der Wirtschaft, in:
Die Zukunft der Arbeit, sozialethisches Kolloquium 1983, Studienkreis
Kirche, Wirtschaft NRW (Hrsg.), Gelsenkirchen-Buer 1987

KUGLER, R.: Philosophische Aspekte der Biologie Adolf Portmanns, Zürich
1967

KUHLMANN, Albert: Wir sind eine schizophrene Gesellschaft, in:
VDInachrichten, Nr. 36, 7. September 1990, S. 12

LAFITTE, Pierre: In der Politik gebt es zu wenig Ingenieure, in: VDInachrichten, Nr. 21, Düsseldorf 24.05.1991

LANDMANN, Michael: Der Mensch als Schöpfer und Geschöpf der Kultur, Geschichts- und Sozialanthropologie, München, Basel 1961

LÜBBE, Hermann: Das letzte Wort behält die Moral, in: Der Lebenssinn der Industriegesellschaft, Über die moralische Verfassung der wissenschaftlich-technischen Zivilisation, hrsgg. von Gerhard Zeitler, Berlin, Heidelberg 1990

MAGNUS, Kurt: Technik aus theologischer Sicht, in: Zeitfragen, die Verantwortung der Technik in unserer Zeit, erste Auflage, München 1984

DERS.: Die Verantwortung der Technik in unserer Zeit, Zeitfragen, Informationen, Meinungen, Dokumente, Bayerische Landeszentrale für politische Bildung (Hrsg.), 1. Auflage, München 1984

MAIER-LEIBNITZ, H.: Atomenergie vor 25 Jahren und heute, in: Bild der Wissenschaft, Nr. 12, 1979, entnommen aus: Magnus, Kurt: Die Verantwortung der Technik in unserer Zeit, erste Auflage, München 1984

MITTELSTRAß, Jürgen: Vortragsauszüge aus Kultur und Technik im 21. Jahrhundert, CULTEC-Kongreß, veranstaltet vom Wissenschaftszentrum Nordrhein-Westfalen in Essen, VDInachrichten Magazin, Düsseldorf 9/1992

DERS.: Vortragsmanuskript: Kommt eine neue Kultur? Auf der Suche nach Wirklichkeit im Medienzeitalter, Zentrum für Philosophie und Wissenschaftstheorie, Universität Konstanz, Frankfurt a. Main, 1995

MÖBUS, Gerhard: Autorität und Disziplin in der Demokratie, in: Reden und Aufsätze zur Politik, hrsgg. von Heinrich von der Gablentz, Köln, Opladen 1959

MÜLLER-ARMACK, Alfred: Ökonomischer Humanismus, Neoliberale Theorie, Soziale Marktwirtschaft und christliche Soziallehre, Köln 1960

MÜLLER-ARMACK, Andreas: Die Philosophie der Sozialen Marktwirtschaft, in: Kreativität des Handelns. Vom Ingenium des Unternehmers, Festschrift für Ludwig Eckes zum 65. Geburtstag, hrsgg. von Lothar Bossle und Konrad Bonkosch, Würzburg 1978

MÜLLER, Robert: Ich lernte zu leben, München 1995

NEIDHART, Friedhelm; LEPSIUS, M. Rainer; WEISS, Johannes (Hrsg.): Kultur und Gesellschaft, Sonderheft 27, Opladen 1986

von PIERER, Heinrich: Technik im Dienste der Zukunft, in: Bayernkurier, Vortrag zum Doppeljubiläum 150 Jahre Siemens - vierzig Jahre Kernenergie der Siemens AG, München 14. Juni 1997, Jg. 48, Nr. 24, S. 13

PLANCK, Max: Die Physik im Kampf um die Weltanschauung, Leipzig 1953

PRANTE, Gerhard: Nachhaltiges Wirtschaften mit Gentechnik, in: VDInachrichten, Nr. 5, Düsseldorf, 31. Januar 1997, S. 2

QUEDBECK-SEEGER, Hans-Jürgen: Nachhaltiges Wirtschaften mit Gentechnik, in: VDInachrichten, Nr. 5, Düsseldorf, 31. Januar 1997, S. 2

RAIFFEISEN, Friedrich Wilhelm: Einer für alle - alle für einen, hrsgg. von Walter Arnold und Fritz Lamparter, Neuhausen-Stuttgart 1985

RAPP, Friedrich: Die normativen Determinanten des technischen Wandels, in: Lenk, Hans und Günter Ropohl (Hrsg.): Technik und Ethik, Stuttgart 1987

DERS.: Technik und Philosophie, Düsseldorf 1990

RIESENHUBER, Heinz: Referat über Mittelstand in der technologischen Herausforderung, neue Produkte - neue Märkte, Veranstaltung der Raiffeisenbanken und Volksbanken in Haibach am 21.11.1996

RÖPKE, Wilhelm: Maß und Mitte, Zürich 1950

DERS.: Die Gesellschaftskrise der Gegenwart, hrsgg. von Hayek, Friedrich August; Sieber, Hugo; Tuchtfeldt, Egon; Willgerodt, Hans, sechste Auflage, Stuttgart 1979

DERS.: Die Laufbahn der Sozialen Marktwirtschaft, in: Wirtschaft, Gesellschaft und Kultur, hrsgg. von Greiß, Franz und Fritz Meyer, Berlin 1961

ROMBACH, Heinrich: Phänomenologie des sozialen Lebens. Grundzüge einer phänomenologischen Soziologie, Freiburg, München 1994

DERS.: Die Ontologie des Funktionalismus und der philosophische Hintergrund der modernen Wissenschaft, in: Substnz, System, Struktur, Bd. 1, Freiburg i. Brsg. 1981

ROSENSTOCK-HUESSY, Eugen: Die Zeit ist aus den Fugen, in: ders.: des Christen Zukunft oder wir überholen die Moderne, Moers 1985

ROOS, Lothar: Die Grundwerte der Demokratie und die Verantwortung des Christen, in: Deutschland als Kulturstaat, Festschrift für Hans Filbinger zum 80. Geburtstag, hrsgg. von Lothar Bossle, Paderborn 1993

ROPOHL, Günter: Thesen zur Diskussion, Technik und Verantwortung, Kolloquium der VDI-Hauptgruppe am 13. Juni 1996 in Kassel, in: Magazinbeilage Fazit, VDInachrichten Nr. 37, Düsseldorf 1996

SACHSSE, Hans: Technik und Verantwortung, Probleme der Ethik im technischen Zeitalter, Freiburg 1972

DERS.: Ethische Probleme des technischen Fortschritts, in: Technik und Ethik, hrsgg.von Lenk, Hans und Günter Ropohl, Ditzingen 1987

SCHÄFERS, Bernhard: Sozialstruktur und Wandel der Bundesrepublik Deutschland, Ein Studienbuch zu ihrer Soziologie und Sozialgeschichte, vierte neu bearbeitete und aktualisierte Auflage, Stuttgart 1985

SCHELER, Max: Die Stellung des Menschen im Kosmos, 11. Auflage, Bonn 1988

SCHMITZ, Wolfgang: Soziale Marktwirtschaft und Ethik, in: Kreativität des Handelns. Vom Ingenium des Unternehmers. Festschrift für Ludwig Eckes zum 65. Geburtstag, Hrsgg. von Lothar Bossle und Konrad Bonkosch, Würzburg 1978

SCHULTE-VENBUHR, Hermann: Wahrheitsokkupanten im neuen Gewand, in: Sonde, Pieroth, Elmar; Rommel, Manfred, Schönbohm, Wulf; Wissmann, Matthias (Hrsg.), 17/18 Jahrgang, Nr. 4/84 und 1/85

SCHUMPETER, Joseph-Alois: Kapitalismus, Sozialismus und Demokratie, zweite Auflage, Bern 1950

SCHWEITZER, Albert: Kultur und Ethik, München 1990

DERS.: Kulturhemmende Umstände in unserem wirtschaftlichen und geistigen Leben, in: ders.: Kultur und Ethik, München 1990

DERS.: Ethik der Hingebung und Ethik der Selbstverkommnung, in: ders.: Kultur und Ethik, München 1990

DERS.: Die Krise der Kultur und ihre geistige Ursache, in: ders.: Kultur und Ethik, München 1990

SIMON, Herbert-Alexander: Verändert der Computer unser Leben?, in: Bild der Wissenschaft, Nr. 6, 1982

SOLF, Heinz: Otto Veit - ein Ordoliberaler, Neue Würzburger Studien zur Soziologie, Bd. 12, Würzburg 1988

DERS.: Die Überforderung des Menschen in der Welt der Technik, in: ders.: Otto Veit - ein Ordoliberaler. Neue Würzburger Studien zur Soziologie, Bd. 12, Würzburg 1988

SOMMER, Manfred: Husserls Briefe, in: FAZ, 04.10.1994

SONTHEIMER, Kurt: Grundzüge des politischen Systems der Bundesrepublik Deutschland, überarbeitete Neuausgabe, München 1984,1986

DERS.: Der deutsche Föderalismus, in: ders.: Grundzüge des politischen Systems der Bundesrepublik Deutschland, 11. Auflage, München 1986

SPENGLER, Oswald: Der Mensch und die Technik, Beitrag zu einer Philosophie des Lebens, München 1931

STAGL, Justin: Kulturanthropologie und Gesellschaft, Berlin 1981

STEINBACHER, Franz: Kultur, Begriff-Theorie-Funktion, Stuttgart, Berlin,

Köln, Mainz 1976

STEPUN, Fedor: Soziologie und Leben, hrsgg. von Carl Brinkmann, Tübingen 1952

STOLTE, Dieter: Deutschland als Kulturstaat, Deutschland als föderale Kulturnation, in: Bossle, Lothar (Hrsg.): Deutschland als Kulturstaat, Festschrift für Hans Filbinger zum 80. Geburtstag, Paderborn 1993

DERS.: Öffentliche Kommunikation und Gemeinwohl, Vortrag auf den Mainzer Tagen der Fernsehkritik am 30. Mai 1994, in: Unsere Sendung, 6-7/94

STRAUß, Franz-Josef: Die Entwicklung der Atomenergiewirtschaft in Deutschland, Vortrag vor dem Übersee-Club am 23. April 1956 in Hamburg

THÜNE, Wofgang: Die Heimat als soziologische und geopolitische Kategorie, Neue Würzburger Studien zur Soziologie, Würzburg 1987

THURN, Hans-Peter: Soziologie der Kultur. Zur Begriffsgeschichte von Kultur, Stuttgart, Berlin, Mainz, Köln 1976

TOPITSCH, Ernst: Max Weber und die Soziologie heute, Tübingen 1965

VEREIN Deutscher Ingenieure, VDI-Hauptgruppe (Hrsg.): Der Ingenieur in Beruf und Gesellschaft, Technikbewertung - Begriffe und Grundlagen, VDI- Report 15, Düsseldorf, März 1991

DERS.: VDI-Richtlinien, VDI 3780, Entwurf vom April 1989, Empfehlung zur Technikbewertung, VDI-Hauptgruppe (Hrsg): Der Ingenieur in Beruf und Gesellschaft, Düsseldorf 1989

DERS.: Satzung des VDI, Düsseldorf 1994

WAGGERL, Karl-Heinrich: Kleine Münze, Salzburg 1957

WAHREN, Reinhard: Vater der Ingenieure, in: VDInachrichten, Nr. 48, Düsseldorf 27.11.1998, S. 8

WARNECKE, Hans Jürgen: Ich lehne die harten Gegebenheiten des amerikanischen Arbeitsmarktes ab, in: VdInachrichten, Nr. 51/52, Düsseldorf 20.12.1996, S. 2

DERS.: Erklärung auf dem Deutschen Ingenieurtag 1997 in Leipzig, in: VDInachrichten, Nr. 19, 09. Mai 1997, S. 37

WATRIN, Christian: Wie gefährdet ist die Soziale Marktwirtschaft, in: Kreativität des Handelns, Vom Ingenium des Unternehmers. Festschrift für Ludwig Eckes zum 65 Geburtstag, hrsgg. von Lothar Bossle und Konrad Bonkosch, Würzburg 1978

WEBER, Alfred: Einführung in die Soziologie, München 1955

WEBER, Max: Wirtschaft und Gesellschaft. Grundriss der verstehenden Soziologie, Bd. 1, Köln, Berlin 1964

DERS.: Prinzipien der Geschichts- und Kultursoziologie, München 1951

DERS.: Gesammelte Aufsätze zur Religionssoziologie, vierte photomechanisch gedruckte Auflage, Tübingen 1947

DERS.: Methodologische Schriften, Studienausgabe, Frankfurt a.Main 1969

WEHRHAHN, Peter H.: Der Unternehmer, seine ökonomische Funktion und gesellschaftliche Verantwortung, zweite Auflage, Trier 1990

WEIMER, Alois; WEIMER, Wolfram (Hrsg.): Mit Platon zum Profit. Ein philosophisches Lesebuch für Manager, Frankfurt a. Main 1994

WEIZENBAUM, Joseph: Nichts als Sprachgeröll im weltweiten Internet, in: VDInachrichten, Nr. 13, 29 März 1996, S. 16

von WEIZSÄCKER, Carl Friedrich: Der Mensch in seiner Geschichte, München, Wien 1991

DERS.: Beiträge zur geschichtlichen Anthropologie, in: Die Gedanken des Menschen, Frankfurt a. Main 1980

DERS.: Der Garten des Menschlichen. Beiträge zur geschichtlichen Anthropologie, Frankfurt a. Main 1980

DERS.: Die Ambivalenz des Fortschritts, in: ders.: Der Garten des Menschen, Beiträge zur geschichtlichen Anthropologie, Frankfurt a. Main 1980

von WIESE. Leopold: System der allgemeinen Soziologie, dritte Auflage, Berlin 1955

WINKEL, Harald (Hrsg.): Wirtschaftliche Entwicklung und sozialer Wandel, Darmstadt 1981

WISSENSCHAFTLICHER Rat der Dudenredaktion (Hrsg.): Duden, Bd. I, 19. neu bearbeitete und erweiterte Auflage, Mannheim, Wien, Zürich 1986

WOLF, Fritz: Mit der wachsenden Zahl der Autos nimmt die Mobilität immer mehr ab, in: VDInachrichten, Technik und Gesellschaft, Verein Deutscher Ingenieure (Hrsg.), Düsseldorf Nr. 10, 7. März 1997, S. 10

WÜNSCHE, Horst: Alexander Rüstow und die soziale Marktwirtschaft Ludwig Ehrhards, in: Perspektive 2000, Der ökonomische Humanismus im Geiste Alexander Rüstows, hrsgg. von Lothar Bossle, Würzburg 1987

ZIMMERMANN, Friedrich: Vorstellung des Bundes für eine Medienordnung der Zukunft, Bonn 1985

ZIMMERMANN, Ulrich: Vortrag: Gentechnologie: Fluch oder Segen? Forscher stehen vor ungeöffenten Türen, Volkschule Aschaffenburg, 17. Oktober 1997

Aus unserem Verlagsprogramm:

SOCIALIA
Studienreihe Soziologische Forschungsergebnisse

Horst Arnold-Kanamori
Der Menschentyp als Produktivkraft
Max-Weber-Studien des japanischen
Wirtschaftshistorikers Otsuka Hisao (1907-1996)
Hamburg 1998 / 212 Seiten / ISBN 3-86064-713-X

Matthias Loeding / Uwe Rosenthal
Aufbau und Institutionalisierung gewerkschaftlicher und
betriebsverfassungsrechtlicher Interessenvertretungen
in den Neuen Bundesländern
Hamburg 1998 / 335 Seiten / ISBN 3-86064-691-5

Christof Wolf
Gleich und gleich gesellt sich
Individuelle und strukturelle Einflüsse
auf die Entstehung von Freundschaften
Hamburg 1996 / 266 Seiten / ISBN 3-86064-510-2

Andreas Humpert
Statusdevianz und nachbarschaftliche Kontaktvermeidung von Kindern
Eine empirische Untersuchung
Hamburg 1996 / 202 Seiten / ISBN 3-86064-492-0

Thomas Brieden
Konfliktimport durch Immigration
Hamburg 1996 / 300 Seiten / ISBN 3-86064-444-0

Verlag Dr. Kovač   Postfach 50 08 47   22708 Hamburg   Fax: 040 - 39 88 80 - 55

Einfach
Wohlfahrtsmarken
helfen!